社会学原理

社会学原理

富永健一著

岩波書店

妻・英子と子供たち（純一・羊子・麻衣子）に

序文

「社会学は理論の危機(Theoriekrise)にさしかかっている」とは、本書でも何回か引用した西ドイツの社会学理論家ルーマンの『社会システム』における序文の書き出しの言である。ルーマンによれば、社会学の現状は、一種の敷居(Schwelle)によって堰き止められ、泡立ち、複雑性ばかりを蓄積させているという。この状態から抜け出ることができるためには、社会学は従来のものとはちがった理論デザインを求める努力をしなければならないが、ルーマンは社会学自身の中にはそのような新しい理論デザインの模範になり得るようなものが見あたらないとし、それを一般システム理論における自己言及的システムの理論(Theorie selbstreferentieller Systeme)に求める必要があると主張する(Luhmann, 1984: 7–29)。

社会学が理論の危機にさしかかっている、というルーマンの診断は正しいであろうか。近年の社会学は、機能理論・相互行為理論・現象学的行為理論・批判理論など多様な諸「潮流」が交錯しあって、一種の豊富な多様性の中にある。これを絶望的な破局といった意味で危機というのは明らかに適切でない。危機という語をもし使うなら、それは発達論的な段階移行期にあらわれる混迷という文脈でのそれに限られるであろう。ではいかなる意味で現在は段階移行期であるのか。私は、社会学において理論構築を志すものにとって、現在は次のような意味でたしかに一つの移行期であるといい得ると考える。

ここで理論とは、個別領域ごとの諸研究を横につらぬいて社会学ディシプリンを一つに統合し得るような分析枠組というほどの意味である。社会学史上において、そのような理論的統合を果たそうとする努力は、いくつかの発展段階をもった。大づかみにいえば、一九世紀中期におけるコントからスペンサーにいたる流れが第一段階、一九世紀末から二〇世紀初頭にかけてテンニエス、デュルケーム、ジンメル、マックス・ヴェーバー、パレートなど社会学の巨人たちが輩出した時期が第二段階(ややおくれてマッキーヴァーやわが国の高田保馬がこれに加わった)、そして二〇世紀中期におけるパーソンズ、マートン、ホーマンズなどの機能主義理論家によって築かれた地平が第三段階、として位置づけられてよいであろう(ヨーロッパではこの時期にシェルスキーやケーニヒやアロンなどの活動があり、それらの成果が無視されてはならないが、第三段階は何といってもアメリカ社会学が理論の面で世界をリードした)。第三段階の中心をなしたのはとりわけパーソンズであり、そしてそう考えれば一九七九年のパーソンズの死とともに第三段階は終了したといわねばならない。現在われわれは、第四段階における新たな社会学的総合を求めて進まなければならない。この端境期に、さまざまな論争や、「新しさ」を自称するさまざまなアイディアがつぎからつぎにあらわれて、理論が混迷に導かれている。次の段階をリードすべき理論は何なのか。われわれはこれについての定見をもたねばならない。

われわれはいま何をすべきなのか。パーソンズを否定して進むのだという高い声がずっと以前から聞えている。パラディグマ変革が起るのだという科学史から送られてきたもっともらしい声も人気を博している。しかしちょっと待ってほしい。それらの声がもし第三段階の遺産を受け継ぐことの否定を提言しているのであるなら、そのような提言は社会学における累積的進歩を止めてしまうことになるし、またじっさいそういう提言は正統派の位置を占めることはないだろうと私は思う。社会学史を思いおこしてみよう。第二段階の人びとは、第一段階の遺産を正しく継承した上で、それを発展させた。このことはデュルケームにおいて最も判然としており、彼はコントとスペンサーの到達した地点から出発した。これにくらべるとドイツの社会学は英仏の啓蒙主義的伝統からは本来的に離れていた。しかしながらそれでも、テンニエスもジンメルもヴェーバーもデュルケームとおなじく英仏の啓蒙主義の遺産としての近代化論・合理化論・社会発展論を受け継ぎ、発展させた。そしてその第二段階の遺産を、さらに第三段階の人びとは全面的に継承した上で、これを発展させたのである。一九世紀から二〇世紀初頭まで世界の社会学の片田舎であったアメリカ社会学に、デュルケームやテンニエスやヴェーバーをしっかりと移植させ根づかせたのは、ほかならぬパーソンズであり、これによってアメリカ社会学は世界の社会学になったのである。

このようにいうことは、もちろん伝統の継承をのみ強調して一つの学問が停滞におちいることをよしとするもので は毛頭ない。第二段階は第一段階を革新して、社会学をいまなお限りないアイディアの豊庫にまで押し上げた。第三段階はそれらのアイディアに理論としての明確な定式化を与え、分析の水準を飛躍的に引き上げた。けれども、それらはなお未完成のものとしてわれわれの前にある。パスカルが言ったように、すべての科学は常に不完全であり、完全になるためにはそれらは世代から世代へと増し加えられなければならない。これが累積的進歩といわれるものであり、またポパーがピースミールの進歩といいあらわしたものである。私は他の機会(富永、一九八四a)にその理由を詳論したように「パラディグマ変革」という掛声には疑問をもつが、ピースミールの進歩には深い信頼を寄せる。現在、パーソンズ没後の社会学理論のあり方を模索しつつ、いろいろの人がパーソンズを踏台の一つにしていろいろの新しい理論構築を試みはじめている。上記ルーマンのシステム理論もその一つだし、ハバーマスのコミュニケーション行為理論(Habermas, 1981)もその一つだし、アレクサンダーの「ネオ機能主義」の提唱(Alexander, ed., 1985)もその一つである。そして私もまた、極東の一角日本にあって、及ばずながらそれら欧米の学者たちに伍して、そのような動きの一環に加わりたいと念願しつつ本書を書いた。

ルーマンやハバーマスやアレクサンダーはそれぞれに自己の鍵概念を標題に掲げて進んできた。私にとっての鍵概念は何であろうか。本書において私はそれを、標題である「社会学原理」そのものに求めたい。社会学原理というのは、もちろんきわめて一般的な教科書的題名であり得る。しかし、教科書の定義を、その学問の現水準でそれを学ぶものが知らねばならない標準的な既存知識の集大成であって、それ自体の中に新しさや個性的な主張を含まないものというように解するならば、本書は教科書ではない。私が名乗る「原理」とは、個別領域ごとの諸研究を横につらぬく社会学ディシプリンという意味での理論をオーガナイズするような原理である。私は社会学の現状において、そういう原理が既存の標準的な知識としてすでに確立されているとは思わない。そういう理論の材料となる無数の部品が先人の業績によって与えられており、われわれはそれらを十分に活用しなければならないが、全部の部品がそろっているわけではないからわれわれは新しい部品をつくり出さなければならないし、そして何よりもそれらを組み立てる青写真を自分でつくり出さなければならない。それら部品の選択と補充とそして組立ての青写真、要するにそれらの全体が原理なのであり、そして本書において新しさを誇り得る鍵概念は何かと問われるならば、私はそのような意味での原理そのものがそれにあたる、と答えたいと思う。

以上私は諸外国の社会学者の名前を多くあげてきたが、いうまでもなく本書は日本語で書かれた日本の社会学の本なのだから、ここで日本の社会学について若干のことを述べておかねばならない。日本の社会学において、「原理」という語を標題に冠しているか否かを別として、社会学全般を視野におさめた統一的な理論体系を提示しようとする伝統は、私たちに先行する諸世代には連綿として続いていた。高田保馬『社会学概論』(改新一九七一)、蔵内数太『社会学』(増一九六六)、清水盛光『集団の一般理論』(一九七一)などは、私が文字通り熟読玩味してきた、前世代の社会学的遺産の若干の例である。それにひきかえ、私たちの世代および後続諸世代はこれらに匹敵するものをまだあまり生み出してはいないように思われる。その理由は、社会学研究の専門分化が進んだ結果、社会学の概論書は、専門を異にする多数の著者が協力して、それぞれの著者は自分の専門分野だけを担当するというかたちで書かれるものという通念が定着したことによると思われる。そのようにして書かれた概論書や講座ものにすぐれたものがあること、また専門家が協力することによってすべての分野について高い水準を確保し得るメリットがあることをもちろん私も承認するし、私自身もこれまでそういうものに参加してきた。ただ、こういうやり方によっては、けっして真の意味で「一冊の本」は書かれ得ないことをわれわれは自覚せねばならない。本書がそれらとちがったメリットをもっているとすれば、それは本書が一つの頭で「一冊の本」を書くという努力をしていることの中に求められるであろう。

統一された理論体系はなぜ出にくくなってしまったのか。この問題については、やはり現在の社会学のおかれている状況そのものが先行諸世代のそれと変わってしまったことがあげられねばならないだろう。先行諸世代の時代、社会学はまだ確立途上にあり、社会学研究には専門分化も少なくて、原理論をまずつくりあげることが社会学確立のための第一ステップであるといった段階にあった。現在はそのような段階はとっくに過ぎて、世界的な規模において社会学者の数の爆発的な増加があり、これにともなって個別研究領域ごとの専門分化のいちじるしい進行があり、それらの個別領域の一つ一つにおいて専門的な研究書と学術論文のおびただしい洪水がある。他方、国際化が急速にすすんで、研究の第一線にあるものは毎年のように国際会議むけの欧文論文を書かねばならないが、それらの会議は専門領域別にこまかく仕切られた部会ごとにオーガナイズされている。それらの個別領域には、そのことだけを専攻している「専門家」がひしめいており、もしばらくのあいだ他のことをやっていようものならそのあいだに新しいものがつぎつぎに出てきて、気がついた時にはもう追いつけなくなる。そのような中にあって、原理論というようなものは個別分野の一つたり得ない――多少誇張していえば、私たちの世代以降の社会学者たちは多かれ少なかれこのような世界で生きている。「古きよき日」は、もう二度と戻ってはこない。こうして、現在の社会学は、いわば原理論なき学問になってしまったのである。私たちの世代およびそれ以降から新しい原理論の著者があらわれにくくなった事情を分析すればこのようになるであろう。

しかしながら、私が本書をつうじて主張したいことは、こういう風潮に流されてそれでよしとしてきた状態は克服されねばならないのではないか、ということである。これまでの社会学においては、たとえば家族の研究者、組織の研究者、地域社会の研究者、社会階層の研究者、国家の研究者等々がそれぞれバラバラのまま独立した小部屋をそれぞれ一つの「全体社会」と見做して生きてきた。それらは一つ一つがいわば「村落共同体」であって、その内部では研究者間の濃密な社会関係の累積があるが、社会関係はその外には出ないから、社会学という大部屋つまり「国民社会」のことはほとんど彼等の念頭にない。こうして、個別領域ごとの共同体は充実していくけれども、全体としての社会学という国民社会はそのことによってかえって分解し、貧弱になってしまう。これではいけない。社会学はどんなに専門分化しても、一つの、ディシプリンによって理論的に統一されているのでなければ、社会学を一つの国だと主張する意味がない。村落共同体のみがあって国民社会が成立していないのは封建社会であって、近代産業社会ではない。社会学という国を近代産業社会にしなければならない。

そうなるための一つの方法として、私は本書において、「国民社会」レベルの一般理論と、「共同体」レベルの中範囲(または小範囲)理論とをもっと十分に交配させる、ということを試みた。私はルーマンのように社会学の理論を高度に抽象化されたレベルでのみ考え、社会学にとって外来の(fachfremd)一般システム理論のようなものにあまりにも全面的に依存させてしまうことには、賛成でない。一般理論がそれ自体多数の「共同体」の中の一つになってしまって、家族とも組織とも地域社会とも社会階層とも国家とも関係のないところで、ただ抽象的・観念的な思索にのみ明け暮れているのであっては、個別「共同体」の人びとは理論の研究を自分たちに関係のある活動だとは思わなくなってしまうだろう。そこで本書における私の狙いは、私自身の頭脳の中で一般理論と中・小範囲理論とを交配することにむけられた。比喩的にいうと、私は一般理論の命題をまず抽象記号を用いてカードに書き、つぎにそれをカバンに入れて各小部屋を巡回して勉強し、勉強したことを一般理論のカードに書かれた抽象記号の代わりに代入していったのである。それらの訪問は、私にとっては楽しい作業であった。理論の素材は小部屋の外にあるのではなく小部屋の中にある。これは私の信念であるが、しかし一般理論の命題を記号で書いたフォーマットを持参せずに小部屋を訪問するのでは、各小部屋の個別の事情にはくわしくなっても、それらを理論化する道具がないから理論はできない。道具を携えて材料集めをすることによってはじめて理論ができる。新しい理論的総合を求める機運が上述した第四段階の創出にむけて動き出している時、一般理論と中・小範囲理論を交配させた『原理』がなんらか新たな生命を獲得し得る機は熟しつつあるのではないであろうか。

ここで若干の私的な回想を記すことをお許しいただきたい。私の元来の資質は、原理論と学説史にむいていると私は考えており、そこでそういう仕事をいつの日か完成させたいという気持を、私はこの学問に志した三〇年前からもちつづけてきた。しかし専門研究者としてのキャリアを積むにつれて、社会学の個別領域の特殊研究への関心が私に押し寄せてきて、原理論と学説史への願望はいつしか無限の彼方に押しやられ、やがてそれは夢のように遠く感じられるにいたった。この間、私は次の五つの研究領域に自分を特化させてきた。(ｉ)社会変動、社会発展、近代化、産業化の研究、(ii)社会階層と社会移動についての、実証的・計量分析的研究、(iii)経済社会学、すなわち経済と社会との関連についての研究、(iv)産業社会学ないし組織分析についての研究、(ｖ)政策論との関連における日本社会の現状分析と社会指標などを用いた福祉の研究。これらを一つ一つ片付けていくようにすればよかったのだが、(ｉ)を『社会変動の理論』(富永、一九六五ａ)として出版したあと、(ii)から(ｖ)にいたる仕事を現実的要請から同時平行的に進めざるを得ない羽目になったため、論文としては個別に多数のものを発表してきたとはいえ、それらを本にまとめる作業に私は容易に着手できなかった。これら個別研究の成果は高度に圧縮されたかたちで本書の中にも入ってはいるが、これからはそれらを順次独立の研究書にしていくことが私の課題である。

ところがそうこうしているうちに、一九七六年ころであったと思うが、私がかつて願望しやがて夢の彼方に去ってしまった原理論と学説史という研究課題を想いおこさせる二つの仕事が、別々の出版社から私に降ってきた。一つが私の前著『現代の社会科学者――現代社会科学における実証主義と理念主義』(富永、一九八四a)であり、そしてもう一つが今やっと完成のはこびになった本書である。ところがその当時私は、社会階層と社会移動についての大きな全国調査プロジェクトを主宰(富永編『日本の階層構造』、一九七九)している最中であり、私の頭は統計分析の手法とコンピューター操作の習得で一杯になっていた。そこへ降って湧いたこれらの依頼――しかし私には原理論と学説史こそが自分に一番合った仕事だという気持があるからそれを断りたくなかった――によって私の勉強はコンピューター・ワークと学説史と理論の三つに引き裂かれることになり、到底同時平行的にそれらをすすめることはできないことが判明した。そこで私はとりあえずこの二つの注文に対してしばらく待っていただくようお願いし、まず一九七九年に上記プロジェクトをひとまず終了させたのち、理論と学説史の勉強を新たな環境のもとでやりなおすべく一九八一―八二の一年間西ドイツ・ボッフム大学に(その間マンハイム大学にも)行った。これには自分のドイツ語を強化する訓練期間を自分に課すことが事前に必要であって、そのことが私の研究における一つの転期をもたらした。かくして帰国後やっと右の二つの著作にかかって、まず一九八四年に上記『現代の社会科学者』を仕上げ、いま二つ目の本書をなんとか完成にまで漕ぎつけたのである。

本書ははじめ、岩波書店の木村秀彦氏により岩波全書の一冊として私に依頼されたものであった。それで私もこれを全書の大きさに合わせるつもりで計画を立て、途中までそれにしたがって書きすすめた。しかしやがて私の原稿が全書の大きさではおさまらないことが判明した。けっきょく現編集担当の加藤亮三氏にお願いして、単行本として出版するように変更していただいた。そういうわけで、木村氏と加藤氏にはたいへんながくお待たせした上に予定変更を強いる結果になって御迷惑をおかけしたことをお詫びするとともに、これらすべてのことを受けいれて下さったことに対してあつく御礼申しあげる。

本書を直接書きおろしたのは昨年五月西ドイツのデュースブルクで行なわれた社会階層の国際会議で論文を報告して帰国してからの約一年一ヵ月という比較的短い期間であったが、懐妊期間としては私が東京大学で一年おきに「社会学原論」という講義を担当するようになっていらいのじつに十数年にわたる歳月のノートづくりがこれに先行している。この間の私の研究生活を公的な面からささえていただいた東京大学文学部における同僚諸氏に感謝申しあげ、また私の研究上の関心に終始つきあってくれた社会学科のOB（いまはもう社会の中堅として活躍している）と現役の学生とりわけ大学院生諸君にお礼を述べたい。それから私的なことを述べて恐縮だが私の研究生活を私生活の面からささえてくれた妻・英子と、本書の索引を作成してくれた長男・純一に感謝の気持を表したいと思う。

一九八六年九月一二日

上高井戸の寓居にて

富　永　健　一

本書の文献引用方式について

本書の文献引用方式は、近年欧米の専門誌などをつうじて普及してきている学術論文の統一形式に合わせ、かつスペースを節約する目的で、文献注によらずに本文中に(　)でくくって著者名・発行年・ページを挿入するやり方になっている。読者は巻末の引用文献表を常に参照されて、著者名のアルファベット順と発行年により、文献名をその都度検索して頂きたい。これにともなって、注はすべて実質注となっており、これは章末に章ごとの通し番号を付してまとめた。

文献の発行年は、版によって異同のある場合、私が直接ページの引用に用いた版の発行年を記し、かつそれが第何版であるかを年数の肩に算用数字で示した(例——^{5}1972とは、ページ数が第五版のもので、その発行年が一九七二年であることを示す)。その場合、初版の発行年は巻末文献表にのみ(　)を付して記してある。ページ数はすべて原典のみを掲げたが、翻訳のあるものは必ず巻末文献表にそれを示した。訳業がある場合それを尊重するのは訳者に対する当然の礼節であり、私が原典のページ数のみを記したのはけっして訳業を尊重しない趣旨ではない。ただ訳書のページのみを記すと欧文論文を書くさい不便であり、他方両者を本文中に併記するのはわずらわしい、というのがこのような方式をとった主たる理由である。なお私の引用が全集や著作集によっている場合は、Werke1956–83:8(たとえばマルクス・エンゲルス全集第八巻)とかWorks1823:V, Œuvres1977:IV, 著作集一九六六—七一、I—II(それぞれたとえばロック著作集第五巻、サン－シモン著作集第四巻、有賀喜左衛門著作集第一—二巻)のように記した。

目　次

第一章　社会学の科学理論

第一節　社会の概念と社会学

1　社会学の定義

社会学とは、社会の学というその名称自体が指示するように、社会を研究することを専門とする一つの経験科学である[1]。

右の定義で社会というのは、広義の社会ではなくて、狭義の社会であるということをはっきりさせておくことが必要である。広義の社会とは、人間にとって所与である自然に対して、人間がその意志的な行為をつうじてつくり出したものの総体を意味する。ギリシャ哲学以来のピュシス 対 ノモスの対比がこれにあたる。具体的には、宇宙・地球・天然資源・植物・動物などが自然を構成する諸要素であるのに対して、経済・政治・法・宗教・道徳・家族・企業・学校・国家・村落・都市・国民社会などはいずれも広義の社会を構成する諸要素である。広義の社会は、学問分野を自然科学と社会科学に分かつさいの社会であって、社会学の研究対象としての社会よりもはるかに広い。

これに対して狭義の社会とは、複数の人びとのあいだに持続的な相互行為の集積があることによって社会関係のシステムが形成されており、彼等によって内と外とを区別する共属感情が共有されている状態、として定義される。社会は人びとが一つの共同空間に集まっている状態にかかわるが、人びとの集まりがそのまま社会なのではなく、これに持続的な相互行為の集積による社会関係のシステムおよび共属感情という特性が備わっている時に、人びとの集まりのそのような特性を抽象化してつくられた概念が社会なのである。さきに広義の社会の諸要素として例示した一二ほどのもののうち、最後の七つが狭義の社会の諸要素である。

社会学を狭義の社会についての学とし、(2)狭義の社会の例示として右のような諸項目をあげると、しかしながら若干の問題を生ずる。たとえば、家族は社会を構成する要素の一つであるが、家族は社会学が研究対象とするほかに法律学や経済学が研究対象とすることもあるではないか。同様にして企業は経営学や法律学が、学校は教育学が、国家は政治学や行政学や法律学や経済学が、農村・都市は地理学や経済学が研究対象とするではないか。これらのことはもちろんその通りであるが、こういう問題が生ずるのは、家族や企業や学校や国家や農村や都市や国民社会は実在をまるごと表示する概念で、それらをまるごとのまま社会の例示の材料としたためである。いかなる一つの学問も、実在する社会をまるごと独占することはない。この点を明らかにするためには、実在をまるごとではなく限定的に見る分析的視点を導入してこなければならない。社会学にとってのそのような分析的視点を指示するものは社会学的に構成された諸概念である。社会学的に構成された諸概念を使用することによってはじめて、社会学的認識が可能になる。さきに狭義の社会を相互行為・社会関係・共属感情などの社会学的概念を用いて定義したのは、この分析的視点を表現している。このことを明示するためには、冒頭に示した社会学の定義の中の社会という語の代わりに、狭義の社会についてのさきの定義を代入しこれをいくらかパラフレーズしてやればよい。すなわち、社会学とは、複数の人びとの相互行為、相互行為の持続をつうじて形成される社会関係、共属感情のような人びとの社会的態度、複数の社会関係のシステムである社会システム、その社会システムの構造および機能、ならびにそれらの構造と機能の変動について研究することを専門とする経験科学である。冒頭の定義が社会という対象を指示しているだけで社会学的認識のための用具である社会学的概念を定義の中に導入していないのに対し、この後者の定義はそのような社会学的概念を定義の中に導入することによって前者の定義の不完全なところを補塡している。しかしどちらの定義も、社会学を狭義の社会についての学であるとする基本的な考え方において、なんの変わりもない。

社会学が狭義の社会についての学であることは、語源的にも論証できる。社会学をあらわすフランス語と英語は、ラテン語の socius とギリシャ語の logos とを合わせてつくられた。socius は形容詞だが、その名詞形 societas は仲間・共同・連合・同盟などを意味する語であった。これが上述した狭義の社会の概念化における原型ないし素材である。この societas がラテン語系の言葉であるフランス語の中に入って société となり、これが他の多くのフランス語の単語とともに、元来はゲルマン語系の言葉である英語の中に入りこんで society の語源となって、この英語の society が一六世紀いらい広く用いられて市民社会概念の母体となった。他方ドイツ語の Gesellschaft の語幹 Geselle は Saalgenoss すなわち同一の室にいる仲間たちを意味するもので、この空間表象が中世後期に人びとのむすびつき(Verbindungen von Menschen)を意味するものに転じて社会の概念ができた。日本語の「社会」は、一八七五年に東京日日新聞の主筆であった福地桜痴(源一郎)によって、英語の society の訳語としてつくられ、当時行なわれていた他の訳語——世態・会社・仲間・交際など——をしだいに淘汰して確立された。つまり日本ではこの語は訳語として登場したのであって、それ以前の日本には社会の語はなかった。ただ徳川時代には、井原西鶴『世間胸算用』や江島其磧《きせき》『世間子息気質《むすこかたぎ》』などの題名に使われている「世間」という語があって、人の世とか世の中といった意味をあらわしていた。最後に中国語に関しては、宋代の儒学者程伊川の遺著『二程全書』に「郷民為社会」とあるのが引用されるのが常である。中国語の古い語義では「社」shè というのは土地の神を祭ったところという意味をあらわし、「会」huì というのは人びとのあつまりを意味していた。だから右の句は「村びとたちが土地の神を祭ったところに集まる」という意味である。以上いずれの場合も、社会の語は語源的に人びとのあつまりやむすびつきとしての狭義の社会をあらわしてきたと結論することができ、そしてこれを学問的認識にまで抽象化したものが上記の意味での狭義の社会にほかならない。社会の学という時の社会の意味がこの狭義の社会であることはこのように語源的にもまったく明らかなことである。

ところが、社会学は社会についての学であるというこの語義的に自明な言明は、従来社会科学という全体名称にすでに社会の語が(形容詞のかたちで)使われていることから、混乱を生まないためにむしろ避けられてきた傾向がある。社会学はもちろん社会科学に属する多数の個別科学の一員であってその全体ではないのだから、社会学を社会についての学であるとする時の社会の意味は、社会科学という時の社会の意味と同じ広がりではあり得ず、それの部分でなければならない。広義の社会と狭義の社会の区別はこのことから論理必然的に要請される。しかるに世界主要言語の語義学は、社会の語(名詞形)がいずれの言語でも狭義の社会の意味に用いられてきたことを示している。だから、広義と狭義の区別さえ明示しておけば、社会学は広義の社会の用法にわずらわされることなしに社会の学であることを名乗ってよく、そうすることによって混乱が起るというおそれもない、ということができる。

なお、社会学を社会についての学であるとする上述の定義とはやや異なって、これを制度についての学であるとする定義の仕方が、デュルケームやパーソンズなど有力な社会学者によって提唱されてきた(Durkheim, [19]1977 : xxii ; Parsons, [2]1954 : 235)ので、これについて私の見解を述べておく。制度とは、複数の関連しあう役割が統合されてつくられた役割複合体として、相互行為・社会関係・社会的資源分配などを規制している、正当性を付与された行為規則のことだと定義でき、このように定義すればそれが狭義の社会と密接な関連をもつことは明らかだから、制度によって社会学を定義することは、本書の考え方と大きく距たるわけではない。ただ私がこの定義をえらばなかったのは、制度の概念は狭義の社会にかかわるほかに広義の社会にもかかわっており、この点で混乱を生ずると考えられることによる。制度の概念は何よりも法システムと関連をもつ(六本佳平、一九八六、一二六)し、また経済制度や政治制度などの概念もあることから、制度は広義の社会全般に関するものとしなければならないのではないか。制度がこのように広義の社会全般にかかわるのは、広義の社会はすべて人間行為のとりきめによる産物であって自然によって与えられたものでないことによって説明できる。すなわち、制度によって社会学を定義することは、広義の社会と狭義の社会を明確に分けて社会学を後者についての学であるとする視点からいうと広すぎるという難点をもつ。他方またそれは、制度化されない社会事象をも社会学の中にとりこんでこようとするさいに、別の意味で狭きに失するという難点をもつのではなかろうか。

2　社会の概念

前項で狭義の社会を広義の社会から明確に区別した。以下本書において「社会」および「社会事象」という語を用いる時、とくに「広義の」とことわらない限り常に狭義の社会が意味される。社会の定義は前項ですでに与え、その例示として家族・企業・学校・国家・村落・都市・国民社会という七つほどのものをあげた。これらの一つ一つが、社会学にとっての重要な研究対象をなすのであるが、ただそれらをアド・ホックに例示しただけでは社会概念についての体系立った考察にはならない。そこでまず社会の主要な基本類型を区分することを試みよう。

二つの分析軸を導入する。全体社会 対 部分社会、および、社会集団 対 地域社会という区分がそれである。まず前者からとりあげよう。全体社会とは、その内部において成員の生活上の欲求充足手段が大部分調達可能な社会をいい、部分社会とは、その機能が特定の欲求充足手段の調達のみにかかわる社会をいう。(3) 何が全体社会であり何が部分社会であるかは一義的にきまってはおらず、社会進化の過程で変化してきた。未開社会においては全体社会の範囲は狭く、農業社会を経て近代産業社会になるにつれてその範囲は広くなってきた。今日では国民社会でさえも世界社会

	1 社会集団	2 地域社会	3 準社会
A 部分社会	基礎集団 家族・親族	村落	群集
	機能集団 企業，自発的結社 地域行政組織	都市	
B 全体社会	国家	国民社会	社会階層 市場

図1　近代産業社会における社会の基本類型

化の傾向の中で欲求充足の自足性の度合いが低下しつつある。

つぎに後者をとりあげよう。社会集団とは、二人以上の行為者間に持続的な相互行為の累積があり、その累積の度合いが外部の人びととのそれとはっきり識別できる程度にまで高いことによって成員と非成員の境界が確定できること、そしてこの境界が成員によってはっきり認知され内と外とを区別する共属感情が彼等によって共有されていること、以上の二点によって定義される行為者の集合である。これに対して地域社会とは、一定の地理的範囲に定住している居住者間に、居住地域の共通性のゆえに生ずる持続的な相互行為の累積があり、その累積の度合いがその範囲外の人びととのそれとははっきり識別できる程度にまで高いことによって居住者と非居住者の境界が確定できること、そしてこの境界が居住者によってはっきり認知され内と外とを区別する共属感情が彼等によって共有されていること、以上の二点によって定義される居住者の集合である。この第二の分析軸に関して、社会集団と地域社会に加えて第三のカテゴリーとして準社会という範疇を導入しよう。準社会とは、社会の定義にあげられている持続的な相互行為、社会関係のシステム、共属感情といった条件が不完全にしかみたされていない社会をいう。

図**1**は、以上二つの分析軸をクロスさせてできる六つのセルを示す。セルA-1(部分社会で社会集団)には、基礎集団と機能集団とが位置している。基礎集団とは、特定の機能的活動によってでなく血縁や婚姻のように関係それ自身が生活上の基礎的な意味を付与されていることによってむすばれた社会集団である。家族と親族とがこれに属する。機能集団とは、限定された機能を達成することに目的的に特化し、そのような機能的達成のための手段たることを明

確に意識して形成された社会集団である。企業や行政組織をはじめさまざまな政治的・経済的・文化的などの諸団体がこれに属する。機能集団の中でとりわけ、分業関係および支配関係が目的達成のために意識的・計画的に制度化されているものを組織という。企業や行政組織は組織の典型的な例である。組織はもとより機能集団は、家族から分離していなければならない。なぜなら家族は機能集団ではないから。従って企業と家族が未分離な自営企業は機能集団とはいえない。組織の最大のものは近代産業社会における国民国家であって、これはセルB-1(全体社会で社会集団)に位置する。市町村の地域行政組織は近代産業社会においては部分社会——古代・中世においては全体社会だが——だからA-1に位置するのに対して、国家は国民社会規模において形成されている最大の地域行政組織であるとともに主権を行使する統治機関だから全体社会の規模に位置づけられてB-1にその場所をもつのである。

セルA-2(部分社会で地域社会)には、都市と村落が位置している。これらは一定の行政区画によって区切られた土地とのむすびつきを共有する人びとによって形成され、土地とのむすびつきをとおして実現される生活上の種々の欲求充足にかかわっている。地域社会の最大のものは国民社会であって、これはセルB-2(全体社会で地域社会)に位置する。国民社会は、国民国家がその上に形成されている全体地域社会であって、その中に多数の部分地域社会を含んでいる。

セルA-3(部分社会で準社会)には群集を、セルB-3(全体社会で準社会)には市場と社会階層をおいた。市場は国民社会的規模において形成された経済的交換関係であるが、持続的な社会関係を形成するとは限らないので準社会と見做すことにしたい。社会階層は国民社会的規模において形成された社会的資源の不平等分配にもとづく地位区分であって、それ自体は社会集団でもなく地域社会でもないので、やはり準社会と見做すことにしたい。

図1は近代産業社会における社会の基本類型を示したものであるが、社会類型のあり方は人類史の発展の中で大き

な変動をとげてきた。その詳細は社会変動論(第四章)の主題をなすが、ここでは次の点のみを述べておきたい。まず、社会は人類の発生とともに古く、人間生活に普遍的なものであるということである。このことの否定を含意するような見解、たとえばホッブズが想定した「万人の万人に対する闘争」という人間の原始状態についての叙述は現実のものでなく、また一九世紀の初期人類学が人間の太古の状態として想定した「原始乱婚」のような家族を欠く状態の存在はなんら実証的な裏づけをもつものではなかった。

つぎに、各社会類型にはそれぞれ固有の長期的趨勢が見られるということである。第一に、基礎集団は機能縮小と解体にむかいつつある。未開社会には、リネージ、シブ、クランなどさまざまな形態をもった親族集団が存在しているが、現在の先進諸社会においてはそれらのものはすでに大部分消滅している。近代産業社会において親族はその機能をほとんど消失しつつあるとともに、家族は核家族へと構造的に縮小されまたその機能も限定されたものになってきている(第**26**項および第**35**項)。第二に、機能集団は未開社会段階にはほとんど存在せず、農業社会段階においてもきわめて未発達であったが、近代産業社会段階において急速に簇生した。とりわけ、企業組織・行政組織・教育組織などの高度の発達は、近代産業社会のパーフォーマンスにおける合理化の中心的な担い手をなしている(第**27**項および第**36**項)。第三に、地域社会はその範囲を拡大し、これとともにその内部における社会関係の累積度は稀薄化しつつある。すなわち、未開社会における全体社会であった部族は近代国民国家の形成以降になると国民社会へと拡大され、都市化の進行とともに農業社会において形成された封鎖的な村落共同体は解体にむかい、さらに近代産業社会において形成された国民社会はしだいにその境界を超えて世界社会へと拡大をはじめている(第**28**項および第**37**項)。第四に、社会階層は未開社会段階においては人類が入手し得る生活資源が生存水準を超える剰余をもたなかったためにほとんど存在していなかったが、農業社会段階に入って剰余が増加するとともに生得的な身分というかたちで形成され、近代産業社会段階の前期において人間社会は顕著な不平等構造をもった。しかし近代産業社会の後期に入るとともに、高等教育の普及、所有と統制の分離による資本家階級の解体、新中間層の大量の登場、労働組合の発展などにより、これらの不平等構造は緩和にむかいつつある(第29項および第38項)。第五に、地域行政組織としての自治体および国家はこんにち機能拡大にむかいつつある。これは、親族の機能消失と核家族の機能縮小、機能集団の合理化、地域社会内社会関係の稀薄化などの結果として充足されなくなったさまざまなサービス機能を行政組織が引受けざるを得なくなった結果として説明される。福祉国家といわれているものは、行政組織に対するこのような期待を表現したものにほかならない(第30項および第39項)。

基礎集団および地域社会はいかなる未開社会にも存在するという意味での社会の普遍性は、しかしながら社会という概念の学的認識が人類の歴史とともに古いことを意味しない。社会概念の学的認識は西洋近代のものであり、とりわけロックにはじまる啓蒙思想の中で形成された市民社会概念が、その出発点をなした。近代以前に社会の学的認識がおこらなかった理由は、近代以前における社会関係の形態が後述するゲマインシャフト関係(第17項)と深く織り合わされていたため、社会が個人にとって即自的でのみあるにとどまって対自化されなかったことによって説明されよう。ゲゼルシャフトとしての機能集団・組織の登場は大部分近代以降のことである。テンニエスはこの構造変動を「ゲマインシャフトからゲゼルシャフトへ」と表現したが、それは後述するように「ゲマインシャフトとゲゼルシャフトの分離」と表現する方がより適切である(第18項)。ゲゼルシャフトの登場とそれのゲマインシャフトとの対比は、社会関係という人間結合を、個人の欲求充足の目的的実現という個人主義的かつ目的合理的な原理から説明しようとする学的認識を導いたと考えられる。ロックは市民社会を、個々人が財産の保全と犯罪の処罰を確実に行なうことのできる公的権力をつくり出すことを目的として、自然状態のもとで個人が有していると想定された自然権を放棄し、これを公共当局にゆだねることによって成立したものであると説明した[4](Locke, Works1823: V: §§ 4–15, 77–94)。完結的(consummatory)な社会関係のみから成っていて手段的(instrumental)な社会関係を欠くゲマインシャフトのもとでは、このような認識は生まれ得ない。この意味で、社会の学的認識は近代の産物である。

古典市民社会理論を出発点とする社会の概念は、ロック以後、アダム・スミスからベンサムを経てJ・S・ミルにいたる功利主義的個人主義の社会理論、ヘーゲルからマルクスにいたる弁証法的社会理論、サン-シモンからコントを経てデュルケームにいたる実証主義的社会理論、スペンサーからホブハウス、またサムナーやヴェブレンにいたる社会進化論、テンニエスからマックス・ヴェーバーにいたる近代化・合理化に着目した社会変動理論、デュルケームとマックス・ヴェーバーのそれぞれ一定側面を受け継ぎ発展させたパーソンズの構造-機能主義理論など、社会学理論の多様な展開の中で多面的な発展をとげて今日にいたっている。社会学の歴史は、西洋近代の啓蒙思想に起源をもつ社会概念が、近代化と産業化の進行によって生じた社会変動の各段階ごとに、それらの変動の意味を解釈――肯定的にまたは否定的に――する努力をつうじてつぎつぎに変化をとげてきた、その興味ある過程の記録にほかならない。それらの一つ一つにくわしくたちいることは社会学史の課題であって本書の課題ではないとはいえ、現代の社会学思想は西洋における近代化・産業化の開始とともにはじまった諸社会思想の累積の上に成立しているものであるから、社会の概念化について考えることそれ自体が、それらの累積に関する膨大な知識を要求することはいうまでもない[5]。その結果として生み出された、社会の概念化における多様な諸学説については、社会学の研究諸潮流として後述する(第**10**項)。

3　社会と個人意識

社会学を社会についての学とし、そして社会を図**1**のように類型化すると、社会学の主題は家族にはじまり機能集団と村落・都市を経て社会階層・国民社会・国家の研究で尽きていると私が言っているように誤解する読者があるかもしれないが、注意ぶかく読めば明らかなようにけっしてそうではない。これらの諸社会――その構造、機能、および変動――の研究は、後述するミクロ社会学とマクロ社会学の区分(第**11**項および第**21**項)において明らかにするようにマクロ社会学の主題であるが、社会学の研究主題としてはこのほかにミクロ社会学があり、そしてそのことは、社会を相互行為・社会関係・共属感情などの語を用いて定義したさいにすでに暗黙のうちに述べられていた。すなわち、社会は複数の個人がつくるもので、この社会をつくる諸要素としての個人の行為や意識、そして個人と個人のあいだの相互行為や社会関係、これらのものがミクロ社会学の研究主題である。

ミクロ社会学は個人を分析の対象とする。個人は行為の主体であり、個人は他の個人すなわち他者とのあいだで行なわれる行為と行為の相互作用たる相互行為(interaction)をつうじて社会の成員となる。しかるにこれら行為する諸個人は、それらの行為をするにあたって自分の中に主観の世界たる意識をもち、この意識世界の中で欲求によってみずからの行為を動機づけたり欲求充足によって満足を感じたりする一方、家族や学校や企業や地域社会が自分にとってもつ意味を認識し相互行為をつうじてそれらに参加することに意味付与をしたりしている。家族や学校や企業や地域社会は個人の外に客観的に存在しているものである限りにおいて、社会は個人にとって自然がそうであるのと同じように客観的な実在であるが、他面において社会は個人がその意識作用をつうじてつくりあげる主観的な構成物という面をもっている。

もちろん物理-化学的な諸事象――後述する世界という語(第**5**項)を用いてこれを物理的世界と呼ぼう――もまた、人間がそれらを認識することによって認識者の主観的世界の中にとりこまれ、人間の認識と思考の作用をつうじて抽象化された主観的な構成物となる事情にかかわりはない。ただ、物理的世界は人間の行為とかかわりなしに客観的に実在している存在論的実体であって、人間はその実在性を五感をつうじて感得できる――たとえば目で見、手でさわることができるし、電気や微小世界のように目で直接見ることができない事象でも、計器や顕微鏡のような補助手段を用いて見ることができる。これに対して、社会関係や社会集団や地域社会といった社会的諸事象――これを社会的世界と呼ぼう――は、単に目で見ることができない――われわれは人間たちを見ることはできるがそれはけっして社会そのものではない――だけでなく、物理的世界のように人間の行為とかかわりなしに存在している客観的な実在ではない。複数の人間の集まりということは社会の成立の必要条件ではあるが、十分条件とはいえない。たとえば電車の乗客や映画の観衆や盛り場の歩行者群は第**1**項の社会の定義をみたさないのに対して、一定数の友人仲間はそれをみたすであろう。この場合、両者のちがいはさしあたって相互行為の持続としての社会関係のシステムの有無である。ところで社会関係とはマックス・ヴェーバーの表現を用いれば相互行為が持続するチャンス(可能性)というようなものである。相互行為の持続は現在を中心として過去と未来に広がっているが、過去における相互行為の頻度がすでに確定したものとして客観的に測定し得るのに対して、未来にわたる相互行為の持続の有無は行為者の意志という主観的――但しこの場合の主観は関係するすべての行為者によって多かれ少なかれ共有されている主観すなわち相互主観(intersubjectivity)として考えられねばならない――な要因に依存すると考えねばならないであろう。このことを考慮に入れる時、社会の存在は行為者の主観的な心の状態――以下これを意識世界と呼ぶことにしよう――にかかわる問題でもあることが気付かれるであろう。たとえば一定数の人びとが友人仲間という一つの集団を形成しているかどうかは、彼等のあいだで相互行為が持続的になされている度合いに依存するが、その相互行為の度合いはまた彼等が互いに共同意識をもちその集団の持続を望んでいる度合いに依存する。企業や学校のような制度化された組織(第**27**

項）の場合には、メンバーシップは単なる友人仲間より以上になんらか客観化され制度として表示された地位・役割にかかわるが、同時にそのことは本人によって自覚的に意識されまた他の成員によって認知されて、一定の共同意志ないし共通意識といったものをつくり出している。ジンメルの「心的相互作用」、デュルケームの「集合意識」、マックス・ヴェーバーの「主観的に思われた意味」、マッキーヴァーの「意志された関係」、高田保馬の「望まれたる共存」、パーソンズの「期待の相互補完性」など、代表的な社会学説が社会の形成をいいあらわすのにいずれも「心的」「意識」「主観的に思われた」「意志された」「望まれた」「期待」のような主観的なタームを導入してきたのは、このゆえである。

社会を主観的・心理的なものと見るかそれとも客観的なものと見るかは、古くから社会学説における代表的な争点をなしてきた。フランスのタルドやアメリカのF・H・オールポートなど多くの心理主義的社会学説においては前者の立場がとられる一方、デュルケームの社会学主義と呼ばれる観点では「社会的事実」は「物として」見ることのできる客観的実在だと主張された。近年では、デュルケーム理論を出発点とするパーソンズの機能主義社会学が「システム」概念をよりどころに社会の客観説をとり、これに対してシュッツ以後の現象学的社会学が「生活世界」概念をよりどころに社会の主観説をとっている、という対比が行なわれている（Habermas, 1981：II：182–228）。しかし、客観説をとったとされているデュルケームも、他方では「集合意識」とか「集合表象」とかの概念を立てており、これらのものは、日常生活の中で形成される社会についての前科学的なイメージである限り、生活世界の概念とそう遠いわけではない。またシステム論者としておなじく客観説をとったと解釈される中期以後のパーソンズもまた、個人がそのパーソナリティ形成の発達段階をつうじて外部社会を「内面化」する過程に注目し、パーソナリティのそのような構成部分をフロイトの「超自我」やG・H・ミードの「客我」の概念を援用しつつ分析した（Parsons, 1964：78–111）。これらのことを考えあわせると、主観説と客観説を二者択一的に位置づけて、そのどちらをとるかの問題を社会学の永遠のアポリアであるかのように論ずるのは明らかに適切でないことがわかる。そのような二者択一化を避けるために、客観的存在としての社会とこれを構成している個々人の共同意識のような主観的状態とのあいだの関係を、ここでは「主体-客体の相似性(6)」として定式化することにしたい。この語によって意味されているのは次のような事態である。すなわち、集団・組織・地域社会、またそれらを構成している個別的要素としての持続的な相互行為、社会関係、地位と役割、制度、社会構造等々は、社会学的研究の対象として客観的に実在している社会的事実であり、社会の構成員たる個々の行為者にとって外在的な、すなわち客体の側の世界を構築している。しかし同時に、人間の行為にはその心的内面として意識の作用がともなっており、社会的事実を構成している相互行為や役割行為や集団内行為・組織内行為や制度的行為等々は、行為者をそのように行為するよう内面から動機づけている意識世界におけるそのいわば対応物の所産であると考えられる。但し主体の側の状態と客体の側の状態との対応関係は一般に不完全であって、外部世界がそのまま行為者の内面世界にコピーされるわけではない。古くからいわれてきた「遺伝か環境か」という問題は、遺伝的な素質も外部的な環境もともに完全には人の行為を決定してしまうことはない、ということを言っている。また知識社会学でいう認識者の「視座構造」(Aspektstruktur)という問題は、同一の事柄を認識するのにも、解釈の枠組が異なれば異なった認識を生む、ということを言っている。外部世界が内面世界を形成する過程は社会化と呼ばれるが、社会化において個人はただ受動的にカメレオンのごとく外部世界の色にそのまま染まるわけではなく、おなじ外部環境のもとで育っても生得的な素質によって差異を生ずるし、また成人してのちは個人の能動的な選択意志による外部的影響からの濾化作用があり得る。こうした個人の能動性は、さらには個人による外部環境への働きかけとなり、個人意識の側からする社会的世界への反作用が生じ得る。主体-客体の相似性という表現は、このような両方向の形成作用をともに考慮に入れることにより、個人の行為と社会システム、したがってまたミクロ理論としての行為理論とマクロ理論としての社会システム理論とを、パラレルに考えていこうとする思考態度を示すものにほかならない（第**21**項参照）。

意識世界という人間の主観的内面に言及する時必ず生ずる問題は、自分の主観的内面は自分にわかっているとしても、他人の主観的内面をどうやって知ることができるのかということである。他人の主観的世界に踏み入ってこれを客観化することは極度に困難である。だから意識の内面分析はもっぱら自分の意識を内側から観察することによって行なわれる。これが内観法といわれるものである。周知のように、心理学における行動主義は、実証主義の科学理論を厳格に貫徹するため、内観法を科学にあらずとして心理学から追放し、有機体における外側から観察可能な行動としての刺激と反応に心理学の研究対象を限定した。これによって行動主義は、心理学をあたかも物理学のように行動主体から完全に切り離された客観的な観察者によって観察される実験的な科学、すなわち自然科学の一部門にくりいれることに成功した。しかしながら、行動主義心理学におけるこのような自然科学主義は、それに固有の代償を支払わねばならなかった。その代償とは、行動主義はその研究対象を動物の行動に求め、人間の行動を対象にする場合も動物のそれと共通に扱い得る生理学的レベルないしそれに近い事象に限定して、人間に固有の高次の精神活動、すなわちディルタイが「内的経験の中に与えられた意識の事実」(Dilthey, Ges. Sch. 1923 : xviii) と呼んだものにかかわる分野から撤退することにならざるを得なかった、ということである。心理学において発達をとげた行動主義は社会学にも少なからぬ影響を与えたけれども、心理学と異なって社会学の研究対象である社会事象の大部分は、人間に固有な高次の精神活動すなわちディルタイの意味での意識の所産であるから、社会学は心理学のように動物実験を素材としているわけにはいかず、だからその影響には明らかな限界があった。もちろん動物も社会をつくるから、動物社会学の研究が人間社会学に有用な示唆を与えることはたしかである（第**11**項参照）。しかし動物における社会事象は群をつくることと原初的な家族形成に限られ、動物社会には村落も都市も企業も国家も産業化も近代化もないのだから、動物研究が社会学に与えてくれる示唆は最も原始的なレベルでの社会形成に限定される。人間の社会生活は、高度に精神的な意志的活動としての意識的な他者との協働と秩序形成の努力とともにあり、それは人間に固有のものである。人間の社会生活における社会と個人意識とのこの高度な関連性のゆえに、社会学研究において人間の主観的な意識世界に言及することは不可欠である。

他人の主観的内面をいかにして知ることができるかという問題については、言語による個人をこえての意味の客観化作用にふれることを怠るわけにはいかない。そこで次項においてシンボルの問題をとりあげることにしよう。

4　社会と文化

第**3**項で述べた主観的な意識というのは、当面個人だけがもつ世界である。なぜなら、デカルトの有名な命題「我思う、故に我あり」が示すように、思惟するのは我という個人であって、個人を超えるいかなる思惟主体もあり得ないからである。集団は思考せず、社会に単一の意識というものはない。だからデュルケームのように集合意識とか集合表象といった概念を立てる場合でも、そのような意識——それは一つの社会の成員に多少とも共通する意識であるという意味で社会意識などと呼ばれることがあるとはいえ——を担っている主体は当然に個人である。

しかしながら、もし個人の思惟がデカルト的な純粋自我の内部だけで完結してしまうのであれば、個人は社会とつながる契機をもち得ないであろう。というより、もしすべての個人がそのように自分だけの独我論的世界をもつにとどまるならば、そもそも社会というものが形成されることがないであろう。じっさいには、純粋自我とか独我論的世界といったものは哲学的フィクションにすぎず、個人の思惟様式自体が現実には社会化の産物としてのみ形成されるのであり、従って自我の意識自体が社会の所産である。この点に着目する時、われわれは、かつてカッシーラー(Cassirer, 1944 : 1-2)が注意したように、行動主義によって人間のあらゆる問題を解決できないと同様に、内観法によっても人間のあらゆる問題を解決できないことに気付く。われわれは人間の主観を問題にしなければならないが、個人の主観の内側にのみとどまっていることはできない。なぜなら、個人の主観の内側にとどまっているだけでは、意識それ自体が社会化の産物である事情を解明する視点をもち得ないからである。すなわち、われわれが必要としている視点は、意識が意識をこえるメカニズム、あるいは主観が単なる主観でなく客観に転化するメカニズムを解明することのできる視点である。この視点は、カッシーラーが「人間性への鍵」と呼んだシンボルへの着目によって与えられる。

シンボルへの着目は、人間が行なう認識が物理的世界認識のように感覚器官をつうじての直接知覚だけによってはつくされ得ず、そのほかに人間の思惟の産物を記号を通じて認識するという重要な認識の形態があることに気付くことによって生ずる。シンボルは多くの論者によっていろいろに定義されてきたが、ここではそれらに深入りすることなく、シンボルとは超個人化され客観化された意味を担っているサインであるとの定義を与えておく。シンボルはシグナルから区別された概念であって、両者の決定的なちがいはシグナルが動物レベルでの行動の道具たるにとどまるのに対し、シンボルが人間に固有な思考すなわち主観的な意味理解の道具である点にある。シグナルとシンボルを合わせたものをサインと呼ぶ。(7) サインとは、客観的実在または他のサインの代用をする記号的表現媒体である。

さてシンボル概念の重要性は、右の定義に示されているように、それが客観的に確定されたものとしての意味内容を担うことによって、一人の個人の主観的思考の世界から他の個人の別の主観的思考の世界へとその意味内容を伝達し、そのことをつうじて複数行為者のあいだに共通の理解をつくり出すことにある。マックス・ヴェーバーは行為を「一人もしくは複数の行為者がそれに主観的な意味をむすびつけているかぎりでの人間行動」と定義する一方、社会学を社会的行為の解明的な理解をめざす学問であると規定して、社会学における主観的意味の理解への着目の重要性を強調した(Weber, [5]1972 : 1)。しかしヴェーバー社会学におけるこの主観的意味の強調と、他方における彼の「社会科学的認識における客観性」の要請とは、彼の展開した議論の範囲ではうまくむすびついているようには思われない。他者理解の方法という問題についいては、ヴェーバーは「目的合理的」行為が理解において最高度の明証性をもつということをくりかえすのみで、それ以外の種類の行為の理解については、彼はリップスの感情移入・追体験説を援用するなど、ディルタイやフッサールの内観主義を一歩も出ていない。これは、カッシーラーやランガーやモリスのシンボル理論が出現するより以前の人であったヴェーバーのやむを得ない限界であるが、ヴェーバーの行為理論にシンボル理論をむすびつけるならば、シンボルによる主観的意味の客観化という事実に言及することにより、個体間ならびに社会間における意味伝達、相互理解、従ってまた文化伝播の事実を首尾一貫的に説明することが可能になる。この観点からヴェーバーの行為理論を発展させ、行為理論の射程に文化理論までをもとりこんだのがパーソンズである。

文化とは何かという問題に関しては、「人間が獲得したあらゆる能力と慣習の複合的全体」というタイラーの古典的定義や、その流れを汲む「一社会の人びとの共有する生活様式ないし行動様式の全体」といった定義が語り継がれてきたが、これらの定義はあまりに拡散的でありすぎて焦点が定まらないだけでなく、文化が世代から世代へと学習を通じて伝達され、また異なった社会間で伝播される特性を適確に明示化し得ていない。パーソンズは文化を指向と行為の様式から成るとする点では伝統的な文化概念を継承しているが、文化が相互行為によってつくり出される産物であって、有意味シンボルによって「具象化」されていることによって伝達可能(transmissible)すなわち個人から個人へと学習を通じて伝達され、社会から社会へと伝播を通じて伝達されること、つまり行為そのものからは独立した客体として存在している点を強調する(Parsons, 1951 : 15 ; Parsons and Shils, eds., 1951 : 159)。パーソンズのこの文化概念は、文化を慣習や生活様式の全体とする概念化において、文化が行為そのものの中にいわば埋没したものとしてとらえられているのと異なり、文化はそれを生み出した行為主体から離れて行為者にとっての客観的な指向対象になっているとの考え方をあらわしている点で、文化を伝達(communication)・社会化(socialization)・伝播(diffusion)、従ってまた産業化・近代化とむすびつけて説明する(第**32**項)のに有用である。

以上の考察にもとづいて、ここでは文化をつぎのように定義しよう。すなわち、人間の思惟によってつくり出された生産物であって、シンボルによって客観化されて表現されており、それをつくり出した行為者およびその行為そのものから独立した客観的存在として、他の行為者に伝達可能・習得可能かつ伝播可能なものを文化という。文化をシンボル世界としてとらえることが、この定義の意図である。シンボルの最も主要なものは言語であり、言語によって表現されていて右の条件をみたす文化の例としては、認知的(cognitive)文化体系としての科学・哲学・思想・イデオロギー・宗教・神話、表出的(expressive)文化体系としての詩・小説・戯曲などの言語芸術、評価的文化体系としての法・規範などをあげることができる。また言語以外のシンボルとして、音や造形や身振りなどを考えることができ、これらによって表現された文化の例としては、音楽・美術・演劇・舞踊など——これらはいずれも表出的文化体系に属する——をあげることができる。人間が他の動物と異なってこれらさまざまの形態の文化を創造する能力をもっているのは、人間が思惟する動物であると同時に、カッシーラーのいうシンボルをもつ動物(animal symbolicum)であることによる。またシンボルを通じて文化が伝達可能・習得可能・伝播可能であることは、文化が継承されるとともに累積され進歩をとげまたその範囲を広げていくことを可能にするものである。

しかし、本書の文脈において文化に言及することの意味は、そもそも何であろうか。それは、文化と社会との関連性の問題にかかわる。われわれは社会学を社会についての学であるとしたが、社会学は社会についての学たるにとどまらず文化についての学でもあるとの考え方がとられることも少なくなく、これに応じて文化と題するパートをもつ社会学のテキストブックも多い。そのような観点からは、冒頭に社会学を社会についての学と規定し、社会のミクロ的認識とマクロ的認識、および社会についての構造論と変動論を軸にして章別構成の組立てが行なわれて、文化と題する独立の章を欠く本書の考え方はせますぎるとの批判が加えられることになるであろう。しかし、社会学を社会の学であるのみならず文化の学でもあると二元論的に規定することは、はたして妥当であろうか。一方では、文化の概念はその基礎部分において社会の概念と多少とも重なりあい、従ってことさらに文化の学なりといわなくても社会についての研究にはおのずから文化の問題が入ってくると思われる。他方では、社会学を文化の学なりとすることができるほどに社会学が全面的に文化の研究たり得ているかどうかには、少なからず疑問があるように思われる。以下この二点について簡単に説明を加えよう。

社会について広義の社会と狭義の社会を分けたように、文化についても広義の文化と狭義の文化を分けることが必要であろう。広義の社会が自然と対比されるカテゴリーであるのとおなじく、広義の文化もまた同様に自然と対比されるカテゴリーとして用いられる。そしてこの場合には、技術や経済や政治や法律や宗教などがすべて文化の諸領域と見做され得る。すなわち、広義の文化は実質的に広義の社会と同義である。他方、狭義の文化は狭義の社会とは異なった概念で、後者が持続的な相互行為から成る社会関係のシステムであるのに対して、前者は——さきに提示した定義が示すように——人間行為の所産であるが行為そのものからは独立して客観的に存在しているシンボルのシステムである。ただ社会関係とか集団・組織・地域社会など社会的世界にかかわる諸事象は、物理的世界の諸事象のような存在論的実体でなく、従ってそれの認識は感覚器官をつうじての直接知覚ではあり得ず、人間の思惟による産物であるという点で、文化と緊密に織り合わされることによって形成されている。事実、さきに評価的文化体系としてあげた法と規範は、法が国家権力の裏づけをもって制定されているのに対して、規範(会社や学校の「規則」のようなものも含めて)が国家権力の裏づけなしに集団・組織ないし国民社会の成員によって担われているというちがいはあっても、ともにそれぞれの社会の構成要素になっているとみることが可能である。じっさい、これらのものと、制度とか伝統とか慣習とかはきわめて近く、たとえば伝統は社会に属し慣習は文化に属するなどと区別することにはあまり意味がない。このようにして、社会学を社会についての学と規定しておくだけであっても、文化の一定部分はいずれにせよ社会学の研究対象の中に入ってくるのである。

次に、文化を構成する個々の項目である言語・宗教・芸術・法・規範等々については、それぞれ言語学・宗教学・芸術学(美学)・法律学・倫理学などの個別学問が人文・社会科学の中に成立しており、それらは法律学を別とすれば広い意味で人文学ないし文化学とも呼び得るような学問グループを形成している。それらの上にさらに屋上屋を架するようなかたちで社会学が文化の学たることを称する資格がはたしてあるかどうか。社会と文化とは、かさなりあいながらも理論的認識の焦点を異にする別個の総括概念である。社会学は名称の示すごとく社会を認識の焦点としてえらんでいる学問であって、社会学は上記の諸文化項目にふれるとしても、それらが社会(相互行為・社会関係・集団・組織・地域社会・社会階層・国家など)と関連しあう側面に限って――しばしば言語社会学・宗教社会学・芸術社会学・法社会学・道徳社会学などの名において――扱うにとどまる。以上の考察は、第**1**項の冒頭における社会学の定義を、再度正当化することになるであろう。

5　社会的世界・意識世界・シンボル世界

ヴィトゲンシュタインふうのいい方をすれば、世界とは生起すること(was der Fall ist)の全体である(Wittgenstein, 1961)。さらにハバーマスふうのいい方をこれにつなげば、生起することは真なる言明(wahre Aussage)という形態で確定され得る(Habermas, 1981：I：116)。重要なことは、世界とは対象の側にあって生起している事柄にかかわり、認識者がいようといまいとそれ自体として実在するものだ、ということである。これに対して、言明(あるいは命題)というのは認識者としての人間がこれをシンボル世界に写しとってきたもの、ふたたびヴィトゲンシュタインの語を用いれば「像」(Bild)である。

さてここで考えてみたい問題は、このような認識論的文脈の中に、われわれがこれまで考えてきた事柄、すなわち社会とは何か、意識とは何か、文化とは何かという議論をはめこんだらどうなるだろうか、ということである。これは、社会科学者でなかったヴィトゲンシュタインが考えなかった問題である。そこでわれわれはまず、ヴィトゲンシュタインとおなじく論理実証主義につながりをもち、従って科学方法論において経験と論理の二元論をヴィトゲンシュタインと共有しているポパーの議論に言及することから問題を出発させることにしよう。

ポパーは、論文「認識主体なき認識論」(Popper, 1972：106–152)において、物理的対象の世界(第一世界)、意識状態の世界(第二世界)、客観的思考内容の世界(第三世界)という、世界の三分法を提示した。このような三分法を立てることによってポパーが考えようとしたことは、彼のいう第三世界、すなわち科学の理論やそれをめぐっての批判的討論(ポパーのいう「批判的合理主義」の意味で)のような「知識」の世界が、彼のいう第二世界、すなわちデカルト的な「我思う」の主観的世界のシンボリックな表現として、後者に還元されることになるかどうか、という問題であった。右の問いに肯定的に答える知識主観説に対して、ポパーは敢然として知識客観説を主張した。すなわち、知識は人間の思考の産物ではあるが、ひとたび生産されるやそれはあたかもクモが生産したクモの巣がそうであるように客観的・自律的な実在物に転化する、というのである。

さてわれわれが第**2**項から第**4**項までに考察してきた社会と意識と文化に右に述べた意味での「世界」という概念を適用してそれらを社会的世界・意識世界・シンボル世界と呼ぶことにすると、われわれもまた世界についての一種の三分法を立てていることになるが[8]、われわれのいう意識世界はポパーのいう第二世界に、またわれわれのいうシンボル世界はポパーのいう第三世界にそれぞれ対応するのに対し、われわれにとっての中心的な関心事である社会的世界は、ポパーの三分法の中にその位置をもたないことがわかる。では社会的世界はこの文脈においてどのような位置づけを与えられることになるのか。意識世界を主観的世界、シンボル世界を客観的実在世界と考えると、右の問いはわれわれをふたたび社会は主観的なものか客観的なものかという問いに連れ戻すことになる。

この問題についてハバーマスが提示した次のような両面作戦は言及の価値がある。ハバーマスは、一方では社会を「日常生活の主観的構成」としてとらえる現象学派の観点を容認するが、他方ではそのような主観的構成物である社会を、あたかも上述したポパーの知識客観説とおなじように、人間がつくり出したものの客観化としてとらえる客観主義的観点をも受けいれる。そして前者の観点をあらわすためには、「世界」という存在論的概念をこれにあてはめるのは適当でないとして、ハバーマスはフッサールの創始にかかり現象学的社会学の中心概念として用いられてきた「生活世界」をこれにあてる。但し、ハバーマスは彼の用いる生活世界をゲマインシャフトによって相互主観的に分有された文化的伝統として再定義し、これを彼に固有の概念である「コミュニケーション行為」の背景をなすものとして位置づける。他方、後者の観点をあらわすものとして、ハバーマスはパーソンズの創始にかかり構造-機能的社会学の中心概念として用いられてきた「社会システム」をこれにあてる。その上でハバーマスは、人類史における社会進化を、システムと生活世界が一体化していた状態から、両者がしだいに分離(Entkoppelung)していく過程としてとらえる図式を提示する。すなわち、狩猟採集段階での部族社会(Stammesgesellschaft)の形態においては、社会の規模は小さくて役割は未分化であったから、人びとは親族組織の中で生活体験を共有しており、この意味で生活世界と社会システムは融合していた。ところが農業社会段階に入ると社会は国家的に組織化されて階層分化を生ずるようになり、さらに近代産業社会への移行とともに市場の拡大と機能分化がすすむので、社会システムは以前には融合していた生活世界の地平を決定的にこわしてしまうことにならざるを得ず、コミュニケーションをつうじての相互理解は社会システム内のほんの限られた一サブシステム内部に限局されてしまう。ハバーマスは、生活世界と社会システムとの分離というこのような過程のうちに、マルクスの意味での「物象化」(Versachlichung)を見るのである(Habermas, 1981: I: 123 ff.; II: 230 ff.)。

社会システムの概念(第**22**項)や社会進化の発展段階(第**31**項)についての考察は、それぞれ第三章および第四章の課題であるからいまはまだたちいらない。ここで確認しておきたいことは、生活世界という主観主義的な概念化と、社会システムという客観主義的な概念化とを二元論的に受けいれるハバーマス的見解は、それによって社会についての主観説と客観説との対立というアポリアを回避し得る限りでは、第**3**項で述べた「主体-客体の相似性」という本書の定式化に添うものである、ということである。ただこのことは、本書の理論構築において生活世界という概念を術語として受けいれるという結論をただちに導くものではない。シュッツ、ルックマン、バーガーらの概念化――ハバーマスの概念化はそれと同じではないが――においては、生活世界という語と社会的世界という語は互換的に用いられ、社会とは日常生活経験の主観的構成であると考えられ、かくしてけっきょく生活世界と社会とは同一視される結果になっており、それはまた知識――ポパーの第三世界が意味するような科学的知識でなく日常経験の中で形成された常識的な知識――とも同一視されている(Schütz, 1973; Schütz und Luckmann, 1975; Berger and Luckmann, 1966)。このことを、生活世界が主観的な形成物であるとするフッサールおよびシュッツのたびたびの言明と考えあわせると、生活世界という概念化は、社会をも文化をも主観的意識の世界に還元してしまう、社会と文化への主観主義的アプローチとむすびついているということになるであろう。すなわち、生活世界という概念の採用は、本書で第**2**項から第**4**項までに展開した社会的世界・意識世界・シンボル世界の三レベルを事実上主観の世界に一元化してしまう結果になると思われるゆえに、ここではこれを採用することを留保しておきたいのである。

さて、ここで社会的世界・意識世界・シンボル世界なる三分法のルーツをあげておくことにすれば、それはパーソンズの社会システム・パーソナリティシステム・文化システムという三つの行為システムである。両者の対応関係は、それぞれが社会・個人・文化を表示する概念化であることによって明らかであるが、ただ両者の基礎にある考え方にはある程度ちがいがある。パーソンズは三つのシステムはすべて行為の組織化されたものであるとしたが、私のあげた三つの世界のうち行為から直接構成されているのは社会的世界――この場合「世界」というのは対象の一つの領域というほどの意味を示すにとどまるから、内容的にはそれは要するに「社会」をあらわすもので、私はそれを社会関係のシステムとして定義した――だけであって、意識世界は行為システムそのものでなく行為者の主観的世界におけるそれの対応物、またシンボル世界は行為の客観化された生産物であってこれも行為そのものではない。ただ文化システムに関しては、パーソンズも「文化システムを構成するのは……価値・規範・シンボルの組織である。従って文化システムはパーソナリティないし社会システムと同じ意味での経験的なシステムではない。なぜなら、それはこれらのシステムからの諸要素の特殊な抽象をあらわしているからである」(Parsons and Shils, eds., 1951: 55)と述べて、三つのシステムを「行為の諸要素の組織化における三つの様式」とする彼の一般的規定からのずれがあることが承認されているから、パーソンズのいう文化システムと本書でいうシンボル世界とは同じものを考えているといってよい。これに対してパーソンズのいうパーソナリティシステムと私のいう意識世界とは、どちらも個人にかかわる概念化である点では共通であるが、個人へのアプローチの仕方において一定のちがいがある。この点を以下簡単に説明しておこう。

パーソナリティという概念は、自我とか意識とか精神などの諸概念と並んで、個人がただ環境に支配される受動的な存在なのではなく、独自の持続的な特性をもった能動的主体であることを表示するために工夫されたものである。しかしパーソナリティの概念が自我とか意識とか精神などの諸概念と異なるのは、それが本質的にパーソナリティ・テスト（質問紙法やロールシャッハ・テストやTATテストなど）のような心理学における実証主義的研究の用具とむすびつくことによって発達してきた概念で、それらのデータを用いて個人の性格特性を外側の観察者の観点から客観的に記述することを目的としている点である。内向的―外向的、支配的―服従的、理論的―実際的といった二極化尺度を用いた特性記述はその典型を示す。私が、個人を表示する概念化においてパーソナリティの語を採用しなかったのは、社会学的分析において個人への言及がなされるさいの中心的な概念化の方向が、右のような目的をもった心理学的概念化とはその文脈を異にすると考えたからである。パーソンズの行為理論は、初期における『社会的行為の構造』(Parsons, ²1949)の段階では、実証主義の系譜に立つ功利主義理論と理念主義の系譜に立つヴェーバーの行為理論との収斂という構想において立てられたものであったが、『行為の一般理論をめざして』(Parsons and Shils, eds., 1951)にはじまる中期段階になると、社会学・社会心理学・文化人類学の理論的統合という指向が前面に出るようになった。パーソナリティという心理学的概念が行為理論にもちこまれるにいたったのはこの文脈においてである。

本書は社会学理論の定式化をめざすものであって、パーソンズのような諸科学の統合といった指向を含まない。社会学的分析に適合する文脈での個人についての概念化は、パーソナリティよりも意識あるいはそれと密接に関連する自我の概念であると考えられる。パーソンズの場合も、初期の行為理論の定式化においては、主観すなわち「行為者の観点をとること」の重要性が強調されていたが、中期のパーソンズはそれを否定するようになった。(9) これには心理学からする科学主義の影響が大きかったと思われるが、しかしじっさいには彼が行為準拠枠の中心概念として用いている欲求性向・欲求充足とか動機指向・価値指向とかの概念は主観的観点にかかわるものである。物体の運動を説明するのに「心」に言及する必要はないのに対し、人間行為は欲求充足を求めて動機づけられると説明する必要があるし、社会システムにおける均衡はその点で行為者の最大満足が実現していることによって行為者のあいだに現行の構造を変えようとする動機づけが起らない状態として説明する必要がある。コントの「精神」、マルクスの「意識」、デュルケームの「集合意識」や「集合表象」、パレートの「残基」と「派生体」、ヴェーバーの「主観的に思われた意味」、G・H・ミードの「精神」と「自我」、クーリーの「鏡に写った自我」、ホーマンズの「感情」等々、主要な社会学説には必ずといってよいほど人間の主観的な心の状態に関する概念化がキイ・タームとして含まれており、それらはパーソナリティのような外側の観察者の観点からする概念化ではカバーすることができない。意識世界という概念はこのような配慮からえらばれたものである。

第二節　社会学の科学哲学

6　形式科学と経験科学

社会学を研究することの目的は何であろうか。社会学は社会科学の中の一つであり、社会「科学」というこの名称を文字通りに受けとる限り、社会学的認識は科学的認識の一形態と見做されている。そのさい科学というのは、実証主義的な手続きによってテスト可能な理論的諸命題のシステムである、とひとまず定義しておく。社会科学がどこまで科学たり得るかという問題はたしかにあるが、これについてはもうすこしあとで(第8項)考えることにして、ここでは当面まず社会学を科学の一つと見做すことから出発しよう。そうすると、科学的認識の成果はいうまでもなく科学的知識として結実するのであるから、社会学研究の目的は社会について科学的知識を得ることである、とさしあたり答えることができる。しかしこの答は、ではその科学的知識とはどのようなものであるのか、というさらなる問いをただちに呼びおこすことにならざるを得ない。科学的知識というのがどのようなものであるのかという問題を考察するのは、認識論の一部門としての科学哲学の仕事である。そこで、社会学そのものの内容に入るに先立って、社会学の科学哲学について若干考えてみるのが順序である。(10)

科学には形式科学と経験科学とが区別される。形式科学とは、経験的事実についての知識なしに、すなわちア・プリオリに、数学式とか論理式などシンタックスの規則だけからそれの真偽が判定され得るような命題を定立する科学をいう。数学――統計学を含む――と論理学がこれに属する。数学および論理学の命題は、経験的な情報に依存しないのであるから、演算というかたちで前提命題の中に暗黙のうちに含まれている情報を明示化してとり出すことによって定立されるしかない。このような命題は分析的であるといわれる。これに対して、それの真偽が経験的事実を調べることから得られた情報にもとづいて判定され得るような命題は総合的であるといわれ、総合的な命題を定立することを目的とする科学は経験科学と呼ばれる。社会学は社会について一般化的な命題を立てることを目的としており、そのような命題を立て得るためには社会についての経験的事実を調べることが不可欠であるから、経験科学に属する。たとえば、「産業化は核家族比率を高める傾向がある」とか、「産業化は子供の階層的地位が親の階層的地位によって決定される度合いを小さくする傾向がある」とかのような社会学的命題は、家族構成や階層的地位の決定について、異時点間のトレンド観察を含むきわめて多くの観察をしなければその真偽をたしかめることができない。社会についてそのような情報を求める活動が、社会調査といわれるものである。

社会学は冒頭の定義(第**1**項)に明示したとおり経験科学であるが、他の多くの経験科学がそうであるように形式科学と無関係なのではなく形式科学の成果を利用する。社会学の理論命題が数学的演繹や記号論理学による演繹を使うことは現在までのところ多くはないが、仮説命題の真偽をテストするのに不可欠な社会調査データの解析には数学の一分野である統計学を使う必要があり、またデータ解析結果にもとづいて推論をすすめるのには帰納論理を使う必要もある。社会学者の中には、社会調査データの解析に適した統計分析の手法やそのための電算機プログラムを開発することを専門にする人びと——方法論学者と呼ばれる——もあり、そのような人びとは形式科学に従事している(もちろん社会学そのものは実質科学だが、右のような人びとは実質科学の中での形式科学に従事している)ことになる。経験科学としての社会学的研究の実質は、それらの手法を用いてデータ解析を行ない、命題を定立しそれをテストする活動のうちにこそあるわけだが、経験科学的研究のそのような作業の中には、じつはデータを収集しそれを処理する経験的作業と、統計学を用いたり論理学を用いたりして推論の方法を工夫する形式的作業とが密接に織り合わされている。そのことを説明するために、ここでラッセルによって立てられた原子命題および分子命題という二つの概念の区別を援用しよう。

原子命題とは、さきに（第５項）ヴィトゲンシュタインの「世界とは生起することの全体である」といういい方を引用しつつ述べた客観的な出来事、すなわちわれわれが観察によってその真偽をたしかめることのできる個別事象についての経験的事実を述べている命題である。たとえば「日本では一九六五年から一九七五年までの一〇年間に核家族比率の上昇があった」とか、「父の階層的地位が息子の階層的地位を決定する度合いは一九六五年時点で日本もアメリカもほとんど同程度に小さい」とかの命題は、原子命題の社会学における若干の例である。これらの命題は、それぞれ二時点間および二社会間の比較をしているため、どちらも最小限度二回の社会調査を必要とするが、時間と場所の確定した個別事象を特定の観察結果にもとづいて述べている点で、それらは特定の経験的事実をいいあらわした命題であるということができる。原子命題を立てるには経験的観察がなされればよいとはいえ、右の例が示すように、二つの比率の差の有意性検定とか、逐次的回帰分析を用いたパス係数の算出とその有意差検定とかのような統計学的手法をも必要とする。

これに対して分子命題とは、二つ以上の原子命題を結合して得られる推論に依存している命題である。先に例示として掲げた「産業化は核家族比率を高める傾向がある」「産業化は子供の階層的地位が親の階層的地位によって決定される度合いを小さくする傾向がある」などの命題は、分子命題の例である。これらの命題は、産業化を説明項に用いて普遍的な因果関係――但し「傾向がある」という表現をとることによって決定性（determinancy）を弱めている――を主張している点で、一回や二回の社会調査による原子的事実の確認だけでは、これを検証することはできない。

この命題を検証するには、どのようなデータの集め方をしどのような推論の方式をとれば有効で効率的な検証が可能となるかについて、きちんとした計画を立てなければならない。たとえば、標本として産業化の度合いの高い国と低い国とを一定数ずつえらぶ、産業化の度合いのちがい以外の条件をできるだけ等質にたもつような標本のえらび方をする、家族構成や階層的地位決定が産業化の度合いの増加とともに変化していくことを示すことができるように工夫する、などはその例である。

J・S・ミルが『論理学体系』(Mill, Works1974) において「実験的研究の方法」の名のもとに、一致法・差異法・一致差異併用法・残余法・共変法の五つにまとめたのは、このようなデータ分析の論理の原初的な提示であった。デュルケームは『社会学的方法の規準』においてこれを援用し、とりわけ共変法が社会学的データ分析に有用であると推奨した。二〇世紀に入って以後フィッシャーによる実験計画法の創始があって、一九世紀におけるミルやデュルケームなど――彼等はまだ統計学の未発達な時代の人であった――の原初的な努力はその名がすたれてしまうほど格段の革新を見た。フィッシャーは農事試験において肥料の効果を地力の効果から分離して独立にとり出すための工夫からスタートし、データ分析の論理を推測統計学の方法とむすびつけることによって、この問題をミルやデュルケームよりもはるかに高度のレベルに引き上げたのであった。しかしながらミルの場合もフィッシャーの場合も共通することは、実験という語が用いられてはいるが、じつは社会科学や農事試験のように要因統制的実験の困難な分野で、統制できない攪乱要因の効果を除去するにはどうすればよいかを考えたことである。ミルやデュルケームは数理統計学が発達する以前の人であったため、データ分析の論理をそれが当然に必要とする統計解析の手法とむすびつけて説くことができなかった。たとえば、目的とする要因以外の諸変数をコントロールした標本を得ることは社会事象に関してじっさいには困難なので、ミルの一致法や差異法をそのまま適用することは事実上できない。このような場合、数理統計学の知識があれば、事後的なデータ処理において内分散と外分散とを分離する分散分析(analysis of variance, ANOVA)の手法を用いることにより、目的とする要因の効果を分離してとり出すことができる。

以上約言すれば、経験科学としての社会学は、一方で社会調査を行なうことによって経験的データを得、他方で形式科学の成果を利用することにより、単なるデータ記述(原子命題)から理論的一般化(分子命題)への道を歩む。しからば、経験科学において理論とは何であり、社会学の理論をつくるとはどのような作業を意味するのであろうか。次にこの問題にすすむことにしよう。

7　社会学において理論とは何か

理論という語は多義的に用いられるが、ここではまずこの語を、「理論 対 現実」「理論 対 実証」および「理論 対 実践」といった対比の文脈で使うのではない、という点から議論を出発させよう。第一に、「理論」が「現実」と対比される時、理論は非現実的なもの、従って現実分析の役に立たないもの、という含意で用いられる。ここではまったく逆に、理論は現実を分析し現実がなぜそのようであるのかを説明する時に使われるものである、との観点から理論を考えようとしている。第二に、「理論」が「実証」と対比される時、理論は人間の頭の中での構成物で実証的研究とは関係のないもの、という含意で用いられる。ここではまったく逆に、理論があってはじめてこれをテストするために実証的研究が要請されるにいたる、というように理論と実証のむすびつきという観点から理論を考えようとしている。第三に、「理論」が「実践」と対比される時、理論は実践——ここでの文脈では実践とは第**9**項で後述する政策論を意味している——とはつながらないもの、すなわち実際の役には立たないもの、という含意で用いられる。ここではまったく逆に、理論は実践の指針になるものという観点から理論を考えようとしている。

ではここでいう理論とは何か。理論はまず普遍化的な言明であることを必要とする。特定の出来事の生起を述べた単称言明、たとえば「一九三三年一月三〇日ヒトラーはドイツの首相となった」というように時間と場所が指定され固有名詞で表示された人物を主語とする「個体記述的」(idiographisch)な言明には、理論的要素はまったく含まれていない。通常の歴史の書物はこのような個体記述的言明の集合であるから、それは多くの自然科学や理論的な社会科学における「法則定立的」(nomothetisch)な言明とはその性質が異なっている。後者のような言明の、社会学における一例として次のような命題をあげてみよう。「地位下落の脅威によって脅かされている地主・ブルジョワ・ホワイトカラーなどは、階層的地位における地位非一貫性によって特徴づけられ、地位非一貫性によって特徴づけられる人びとは極端主義(extremism)の支持に走る傾向がある」(Strasser, 1986)。この言明は、時間と場所を特定しておらず、また固有名詞で表示された人物を含んでいない。すなわちそれは、右のような特徴づけをもった人びとがあらわれた場合には、反覆してそのようなことが起る可能性があるという一般性の存在を示唆している。もちろんこの言明が真であることを主張するためには、それが経験的にテストされ得る、または反証に耐え得ることを示さなければならない(第**29**項)。それがまさに経験科学としての社会学の仕事である。社会学は、通常の歴史の書物が含んでいない社会事象についてのこのような普遍化的な命題定立に指向する学問である、ということができる。

さて理論は、単に一般化への指向をもつだけでなく、事象の生起について説明を求める欲求をみたす、という点が本質的に重要である。右に例示としてあげた二つの言明は、言明の性質としては異なっているが、それだけにとどまらず両者は関連しているということに思いいたるのでなければならない。その関連の仕方とはいかなるものか。それは、後者のような言明は前者のような出来事がいったいなぜおこったのかという理由を説明するものとして有用である、というところにある。歴史上の、あるいは現在のさまざまな社会事象の生起は、「なぜ」という問いを発したくなる人間の知的関心を喚起するような出来事にみちている。なぜ古典古代においてローマ帝国は滅びたのかというのは、西洋史上の最も古典的な設問の例であったが、東洋人であるわれわれは次のような設問を考えよう。ローマ帝国と並ぶ高い文明をもっていた古代における世界の最先進国の一つ中国は、現在なぜ低開発国の一つになってしまっているのか。また、その古代において中国周辺の後進国の一つにすぎなかった日本が、現在なぜアジアで唯一の高度な近代産業社会を構築することができたのか。さらに、第二次大戦後の高度経済成長過程で、日本はなぜ戦前のような貧富の差の大きい社会にならずに、世界の先進国中でも最も社会階層間格差の小さい平等社会を実現し得たのか。さらにいえば、日本経済の高度成長は日本人が勤勉に働いたことによって実現されたとよくいわれるが、日本人はなぜそのように勤勉であるのか、等々。これらは、私がその研究に従事してきた産業化・近代化および社会階層の分野からとった若干の「なぜ」の例である。社会学的一般化に指向した命題定立は、これらの「なぜ」に全面的に答えることができるほど成熟したものではないにせよ、少なくともそれらの問いに若干の示唆を与えることができるものである。そうだとすれば、前項の冒頭に立てた設問、すなわち社会学を研究することの目的は何かという設問への答は、おのずから明らかである。すなわち、社会学研究の目的は、多くの人が狭義の社会事象に関して「なぜ」という問いを発するような問題をとらえて、これに答を——それは当面暫定的なものでしかないにしても、少なくとも知的刺激力をもつ——提示することにある。さきほど例示の材料としてあげたナチスの例はその一つである。あのように反民主的で残忍で破壊的なナチスが、ドイツ人のような文化的に高度な国民によって、しかも当時世界で最も民主的といわれたヴイマール体制のもとで、一九三二年の総選挙いらい国会の第一党の地位を与えられ、その翌年ついに合法的に内閣を組織するまでにいたったということは、まさに「なぜ」という問いを誰もが発せずにはいられない出来事である。この問いに対して、社会学研究の一分野としての社会階層論は、上述したシュトラッサーの言明に用いられていた地位非一貫性(status inconsistency)という一つの説明のための概念用具を開発したのであった。

「説明」とはなぜという問いに対して答を提示することであるが、もちろん説明にはなぜという問いの立て方の型に応じていろいろの型があり、右の例はその中の一つにすぎない。ネーゲルは説明の類型として、演繹的説明・確率的説明・機能的説明・発生的説明の四つをあげ、社会学的説明に特有なパターンは機能的説明にあるとした(Nagel, 1961：20–21；520–546)。社会学における機能理論については後述する(第**24**項)が、社会学的説明は機能的説明だけに限られるものではない。たとえば地位非一貫性によるナチズム政権獲得の説明の例は、自然科学などと共通に科学的説明の最も主要な型である演繹的説明の、そのまた下位類型の一つをなす「個別事象についての演繹的説明」にあたるものである。この型の説明においては、被説明項が個別事象についての単称言明(一九三三年のドイツにおけるナチスの政権獲得)で、説明項が普遍言明(地位非一貫性が極端主義への支持を生み出す)であり、そして被説明項は普遍言明の一つの例示——「初期条件」と呼ばれる——であるという関係にある。換言すれば、この説明はナチスの政権獲得という歴史上の一つの出来事を、単に一回限りの「個体記述的」言明としてとらえているのではなく、命題それ自体としては単称言明であってもそれはくりかえし起り得る普遍化的事象の一環をなすものとしてとらえられているのである。もし歴史家がこの見方を容認するなら、歴史家は彼自身の職能としては単称言明の史実による実証の作業を担うものではあるが、その単称言明はもはや「個体記述的」レベルにとどまるものではなく、「法則定立的」作業の中にくりこまれることが予定されていることをみとめることになる、といってよいであろう。これこそまさに歴史学から社会学への転換といわれるマックス・ヴェーバーの方法論論文における主題であった。(11)

自然現象についてこれと同型の説明の端緒的な例をネーゲルに従ってあげるなら、初期条件は「昨日コップに氷水を入れたらコップの外側が水滴でくもった」というような単称言明、そしてそれがなぜであるかを説明する普遍言明は空気が冷えると湿度の飽和点が低下するという物理法則、として例示することができるであろう。この例において、説明の論理的構造がナチス政権獲得の説明のそれと同型であることは自明である。しかしながら両者が同じといえないのは、氷水でコップの外側がくもる例は容易に多数回の実験的試行が可能であるのに対し、ナチズムの例はそうでない、という点である。ナチズムそのものは戦間期ドイツにのみ起った一回起的事象であって、地位非一貫性による説明はナチズムにはたしかにあてはまるけれども、同時期の極端主義の他の諸事例を考えてみる時、イタリアのファシズムおよび日本の軍国主義にはおそらくそのままではあてはまらないであろう。のみならず、地位非一貫性という問題はこれまでたしかに極端主義の発生とむすびつけて理解されてきたが、それが常に社会不安をもたらすという一般化をすることはじつはできないのである。一九五五年いらい一〇年ごとの日本の社会階層に関する全国調査データを利用して行なわれた私たちのトレンド分析の結果によれば、一九五五年いらいの日本の高度経済成長は地位非一貫性を増大しつづけて現在にいたっている（富永健一・友枝敏雄、一九八六）が、それは社会不安をつくり出すどころか、「九割中間層」といわれる一億総満足の状態をつくり出してきたのである。ヴイマール・ドイツにおける地位非一貫性は、ユンカー・資本家・新中間層の地位下落の産物としてつくり出されたものであったが、戦後日本のそれは、高度経済成長以前に多かった下層一貫の人びとの部分的地位改善の結果としてつくり出された点が根本的にちがっている。地位非一貫性命題は、これらのちがいを考慮に入れて、もっと明細化の度合いを高める方向にすすむ必要がある(12)。

以上約言すれば、社会学における理論指向は、歴史・社会事象に関してなぜという問いに答を出す能力を実現してきたという点で、それら事象の生起に説明を与えることが理論の目的であるという科学哲学からの一般的要請をみたすものである。ただ、科学的説明の最も主要な類型である一般化的言明の単称言明への適用の事例を考えてみると、自然事象の場合に比して社会学的一般化はそれの適用可能性が限られていることが少なくなく、ここに社会学を科学として考えることの限界という問題があることをまったく否定するわけにはいかない。この問題は自然科学 対 社会科学のちがいとしてくりかえし論じられてきた周知の事柄ではあるが、社会学的認識の問題に主題を限定してあらためて以下若干の考察を試みよう。

8　社会学における科学主義と反科学主義

周知のように社会学の学祖はコントとされているが、他方コントが哲学上に占める位置づけはこれも周知のように実証主義哲学の学祖という文脈においてである。よりたちいっていえば、社会学についても実証主義についてもコントはサン－シモンという先行者に多くを負っていたから、どちらについても真の学祖はサン－シモンであるという言い方もできるが、いまはこの二人を一括して考えることにした上で、おのおのの中心思想を体系化し完成させたコントに省略法的な表現で両方について学祖の名を与えておくことにする。

さてこのように社会学の学祖と実証主義哲学の学祖とが同一人物によって担われた事実は、社会学と実証主義とのあいだに特別の親近関係が本来あったということを示すものである。なぜなら、ほかならぬ実証主義の科学理論の提示者みずからが創始することを提案した新しい学問としての社会学は、まさに実証主義の科学理論そのものを担う学問として構想されたのであったから。じっさい、コントが社会学の名によって企図したことは、一七世紀後半から一八世紀にかけてガリレオとニュートン以後輝かしい成功をおさめた自然科学の発展のかげにとりのこされた道徳と社会についての理論を、神学的ならびに形而上学的段階から実証的段階に引き上げるという、社会についての科学主義すなわち科学的な社会認識の実現にあったのである。

実証主義とは何かという問いに対する答の様式は、一八三〇年代のコント、一八八〇年代のマッハ、一九二〇年代の論理実証主義、というように、実証主義の担い手が時代とともに移行するにつれてしだいに変化をとげてきた。サン－シモンとコントの段階で強調されたことは、思弁に対する観察の優位つまり経験の重視、および法則追求とそれにもとづく予見の実現が科学の本質であるということであった(Comte, Œuvres1968–71(:IV); 1844)。マッハでは経験の意味がもっと限定されて感覚という語でおきかえられるようになり、感覚をつうじて知覚されるということ以外には認識の源泉をみとめない考え方が実証主義だとされた(Mach, 1885)。ハーン、ノイラート、カルナップによる論理実証主義の定式化では、経験のほかにア・プリオリな論理分析が中心的な関心事とされるようになり、科学的認識とは経験と論理分析とを二元論的に織り合わせることによってはじめて達成されるものだということが強調された(Neurath, 1979: 79–101)。このように実証主義の内容は時代とともにその表現をしだいに変えてきたとはいえ、それらすべてに共通する中心的な核は変わってはいない。コントが人間知識についての三状態の法則という言葉でいいあらわした、あの強烈な反形而上学の精神がすなわちこれである。だから、もし社会学がコントという「創業者の精神」に忠実に発達をとげたとすれば、それはきわめてラディカルな反形而上学主義を掲げた、自然科学的な意味での「科学主義」的な方法の社会事象研究への適用を意味するものになるはずであった。

事実、一九世紀後半のイギリスおよびフランスでは、スペンサーとJ・S・ミルとデュルケームがあらわれて、社会学を実証主義の方向にむけて強力に牽引した。コントの社会学と実証主義とをともに直接受け継いで両者をむすびつける方向で発展させたのはデュルケームである。彼は『社会学的方法の規準』において、社会的事実を「もののように」(comme des choses)、すなわち客観的な対象物として見なければならない、といういい方で社会学における実証主義のあり方を表現した。また——上述したようにデュルケームは近代統計学の確立をまだ知らない世代の人であったが——彼の名を高からしめた『自殺論』において、デュルケームは統計的推論をつうじて社会学的命題を検証するという、実証主義的方法の当時の段階における模範を示して見せた。他方、コントの実証主義をイギリスに紹介したのはJ・S・ミルであった。ロックにはじまるイギリス経験論哲学の正統的後継者として、観察と実験に出発点をおく帰納法推理こそが科学的方法の中心だと考えたミルは、コントにおける三状態の法則の主張に大いなる共感を寄せた。そのミルに経済的援助を受けつつ、コントの『実証哲学講義』全六巻からの影響のもとに、『総合哲学体系』全一〇巻を書いたのがスペンサーである。スペンサーのいう「総合哲学」とは、哲学の課題を科学的方法を総合することに求め、形而上学のような科学以外のところに哲学の課題を求める見解をしりぞける科学主義の哲学をあらわしたものである。スペンサーは社会学をこの総合哲学の中に位置づけ、社会の進化の法則を定式化することが社会学の課題であるとした。スペンサーのこの総合哲学と社会進化論は、ホブハウスによって受け継がれ発展せしめられた。

こうしてイギリスの経験論哲学とフランスの実証主義哲学とが一九世紀後半に社会学という地盤の上で出会ったのは、両者がともに啓蒙主義を共通の源流としていることを考えれば、単なる偶然でないことが理解される。コントの実証主義哲学はモンテスキューおよびコンドルセーの直接の後継者として啓蒙主義のフランス的地盤の上に成立し、間接的にはロックに始まりヒュームを経てJ・S・ミルにいたる啓蒙主義のイギリス的形態としての経験論哲学につながっていた。だから社会学は、フランスとイギリスではこの経験主義と実証主義の合流点に位置する学問として発達をとげた。ところが、啓蒙主義も経験主義も実証主義も固有のものとして育ったことのなかったドイツでは、社会学はイギリスおよびフランスのそれとはまったく異なった思想的文脈——私が他の機会に「理念主義」という語によって総括した諸潮流(富永、一九八四a)——の中で生まれた。ドイツでは、ヘーゲルが『法哲学綱要』で説いた市民社会対国家の図式が、一九世紀後半の社会科学思想に大きな影響を与えた。ドイツにおける社会学は、コントやスペンサーなどフランス・イギリスの社会学とはまったく独立に、ヘーゲル的な市民社会と国家との対抗関係という考え方をもとに、ドイツで優勢であった国家学の脇役のようなかたちで、シュタインやモールやリールによって生み出された。この事情から、発生期におけるドイツの社会学は、その名称においても、コントの創始にかかる sociologie→Soziologie とは独立に、ドイツにのみ固有な Gesellschaftslehre (Staatslehre に対する意味で)を用いていた。

ドイツにおける社会学の前史をヘーゲル的伝統の中に位置づける役割を果たした中心人物として、後世に与えた影響という点においてシュタインやモールやリールよりはるかに大きいマルクスをここに登場させねばならない。マルクスは、シュタインとほぼ同時代人でヘーゲルの市民社会論・国家論からの強い影響をシュタインと共有していたが、彼自身の学説を社会学の名によって表示したことは一度もなかったため、元来は社会学史の上に明示的な位置をもっていなかった。しかしイギリス、フランスの啓蒙思想を「ドイツ観念論」に変質せしめたヘーゲル哲学がドイツにおいて一切の社会科学の母体としての位置をもったかぎりにおいて、そのヘーゲル哲学をさらに史的唯物論に変質させたマルクスからの影響が社会学の上に広範に及んだのは当然のことである。現代社会学の諸潮流の中でネオ・マルクス主義の名称を冠せられているものは数多く存在しているが、中でもマルクスの母国であった西ドイツにはホルクハイマー、アドルノによって創始された「批判理論」があり、またソ連とその翼下にある「東側」諸国では史的唯物論をもって社会学の基礎理論とするという理解が行きわたっている。

シュタインやマルクスなどの前史ののち、ドイツにおける社会学の本格的な形成は、一九世紀末から二〇世紀初頭にかけて、テンニエス、ジンメル、マックス・ヴェーバーらの輩出とともにはじまる。これらの人びとが一九〇九年にドイツ社会学会に結集したことによって、ドイツの社会学は「制度化」の段階を迎えた。この人びとの学説は、現代社会学の諸潮流に直接つながっているという意味で、フランスにおけるデュルケームやイタリーｰスイスにおけるパレートやアメリカにおけるG・H・ミードやクーリーなどの理論とともに、まさしく「現代」の社会学の出発点をなしているということができる。ただそのさい注意を要する点は、この人びとが社会学理論の展開にさいして依拠した科学理論には、実証主義も入ってはいるが、同時にそれとは異質な理念主義の系譜を引くドイツ思想の影響が濃淡さまざまの色あいで混入している、ということである。

まず、テンニエスは若い時イギリスに留学し、ホッブズ研究から彼の研究歴をスタートしたので、これら三人のうちではイギリス経験論と啓蒙主義的合理主義の影響を最も直接的に受けた。「ゲマインシャフトからゲゼルシャフトへ」という彼の中心テーゼは、ドイツ歴史学派のロマン主義的伝統に対して、近代化と合理化が不可避であることを説いたものである。ヴイマール・ドイツにおいて、テンニエスはヴィーゼと並んでドイツ社会学における数少ない実証主義の擁護者であった、と評価されている(Käsler, 1981)。しかしそのテンニエスの理論にも、ドイツ・ロマン主義的なゲマインシャフト優位の思想はいろいろなところに影を落としており、それはたとえば、ゲマインシャフトの形成をささえる人間意志としての「本質意志」が実在的・自然的であるのに対して、ゲゼルシャフトの形成をささえる「選択意志」が観念的・人為的である、とされているところにあらわれている。このような考え方は、テンニエス思想に出発点を与えたホッブズとロックの古典市民社会論とこれに続くイギリス経験論哲学にはまったくないし、フランス啓蒙主義の系譜およびこれに続くコントからデュルケームにいたる実証主義にもない。

つぎに、この種の二面性は、ややちがったかたちでジンメルにもみられる。ジンメルは社会学史上、何よりもまず彼の提唱した「社会化の形式」という独自の概念化によって、形式社会学の創始者として位置づけられている。形式主義というこの方法的観点は、その高度の抽象的・分析的な着眼と、それに由来する時間・空間・内容を超越した社会学的認識の普遍妥当性要求とによって、一九世紀いらいのドイツで支配的であったロマン主義や歴史主義への対極をなし、その点で啓蒙主義的合理主義につながる面をもつ。ジンメルの理論は、テンニエス――テンニエスは「形式」の語を使わなかったが――のそれと織りあわされたかたちでフィアカントやヴィーゼによって引用されつつ、形式社会学と呼ばれる学派形成につながり、ヴィマール・ドイツにおける実証主義的な社会学を代表することになった。しかし他方、哲学者としてのジンメルは、むしろそれとは正反対の、いわば非形式主義的で非合理的・反理論理性的な性質をもつ「生の哲学」の上に立っていた。大著『社会学』(Simmel, ³1923)におけるジンメルは、集団の量的規定や支配・服従や闘争など社会事象の普遍化的な側面の理論化をめざしたが、『歴史哲学の諸問題』(Simmel, ⁵1923)におけるジンメルは、人間の心的な事象の生起としての歴史は一回的なもので、その一般的な側面に関しては普遍法則が効力をもち得ても、個性的な側面に関しては事象は個体ごとに異なる、と説いている。

さらに、同様の両面性は、マックス・ヴェーバーの社会学方法論をも特徴づけている。ヴェーバーは、もともとは歴史法学および歴史学派経済学の中で育った人で、博士論文および教授資格論文はそれぞれ中世商事会社およびローマ農業史を扱ったものであったが、論文「ロッシャーとクニースおよび歴史学派経済学の論理的問題」(Weber, ⁵1968 : 1-145)にはじまる一連の方法論的諸考察をつうじて歴史学派の影響から離脱し、社会科学は自然事象とは性質の異なる歴史事象を扱うものであって普遍化的な命題定立を行なうことはできないとする歴史学派の考え方に対して、次のような批判を展開した。歴史学派経済学のクニースは、人間行為に関して自然事象におけると同様の法則定立を求めることの不可能性を人間の意志の自由に帰したが、人間行為といえどもそのおかれた状況や行為者の性格などとの関連について一般命題を立てることは可能であり、この一般命題に特定行為者のおかれた状況とその人の性格などの「初期条件」を代入すれば、彼の行為を予測することはある程度できる。そしてこれは、軍隊における戦闘とか裁判における刑罰とか、あるいはそのように特別の場合に限らずわれわれの日常生活における他人との交渉とかにおいて、常時行なわれていることであり、そのような人間行為についての「計算」は、架橋技師が静力学的な計算をし農夫が農芸化学上の予測をするのと、原理上とくに変わるところはない。もちろん予測のたしからしさは常につきまとう問題であるが、それは自然科学でも、生物学や医学や気象学や地理学など、対象についての「個性」が多かれ少なかれ問題になるような領域に共通するもので、たしかに人間行為はそれらの事象におけると同様に必然的判断を立てることはできないが、それゆえに行為の科学が不可能でないことは、それらの事象について科学が不可能でないのと同様である、と。行為の科学についてのこのような着眼は、その後パーソンズによって受け継がれて、「行為の一般理論」へと発展をとげていく。

以上のような方法論的考察の結果、ヴェーバーの社会学は、彼のよく知られた定義「社会学とは、社会的行為を解明的に理解し、そのことによってその経過と結果とを因果的に説明しようとする科学のことをさす」の後半部分が示すように、普遍化的な因果認識にもとづく科学的説明に指向するものとして構築され、そしてそのような普遍化的認識を可能にする方法論上の用具として「理念型」が提唱された。ところがそれと同時に、右の定義の前半に用いられている「解明的」「理解」などの語は、右の定義に続いて述べられている「主観的意味」などの語とともに、ディルタイが自然科学に対比されるものとしての精神諸学の方法原理として提示したもので、ヴェーバーによるこれらの語の使用は社会学を自然科学的な実証主義とは異なった方法原理に立脚させようとする指向を示すものと考えなければならないし、また彼の理念型方法論にも、歴史学派や新カント派に由来する「個体記述的」な方法の残滓というべきものが付着している。これらのことは、ヴェーバーがフランス、イギリスにおける社会学の伝統とは異質の要素を社会学の中にもちこんでいることを意味するものである、といわねばならない。

このように、ドイツの社会学がフランス、イギリスのそれと異なって実証主義以外の要素をさまざまにあわせもつのは、一九世紀後半から二〇世紀初頭にかけてのドイツでは、科学主義の先進国イギリス、フランスに対抗して、近代科学を物質文明の担い手として批判し、物質に対する精神の意義を強調する反科学主義の思想が強かったことを反映している。この考え方をオーガナイズした中心人物がディルタイで、彼は社会学を含む人文・社会系の学問を「精神諸学」(Geisteswissenschaften)の名によって表現し、この表現のもとにそれらが自然科学とは根本的に異質の学問であること、すなわち物質が人間の外にあるもので外部知覚(感覚)をつうじてとらえられるのに対して、精神は人間の内にあるもので内的把握(内省)をつうじてとらえられるものであることを強調した(Dilthey, Ges. Sch. 1923)。ディルタイにとって、コントにはじまりミルとスペンサーによって受け継がれた実証主義は、自然科学と精神諸学とのこの決定的なちがいに気付かない、「貧しく低い」見方である。ディルタイは、ドイツ・ロマン派やヘーゲル学派やドイツ歴史学派がこれにくらべて「より生き生きした、より深い」見方の上に立っているとしたが、これらは哲学的な基礎づけを欠いていたため実証主義に対して有効に反論しえなかったとし、みずからをコントに対抗する役割の組織者として位置づけた。ディルタイにはじまり、トレルチによって受け継がれ、その後アルフレート・ヴェーバーやマンハイムによってドイツ社会学の中に浸透していったこの思想は、歴史主義の名で呼ばれた。コントとスペンサーによってフランス、イギリスで実証主義と一体にむすびつけられていた社会学は、ドイツの歴史主義によって実証主義から引き離されることになった。

テンニエスやジンメルやマックス・ヴェーバーは、すでに見たように、社会学をディルタイ的な反実証主義によって組織化しようと考えていたというよりは、むしろロマン派・ヘーゲル派・歴史学派などのドイツ的伝統の中にありながら、社会学をそれらのものから救い出そうと努力した人びとであったというべきである。ただ、そうであるにせよ彼等はドイツ思想を身につけていたから、彼等が世界の社会学界に登場したことによって、社会学はイギリス、フランスのそれにはなかった多様な諸要素をあわせもつことになった。二〇世紀初頭以後現在までの社会学の諸潮流（第**10**項でこれを扱う）は、かくして高度に多面的な発展を示すようになる。そのような多面性は、一方では社会学の内容を豊かにする財産となってきたが、しかし他方では、社会学が明確な方法論的自覚の上に、首尾一貫した科学理論的立場をしっかり固めていくことを困難にしてきた。本書において私は、社会学をその本道に即して実証主義科学として考えていくことにしたいと思うが、同時に社会事象が自然事象とは異なるさまざまな特性をもつ、という事実から目をそらすことなく、実証主義の限界をそれとは異なる理念主義的な諸潮流によって補完することを試みたいと思う。

第三節　社会学の研究諸部門と研究諸潮流

9　社会学の研究諸部門

社会学の研究対象は社会であるから、社会学の内包は社会の定義が含む諸特性を共通の研究主題とするということであり、また社会学の外延は基礎集団・機能集団・地域社会・社会階層・国家と国民社会など社会のさまざまな諸形態、およびそれらとの関係における社会と個人、社会と文化などすべての広がりにその研究対象が及ぶということである。社会学の研究諸部門は、この内包と外延にしたがって形成される社会の諸類型ごとに区分される。

社会類型の区分はすでに図1(第2項、八ページ)において試みた。これらそれぞれの類型ごとに社会学の研究部門が成立する。社会集団については、社会集団全般についての一般理論(Homans, 1950；清水盛光、一九七一)、組織全般についての一般理論(Blau and Schoenherr, 1971；Hage, 1980)といったものがあるほかに、家族社会学や親族集団(同族団体など)の研究、産業または経営社会学や官僚制論においてなされてきた組織の研究、政治社会学において行なわれてきた政党や国家の研究など、個別の集団・組織の名を冠して呼ばれる各分野がある。地域社会については、地域社会学という全般的な名称があるほかに、農村社会学および都市社会学がそれぞれ存在する。地域社会の最大のものである国民社会の研究をとくに指示する名称はないが、社会階層研究はそのような国民社会の構造を分析する視角の一つである。社会階層とともに準社会としてあげた市場は第一次的には経済学の研究対象であって社会学の研究対象とは考えられてこなかったけれども、市場は核家族および組織と並んで近代産業社会の不可欠の構成要素であり、したがって家族および組織の研究には市場が環境要因として当然入ってくる。さらに準社会の中に未組織集団を位置づければ群集論や大衆論がこの範疇に入るであろう。他方、個別の社会集団や地域社会を超えてひろがるが、直接には一定の社会を担い手とする人間活動である文化的または広義の社会にかかわる諸領域としての、経済・政治・法・科学・知識ないしイデオロギー・教育・宗教・芸術などを社会学研究の外延の中にひきこんでくる広範な研究領域が、多様に存在している。経済社会学・政治社会学・法社会学・科学社会学・知識社会学・社会意識論・教育社会学・宗教社会学・芸術社会学等々の諸分野がこれである。

以上、社会学の外延を、

(一)　各種の社会集団・組織
(二)　各種の地域社会および準社会
(三)　各種の文化的諸領域

の三つに区分しつつ列挙した。これらの各対象ごとに形成されている社会学の個別研究諸部門は、マンハイムいらい「連字符社会学」(領域名と社会学という字とをハイフン Bindestrich でつないだもの)と呼ばれてきた。これら連字符社会学の各領域名を、図**2**のように行列表示の表側に縦に並べて考えることにしよう。

これら領域名の最上段にある「総論」というのは、外延の「各論」に対して狭義の社会の内包を研究する部門である。総論の行と理論の列とがクロスするところに位置する斜線をほどこしたセルは、本書の主題である「社会学原理」あるいは理論社会学の部門を表示している。社会学原理が引き受ける課題は、家族社会学や組織社会学や農村社会学や都市社会学や経済社会学や政治社会学等々のような外延の各論とは対照的に、それらに共通に適用され得る社会学的分析の一般原理を明らかにすることである。個別連字符社会学がバラバラになってしまわないように、社会学

認識方法による区分 →

対象による区分 ↓

			理論	経験	歴史	政策
総論			社会学原理	社会調査 社会統計学	社会史	社会政策
各論	(1)社会集団・組織	家族	家族社会学	家族調査	家族史	家族問題
		組織	産業社会学 経営組織理論	経営組織調査 モラール・サーヴェイ	経営管理史 経営組織史	経営社会政策
		国家	国家社会学 行政社会学	行政組織調査	国家史 行政組織史	福祉国家政策
		⋮				
	(2)地域社会・準社会	都市	都市社会学	都市調査	都市史	都市問題
		農村	農村社会学	農村調査	農村史	農村問題
		社会階層	社会階層理論	社会階層調査	社会階層史	不平等問題
		⋮				
	(3)文化的諸領域	経済	経済社会学	消費(貯蓄)行為・意識等の調査		
		政治	政治社会学	政治意識・投票行為等の調査		
		法	法社会学	法意識・法行為等の調査		
		宗教	宗教社会学	宗教意識・宗教行為等の調査		
		教育	教育社会学	教育意識・教育行為等の調査		
		⋮				

図2 社会学の研究諸部門

としての共通ディシプリンを提示して、個別連字符社会学の研究に対してリーダーシップを発揮するのが社会学原理の仕事である。

つぎに、図**2**の表頭に横に並べられた理論・経験・歴史・政策の四カテゴリーに目を転じよう。この横軸は、これまでに考察してきた縦軸が社会学の研究対象の区別をあらわしているのに対して、社会学的研究における認識方法のちがいないし研究目的の区別をあらわしている。

理論(Theorie)・経験(Empirie)・歴史(Geschichte)・政策(Politik)という四カテゴリーは、ディルタイ(Dilthey, Ges. Sch. 1923)が精神科学における三つの認識方法としてあげた歴史・理論・実践の三区分に、経験というのを追加して四つとしたものである。但しディルタイは歴史的個体認識を第一義とする立場から歴史をトップにおいたが、私は実証主義的社会学にとって普遍化的認識が第一義であると考える立場から理論をトップにおいた。この作図で重要な点は、理論・経験・歴史・政策という軸が、対象の軸と直交するという考え方である。まず理論について考えてみると、しばしば誤って考えられやすいことだが、社会学の理論というのは、社会学原理と書かれた斜線のセルの中だけにある、すなわち連字符社会学の外にあるかのように考えられるべきではない。理論は社会学のすべての研究諸部門をつらぬいて図**2**の第一列全体の中にある。それらのうちとりわけ個別研究を超えて普遍化の意義の大きい命題がいわばノン・セクションとしての社会学原理の中にとりこまれることになるのであるが、しかし個別研究から切り離されてなんらかすでに社会学理論の共通知識のレパートリーの中にくりこまれた命題、したがってその意味で研究の第一線から引退して教科書の中に収められている命題が理論である、というように考えられてはならない。社会学の理論を研究するとは、個別研究に超然としてひたすら「哲学的」な思索に耽ったり学説研究を自己目的としたりすることなのではなく、諸連字符部門の各第一線を見ながら理論の新しいアイディアを出し、それをまた他の研究領域につないだり、複数の研究領域にまたがった理論的整序を行なったりすることなのである。

つぎに経験とここで略称したものは、経験的社会研究(empirical social research, empirische Sozialforschung)あるいは経験社会学などと呼ばれるもので、現状分析に関して情報価値をもつデータを作成し、これを解析し、諸結果を集約する作業をさす。データの作成には当然、社会調査の方法が必要であるから、社会調査はこの部門の中心的な研究活動をなす。社会調査には事例研究(質的調査)と大量観察(量的調査)とがある。量的調査(カテゴリー変数を含む)においてはデータ収集に続いてデータ解析の作業がともなう。データ解析の方法論は統計学に帰着するから、ここでは社会調査のデータ解析に適用される統計学を社会統計学(Blalock, 1960; 安田・海野、一九七七)と名付けることとし、社会調査と社会統計学とを並べて第二列の第一行の位置におく。社会調査は事例研究の場合には個性記述的性質のものが多いが、事例研究でも一般化への指向をもつものもある。大量観察は通常、変数間の関連性の有無をテストしたり変数間の函数関係を求めるなどの手続きを通じて一般化への指向をもつ。データ解析の方法論は、この目的のために不可欠のものである。

第三に歴史というのは、経験的社会研究の研究対象が現在の事象でなく過去の事象である場合をさす。経験と歴史のちがいは、研究対象とされる事象が現在のことであるか過去のことであるかのちがいだけである。この意味では、経験と歴史を合わせたものを実証として一括してもよいのであるが、そのようにしなかった理由は、時間的なちがいが研究方法のちがいをもたらすことによる。いうまでもなく、社会調査によるデータ作成が可能なのは、現在の事象に限られる。問題の性質が同じでも、研究対象が過去のことであれば――過去の社会調査データが使用可能である場合を除いて――社会調査法に依存することはできない。さきにあげた地位非一貫性と極端主義との関連についての仮説命題(第**7**項)をもう一度想起しよう。この仮説を現在の西ドイツとか現在の日本について検証しようとする研究は、そのためにデザインされた社会調査の実施と、得られたデータの解析を必要とする。これに対してこの仮説をヴイマール・ドイツとか昭和前期の日本について検証しようとする研究は、歴史学の方法を必要とするであろう。このようにして、社会学的仮説命題の検証が歴史学の方法を必要とするものを、ここで社会史と呼ぶことにしよう。社会史は、図**2**の第三列が示すように、その対象の性質に応じて、家族史・組織史・都市史・農村史・階層(階級)史などさまざまなかたちをとり得る。社会史は、経済史や政治史などと並んで歴史学の一部門であり得るが、しかし人文学の中に位置する個体記述的な歴史学とは異なって社会科学(経済史は経済学、政治史は政治学、社会史は社会学)の中に位置しており、社会学的概念用具を用い社会学的命題定立に指向するものとして社会学の一部門をなすものである。

社会史は、個別的には家族史や都市史や農村史などとして歴史家や社会学者によって研究されてはきたが、経済史や政治史や法制史がそれぞれ経済学部や法学部にそれとしての講座をもち制度化されているのに対して、社会学の中できちんと制度化されておらずしたがってまたきちんと教えられてきていない。これは社会学の大きな欠落の一つである。近年西ドイツではユルゲン・コッカをリーダーとするビーレフェルト大学社会史研究グループのめざましい活動があり、とりわけホワイトカラー(Angestellte)の歴史や企業家(Unternehmer)の歴史など社会階層史の分野で研究の蓄積がすすみつつある(Kocka, 1977a; 1977b; Kocka, Hrsg., 1975)。その一端については社会階層の項でふれよう(第**38**項)。日本では中村吉治が社会史を「家と村と社会(国家)の歴史」(中村吉治編、一九六五、I、一一—一六)と規定して歴史家としてこれにアプローチしてきており(中村、一九五二)、個別的には有賀喜左衛門の家族・同族研究(有賀、著作集一九六六—七一、I—II)や中野卓の徳川時代商家の研究(中野、一九六四)などがこれに加えられるほか、村落共同体の歴史については住谷一彦の研究やホーマンズの研究(住谷、一九六三、Homans, 1941)などをあげることができるが、全体としてはこの分野はなお未発達である。

第四に政策というのは、実践にかかわる知識の部門である。経験および歴史とこれらにより検証された理論が実証的認識に関するものであるのに対して、政策は規範的認識に関するものである。規範的認識は、一定の価値基準に照らして現実を評価し、より望ましい状態をつくり出すための政策的提言を行なうことのできるような命題の定立に指向する。しかし、何がより望ましい状態であるかは価値判断の問題で、価値判断は個人ごとに異なる主観的なものだから、そのような命題を立てることを科学の名によって行なうことはできない、という価値判断排除の要請をどうするか。この問題について、実証的認識と規範的認識を峻別するが、規範的命題を「目的論的に条件のついている」(高田保馬、改新一九七一、二二)実証的命題に還元することによって、これに科学としての地位を与え得るとするのが、政策科学(policy science)の観点である。説明変数の変化が被説明変数をどのように変えるかをあとづける研究は実証科学的研究であるが、これとパラレルに、目的変数を仮設して手段変数の変化が目的変数をどのように変えるかをあとづける研究が政策科学的研究である。政策科学的研究は特定政策目標の価値的な正しさを主張するものではないが、より多数の人びとの合意を得られる価値判断とそうでない価値判断とをより分けるというういわば価値についての事実判断を立て、前者を目的変数として仮設し、どのような手段をえらべばそれを実現し得るかについての知識の体系を得ようとするものである。

社会学は従来、経済学などに比して政策的発言能力が弱く、政策的部門についての確立された名称さえもたないままであった。社会学の研究対象は社会であり、したがって社会学における政策論の対象も当然に社会ということになるから、社会学の政策学的部門は社会政策学(英語では social policy でよいがドイツ語は Gesellschaftspolitik)と名付けられるのが適当であると私は考え、図**2**の第一行第四列にそのように記入した。この命名は、ドイツと日本でこれまで存在してきた国家の対労働者政策という意味の社会政策(Sozialpolitik)と同名異義であるという難点があるが、社会の望ましい目標を福祉(welfare)の実現として設定し、社会政策とは国民社会の福祉実現を目標とする政策であると定義すれば、イギリスで行なわれている社会政策(social policy)の概念とはほぼ合致する(Marshall, T. H., ⁴1975)。ドイツの社会政策概念とイギリスの社会政策概念とのこの大きなちがい、およびそれらと社会学とのむすびつきが一義的でなかったことなどを考慮に入れる時、むしろこの語の使用を避けて社会計画(social planning)という語をこれに近いものとして採用することも考えられる(富永、一九七三b、一九七七)。この場合の社会計画とは、福祉に関する一定の規範的基準を設定して、現状とその規範的基準との偏差をできるだけ小さくする方向に現状を制御しようとする政策論である、と定義できる。規範の設定は価値判断の問題であるが、現状の何をどのように動かせばその規範的基準に近づけ得るかは実証的知識の問題である。社会計画論は、この実証的知識を生み出す科学である。

福祉政策ないし社会計画は国家および自治体の活動であるから、図**2**の第四列第二行以下の諸社会集団・地域社会は、国家を除き、政策主体ではなく政策対象として解される。家族問題・都市問題・農村問題・不平等問題(社会階層を対象とする政策論)といった表現はこのことを示す。但し、企業に関しては、この集団の国家権力からの強い自律性のゆえに、これを社会政策の政策対象と考えることは行なわれていない。逆に企業については、これを政策主体と考え、政策対象を企業の労働者として考える時、ドイツ的な社会政策とここでいう福祉政策の意味での社会政策とが、国家においてではなく企業において出会うことになる。西ドイツで行なわれている経営社会政策(Betriebssozial-politik)という概念がこれにあたるので、図**2**の第四列第三行にこの語をあてた。

最後に、図**2**の経済社会学・政治社会学以下の行について一言しておこう。これらについては、歴史・政策のセルにあたるものは経済史・政治史・法制史等や経済政策等となって社会学の外に出てしまうから、それらはブランクのままにしておくほかないが、内容的には社会学的に考えられた経済史とか政治史といった研究の実質はもちろん存在する。経験の列については、適切な名称を与えることはできないが、部分的にそれらにあたるものを例示しておいた。図**2**の行列の全セルによって、社会学のすべての研究領域があらわされている。社会学についての全包括的な書物というものがもしあるとすれば、それはこれらすべての領域——それを「総社会学」(general sociology, Gesamtsoziologie)と称することができよう——を覆うものでなければならないであろうが、専門分化の進行を前提することなしにこのような包括性を設定することは非現実的だから、単一の著者によってそのようなものが書かれ得る可能性はないといってよいであろう。現行の日本の大学における社会学の研究と教育の組織はきわめて未発達であって、私がここに記したような青写真を実現している理想的な——私の観点から言って——社会学部[13]といったものはまだ実在していない。本書はこれら総社会学の全体を扱う書物ではなく、この中のただ一つのセルである社会学原理に関する書物である。ただこの第一章が総論としての性質をもつことから、社会学のあるべき全体像といったものについて私の考えを述べたのである。以下ではふたたび、社会学原理としてのほんらいの職能に戻ることにしたい。

10　社会学の研究諸潮流

科学史の分野で近年広範な影響を与えてきたクーンの「科学革命」(Kuhn, T. S., ²1970)論によると、一つの科学には、彼が「パラダイム」の名で呼ぶ単一の支配的な学説というものが形成されており、当該科学の研究者はすべてそのパラダイムを基本的に受けいれた上で、それを部分的に改善したり新しい問題に応用したりしているが、ある時ある段階で既存のパラダイムでは説明できないような問題——クーンはこれを「アノマリー」という——があらわれはじめると、当該パラダイムはしだいに「危機」に陥り、ついにはあとから登場してきてアノマリーを解決した新しい理論にパラダイムとしての地位を明け渡すにいたる(パラダイム変革)、という。これが科学革命であって、クーンによれば科学の進歩が累積的な過程として起るという考え方は誤りであり、それは科学革命としてのみ起り得るものである。

クーンの科学革命論は自然科学について立てられたものであるが、科学史についてクーンのような説明を立てることがはたして妥当であるか否かの問題にはここではたちいらない——他の機会に私はこれについての批判的見解を述べた(富永、一九八四a、一四八—一五二)——ことにしよう。われわれが考える必要のある問題は、社会学にも近年クーンの科学革命論が入ってきて、既存の学説を批判しつつ新しい学説を押し出そうとするさいに、それを「パラダイム変革」の名で呼んだりすることが行なわれているのをどう見るか、ということである。クーン自身は社会科学を「前パラダイム状態」にあると見ており、そうだとすればパラダイムさえ成立していない社会学でパラダイム変革など問題にならないということになるはずであるが、現実にはこの概念を援用すると既存学説への批判を正当化するのにたいへん都合がよいので、社会学でもそのような援用が独り歩きしている傾向がある。

社会科学では一般に、各個別科学ごとに、考え方をまったく異にし用語体系自体からして異なる複数の学説が同時併存しているのがむしろ常態であるが、そのような状況の中にパラダイム変革という語がもちこまれると、急激かつ全面的に、一つの学説が否定されて他の一つの学説がこれにとって代わるべきだという、ポパーの意味で「ユートピア的」なアプローチが優越する。しかし社会科学においてじっさいに同時併存しあっている諸学説は、それぞれが部分的に長所と短所をもっていて、それらの長所をのばし短所を修正する努力をしていくと、互いに補完しあい収斂にむかう展望が開けてくる場合も多いのだから、ポパーの意味で漸次的かつ部分的に、それらのうちのすぐれた学説をえらんでそのたりないところを修正し完成に近づけていくという「ピースミール」なアプローチをとることこそが必要である(Popper, [5]1966: I: 158–159)、というのが私の考えである。

私は他の機会に、社会科学にみられるような複数の有力な諸学説の同時併存状態をあらわすに適した用語をさがして、クーンの意味でのパラダイムの語の使用を社会科学では避けるべきことを提案した（富永、一九八四a、一五二―一五七）。私が提出した代案は「潮流」という平凡な語であるが、ここであらためてこの語を、(一)相互に競合しあっている複数個の比較的優勢な学説であって、(二)広範な問題に対して説明を与えることのできる包括性をもち、(三)特定の創始者を学祖としてもち、その学説が学派というかたちで後続世代によって受け継がれて発展をとげてきたもの、という三条件によって規定したいと思う。[14]潮流がパラダイムとちがう点は複数の学説が併存していてそれぞれに支持者がつくことであるが、なぜそのような状態が出現するかという問題については、社会科学の場合競合しあっている複数の学説のうちいずれか一つが正しく他が誤っているということを事実によって立証し、他の諸学説を完全に窮地に追いこむということは一般に困難な場合が多いこと、および、一つの学説がある時にそれとはちがった人間観・社会観・歴史観・学問観に依拠する学説が出てくると新鮮な印象を与えて支持者がつくが、それが優勢になるとまたもとの学説が見なおされたりしてどちらも決定的には優勢になれないこと、の二点をさしあたりあげておくにとどめる。この問題は多くの点で掘り下げた考察を必要とすると思われるが、ここではこれ以上たちいる余裕がない。

さて、一九世紀から二〇世紀初頭までの社会学の諸潮流について、われわれはすでに科学主義 対 反科学主義という関心からさまざまな諸学説を概観した（第8項）。以下にはこれにさらに多くのものをつけ加えつつ、過去から現在までにいたる主要な社会学説を一〇の潮流にまとめてみることにしたい。

(一)　ロックに始まりヒュームを経てJ・S・ミルにいたるイギリス経験主義と親近関係を保持しつつ、フランスでサン－シモンとコントによって創始され、デュルケームがこれを受け継いで発展させた古典実証主義。

(二)　コントの思想をイギリスに移植したJ・S・ミルの影響下に、イギリス経験主義を正統的に継承したスペンサーによって創始され、ホブハウスがこれを受け継いで発展させた自然主義的社会論としての古典社会進化論。

(三)　ドイツでコントやミルやスペンサーなどフランス・イギリスの実証主義にたいしてはげしい対抗意識をもやしていたディルタイによってそれらに対立するものとして創始され、トレルチによって受け継がれ、アルフレート・ヴェーバーやマンハイムによって知識社会学や文化社会学として社会学の中に一定の地位を占めることになった歴史主義。

(四)　ジンメルの「社会化の形式」という概念化とともに創始され、フィアカントやヴィーゼによって受け継がれて、ドイツを中心に一つの学派を形成した形式社会学。フィアカントやヴィーゼはジンメルと並んでテンニエスを頻繁に引用したので、テンニエス自身は形式社会学の主張者ではなくまた学派の創始者でもなかったが、彼も通常この潮流の中に位置づけられている。これらの人びとは、哲学的にはドイツ・ロマン主義や生の哲学や現象学などさまざまなドイツ思想の影響を受けてはいたが、基本的にはヴイマール・ドイツにおける社会学を歴史主義とのあいだで二分し、歴史主義に対抗しつつ実証主義的な理論構築に指向していた。

(五)　ドイツ歴史学派の中から出て歴史学派批判に転じ、行為における主観的意味への着目を基軸に、理解社会学の名によってマックス・ヴェーバーによって創始された行為理論。これはパーソンズによって主意主義的行為理論の名によって受け継がれ(Parsons, ²1949)、さらに行為の一般理論の構築をつうじてシステム論を加味して、後述の構造-機能理論につながっていった(Parsons and Shils, eds., 1951)。他方、これも後述するシュッツの現象学的行為理論(Schütz, ²1974)がやはりヴェーバーの行為理論を一つの出発点としているし、近年ではヴェーバー、パーソンズ、シュッツをすべて視野におさめさらに言語理論などを加えた行為理論の新展開としてのハバーマスのコミュニケーション行為の理論(Habermas, 1981)があらわれている。このように行為理論の潮流は一つとはいえず多面的な展開を見せているが、これはヴェーバーの行為理論そのものが実証主義的な客観的因果帰属観とディルタイ的な内面把握としての意味理解とを混在させていたことの反映であろう。

(六)　ヴェーバー社会学の他の一面は、スペンサーの社会進化論を出発点とし、テンニエス、ジンメル、デュルケームらに共有される産業化論ないし近代化論としての社会変動理論ないし発展社会学である。この潮流に関してはヴェーバーは創始者ではなく、創始者はテンニエス、スペンサーからさらにさかのぼって、ホッブズ、ロック、スミスと続くイギリス古典市民社会論、またパスカルとデカルトに起源をもちテュルゴ、コンドルセー、サン-シモン、コントへと続くフランスの「進歩の理念」などの啓蒙主義諸思想にまでその系譜をたどることができる。しかし第二次大戦後に、パーソンズ、リーヴィ、ムーア、アイゼンシュタット、ベンディックスなどによって担われた近代化理論において、最も中心的なよりどころとなったのはやはりマックス・ヴェーバーであり、とりわけ彼の宗教社会学や支配の社会学をつらぬく主題としての、合理化としてとらえられた近代化についての見方であった(Weber, 1920 : Vorbemerkung)。こうして、近代化論としての社会変動理論は、ヴェーバー以前と以後とを一貫して流れてきた社会学の主要な潮流の一つをなす。

以上あげた六つの潮流は、一九世紀から二〇世紀初頭にいたる草創期社会学の中で形成されたものであるが、(一)から(四)までは現在から見ればほぼその使命を終え、現在その直接の後継者が潮流をかたちづくっているとはいえない、過去の諸学説である。(五)と(六)は、これらに対して、ヴェーバーが現代に及ぼした強烈な影響力と、パーソンズのようなスケールの大きい総合的な理論家がこれを受け継いだこととによって、現存する有力な諸潮流の一角を形成している。そして現存する有力な諸潮流としては、これらのほかに、二〇世紀初頭当時にはまだはっきりとは存在していなかったいくつかのものをつけ加えなければならない。そのようなものとして、ここでは次の四つをあげることにしたい。

（七）　スペンサーとデュルケームとパレートにそれぞれ独立の源泉をもち、デュルケームを受け継いで発展させたマリノフスキーおよびラドクリフ-ブラウンによって明確な定式化を獲得し、第二次大戦後アメリカでパーソンズ、ホーマンズ、マートン、デーヴィス、ムーア、リーヴィ、スメルサーなどによって担われて発展をとげてきた機能理論、ないし構造-機能理論。この潮流はスペンサーとデュルケーム——デュルケームはスペンサーを継承したので両者は一面で対立しながら他面で密接な関連をもっているがパレートはややかけはなれている——に出発点をもつ点で、古典実証主義ならびに社会進化論を受け継いでいるが、マリノフスキー、ラドクリフ-ブラウン、パーソンズ、マートンらがこれを革新して新たな生命力を与えた。古典実証主義ならびに社会進化論と機能理論との関係は、この意味で経済学における古典派と新古典派のように思考上の連続性をもつと同時に革新を経ているという関係であり、それゆえこの潮流は社会学発生いらいフランスとイギリスのあいだを何度か往復しつつ発展してきた実証主義の最も正統的な後継者として位置づけられる。その中心的な考え方は、社会事象の説明にシステム概念を導入し、システムの環境適応、システムの目標達成、システムの構造維持などの過程をシステムの機能的要件充足とむすびつけ、逆に機能的要件が充足され得ない場合にはシステムは環境適応能力を高める方向に構造変動をとげる、と説明することにある(Parsons, 1951；Luhmann, 1984；富永、一九六五a)。機能理論はシステム概念を使うのでアシュビーのサイバネティックスやベルタランフィのシステム理論とむすびつけられやすいが、サイバネティックスやシステム理論は元来自然科学のものであるのに対して機能理論は社会学プロパーのものであり、かつ学説史的にシステム理論よりもずっと先行している。機能理論は上述のようにイギリス、フランス、アメリカのものであったが、一九六〇年代以降西ドイツや日本にも担い手があらわれ、こんにち世界的な規模でマクロ社会学の主潮流を形成している。とりわけ西ドイツのルーマンは、パーソンズの理論に独自の修正を加え彫琢する試みを展開して、機能主義潮流の新しい中心的な担い手となりつつある。

（八）　歴史主義とはまったく異なった文脈から、しかし歴史主義と並ぶ反実証主義の哲学としてフッサールによって確立され、相互行為における他者理解の方法として社会学の中に導入されてきた現象学。社会学への現象学の適用には、シェーラー、リット、フィアカント、ガイガー、ギュルヴィッチ、日本では蔵内数太など一九二〇年代いらいの長い歴史があるが、近年における現象学的社会学の爆発的なひろがりは内容的にそれらと区別され、もっぱら一九五九年に没したシュッツの著作の死後の影響によるものである。第二次大戦前にドイツで行なわれた現象学的社会学は、形式社会学の意味での社会化の形式を認識する方法を現象学的還元に求めていた。すなわち、ジンメルのいう社会化の形式というものを、個別的なあれこれの社会関係を超えた社会の普遍的本質と考えるなら、フッサールのいう現象学的還元はまさに個別的・経験的なものを超えた普遍的本質を「直観」によってとらえる方法だとされているのであるから、それは形式社会学の認識目的に適しているように思われたのである。しかし他面から考えると、現象学的還元というのは、実証科学が前提しているフッサールのいわゆる「自然的態度」、すなわち対象世界を感性的経験をつうじて認識し得るとの仮定――フッサールにいわせれば哲学的に「素朴」な仮定――から出発する考え方を否定し、経験的な一切のものを「括弧」の中に凍結して、純粋意識とか超越論的主観性とか呼ばれる独我論的な内面自我の世界だけにこもってしまうことを意味する。独我論的な内面自我の高々度に形而上学的な思索によって社会の認識ができるものであろうか。人は当然の権利をもって、そのような主張の妥当性を疑うことができる。これに対して、シュッツにはじまり近年若い世代のあいだで爆発的な人気を博するにいたった現象学的行為理論は、フッサール最晩年の概念用具たる「生活世界」(Husserl, [2]1976) によりどころを求め、現象学的還元によって意味されていたあのせまい超越論的主観性の枠から現象学を解放しようとする試みである。生活世界は純粋意識とおなじく個人の主観の世界ではあるが、純粋意識とはちがって他我経験をとりこみ、それによって独我論的世界から自我と他者との相互主観的世界へと脱皮することを可能にする概念である。フッサールは生活世界を、科学以前の世界として人びとが日常生活での体験をつうじて認識しているものだとしたので、これを中心概念として採用した後期のシュッツと、これを受け継いだルックマンの現象学的行為理論(Schütz und Luckmann, 1975)は、日常的な自我 対 他者の相互行為における他者経験の分析を意味することとなり、経験性を回復した。現象学的還元のような形而上学的世界とはまったく関係をもたないガーフィンケルの「エスノメソドロジー」の日常会話分析までもが現象学の名によって呼ばれるにいたっているのは、それが日常生活の中で常識とされ自明のものとされている状況を自然的態度のレベルで扱う、というシュッツの提言から出発している(Garfinkel, 1967 : 37)ことによる。しかしここまでくると、もはや現象学とはいえないものが現象学の名で呼ばれているといわざるを得ない。

(九)　クーリー、トーマス、G・H・ミードを始祖とし、ローズ、ブルーマー、ターナー、ゴフマン、ストライカーなどによって担われてきたシンボル的相互行為主義。日常的相互行為を対象にするようになって以後の現象学的行為理論は、このシンボル的相互行為主義と似た性格のものになり、時に混同さえされるようになったが、両者の哲学的出自はまったく異なり、現象学がドイツ理念主義の伝統に出自するのに対して、シンボル的相互行為主義はアメリカのプラグマティズム哲学の中にその発生源をもっている。シンボルへの着目は、ドイツの新カント派出身のカッシーラーやイギリスの数学者・科学哲学者ホワイトヘッドなど、プラグマティズム以外にもさまざまの源泉をもつが、プラグマティズム哲学創始者の一人G・H・ミードは、自我形成におけるコミュニケーションの重要性を考察する途上でシンボルの分析に到達した(Mead, G. H., 1934)。ミードは社会学者ではなかったから、ミードとの人的つながりで社会学の中にミード学派ができたということはなく、シンボルの哲学そのものはミード門下のモリスによって受け継がれ記号論として構築された。シンボル的相互行為主義が社会学における一つの学派を形成するにいたるのは、シンボルそのものについての理論としてというよりは、その名称の示すようにシンボルをつうじて行なわれる行為者間の相互行為についての理論、とりわけ役割の理論と自我の理論として、ミードや彼と同時代の社会学者であったクーリーやトーマスなどの諸学説が、彼等よりもずっとあとの世代の社会学者たちによって再認識され、それらを受け継がねばならないという自覚が彼等の中に生じたことによる。その自覚化は一九六〇年代初頭にはじまり、ローズによって編集された相互行為論者のアンソロジー(Rose, ed., 1962)がその最も初期のものであって、この学派のリーダーをもって任ずるブルーマーの単独著作(Blumer, 1969)がこれに続いた。シンボル的相互行為理論は、対面的相互行為の範囲でのミクロ社会事象しか扱わず、マクロ世界の社会構造や社会変動を分析する用具をもたない点で機能理論と異なるが、しかし機能理論もミクロ理論的下部構造として行為理論をもっており、両者は相互行為(interaction)への着目を共通にしているだけでなく、役割理論や準拠集団理論などを互いに共有している。また哲学的には、シンボル的相互行為理論の基盤となったプラグマティズムは経験論哲学の枠の中にあるもので、それはアメリカへ渡ってからの論理実証主義としだいに融合傾向を示したほどであったのだから、シンボル的相互行為理論がおなじく実証主義の枠の中にある機能主義と科学理論的にあいいれないというような事情は何一つない、ということが正しく理解される必要がある。

（一〇）　マルクスの史的唯物論・階級闘争論・唯物弁証法などを基礎において社会学理論を構築することをめざすマルクス主義社会学、およびマルクス主義の批判主義的側面を強調することによって独自の潮流を形成してきた批判社会学。マルクス自身は、有名な『経済学批判』の序言でみずから語ったように、はじめ法律学を専攻し、次いで哲学と歴史に転じ、やがて市民社会の解剖学はこれを経済学のうちに求めねばならないと気付くにいたって経済学の理論体系の構築をライフ・ワークとしたのであって、社会学の名で自己の学問をオーガナイズしようとしたことは一度もなかった。だからマルクス主義社会学というようなものは第二次大戦以前には存在しておらず、マルクス没後のマルクス主義発展史の中で社会学はマルクス主義の中にその位置を認められないまま、革命後のソ連では禁じられ、戦後も一定時期まで(ソ連・東欧ではスターリン批判後の「雪融け」が普及する一九六〇年代初頭まで、中国では文化大革命終了後の一九七〇年代末まで)社会学は「解禁」されるにいたらなかった。日本では第二次大戦後、アメリカでは一九六〇年代後半以降、マルクス主義社会学の提唱が進んで社会学の中にマルクス主義が位置づけられるようになったが、マルクス主義の側からは、社会学を受容することはマルクス主義の一つの変質を意味すると受けとられ、これをネオ・マルクス主義と呼ぶことが行なわれるようになった。社会学の中にマルクス主義を位置づける場合、両者の関係はつぎのようにいくつかの面でふれあうものとして考えられる。(i)マルクス主義は一七—一八世紀ヨーロッパの啓蒙主義から主知主義的進歩思想にいたる流れの影響を強く受けた一九世紀ヨーロッパの思想として、社会学の上記諸潮流中(二)の古典社会進化論および(六)の発展社会学に近く位置し、それらと一定のふれあいをもつ。したがってまたそれは、社会変動理論の一環として、(七)の構造-機能分析における社会変動理論の側面と一定の親近性をもつ。(ii)より特殊的には、マルクス思想の主要な柱の一つである階級闘争理論が、社会学的に一般化されてコンフリクト理論(Dahrendorf, 1959)の母体となり、あるいは先進諸国と発展途上諸国とのあいだの国際的な関係を中心-衛星の関係として位置づける従属理論(Frank, 1967)を形成するなど、社会学上にその多くの変異を生み出している。(iii)先進諸国の内部において、近代化・産業化の結果としてヨーロッパ一九世紀型の階級が解体し、窮乏化命題・階級両極分解命題・階級闘争命題などがしだいに経験的命題としての妥当性を喪失してきたことを承認する一方、先進国においてマルクス主義が生きのこり得る道を道具主義的理性(instrumentelle Vernunft)にたいする哲学的批判(Horkheimer,

1967)に求め、あるいは後期資本主義のもとでの文化的貧困化(kulturelle Verarmung)や生活世界の植民地化(Kolonialisierung der Lebenswelt)の批判に求める(Habermas, 1981 : II : 448-547)、ホルクハイマーからハーバーマスにいたる西ドイツ・フランクフルト学派の「批判理論」は、先進国型マルクス主義社会学の一つの型を示している。批判理論というのはホルクハイマーの創始にかかる概念で、マルクス主義の個別実証科学的側面——それは成功したとはいえなかった——を切り離した、「人間をその全歴史的生活形態の産物として対象とする」(Horkheimer, 1977 : 576)、社会についての哲学的な思惟である。このような人間についての全体的自己認識は、社会的現実を自分の外側にあるものと見做す分析的科学の方法によっては可能でなく、研究者の対象からのそのような「疎外」を克服して両者の同一性を実現する批判的思考をとることによってはじめて可能になる、というのが批判理論の出発点をなしたホルクハイマーの主張であった。このような反分析科学主義は、ホルクハイマーとアドルノにおいてきわめて強く、それが「ドイツ社会学における実証主義論争」(Adorno, *et al.*, 1969)でのアドルノの主張の背景をなしている(富永、一九八四ａ、三九八—四〇三)が、フランクフルト学派中で最も若いハーバーマスになると、ルーマンとのシステム論論争(Habermas und Luhmann, 1971)をつうじてシステム理論をある程度吸収し、反分析科学主義はかなりやわらげられてきている。

以上私は、社会学における主要な潮流として、過去のもの四つ、現存しているもの六つをあげた。[15] それらのすべてを一つ一つとりあげて忠実に解説していくといったことは、学説史の本ではない本書の課題ではない。本書の課題は、諸理論を解説することにあるのではなく、社会を研究する経験科学という冒頭に与えた社会学の定義に適合し、かつ世界的視野においてとらえられたこの学問の現状において有意義と考えられるような、一つの統合理論を構築することである。現代の社会学的世界においては、上述した(五)から(一〇)までの諸潮流が同時併存しているだけでなく、それらのうちのいくつかは、互いに他を攻撃しあい否定しあっている。とはいえそれらのうちのどの一つも、単独で社会学研究の全領域を支配し得る力をもってはおらず、それどころか、家族・組織・都市・農村・社会階層等々多数の個別領域はそれぞれに専門分化をとげて、社会学の現状はいちじるしく個別領域優位となり、一般理論というようなものは事実上分解してしまった。このような現状の中で社会学研究の全領域をできるだけ広く展望しつつ、現段階で可能なある程度の理論的総合を構想しようと思うならば、やはり単一の潮流だけに依存することはできず、アレクサンダーがいうように複数のものを「多次元的なやり方で」(Alexander, 1982-83 : I : 123) とりいれてこなければならない。しかしながら問題はもちろん、それらを単なる「ツギハギ」でなく有機的に統合することがいかにして可能か、というところにある。以下では、私は社会のミクロ理論とマクロ理論とを、中心原理を異にする別個の、しかし一つながりの統合された理論として構築したい。そのさい、社会のミクロ理論としては(五)の行為理論の考え方を中心において、(八)の現象学的相互行為理論、および(九)のシンボル的相互行為主義のそれぞれ一定部分をとりこんでくることを考え、他方社会のマクロ理論としては(七)の機能理論と(六)の社会変動理論を統一的な原理によってつないだものを中心において、(一〇)に属するハバーマスが行為理論とシステム理論をつないでいる考え方の一定部分をもとりこんでくることを考えたいと思う。私は、これら科学理論的出自を異にする多様な諸潮流を一挙に収斂させるといった大言壮語をなし得ないし、収斂させること自体が本書のめざすところというわけではないけれども、有用な一つの理論的総合を果たすために現代社会学の共有財産の中から使えるものはできるだけ生かすことによって、理論の内容を豊かにすることを私の目的としたいと思う。

第1章　注

(1)　この定義は、すぐあとで述べる社会学的分析概念としての相互行為・社会関係・共属感情・社会システム・社会の構造・機能・変動などの分析的カテゴリーを定義の中にもちこんだ、より長い定義によって補完されねばならない。従来なされてきた有名な社会学の定義、たとえば「社会的行為」の概念を中心に用いたマックス・ヴェーバーの定義 (Weber, [5]1972)、

「社会システム」の概念を中心に用いたパーソンズの定義(Parsons, 1951)などはいずれもそういう考え方でつくられているし、西ドイツのフクス等編による『社会学辞典』(Fuchs, *et al.*, ²1978)の定義「社会学とは一定の概念・理論・方法・経験的技術を用いて、社会の構造・機能・発展の諸関連を記述し、一般原理から説明する自足的な個別科学である」もそのような例である。ただ私が冒頭で「社会」という語だけを用いたもっと短い定義を提示した理由は、第**2**項で図**1**として提示される社会の基本類型との関係において、社会学の研究対象が社会であるということを端的に表示しておきたいと考えたことによる。

(2)　社会人類学は社会学の姉妹科学であって、社会学と同様に狭義の社会についての学である。ただ社会人類学は、未開社会を主たる研究対象とすることによって、文明社会を主たる研究対象とする社会学と対象を分けあっている。本文で以下に社会学という時、とくにそうことわらなくても社会人類学がこれに併記されているものと考えることにしたい。

(3)　「社会」の語を、「部分社会」を除いて、「全体社会」に限定して用いる用語法もある。この用語法では、部分社会には集団や組織や地域社会のようなそれぞれの呼び名があるので、それらを社会とは呼ばないのである。社会の語を全体社会に限る用語法の例は、パーソンズ(Parsons, 1951: 19)、リーヴィ(Levy, 1952: 111-136)に典型的に見られる。他方、社会の語を全体社会と部分社会すべてを含むものとして用いる用語法の例は、マッキーヴァー(MacIver, 1920: 22)、高田保馬(高田、改新一九七一、二六―三六、四九―五二、一六三―一八二)に典型的に見られる。これは定義の問題だからどちらが正しいといった種類の議論はできないが、ここで社会の語を全体社会に限る用法をとらなかった理由を二つあげておく。(一)部分社会といういい方がすでに「社会」の語を用いていることに示されているように、われわれは集団・組織・地域社会・国民社会等を包括する概念を必要としており、部分社会を社会でないといういい方をとると包括概念がなくなってしまって不便である。(二)全体社会の「全体性」は国民社会レベルではすでにかなり失われており、厳密な全体性は今日では世界社会にまで拡散してしまう。すなわち、全体性は程度の問題にすぎない。但し、本書においても、「日本社会」「ヨーロッパ社会」「古代社会」のように、文脈によっては社会の語を全体社会の意味に用いる場合もある。

(4)　ロックは市民社会の目的が「財産の保全」を確保することにあるということをくりかえし強調しており、このことは古典市民社会理論の視点が経済の側面に関する欲求充足におかれていたこと、またその経済的利害が財産保有者のそれであったことを示す。しかしそのさい注意すべきことは、産業革命にはるかに先行していたロックによって想定された「市民」というものの実質を、ロックよりも二世紀もあとの人であるマルクスの意味での「ブルジョワジー」とりわけ一九世紀の王朝型「資本家」と同一視してはならない、ということである。ロック思想とフランス革命およびアメリカ独立革命とのむすびつきを考えれば明らかなように、彼が想定していた「市民」は独立自営の小生産者、すなわち、のちの言葉でいえば「旧中間層」(ホワイトカラーの意味での「新中間層」に対比されたものとして)のイメージにあたるものであった。またそれは、サン-シモンの想定した「産業者」ときわめて近い概念であることが指摘されねばならない。ロックの「市民」もサン-シモンの「産業者」も、封建社会いらいの権力者であった土地所有貴族および聖職者に対して、「社会」の支配権を明け渡すことを要求する新しい力であった。この問題については第**38**項を参照。

(5)　初期パーソンズの「主意主義的行為理論」(voluntaristic theory of action)は、イギリスの伝統思想たる功利主義的個人主義に立つ人間行為の説明が、「目的のランダムネス」のディレンマにおちいっている点を批判し修正することをめざすものであったが、そのさい功利主義の原型がホッブズに求められていることから知られるように、古典市民社会理論と功利主義——それにスペンサーの社会進化論も——が一つながりのものとして位置づけられていた。これが「実証主義的行為理論」(positivistic theory of action)である。他方、これに対立するもう一つの潮流として、ドイツ観念論哲学、マルクス主義、歴史主義などを含む「理念主義的行為理論」(idealistic theory of action)が位置づけられた。前者は産業化・近代化に対してポジティヴ、後者はネガティヴ、また前者は個人主義的な社会概念、後者は集合主義的な社会概念、として対立的に図式化できる。パーソンズ自身は「主意主義」の名によって両者の統合を展望しつつ、デュルケームとヴェーバーにそのような統合を可能にする中道的な理論のイメージを見ていた。

(6)　いまから二八年前、私は「主体-客体のパラレリズム」という語を用いたことがある(富永、一九五八)。いままた、基本的には同趣旨のことをくりかえしているが、次の二点が二八年前のテーゼに付加されている。第一に、このテーゼは客観説と主観説とが、どちらか一方が他方に還元されるかたちでは主張され得ないということを述べているのであるが、そのさいパラレルという語を使うと主観と客観が正確に対応しあっているという仮定を意味することになるので、両者の対応が不完全でありいろいろの歪みをもつことを含意するために、相似という語によってこれをおきかえた。第二に、ここで主体というのは行為主体であって、われわれはこれを個人行為者に限定したが、客体というのはデュルケームのいう社会的事実であって、最初から個人レベルをこえており、社会システム・レベルの多くの諸事象から構成されている。そこで、主体と客体が相似的であると考えてよいなら、このことは個人レベルと社会レベル、すなわちミクロ・レベルとマクロ・レベルのあいだにも相似性があると考えてよいことを示唆するであろう。具体的にはそれは、個人の欲求と社会システムの機能とのあいだに相似の関係を想定することを意味する。これについては第**21**項で述べる。

（7）シンボルから区別されたそれの対概念を、サインと呼ぶ用語法とシグナルと呼ぶ用語法とがある。ランガー『哲学の新しい鍵』(Langer, [3]1957)は一九四一年の初版で前者の用語法を採用したのに対し、モリス(Morris, 1946)は後者の用語法を採用して、シグナルとシンボルをあわせた上位概念としてサインの語を用いた。前者の用語法もかなり広く普及したが、ランガーは前掲書第二版の序文で、上位概念をあらわす用語がある方が便利だからという理由からモリスの用語法を受けいれ、みずからの用語法の修正を申し出た。このことから、本文におけるシンボルの定義では、モリスの用語法を採用して、シンボルをサインの下位概念として用いた。

（8）物理的世界をカウントすれば四世界概念となる。ポパーの三世界概念には社会的世界が欠けているが、物理的世界は入っている。本書においては、われわれは人間の認識一般を問題にしているのではなくて、社会学的認識を問題にしているのだから、物理的世界は社会学的認識に直接には関係しないという理由でこれをひとまず除外したが、いうまでもなく「物」(physical objects)は行為における欲求の対象として、あるいは欲求充足の手段として、重要な行為要素をなしている。この点を考慮に入れれば、われわれは三世界区分ではなくて四世界区分をとっていることになる。後述するパーソンズの場合にも、はじめは社会システム・パーソナリティシステム・文化システムの三区分であったが、$AGIL$の導入いらい物的な有機体システムをこれに加えて四システム区分がとられるようになった。

（9）一九三七年の『社会的行為の構造』においてパーソンズはこう述べた。「人びとが彼等の行為に主観的動機を割当てるということは、それがどのように解釈されようと一つの事実である。人びとはなぜそのことをするのかと訊ねられれば、「動機」に言及することによってこれに答えるであろう。……これらのまた他の同様な事実は、人間行為に関する科学に特有の中心的な方法論的問題を提起する。人間行為には「主観的側面」がある、ということがこれである」(Parsons, [2]1949 : 26)。しかし一九五一年の『社会体系』においてパーソンズは、みずからの前言を修正してこう述べた。「『社会的行為の構造』において著者が抱いていた見解とは反対に、いまやこの公準は行為準拠枠の最も基礎的な形態にとって本質的なものではないことが明らかである」(Parsons, 1951 : 543)。

(10) この節の標題「社会学の科学哲学」というのは「社会学を科学哲学すること」というほどの意味であるが、故意にこのようないいまわしをえらんだのは、一九七〇年代に喧噪をきわめた「社会学の社会学」なる運動と異なる社会学論を科学理論のレベルで示したいとの考えに発している。科学史についての過度の、そしてその妥当性が疑問に思われるような単純化にもとづくクーンの「パラダイム」概念(Kuhn, [2]1970)を社会学に短絡的にあてはめて、社会学の中に「通常社会学」に対する「革命的社会学」があるとし、パーソンズの機能理論的社会学などを前者に、シュッツ、ルックマン、バーガーの「日常的生活世界の社会学」などを後者に擬して、そういう見方を提示することを「社会学の社会学」と称することが行なわれた(Friedrichs, 1970)。このような主張の無意味さは、通常 対 革命的として擬せられた右の二つの社会学——それ以外の例をいろいろあげてもよい——の背後に、ヨーロッパ一九世紀いらいの社会科学における「実証主義」と「理念主義」の長い対立と併存の歴史がある(富永、一九八四a)こと、従ってその関係は一方が他方に簡単にとって代わるようなものではないことを指摘すれば、十分明らかにされ得るであろう。「社会学の社会学」運動を推進したアメリカの「ヤング・ラディカル」世代——それは日本の同世代者にも同調者を生み出した——は、一九五〇年代以降の身近なアメリカの社会学のみを見て議論を組み立てているのにとどまり、時間的ならびに場所的にもっと広いひろがりで社会科学の諸潮流を見る学識に欠けている。クーンの「パラダイム」概念に対する批判的コメントと、これを社会学にあてはめることについての疑問を述べたものとして、富永(一九八四a、一四八—一五五、二九九—三〇〇)、およびアレクサンダー(Alexander, 1982–83：I：24–29)を参照。

(11) ヴェーバーの歴史学派からの脱却にかかわる方法論論文については他の機会に検討を試みた(富永、一九八四a、四〇四—四一一)ので、それを参照。

(12) この問題については、本書第**29**項、および富永(一九八六)においてある程度論じた。

(13) 私の勤務する東京大学において、一九六〇年代に、社会学部創立運動があった。この運動は学内で合意を得ることができず失敗に帰したが、当時私は、社会学が現行の三講座程度の小世帯からもし学部に発展するとすればどのような講座編成になるべきかという問題に強い関心をもった。図**2**はこの過程で私の頭の中に形成された一つのプランであった。結果としてこれは「楽しい夢想」だけに終わったとはいえ、日本の諸大学で社会学部創設は今後も現実的な日程に上り得ると考えられるので、そのような場合のプランづくりの参考にもなればさいわいと思い、私はこの項を本書の中に含めたのである。

(14) 学派によって担われるという(三)の条件は、およそ有意義かつ包括性をもった新学説というものは次の世代の関心をあつめ、また一代では完成せずに多数の人びとの手を経て発展をとげていくことが多い、との想定にもとづくものである。しかしすぐれた有意義な学説が学派を形成せずに終わる例はもちろん少なくないから、「潮流」だけに着目して学説史を見ていくやり方が、そのような孤立学説を無視する結果になる危険性には、十分配慮しておかなければならない。以下述べることは社会学におけるとくに大きな潮流をとりあげることに限られており、ここに名のあがった学者だけが重要であるとする意図はまったくない。

(15) アメリカの学者は、私が本文であげた(五)から(九)までの諸潮流のうち、ヨーロッパ系のものを落して、その代わりに交換理論やコンフリクト理論を入れる傾向がある。たとえばスキドモアの『社会学における理論的思考』(Skidmore, 1975)では、コンフリクト理論は異なる諸理論からアプローチされる共通の研究主題だとして理論の諸類型からはずされているが、交換理論は独立の理論に数えられ、それゆえ交換理論・機能主義・シンボル的相互行為主義・エスノメソドロジーの四つが現代社会学の主要な諸理論として考察されている。しかし私の「潮流」の基準からいえば、交換理論もまた研究主題たるにとどまり、一つの潮流をなしてはいない。

第二章　社会のミクロ理論

第四節　社会のミクロ的認識——行為理論

11　個人は社会を必要とする——ミクロ社会学の視点

社会は個人があつまってつくられているものであるということは自明のことであり、このことについて異論が生ずる余地はまったくないであろう。異論が生ずるのは、社会を個人還元的に見るかそれとも社会還元的に見るか[1]という問題をめぐってである。これは従来から「社会と個人」の問題と呼ばれ、そして右の二つの視点はそれぞれ社会名目論 対 社会実在論、あるいは方法論的個人主義 対 方法論的全体論などの名であらわされて、一種のアポリアを形成してきた。これがアポリアだというのは、この両者のどちらが正しいか、そしてどちらをここでとるべきかというように問題を立てる時には、すべての人の合意を得られるかたちで一方をえらぶ答を提出することはおそらく不可能だという意味である。この問題は、そのような二者択一的なかたちで答を出すべき性質のものではないと思われる。そこで、ここではそのような問いの立て方をする代わりに、まず次の二つの事実を疑う余地のない事柄として前提することから思考を出発させよう。すなわち、第一に、個人というものが現に実在しており、個人は行為する主体である。第二に、われわれが狭義の社会と呼んだもの(第**1**項)が現に実在しており、それは複数の個人の行為が相互に独立でなくて相互行為しあっていることによって生ずる。

行為とは何か、相互行為とは何か、という問題はしばらくあとまわしにしよう(第**12**項)。右の前提命題において重要なことは、行為は個人がするものであるということ、従って相互行為は個人と個人のあいだでなされるものであるということ、だから相互行為の所産である社会について認識するためにはまず個人とその行為を認識することからはじめなければならないということである。この点に関しては、個人だけでなく、社会(集団・組織、地域社会)もまた行為の主体たり得るという主張がしばしば行なわれる。たとえば、家族が購買する、企業が投資する、市が計画する、国家が法を作る、等々。たしかにその通りであるが、しかしこのような場合でも、じっさいに購買や投資の意思決定をなし、計画を立て法律の条文を作成するのは当該社会の成員としての個人である。それらが単なる個人の行為と異なるのは、それらの行為の背後に複数成員の意思を集約する過程があることと、それを執行する個人に当該社会をなんらかの意味で代表する資格が付与されていることである。社会が行為するというい方は、このような過程を経過した上で当該社会の成員が行為する、ということを省略法でいいあらわした便宜上の表現としてのみ意味をもち得る。行為するとは、意欲し動機づけられ知覚し思考し判断するなどのことを含む。社会が意欲したり思考したりすることはなく、そういういい方はフィクションとしてのみ許容される。この意味で行為するのは個人であり、従って相互行為するのも個人であり、だから社会を作るのも個人である。このことを、個人は社会に論理的に先行する、といいあらわすことにしよう。現実には、われわれは誰も社会の中に生まれ落ちるのであるという意味では、個人よりも社会が先行している。しかし人は自分の意志で、あるいはロビンソン・クルーソーのように不可抗力で、社会から離れて存在することはありえないことではなく、だから論理的には社会が存在しなくとも個人は存在し得るといえるであろう。後述するように、昆虫の多くは社会をつくらず、社会が存在しなくとも個体は存在しているのである。

このように考える時、われわれは次の問いの重要性に気付くであろう。すなわち、個人はなぜ社会をつくるのであろうか。一九世紀から二〇世紀初頭までの心理学説においては、ドイツのシュナイダー、アメリカのジェームズ、イギリスのマクドゥーガルなどに見るように、人間行動の説明に本能の概念を用い、さまざまな本能の種類のリスト・

アップを試みることが行なわれたが、その中の一つがマクドゥーガルによって立てられた群居性の本能(instinct of gregariousness)と呼ばれるもので、人が社会をつくる理由は人間が生得的に群居する本能をもっているからだとされた。本能による人間行動の説明は心理学を超えてウォーラスやヴェブレンやパレートやフィアカントなど社会科学の諸分野にも及ぶが、それらはいずれも一九世紀イギリスを中心に形成された功利主義的・主知主義的・合理主義的な人間性についての解釈に対する反撥に由来していた(南博、一九七六、三九—六〇)。本能の概念とこれにまつわる人間性についての非合理主義的な見方が過去のものになった今日、人間がなぜ社会を形成するかという問題はもうすこし合理的な解釈原理に立って説明されなおされてしかるべきであると思われる。

持続的な相互行為をつうじて形成される社会関係のシステムとして定義された(第**1**項)意味での社会は、人間以外の動物についても存在している。しかしながら、動物社会学の研究成果によれば、動物はすべての種がおなじように集団を形成するのではなく、あるものは家族を形成するが他のものはそうでないとか、あるものは群れを形成するが他のものはそうでないとかというように、種によってちがいがある。そこで集団はどのような種において形成されどのような種において形成されないかについて、動物社会学は一定の説明原理を工夫してきた。このことは人間がなぜ社会を形成するかの問題を考える上でたいへん参考になる。なぜなら、人間も動物の一種であり、そして動物のあるものは群居生活をし、他のものは群居生活をしないということであるからには、動物一般について群居本能といった一律的な概念化をすることはできず、より選択的な説明原理が要求されることにならざるを得ないからである。そのような中にあって、人間という動物は社会生活——もちろん最も高度な——を選択している種に属するのである。社会生活を選択している以上、それには理由がなければならない。

動物を無脊椎動物と脊椎動物とに二分し、無脊椎動物の中で最も高い進化段階に達している昆虫と、脊椎動物の中で最も高い進化段階に達している哺乳類とをそれぞれとりあげてみると、前者は一般に社会をつくらないのに対し、後者は社会を形成し、そしてその社会は家族と群れとに分たれる。昆虫が社会を形成することがないのは、今西錦司によれば、昆虫はその生活が個体ごとに独立していて、生まれおちてすぐから独力で食物を摂取できるような位置に卵が生みつけられ、「その一匹一匹が他のものの世話にもならないかわりにまた他のものの世話をもやかない」（今西、一九七二、一九四）という個体本位の原理で生きていく事実によって説明できる。昆虫の中で社会をつくるとされてきた例外は周知のようにミツバチやアリの場合であるが、今西の解釈によれば、従来ミツバチやアリの社会といわれてきたものはじつは社会と解されるべきものではなくて、「超個体的個体」と呼ばれるべきものである。なぜなら、ミツバチやアリにおいては、働きバチ・働きアリには生殖能力がなく、他方女王バチ・女王アリには単独での個体維持能力がない。社会とは、個体維持能力と種属維持能力を備えた真の「社会学的個体」によってつくられているものでなければならない。そのように考えれば、ミツバチやアリがつくっているものは社会ではなくてそれ自体が個体であるにすぎず、したがって彼等といえども昆虫は社会をつくらないという原則の例外をなすものではない。

つぎに哺乳類——鳥類も同様——は、一般に子供が無力で親の保護すなわち育児行動を必要とするから、その度合いに応じて家族を形成する。家族はしたがって子供が親に依存する必要がなくなった時点で解消する。ウマやシカのように子供が生まれてすぐに独力で歩ける種においては、家族は独立せずに群れの中に吸収される。群れとは今西の表現によれば個体のオーガナイズされた集中形態をいい、集中せずに互いに縄張りをつくって棲み分けるテリトリー制と両極関係にある。群れをつくるか否かは食物の性質と関係があって、草食動物のように食物が豊富で分配問題がおこらない種にあっては、外敵から身を守る点で集団生活が有利であるという事情とあいまって、群れをつくる理由が説明できる。他方、食肉目のような捕食性の動物では、食物が稀少なため集団生活をしていると分配問題を生ずることと、彼等は強くて身を寄せあう必要がないことから、テリトリー制をとる理由が説明できる(今西、一九七二、二三—三〇)。

以上動物の社会について考察したことを人間にあてはめてみよう。人間の子供は他のあらゆる動物のそれに比して最も無力でかつ成長に時間を要し、長期間にわたって親の保護を必要とする。この事情に加えて、人間は生得的なパーフォーマンス能力(本能)の幅が極度に狭く、親子のあいだの文化的伝達の重要性がきわめて高い。これらのことが、古今東西の人間社会における家族の普遍性を説明する。他方、人間は他の動物に比してきわだって高度の衣食住ならびに文化的欲求をもち、それらの欲求充足を実現するためには単独の活動では無力で、他者との協働および分業の形成を必要とする。狩猟採集段階および園耕農業段階では分業は男性が狩猟に従事し女性が採集や園耕農業に従事する程度の性的分業にとどまっているのに対して、農業社会段階に入って農業生産力が高度化すると都市と農村のあいだの分業を生じ、さらに産業社会段階に入ると全体社会における職業体系および組織内における分業体系が飛躍的に精緻化する。このような協働・分業の高度化をつうじて、集団・組織の数はふえ、地域社会の範囲は拡大し、そしてそのことによって調達可能な欲求充足の水準の急速な高まりが生ずる。文明段階(農業社会段階および産業社会段階)以降の人間が欲求充足水準の上昇をひたすら求めつづけたことが、近代化・産業化にともなう集団・組織の増大(第**36**項)と地域社会の拡大(第**37**項)の理由を説明する。

以上のように、社会の形成を、個々人が欲求充足水準のより高度の実現を求める目的的行為にかかわらせて説明することをめざすのが、社会のミクロ分析あるいはミクロ社会学の視点である。ミクロ(microscopic)という語は、考察の対象とされる集団が家族や職場集団のように単に小さい、すなわち小集団を研究対象とする、という意味でも用いられることがあるが、ここではより理論的な意味において、社会事象を個人レベルでの問題として、すなわち社会を構成する個々人の欲求充足に関連づけて説明する方法論的観点を、ミクロ分析と呼ぶことにする。個人の欲求充足過程は行為だから、ミクロ分析における中心概念は行為(action)であり、また行為と行為の相互関連としての相互行為(interaction)である。行為は定義によって個人のものであり、従ってまた相互行為は個人と個人のあいだでなされるものであるから、ミクロ社会学は方法論的個人主義に依拠するということができる。方法論的個人主義は社会事象を個人に還元して説明しようとする方法的観点だから、そこでは社会は独自の実在レベルをなしてはいないと考えられていることになり、従ってミクロ社会学は社会名目論的視点をとっているといってもよい。しかしここでは、方法論的個人主義ないし社会名目論は、方法論的集合主義ないし社会実在論の排除においてとられているのではない。すなわち社会のミクロ分析は社会学的分析のすべてではない。なぜなら、社会事象の中には、方法論的個人主義ないし社会名目論的観点によっては説明し得ないものが数多くあるからである(第21項)。社会のミクロ分析は、社会学的分析の地球儀のもう半分にはマクロ分析という別の世界があることを前提しつつ行なわれる。本項にはじまる第二章は社会のミクロ分析を主題とし、これに対して第21項にはじまる第三章および第四章は社会のマクロ分析を主題とする。(2)

12　行為の概念

社会のミクロ分析は、行為(action, Handlung)の概念からはじまる。なぜかというと、個人レベルにおいてとらえられた社会事象とは、すべて個々人の行為と相互行為に分解されることになるからである。すなわち、社会として巨大企業とか国家とかいかに大きいものを考えようとも、それらのパーフォーマンスはそれらを構成している個人の行為の集積であるだけでなく、上述(第11項)したように個人のみが行為主体たり得るのであって、企業や国家の行為という表現は省略論法としてのみ許容される。

行為はこのようにミクロ社会学の中心概念であるが、行為という概念が社会学的分析における基礎的な概念用具として確立されるにいたったのは、けっしてそう古いことではない。「行為の理論」としての社会学の発見者――もしそういう言葉を使ってよいなら――はマックス・ヴェーバーとパレートであって、彼等以前の社会学者には、また彼等と同時代の社会学者であったテンニエスやジンメルやデュルケームにも、明示的な行為理論はなかった。もちろん行為理論がなくても社会学的分析は成り立っていたのではあるが、それがなかったことによって、個人レベルにおいてとらえられた社会事象と、社会集団や組織や地域社会などの社会レベルにおいてとらえられたそれとのあいだをつなぐ輪に、理論上の重要な欠落があったことは歴然としている(第**16**項)。しかも、ヴェーバーが「行為の理論」としての社会学を提示したのちも、ヴェーバーのこの貢献は、ながいあいだ、彼の宗教社会学や支配の社会学や理念型方法論や価値自由論などに比して掘り下げられることが少なかった。行為理論の本格的な開始は、ヴェーバーのそれを受け継ぎながらあらためて独自に定式化しなおしたパーソンズをまたねばならなかった(Parsons, ²1949)。わが国にはこの間、新明正道がヴェーバーとG・H・ミードに依拠しつつ提示した「行為関連の立場」があったが、新明はその後ながいあいだみずからのこの提示をそれ以上には展開しなかった(新明、一九三九、一九四二、一九七四)。

そもそも行為概念自体からして、これまでの諸文献によって必ずしも十分に深められているとはいえない。ヴェーバーが、「行為とは行為者がそれに主観的な意味をむすびつけている時、その限りでの人間行動をさす」(Weber, ⁵1972: 1)と短い定義を下したことは広く知られているが、この定義は行動という未定義の語を使用して、しかも行動とは何かについてのなんらのコメントも含んでいないため、分析に必要な概念用具の提示が不足していて、不完全な定式化であるといわざるを得ない。他方、パーソンズは行為を、目標・状況・規範的規制・動機づけの四つの項目に還元され得る限りでの行動とし(Parsons and Shils, eds., 1951: 53)、また他の個所では動機づけ・状況に対する行為者の関係・

他者からの期待の体系・状況がシンボルとして自我にとって意味をもつようになること、などの条件をあげている(Parsons, 1951 : 4-5)が、ここでもまたヴェーバーと同様に行動という未定義概念が使用されていてこれについての分析がないため、やはり定式化として不完全であるといわねばならない。

行為とは、行為主体である人間が、欲求によって動機づけられ、彼の状況の中から物的・社会的・文化的な諸要素をとりいれて、それらと目的・手段・条件・障害などのかたちで関連をむすびつつ、欲求充足の実現に指向する目的達成過程である、とひとまず定義しよう。この定義は、行為が欲求によって動機づけられるということ、またそれと表裏の関係にある目的指向性ということを強調している。ただこの場合、この定義の中心概念たる欲求には、人間が動物と共有する生理的レベルのものから人間にのみ固有の高度に社会的また文化的なレベルのものまでの広がりがある。行為の概念は前者を排除しないとしても後者に中心的な焦点をおくものである。人間行為の固有の特性は、それが意識化された反省作用によって、行為の経過と結果を見とおしつつこれを自己制御するということのうちにある。もちろんこの自己制御の度合いには個別行為ごとに大きな変異があって、マックス・ヴェーバーの目的合理的・価値合理的・情緒的・伝統的という有名な行為の四類型を援用していえば、右の特性は目的合理的行為に近づくほどいちじるしいと思われるが、情緒的行為や伝統的行為もこの特性を欠いてはいない。行為を目的指向的過程としてとらえるということは、この意識の作用をつうじての自己制御の過程をさすものであり、この特性を欠く反射的行動のようなものは行為以前として行為の概念から排除することができる。

右に述べた意識の作用は、それ自体としては個人の内的主観の世界に属する過程であるが、この内的・主観的意識が内的・主観的なものにとどまらずに社会化をつうじて複数の人びとのあいだに共有されるようになることが、人間の行為に固有なもう一つの特性である。この個人をこえる(überpersonell)、あるいは個人相互間(interpersonell)で形成される共通理解の問題は、一方でカルナップ、ノイラート、ポパーらの論理実証主義の系譜の人びとによって、科学的概念形成および命題の検証における相互主観性(Intersubjektivität)の問題として追求され、他方でシュッツらの現象学的行為理論の系譜の人びとによって、日常的経験の中で複数の人びとによって共有される生活世界(Lebenswelt)の形成の問題として、おなじく相互主観性という語を用いて追求された(3)。ここでこれらの人びとの議論の経過に深くたちいる余裕をわれわれはもち得ないが、次のことは明らかである。すなわち、人間は言語をはじめとする種々のシンボルを発達させることによって、本来的に内的・主観的な過程である思考の経過とその結論を、複数の他者に対して客観的に理解可能なかたちで伝えることができる。コミュニケーションと呼ばれている相互個人的(interpersonal)な意味の伝達がこれであるが、コミュニケーションが可能であるのは、客観的(相互主観的ということは客観的ということと同義)に意味の確立したコミュニケーション・メディアとしてのシンボルが用いられるゆえである。すなわち、意味の担い手としてのシンボルは行為の概念と切り離すことができず、コミュニケーション可能性ということを人間行為の普遍的特性と考えるかぎり、ハバーマスのように行為の概念をシンボル表現のみに限定する(Habermas, 1981: I: 144)定義をえらぶことも、上述の私の定義と矛盾するものではない。

　人間行為はこのように高度に複合的な過程であるから、これをどのような方向に抽象化しどのように理論化するかについては、多様な可能性があり得る。社会学的な行為理論として目下私が考えようとしているものは、そのような多様な可能性の中の一つにすぎない。だからそれは明らかに一つの高度な選択であり、その選択のもとでわれわれは独自の一貫性をもつ一つの考え方を貫徹する努力をすることが必要である。ここでの選択から区別された他の可能性の一つは、社会学における行為理論とはまったくちがった行動主義の系譜の上に立つ心理学における行動理論である。また社会学内部だけに視点を限定する場合でも、この分野にはこれまで、理解社会学、主意主義的行為理論、現象学的行為理論、シンボル的相互行為理論、エスノメソドロジーなど、相互に一定の関連をもちつつ、しかし相互に他と異なった独自性を主張する多くの諸潮流が、それぞれ一定の共通部分をもちながら強調点を異にする多様な行為の理論――ここでは相互行為の理論をも行為の理論に含めて考える――を発展させてきた事実を考えねばならない。この多様性の中にあって、われわれのとる選択はいかなるものであるべきか。

心理学において行動主義および新行動主義が主流を占めるようになっていらい、心理学は行動の科学であるといわれるようになった。この場合の行動は、人間と他の高等動物に共通する生理学的レベルにかかわる有機体内過程、すなわち中枢神経系によって制御された諸器官の活動を中心内容とするもので、最も広い意味で用いられる場合には、植物における同化作用と異化作用までもがこの語のもとに包摂される。この意味の行動学は生理学とごく近く位置する自然科学の一部門であるから、人間の行動を問題にする場合でも、自然現象の一環としての人間の有機体的側面にもっぱら関心がむけられ、人間に固有の高度な精神作用の産物である社会的・文化的な側面には関心がむけられない。だから心理学の行動理論――心理学では行為という語は使われない――と社会学の行為理論とのちがいははっきりしている。とはいえ、社会学の行為理論も、心理学――とりわけ社会心理学――で発達した行動理論の術語のストックの中から、一定のものを借用している。さきの定義の中で用いた欲求・欲求充足・動機づけなどはその若干の例である。行為概念は行動概念とはちがうといっても、当然両者のあいだには重なり合う部分があり、行為理論もまた生理学的・心理学的基盤についての概念化を一定限度必要としているのである。

社会学の理論的基礎として行為理論を創始したのは、マックス・ヴェーバーの理解社会学であった。ヴェーバー以前の社会学は、サン－シモン、コントからデュルケームにいたるまで(フランス)、スペンサーからホブハウスにいたるまで(イギリス)、またローレンツ・フォン・シュタイン、マルクスからテンニエスにいたるまで(ドイツ)、基本的にマクロ社会学であって、ミクロ的要素への着目をほとんど欠いていた。社会学理論にはじめて本格的にミクロ的要素を導入したのはヴェーバーおよび彼の同時代人であったジンメルであったが、ジンメルが心的相互作用から出発して社会関係に直接すすんでしまったのに対して、ヴェーバーは「主観的に思われた意味」の担い手としての個人の行為に社会学的分析の出発点をおくという着眼を、社会学史上はじめて提示した。ヴェーバーのこの着眼を出発点として、その後の行為理論は二つの異なった方向においてヴェーバーを継承した。一つはパーソンズの主意主義的行為理論(第10項参照)で、これはそれ自体未分化な多くの可能性をはらんだアイディアであったが、パーソンズ自身は一九五一年の『社会システム』以後これを行為システム論の方向に発展させて、行為理論をマクロ社会学の方法としての構造-機能分析にむすびつけた。(4) もう一つはシェーラーやフィアカントを先駆としシュッツによって深められた現象学的行為理論で、これはヴェーバーの「主観的意味」の概念をフッサールに起源をもつ「生活世界」の概念にむすびつけることにより、ミクロ社会学をパーソンズのようにマクロ社会学につなぐことなく、日常生活世界における経験から人びとが共通に分有するにいたっている意識の内容を分析することをその課題として設定するものである。

現象学的行為理論とはまったく哲学的源流を異にしているにもかかわらず、結果としてそれと似た相互行為理論を展開するにいたったシンボル的相互行為理論(第10項参照)も、こんにち行為理論の一角を占めている。シンボル的相互行為理論は、この派の人びとが学祖として仰いでいるプラグマティズムの哲学者・心理学者G・H・ミードの学説の中に含まれていた役割の理論および自我形成の理論のゆえに、社会学全体にとっての理論的な重要性は現象学的行為理論よりも一層全面的であるということができる。なおシュッツの日常生活世界論の影響下に成立したガーフィンケルのエスノメソドロジーも、日常会話の分析のような一種のシンボル的相互行為の分析を含んでいる。

本書においては、ミクロ社会学とマクロ社会学とを互いに自律的な、しかし互いに相似する理論として考え、そのことによって両者を包摂した一つの(二つのではなく)社会学理論を構築することをねらいとしている(第21項)から、ミクロ分析だけで自己完結するこれらの理論をそのままここに導入することはしないが、主意主義的行為理論から行為システム論にいたる流れと、現象学的行為理論ならびにシンボル的相互行為理論がある面で事実上融合しつつあることに準拠をおいて、ここでの理論構築に役立つかぎりの行為理論をすべて包摂していくという方針をとりたいと思う。

13　行為の構成諸要素

前節で提示した行為の定義にもとづいて、行為の構成要素として主要なものをいくつかとり出し、それらについてさらにたちいった考察を加えよう。

(一)　欲求・欲求充足・動機づけ。これらの概念が心理学起源のものであることはすでに述べたが、ここではこれらを社会学的分析の文脈の中にはめこむことにしよう。行為は動機づけられることによってはじめて起る。すなわち、動機づけとは行為を起動する力が作用している状態をあらわす概念である。人は動機づけがないかぎり自発的に行為を始発するということはなく、また動機づけによって始発された行為もそれが解消すればそのことによって終結する。この動機づけを有機体内部から発生させる要因が欲求である。欲求は要求ともいわれ、これらをあらわす西洋語のneed, Bedürfnis, besoinなどは「必要」という意味であることから、社会システムの「欲求」(マクロ社会学の意味での機能的「必要」)といった用法も成り立つとの主張もあり得るが、ここでは社会事象を個人レベルで受け止めるミクロ社会学に視点を限定しているから、欲求は個人行為者のそれのみに限って考えることにしておこう。このことは、集団や組織が行為主体であるような行為という概念を立てないという上述の原則(第11項)と斉合的である。他方、さきの定義で述べたように、すべての行為は欲求によって動機づけられ欲求充足の実現に指向すると究極的にはいえるにしても、目的-手段関係の問題を考慮に入れると、行為には直接的に欲求そのものの充足を目的とするものと、むしろ欲求充足を一旦延期して——場合によっては禁止さえして——必要な手段の調達を目的とするものとの区別がある。前者を表出的(expressive)あるいは完結的(consummatory)行為、後者を手段的あるいは道具的(instrumental)行為と呼ぶ。この区別を相互行為に適用すると、後述するゲマインシャフト行為とゲゼルシャフト行為の区別となる(第**14**項)。また、動機づけられた状態は欲求充足が実現されることによってはじめて解消するのではあるが、現実には欲求はいつも充足されるわけではなく、なんらかの事情のために充足が妨げられて実現されないままになることも少なくない。その場合には、動機づけ状態は解消していないから行為は完結せず、中断されたままということになる。ここで起ることは次の二つのいずれかであると考えられる。(a)解消していない動機づけ状態は他のなんらかの行動を代償としてひきおこす。ミラー、ダラードらの「欲求不満-攻撃の仮説」はその一つのケースをあらわしたものと解されよう。(b)欲求水準の切下げにより欲求充足が実現され得る可能性を高めて再度のトライをする。この両者は矛盾するものではなく、短期的には(a)がまずおこり、より長期的には(b)がこれに続くというように、両方が継時的に起り得る。なお欲求の種類を分類するという問題があるが、ここではこれについては深くはたちいらないこととし、次の四カテゴリーを提示するにとどめておく。(5)

(i)　個体維持の欲求　　飲食物摂取や疲労回復などにかかわる生理的レベルにおける欲求

(ii)　種族維持の欲求　　性的欲求、育児に関する母性欲求など

(iii)　他者関係的欲求　　他者に依存し、あるいは他者と共感しあい、あるいは他者からの承認や尊重を求めるなど他者との交わりを求める欲求

(iv)　文化価値的欲求　学問を身につけたい、技術や技能を修得したい、職業的に成功したい、など文化的価値に由来する目的設定によって生じた諸欲求

(二)　目的。さきの定義で行為を行為者の目的達成過程としたのであるが、では目的と欲求との関係はいかなるものか。行為が欲求充足の実現にいたる過程であるということと、それが行為者にとっての目的達成過程であるということとは同じ事実を述べていると考えられるけれども、ただその観点がちがっている。すなわち、欲求とか欲求充足とかいうのは、観察者が行為者を外側から客観的に見ることによって得られる概念化であるのに対し、目的というのは行為者自身の主観的な観点に立った表現である。目的という語に含まれているこの主観的意図という含意を取り去ったものを目標といいあらわすことにしよう。フィードバック回路をもった機械システムは目標にむかって自己修正をする能力をもつから目標指向的であるが、目標値そのものを決定する能力が機械に本来的に備わっているということはなく、目標値は人間がセットする。これに対して哺乳類のホメオスタシス機構における体温維持の目標値は、有機体に本来的に備わっているものであるけれども、それは有機体自身の主観的意図とは関係がなく、客観的に有機体システムにビルトインされたメカニズムである。人間行為の目的は、これら機械システムの場合とも有機体システムの場合とも異なって、「何のために」という主観的意味付与がなされた上できめられるという点が注目されねばならない。マックス・ヴェーバーの行為の定義には、欲求も動機づけもなくてただ「主観的に思われた意味」というカテゴリーのみが指定されているのであるが、その理由はヴェーバーが行為の概念化にさいして、ディルタイの意味での内的経験――外的知覚に対比されたカテゴリーとしての――に発する意識ないしは精神的事実としてこれをとらえるという観点に依拠したことを示していると思われる。目的とはヴェーバーのこの「主観的に思われた意味」の世界に属しているものだ、ということができる。もちろん、日常生活の中での個別的な目的は、空腹だから食べる、お金が

ほしいからかせぐというようにごく即物的で、「主観的に思われた意味」などという哲学的な表現を必要とするほどのものでないものが多いが、しかしそれらを「何のために」という問いによってどこまでもつきつめていくと、最後には「人は何のために生きるか」「人生の目的は何か」といった高度に哲学的な意味付与問題に収斂するであろう。この問いに対して客観的・科学的な答というものはない。客観的・科学的にいえば、すべての生物は目的があって生まれてきたわけではなく、人間も生物だからその例外ではない。目的設定は個々人がやる、すなわち意味付与は個人行為者のいわば私的な主観の世界に属するのである。初期のパーソンズが功利主義のディレンマと呼んだのはこの問題にかかわる。功利主義は行為の目的を所与として、目的-手段関係の合理性の基準を中心におく。すなわち、目的が与えられさえすれば、その目的を最も効率よく達成し得る手段の選択は科学的に決定できる。そしてさらにそのような手段選択を下位目的とする合理的な下位手段がきまるというように、目的-手段の科学的な連鎖が出来上る。しかしその連鎖の最上位にある究極目的自体を何によってきめるのか、それを説明する原理は功利主義自体のうちにはなく、目的の地位に関して実証主義科学は功利主義のディレンマにおちいらざるを得ない、というのが初期パーソンズの問題提起であった(Parsons, ^{2}1949: 64)。ここでは私は行為理論をこの初期パーソンズの線に沿って、実証主義科学の枠組の範囲内で理念主義的な問題設定を受け止める方向で考えようとしており、目的の意識化ということすなわち行為の主観的意味づけを求めるということが人間行為の固有の特徴であることへの着目を、行為理論の中にとりこみたいと意図している。

(三)　意識あるいは自我。人間が意識と呼ばれる主観的世界をもっていることの重要性は、デカルトによる「考える我」についての有名な命題によってみごとにいいあらわされた。けれども、デカルトの「コギト」は一人称単数形による能動作用だけをとり出したもので、他者とのふれあいをつうじて「我」が受動的な過程の中で形成されていく面への言及を含まない。クーリーはデカルトのこの命題を評して、二つの点で満足することができないと主張した。その第一は、「我意識」は人間が生まれた時からもっているものではなく、後天的に形成されたもの、すなわち経験の産物であると考えられるのに、そのことが述べられていない。その第二は、意識を「我」という個人意識だけとしてとらえるのは一面的であって、意識が社会的に形成されたものであるかぎり、「我々」意識というものが成立していると考えられるのに、そのことが述べられていない。そこでクーリーは、デカルトのコギト命題を「我々思う」というようにあらためることを提案し、「自我と社会とは、共通の全体の両面としてともに進む。私は、私自身を意識しているのと同じく直接かつ確実に、私がその中で生きている社会集団を意識している」(Cooley, 1909: 8-9)と説いた。もちろんクーリーのようにいうこともまた別の意味で一面的であって、たとえば兄弟姉妹のように類似した環境の中で育った人たちにもそれぞれ個性と固有の自己主張があり、「我」が「我々」の中に解消されてしまうことはない。しかしともかく、自我意識については、デカルトが提出したような自己主張をする能動作用について考えるほかに、それが形成されていく受動的な過程の分析が必要なことはたしかである。自我の分析はG・H・ミードやフロイトやエリクソンなど、社会心理学・精神分析学の分野で発展を見たが、行為の分析にかかわる社会学もそれらの知識を共有する必要がある。

(四)　物的状況。行為は真空の中で起ることはなく、常に状況の中で起る。行為が状況の中で起るというのは、後述のマクロ社会学的視点において社会システムが環境の中で生起する(第**22**項)、というのと相似である。行為理論において、それが環境の中で起るといわないで状況の中で起るといういい方をするのは、社会システムにアプローチするマクロ社会学の視点が客観主義的であるのに対して、行為にアプローチするミクロ社会学の視点が主観主義的要素を含む、という事情による。状況(situation)という語は、「もし人が状況を現実であると規定すれば、その状況は結果において現実である」というトーマスの定理いらい、外界の生起に対して行為者が主観的な意味付与をなし、彼自身の観点からこれを定義するものという意味に用いられてきた。この命題の裏をとれば、客観的に存在しているものであっても、もし行為者がそれを現実だと規定しなければ、それは状況の一部にはならない、との命題になる。行為者は、彼が状況として規定したものに対して反応するのであって、状況は主観的に意識化されたものなのだということをそれは述べている。外界は、大きく区分すると物と人(他者)とシンボル(文化)とから成る。そこでまず物的状況をとりあげる。物的状況は、自然と人間の生産物とに分たれる。自然は本書の冒頭にあげたピュシスすなわち人間にとっての所与であって広義の社会に対比されるカテゴリーである。大地・海・河川・空気・森林・鳥獣などはその例である。他方、生産物とは人間が労働をつうじて自然にはたらきかけて加工したもので、耕地・用水・家屋・店舗・農作物・商品・道具・機械・工業製品などがすべてその例である。これら物的状況と人間行為とのかかわりについては、行為者がそれらを行為の中にとりこんでくる仕方によって、(i)目的、(ii)手段、(iii)条件、(iv)障害、の四つに分けることができる。食物や耐久消費財をはじめ一切のコンサマトリーな欲求の対象になっている物的状況は目的である。道具・機械をはじめ一切の用具的に使用されている物的状況は手段である。行為者によって意図された目的でも手段でもないが不可避的に関連してくる一切の物的状況は条件である。目的の達成を妨げている一切の物的状況は障害である。

(五)　他者。行為主体にとって状況の構成要素になっているかぎりでの人すなわちあらゆる他の行為者が、ここで問題にする他者である。人間は自然にはたらきかけて食物をはじめとする人間生存に必要な物的資源を獲得するのである以上、物的状況が行為にとって重要な構成要素であることはいうまでもないが、しかし行為理論的にいうと、社会的状況は物的状況がもっていない固有の特性をもっているがゆえに、状況の中で特別の位置を占める。その固有の特性とは、他者は行為主体とおなじく行為者であり、したがって社会的状況と行為主体とのあいだには相互行為が成り立つ、ということである。文化的状況もまた、物的状況と異なって「物」でない――但し物的状況の中の生産物とは、それが人間のつくり出した作品であるという意味で共通している――点で特別の位置を占める。これについては(六)以下で述べる。さて行為者は、物的状況の中からさまざまなインプットを行為の中にとりこんでくるのとおなじく、他者を、(i)目的として、(ii)手段として、(iii)条件として、(iv)障害として、という四つの仕方で行為の中にとりこんでくる。(6) 他者が行為の目的であるとは、当該他者を獲得すること自体――たとえば結婚の相手として、友人としてなど――が行為主体の実現しようと欲している目的である場合で、これは上記の他者関係的欲求の充足にかかわる。他者が行為の手段であるとは、目的は他者を獲得することではなくて他にある――その種類は上述した四つの欲求カテゴリーのいずれに関するものでもあり得る――が、その目的を達成するために当該他者が手段として必要である場合をいう。他者が行為の条件であるとは、行為主体は当該他者を意図的に行為過程にとりこんでくることはないが、他者の行為が不可避的に行為主体の欲求充足過程に関与してくる、という場合である。最後に、他者が行為の障害であるとは、目的および手段の場合のように他者が行為主体の欲求充足過程にプラスに作用しているのでなく、当該他者の行為がそれにマイナスの作用すなわち妨害者の役を果たしている場合である。この四つの様式は、以下の相互行為と社会関係に関する四類型の提示に直接用いられることになるであろう(第**16**―**20**項)。

(六)　シンボル。状況の中でもう一つ特別の位置を占めるのが文化的状況であって、これは人間が人為的につくり出した行為の産物でしかも非物的であることによって特徴づけられる。その文化的状況の中で行為の構成要素としてとりわけ重要なものの一つがシンボルである。シンボルは言語シンボルと非言語シンボルとに分たれる(第**4**項)。意味伝達の媒体として最も多く用いられるのはなんといっても言語シンボルである。行為の中には、言語シンボルをつうじて自己の意識世界における主観的構成物を他者に伝達することに完全に特化しているようなジャンルが多数ある。話す言語に関して講演・講義・討論・弁論・演劇の言語的側面など、書かれた言語に関して小説・詩・学術論文・随筆などはその例である。非言語シンボルの使用はより限定されたジャンルになるが、音楽会にむけて作曲する作曲家やそれを演奏する演奏家の行為、展覧会にむけて絵を制作する画家の行為、それに舞踊やパントマイムなどは、純粋に非言語シンボルのみの使用によって他者に一定の芸術的表現内容を伝達することに特化している行為である。これらの行為の結果として、行為主体と行為客体が相互に深く理解しあい共感しあうようになるならば、そのような行為はハバーマスのいうコミュニケーション行為(kommunikatives Handeln)として解されることになろう。しかし、シンボルをつうじてのコミュニケーションは、けっしてこれらコミュニケーションだけを自己目的とする行為に限られない。たとえば、工場で分業システムにもとづいて製品をつくる労働者の行為や、店で商品を顧客に売る商人の行為は、ハバーマスのいう目的的行為(teleologisches Handeln)であって、そこでは行為の目的はコミュニケーション自体にあるのではなく製造や販売にあるのであるが、それらは単独で行なわれる行為ではあり得ないから必ずコミュニケーションをともなう。同様のことはハバーマスのいう規範によって規制された行為(normreguliertes Handeln)についても真である(Habermas, 1981 : I : 126–151)。すなわち、単独の行為者のみによって完結される行為を除き、シンボル的コミュニケーションは人間行為の不可欠の構成要素をなす。これに対して単独の行為者のみによって完結される行為というのは、睡眠とか排便のような単純な生理的レベルでの欲求充足に事実上ほとんど限られており、この点を考慮するなら社会学的に有意味な行為の概念はシンボル的コミュニケーションが不可欠の構成要素をなすとわれわれは一般的にいい得るであろう。逆に、行為という語の日常的用法からただちに連想されやすい身体的動きという要素は、われわれの行為概念にとっては副次的なものにとどまる。じっさい、口を動かす以外には若干の身振りのような補助的な身体的動作をともなうにすぎない発話行為が、最も重要な意義をもった行為であるというのが人間行為を他の動物のそれから区別する特徴なのである。シンボルもまた、行為者によって、(i)目的として、(ii)手段として、(iii)条件として、(iv)障害として、という四つの仕方で行為過程にとりこまれる。

（七）　価値および規範。行為は状況の中の他者によって見られ、評価されている。人間は何をしてもよいということはなく、常にしてよいことまたはしなければならないことと、してはいけないこととの区別によって拘束されている。特定の場面においていかに行為すべきかの基準を与えるものが規範であり、より一般的な水準において何をすることが望ましいかの基準を与えるものが価値である。これらもまた文化的状況の一つであるが、その重要性を考慮して別個にとり出した。

価値とは、行為主体にとって何が望ましいかを決定する基準であって、行為の目的を選択するさいのよりどころを与えるものと定義される。価値はこの意味で個々人の主観の世界に属しており、何を望ましいと考えるかは個人ごとに異なり得る。けれども価値はまた複数の人びとによって共有されて、共通価値として相互主観の世界を構成し得る。後者のような場合には、主観は複数の人びとに共有された主観ということになるから、そのような人びとが多くなるにつれて事実上客観に近づいていく。しかしその場合でも、価値は目的の選択におけるよりどころとなるもので、目的は既述のように行為者の主観的意図にかかわるものだから、価値は本来的に主観の世界に属しているということに注意しなければならない。(7)

ある集団内で多数の人びとによって共有された規範は、それへの同調(conformity)を求める圧力をつくり出す。この問題は一九五〇年代におけるフェスティンガーらのグループ・ダイナミックスにおいて中心主題とされた(Festinger, *et al.*, 1950)。他者によって加えられるこの圧力に自我が同調しない場合、自我は集団内の孤立者となる。行為における目標達成が単独行為者だけではなし得ず多くの他者との協働を必要とする度合いに応じて、集団内におけるそのような孤立は自我の目標達成そのものを困難にするので、ブラウが分析したように、自我は目標達成と欲求充足の実現のために同調への圧力を受けいれ、それによって他者による社会的是認をとりつける努力をすることを余儀なくされる(Blau, 1964: Chaps. I-III)。しかし、自我の中にその圧力を受けいれたくない感情が強い時には、自我の他者に対する態度は「アンビヴァレント」な性質をもつようになり、自我は同調的(conformative)な欲求性向と対立する離反的(alienative)な欲求性向を強めるにいたる。この離反的な欲求性向が逸脱行為を動機づける源泉になる、というのがパーソンズの分析である(Parsons, 1951: 251-256)。

以上、便宜のために七つほどに区分して列挙した諸要素は、概念の分析レベルが不揃いで必ずしも斉合的であるとはいえないが、いちおう行為の社会学的分析に広く用いられてきた諸範疇のうちとりわけ重要と思われるものをリストアップしたものである。これらのうち、はじめの三つ(欲求、目的、意識)は行為主体の側にかかわっており、これに対してあとの四つ(物的状況、他者、シンボル、規範)は状況の側にかかわっている。以下われわれはまず行為主体の側に目をむけて自我形成について考え(第14項)、つぎに状況の側に目を転じて役割形成について考え(第15項)、しかるのち行為理論を相互行為の理論に拡張してミクロ的社会分析としての社会関係の諸類型を論ずる(第16項以下)ことにしよう。

第五節　自我形成と役割形成
――個人レベルと社会レベルの相互依存――

14　自我形成――社会化

われわれが社会をミクロ分析からはじめたのは、社会は個人があつまってつくっているもので、個人の行為と相互行為に分解されると考えられる以上、まず個人レベルで社会をとらえる試みを行なうのが順序であろうと考えたからであった。しかしながら他方その個人は、社会の中で生まれ、社会の中で育ち、その意味で社会の所産であるのだから、社会を前提することなしには個人を語ることはできない。つまり社会と個人の関係は、典型的な「ニワトリータマゴ」問題なのである。

行為主体としての個人は、デカルトが言ったように、「考える我」の内面世界をもっている。この内面世界は、自我とか意識とか主観とか精神とかの名で呼ばれる。これら一連のものについての省察はまさにデカルトの「コギト」命題とともにはじめられた。デカルトの思惟する「我」の命題は、自我の能動面を語っている。しかしデカルトは上述した「ニワトリータマゴ」問題には思いいたらなかった。彼は思惟する「我」の受動面、つまりその思惟が社会的に形成される過程については考えなかったのである。のちにクーリーが注意したように、「我」意識は人が生まれた時からもっているものではないのだから、明らかに後天的に形成されたもの、つまり社会の中での経験の産物として説明されねばならないものである。以上の考察は自我が能動面と受動面の両面において考えられねばならないことを教える。

自我をこのような二面性においてとらえて、これを「主我」(I)と「客我」(me)という名で対比したのはG・H・ミードであった。ミードが自我と呼ぶのは self であるが、英語の self は再帰代名詞で、主語であるものが客語と一致しており、両者は同一人をさしている。自我というのは身体とははっきり区別されるもので、明らかに意識の作用の所産である。自分を意識するという場合、意識されるのも自分であり、意識するのも自分である。このように、行為の主体であるものが自分自身を同時に対象として意識することが、すなわち自我の意識ということの意味である。たとえば、命令通りに動くように訓練された兵士の行動は思考過程をともなわない反応であって、自我の意識を含まない。自我の意識を明示的にもつ場合、人は他者からの指示を行動に直結させるのでなく、その指示内容を受け止めてそれについて自分で思考し、判断し、その自分の判断にもとづいて行為する。この場合行為主体は自分で意識して自分をコントロールしているのである。このように自分を意識しコントロールするようになることが、すなわち自我形成にほかならない。

ミードの考えによると、自分を意識することができるためには、自分自身を一つの客体として経験するのでなければならないが、このことが可能であるためには、「他者の態度をとる」ことができなければならない。他者の態度をとるとは、他者の観点に立っていわば外から自分を見ることであるが、これができるようになるには他者との接触という社会的経験を積むことが必要である。これがすなわち自我形成の過程であって、ミードはこれを次のような二段階に分ける。第一段階では、精神の発達段階がまだ幼くて、特定個人の特定行為の経験を個別的に組織化することしかできない。この段階では自我はまだ不十分にしか社会化されていない。第二段階になると、精神の発達がより成熟して、自分の属するコミュニティの完全なメンバーとして活動できるようになる。これにともなって、自我は当該コミュニティの全体すなわち「一般化された他者」(generalized others) の態度を組織化することによって形成されるにいたる。この一般化された他者の態度の組織化によって形成された自我の部分が客我である。すなわち、ミードのいう客我とは、一般化された他者のいわば内面化されたものである。たとえば、当該行為主体の属しているコミュニティが、一定の確立された習慣とか制度とか規範とかを有している時、彼の客我はそれによって決定され、コミュニティの拘束力が強ければ強いほど彼の自我の内部で客我は優勢な位置を占めるであろう。けれども、客我は自我のすべてではない。自我のもう一つの部分は主我であって、これは他者の態度によっては決定されない自由な、行為主体自身のイニシアティヴに属している部分である。すなわち、主我は外部の他者によって拘束されない革新的・独創的な、いわば主体的に再組織化をなし得る自我の部分である (Mead, 1934: §§ 18–29)。

ミードの全理論は、客我を社会によって説明することにむけられている。彼は客我の原理が一般化された他者に服することにほかならないとしたのであるが、これにたいして主我の原理がいかなるものであるのかを説明しなかった。ミードの客我は右に見たように他者にたいして従順に服従する受動的な存在で、なんらの自己主張をももっていない。内部からほとばしり出る自己主張の担い手は主我である。しかるにミードはこの主我の行動原理を、他者によって拘束されないとか革新的・創造的とかという語によって消極的かつ一般的にいいあらわすにとどまり、主我が依拠する積極的かつ具体的な原理についての指示をしなかったのである。自我の内部からほとばしり出る自己主張の原理とはどのようなものであろうか。それはわれわれが行為の定義の冒頭にかかげ、また行為の六つの構成要素の筆頭においた、欲求による動機づけということのほかにはないであろう。ミードの理論は社会が個人に先行するという面、すなわち彼自身の言葉でいえば「自我の社会説」を強調することに主眼があった。自我の社会説は客我概念に焦点を合わせる。ただ、この面だけを強調すると、例の「ニワトリ—タマゴ問題」のもう一方を無視する結果になることをミードはよく心得ていたので、自我の社会説だけではカバーし得ない面をいいあらわすために、主我概念を立てることによってこれを補完した。しかし主我を動かす原理を説明する概念用具は、もともと社会説の提示を主眼としていた彼の理論の中には求め得ない。それを求めるためには、われわれはミードとほぼ同時代人であったがお互いにふれあうことのなかったフロイトに目を転じなければならない。

フロイトのいう自我(das Ich)はミードのselfとはまったくちがう概念で、ミードのselfが主我と客我に分れるのに対し、フロイトの自我はエス(das Es)・自我・超自我(das Über-Ich)という三分法の中の一つである。この三つを合わせたものをフロイトは心的装置(der psychische Apparat)と呼んでいる。加えて、ミードのselfが常に意識の作用の所産であるのに対し、フロイトのIchは前意識(das Vorbewußte――フロイトの記号でVbwと書かれる)と無意識(das Unbewußte――Ubwと書かれる)との境界線上にある。ミードにとって精神的なものとは意識のうちに求められることが全推論の大前提であったが、フロイトにとってはそれは意識的なものと無意識的なものとに分けられるということが全推論の大前提であった。無意識は意識にのぼらない作用だから、面接によって他人の無意識を聞き出すことができないことはいうまでもなく、また内観によって自分の無意識をとり出してくることもけっしてできない。無意識の領域はただその存在を単純に仮定するしかないものである。しかしそれを仮定することによってうまく説明できる心的現象があるなら、それは科学的根拠を主張し得る仮定である、とフロイトはいう。そのような心的現象として彼がくりかえしあげるのは、正常人のいいまちがい・書きまちがいのような錯誤行為(Fehlhandlung)と夢、そして神経症患者のさまざまな症状・強迫現象である(Freud, Werke 1940–68: X, XI, XV)。

これらの実証例にもとづいて、フロイトは次のような説明仮説を組立てる。錯誤行為や夢はこれを無意識の代理表象と考えると、そこには行為者のかくされた願望が表現されていると考えることができる。それらの意識されない願望は、抑圧された性的本能に発すると仮定される。この性的本能を発現させる力をフロイトはリビドと名付ける。リビドは無意識の領域であるエスの中に位置しており、快感原理(Lustprinzip)すなわち快を求め不快を避ける方向に行為を導く。しかしこのことは、けっして人間の行為がすべて性的欲望に還元して説明されるとの主張を意味するものではない。エスの一部が外部知覚の影響を受けて変化し、性的欲望とは対立する原理によって動くようになった領域が自我である。フロイトは、自我の行動原則を現実原理(Realitätsprinzip)といいあらわす。このことの意味はつぎのようである。エスの領域は外界と接触する通路をもたないので、エスは外界とは無関係に奔馬のごとく動く。これに対して、エスの上に乗っていて知覚-意識(フロイトの記号でW-Bwと書かれる)の領域を介して外界から情報を受けとっている自我は、外界に対する適応をはかり、外界からの要請に従ってエスをコントロールする。もっとも、自我とエスとの境界は流動的で、自我はUbwの領域とVbwの領域との両方にまたがっており、だから自我もけっきょくはエスにひきずられて快感を求める方向に動く。けれども、外界に対して盲目なエスと異なり、自我はW-Bwを介して環境とつながっているから、環境の中での個体の維持――性欲は種族維持の欲求であって個体維持のそれではない――を第一義と考える立場から、時には直接的な欲求充足を断念したり延期したり、また不快に耐えたりする。こうして、行為者は快感原理だけに支配されることなく、これにさからう方向の行為をもあえてとるのである(Freud, Werke1940–68 : XIII : 1–69, 235–289)。

最後に、超自我という概念は『精神分析入門』にはあらわれず、「自我とエス」で初めて登場したもので、外界からの影響が自我の中に沈澱して形成された自我の部分であると説明される。外界からの影響の最初のものは両親からのそれであるとフロイトは考え、超自我の最初の形成はエディプス・コンプレクスの遺物として説明されるとフロイトは説くが、成人していくにつれて社会全体の価値・規範・道徳が学習され沈澱し、超自我が発達していくとする。

自我も超自我もともに学習と経験の過程をつうじて発達するものであることに変わりはないが、超自我は自我の内部における他者の代表であって、エスとははっきり切り離されていること、またそれは命令・威嚇のような強制力のメカニズムであることにおいて、自我一般と異なっている。

ミードの客我とフロイトの超自我はたいへん似た概念である。しかしフロイトのエスはもちろんフロイト独自のものであってミードには対応物はない。またミードの主我は自分自身のイニシアティヴで動く点でフロイトの自我に対応する面もあるが、両者はちがう概念だといった方がよい。こうしてミードとフロイトはちがいが大きいのではあるが、にもかかわらず両者は一つの点において共通の社会学的洞察に立脚していることに注意をうながしておくことが、重要であると私はいいたい。それは、自我——両者の自我概念のちがいをこえた広い意味で——の形成過程において社会、とりわけ家族ならびにコミュニティのような身近な小社会が決定的に重要な役割を果たす、ということの認識である。フロイトは、超自我形成における他者の内面化は同一視の対象としての父および母からはじまって、しだいにその範囲を広げていくと考えた。ミードは客我の形成において父と母の役割にとくに言及することはしなかったが、家族の重要性についてはふれており、また一般化された他者の内面化に関してはコミュニティ——それはクーリーの「第一次集団」にあたる——をあげることを常とした。家族とコミュニティは、近代化・産業化以降の社会におけるゲマインシャフトの解体化の過程の中にあって、その最後の残存のよりどころとなっている(第17項)。ミードとフロイトは、自我形成におけるゲマインシャフトの普遍的意義の認識において一致した見解を示したと見ることができる。

ミードとフロイト以後における社会化理論への重要な貢献として、パーソンズとエリクソンをあげておこう。パーソンズは、フロイトの精神分析的アプローチからするパーソナリティ構造の分析と、社会学からする社会システムの構造の分析とを、パーソンズ自身の行為理論を介して共通の準拠枠に収斂させることができると考えた。パーソンズは、フロイトのいう自我と超自我は、どちらも学習をつうじての内面化の所産として説明されるものである限りにおいて区別をする必要はなく、むしろこの区別は撤廃してしまったほうが理論としての筋が通るとした。またフロイトが超自我形成を道徳的基準の内面化のみに限定して考えたのは狭すぎるとした。フロイトに対するこのような修正をもとにしてパーソンズは、家族における子供の社会化の発達段階を、家族内部での役割関係の分化が子供のパーソナリティ構造の分化をもたらす過程として説明する理論をつくり、フロイトを社会学化する試みを示した(Parsons, *et al*., 1955; Parsons, 1964)。

エリクソンは、産業化と近代化の進行とともにゲマインシャフトが解体化し、教育期間が長期化し、職業生活が専門化・技術化していく中で生ずる青年のアイデンティティ喪失の問題に、関心の焦点を合わせた。フロイトは幼児性愛論をとなえて幼児期における性愛の発達段階に関心を集中し、口唇愛期・肛門愛期・男根期という段階区分を提示した。これらはすべて幼児期のもので、ほぼ六歳ないし八歳ころまでで性愛の発達段階は休止するとフロイトは考えた。エリクソンはフロイトを受け継いでいるから、もちろんまず幼児期に関心をむけることから出発したが、彼の関心はしだいに幼児期を超えて青年期にむけられるようになった。エリクソンの有名な「ライフ・サイクル」表は、人間の一生を八つの段階に区分し、それぞれの段階において人が遭遇する「危機」の性質を図式化したものであるが、その第五段階たる青年期の危機はアイデンティティ 対 役割混乱として特徴づけられている。アイデンティティとは自我を統合していくメカニズムであるが、青年期に人はゲマインシャフトからぬけ出て分化した多数の役割を含むゲゼルシャフトとしての職業世界に入っていかねばならず、この課題にうまく適応し得ない場合にアイデンティティ喪失を生ずる。エリクソンは、現代産業社会に固有のさまざまな青年期の精神病理をこれによって説明し得るとした

(Erikson, [2]1963 ; 1968)。

15　役割形成――行為システムの組織

役割というのはごくありふれた日常用語として誰にもおなじみの概念であるが、この語の中に社会学的分析にとっての重要な意義がかくされていることには、多くの人がながいあいだ気付かなかった。社会学の諸潮流の中で、古典実証主義・古典社会進化論・文化社会学・形式社会学など一九二〇年代くらいまでの諸学説は役割の概念をもたなかったし、行為理論の最初の発見者マックス・ヴェーバーにもそれはなかった。役割理論を創始し役割の概念に重要な意味付与をしたのは、シンボル的相互行為理論と、構造-機能理論であった。しかしながらじつはこの両潮流は、役割概念を共有したとはいえ、役割のとらえ方を異にしており、そのちがいはながいあいだ調整されないままになってきた。社会学的分析にとっての役割概念の真の意義は、この両者のちがいを調整しそれらを統合することによってこそはじめて正しく認識され得る、ということが強調されねばならない。そこでまずこの二つの役割概念の検討から議論をはじめよう。

シンボル的相互行為理論における役割概念は個人レベルにおいてとらえられており、そこでは役割は相互行為過程の中で徐々に形成されつくられていくものとして考えられている。この意味の役割概念の創始者は自我理論の提示者でもあったG・H・ミードであり、そして役割概念と自我概念は密接にむすびついたものであった。ミードの役割概念は、有名な「他者の役割を取得する」(take the role of the other)という成句のかたちで提出された(Mead, 1934 : 160–161, 254–255)。この他者の役割取得という概念は、後述するスミスからシェーラーを経てフィアカントに続く「共感」(sympathy)の概念(第**17**項)ときわめて近いもので、相互行為においてコミュニケーションの結果ある種の他者の態度が自我の中にそれに呼応するある態度をよびおこすことをさしている。それは模倣という概念と関連をもつが、単なる模倣というよりも相互行為を円滑にするために自我がみずからの行為をコントロールしてこれを他者に合わせる工夫である。これが反覆されているうちに、他者の態度が自我の中に内面化されていくことが客我を形成する過程なのであって、他者の役割取得はそこへいたる一つのステップであるといってよいであろう。ミードはそのような他者の役割取得をひきおこすコミュニケーション・メディアを「有意味シンボル」(significant symbol)と呼んだ。有意味シンボル——具体的には言語が中心——はそれの発し手と受け手にとって共通の意味をもち、それゆえ両方に共通の反応をひきおこす。そのようなコミュニケーションの成立する範囲が一つのコミュニティ全体にひろがれば、有意味シンボルもまたコミュニティの成員全体によって共有されるようになる。それら複数の行為者はもちろん性格もちがいさまざまに異なった個性をもつが、そのような個人差にもかかわらず彼等に共通の反応がひきおこされる時、一つの役割が複数の人びとによって認知され演じられる(enacted)ことになる。シンボル的相互行為理論は役割のいわば発生論的説明を提出したということができるであろう。

これに対して、構造-機能理論における役割概念は社会システム・レベルにおいてとらえられており、そこでは役割は、全体社会における職業的役割や企業の組織における職位のシステムにその具体例を見るように、個人に対して社会システムの必要上から割り当てられるものであり、個人にとってはその文脈にみずからの行為を適合させることが課題として要求されるような、社会構造の構成単位として考えられている。この意味での役割概念は、地位という語とペアをなして用いられ、地位は社会システムの中で行為者が占める位置的側面であるのに対して、役割は社会システムの中で行為者が行為する過程的側面をあらわすものとして定義づけられる。地位と役割を対概念として用いる用法は文化人類学者のリントンを先駆とする(Linton, 1937 : 113–131)が、この対概念を受け継いで構造-機能理論の枠組の中にきちんとはめこんだのはパーソンズである。すなわち、パーソンズは地位‐役割というように両者をハイフンでつないだものを社会システムに関する行為よりも一段上位の単位であるとし、そのような単位の構造的な表現が地位であるのに対して、それの機能的な表現が役割であるとした。上述した「位置的側面」というのはある行為者が他の行為者との関連でどこに位置するかに関するものだから構造にほかならず、他方「過程的側面」というのはある行為者が他の行為者との関連でどのように行為するかに関するものだから機能にほかならない(Parsons, 1951: 19-26)。地位‐役割が社会システムの単位であるということは、それが社会システムにかかわる特性であって、行為者にかかわる特性ではないということを意味する。本書の用語でこのことをいいかえれば、シンボル的相互行為理論における役割概念はミクロ社会分析における概念化であるのに対して、構造‐機能理論における役割概念はマクロ社会分析における概念化である。マクロ社会分析は第三章の主題だから、構造‐機能分析にかかわる議論はそれまで延期されねばならない。しかしながら、ここでぜひとも考えておくべき問題は、右の二つの役割概念の関係ということである。

シンボル的相互行為論者は構造‐機能理論における役割概念に対して否定的な態度をとる傾向がある(Turner, 1962: 21-25)。しかし重要なことは、役割という概念は本来的にミクロとマクロの両方の側面を必要とする性質をもっているという点を認識することである。すなわち、パーフォーマンスとしてとらえられた役割――役割遂行(role performance)とか役割演技(role playing, role enactment)とかの語がこの側面をあらわす――は個人の行為であって個人レベルに属する。これに対して、全体の中で部分が受けもつ分担分としてとらえられた役割――役割構造(role structure)とか役割配分(role allocation)とかの語がこの側面をあらわす――はなんらかの社会的全体に対する部分の関係であって社会に属する。たとえば、家族という社会が成り立つためには必ず夫・妻とか父・母とか息子・娘とかの役割が遂行されることが機能的に必要だし、企業という社会が成り立つためには必ず製造・購買・販売・財務・労務とか部長・課長・係長・職長とかの役割が遂行されることが機能的に必要である。個人と社会というこの両面を一つの概念化の中にともに含んでいるところに、役割という概念の特徴があり、従ってまた社会学的分析における戦略上の重要性があるというべきであって、もしいずれか一方だけを排他的に押し出すならば、この概念がせっかく本来的にもっている個人と社会をつなぐものとしての戦略上の重要性が生かされ得ないことになってしまうだろう。

構造-機能理論における役割概念は社会システム・レベルでの概念化であると述べたけれども、その場合でも役割は構造的概念としての地位の機能的側面である以上、その機能を実現する個人の行為を当然のこととして予想している。このような機能としての役割を実現する個人の行為を役割行為と呼ぶ――それはもちろん役割遂行とか役割演技とかその他関連する名前で呼ばれてきたものをすべて包摂する――ことにすると、この語は機能の達成という社会レベルでの出来事と行為という個人レベルでの出来事をつないで一つの語に統合しているという意味で、役割概念の上記の両面性を明示化したものということができる。構造-機能理論の文脈では、役割を地位と相関的な概念としてとらえるので、全体社会の分業体系における職業的役割や企業の組織における職位上の役割にその具体例を見るように、地位としてあらかじめ確立されているものを考えることが多く、そのためこれを、個人にとっては単なる所与でしかない、静態的なものとして一方的にイメージしてしまう傾向がある。構造-機能理論に対してシンボル的相互行為論者が反撥を示してきたのは、このようなイメージを前提にしているためなのである。しかしながらここで注意しなければならないことは、現実の役割行為は、職業的役割においても、また企業の組織における職位上の役割においても、けっしてそのように単純に静態的なものでのみあるわけではない、ということである。たとえば、医師の役割、教師の役割、課長の役割、労務部の役割などとして人びとがどのような行為を期待するか（これを役割期待という）についての大枠は社会的通念としてある程度きまっているが、それには一定の幅でさまざまな変異の余地があり得る――たとえば権威主義型の医師や教師もあり、自由放任型の医師や教師もある、等々——のであり、個別的な役割行為の内容は、医師と患者、教師と学生、課長と課員、労務部と労働組合、などそれぞれのあいだの相互行為をつうじ、両当事者によってさまざまに形成されまた修正される余地がある。すなわち、役割行為や役割期待の中味はけっして固定したものでなく、相互行為の過程の中でその都度新たに創造されていくものである。

他方、シンボル的相互行為理論における役割概念は個人レベルでの概念化であると述べたけれども、その場合でも役割を自我と他者とを含んだ最小限度二人の行為者から成る社会システム、あるいはさらにそれを部分システムとして包むより大きい上位システムのレベルに位置づけ、そのようなシステムの中で機能しているものとして考えることが可能でありまた必要でもある。シンボル的相互行為理論の文脈では、役割は全体社会の分業体系や企業の組織のような確立された地位体系を前提した上でその枠の中での個人の分担分として考えられることなしに、まったく自由で自律的な複数行為者間に自生的に形成された相互行為の中で発生するかのようにイメージされる傾向がある。しかしながらここで注意しなければならないことは、現実の役割形成は通常けっしてそのように自由で自律的な行為者間でいわば真空の中に自生するといった簡単なものではない、ということである。たとえば二人の行為者のあいだの自由な合意によってできた友人関係という役割であっても、一度そのような役割関係が形成されたのちは、それを一つのシステムとして維持していくという目的に成員は拘束されねばならず、また彼等の一方または両方を包むより上位の社会システムの中でその役割関係が適合的に機能しなければならない。たとえばその友人関係は二人の共通の欲求を相互に充足しあう上で適合的でない行為を排除する必要があり、また学校や職場で形成された友人関係ならばそれらの学校や職場の機能と適合的でない行為を排除する必要がある。そうでなければその友人関係は永続きしないことになるであろう。ミードが好んで例示に用いる子供の遊び仲間のような場合でも、もし彼等がまだ学校に通う年齢に達していない子供であるなら、それは彼等の家族における親との関係や、コミュニティの近隣集団における大人たちならびに他の子供たちとの関係から自由でなく、またもし学校に通っている子供であるなら、当然学校との関係による拘束がこれに加わる。もちろん、家族における役割関係や地域社会における役割関係は、上述した全体社会の分業体系や企業の組織ほどに制度化されたものではないとはいえ、上位のシステムからのコントロールが課されるという原則は同じである。

けっきょく、構造-機能理論の文脈における役割概念と、シンボル的相互行為理論の文脈における役割概念とのあいだには、分析者の関心の焦点のおき方にはちがいがあるとしても、役割行為の性質自体にちがいがあるわけではない。役割行為者は一方で独立の行為者として役割行為を自由で自律的にきめ得る面をもっていると同時に、相互行為における他者およびより上位のさまざまな社会システムからの拘束に服さねばならない面をもっている。どちらの度合いがどのくらい大きいかは個別的な状況ごとに異なるが、現実の役割行為が常にこの両面をもつということは普遍的にいえるであろう。だから、役割はどのような場合であれ常に相互行為の過程をつうじて徐々に形成されていくものであり、はじめに確立された役割があって役割行為は単に受動的にそれに従うだけといった固定的なものではあり得ない。役割形成は自我形成とおなじく相互行為過程の中で動的過程としてなされるものであり、それだけでなく自我形成は役割形成と同時平行的におなじ相互行為過程の中で進行するものである。自我形成は社会化という個人レベルにおける出来事が社会によってなされる、という個人的過程の社会依存性をあらわしており、役割形成は行為システムの組織化という社会レベルにおける出来事が役割行為の担い手である個人によってなされる、という社会的過程の個人依存性をあらわしている。相互行為がこの二つの形成過程を同時に含むことによって、個人レベルが社会レベルに依存し社会レベルが個人レベルに依存するという、いわば方向性が逆である二つの依存関係、すなわち個人と社会の相互依存が展開される。自我形成は個性と呼ばれる持続性と一貫性をそなえた態度とパーソナリティをつくるのであるが、同時に自我葛藤と呼ばれる自我の内面におけるコンフリクトをつくり出す場合もあり得る。同様に、役割形成は社会秩序とか社会組織とか呼ばれる相互補完性をそなえた役割システムをつくるのであるが、同時に役割葛藤と呼ばれる社会システム内部で相互に両立しがたい二つ以上の異なる役割期待の分裂をつくり出す場合もあり得る。さらにまた、自我形成は役割システムとしての社会の中で社会に依存しつつ行なわれるものであるが、しかし自我の欲求充足にかかわる自己主張が、他者の側からする役割期待とコンフリクトを起す場合もあり得る。これらの問題への洞察は、自我形成と役割形成とを、個人の欲求充足の達成と社会の機能要件充足の達成という二つの異なった、しかし対応しあう原理にはさまれながら進行する相互行為過程として分析することによって得られるものである（第**21**項）。この認識はミクロ社会学とマクロ社会学との相似性を重視する本書の観点にとって本質的なものであるが、それは行為と相互行為に着目する基礎理論があってはじめて得られる認識なのである。

第六節　相互行為と社会関係の諸類型――ミクロ的社会分析

16　相互行為と社会関係――四類型の提示

行為は、欲求充足が単独の行為者の行為だけで達成され得る場合には、他の行為者とかかわりをもつことなしに完結する。この場合、行為は社会をつくる契機とはならない。たとえば上述したように多くの昆虫はそのように行為しており、生み落された卵は独力で成虫にまで育ち得るから、持続的な家族形成は見られない。人間にも単独で充足することのできる欲求はあるが、それはきわめて限定されており、呼吸欲求・睡眠欲求・排便欲求――最後のものは乳児の場合を除く――など生理的レベルのものをあげ得るにとどまる。おなじく生理的欲求でも、飢えや渇きのような場合には、その充足が高度の文化的欲求と織り合わされている結果、食物および飲料の生産には、近代産業社会では分業と協働、市場での交換などを必要としており、また食事の調達には家族内社会関係が必要とされるなど、他者とのかかわりあいが不可欠である。ましてや、社会的ならびに文化的な欲求を含む人間の大部分の欲求は、単独個人では達成することができない。そこで人間は動機づけから欲求充足にいたる過程で他の行為者とのあいだに相互のはたらきかけを行なう。これが相互行為であって、行為は相互行為になることによってはじめて社会形成の契機となる。

相互行為の最小規模のものは二人の行為者のあいだでのそれであって、これをギリシャ語に由来する術語を用いてダイアド (dyad, Dyade, Paar) と呼び、ダイアドを構成する二人の行為者をそれぞれ自我 (ego, Ich) および他者 (alter, alterego, der Andere) と呼ぶ (ego および alter というラテン語が、行為理論における国際的な共通記号となっているのでここでもこのならわしに従う——すでにそうしてきた——が、この場合の「自我」はもちろん「自我形成」という場合のそれとは別概念である)。ダイアドにおいては、自我と他者とはまったく対等な行為者で、その関係は完全にシンメトリカルである——すなわち支配・服従とか指導・被指導とかの関係を含まない——と仮定される。だからどちらを自我としどちらを他者とするかはまったく互換的であるが、自我と呼ばれた方が行為主体として位置づけられ、他者と呼ばれた方がその自我にとっての行為客体と見做される。自我と他者とは直接的すなわちパーソナルに行為を交わしている。直接的とは、他の個人を介在させないという意味であって、対面的(face-to-face)である場合と非対面的(たとえば電話で話す、手紙を交換するなど)である場合の両方を含み得る。

相互行為という概念と社会的行為という概念とは区別しておかねばならない。マックス・ヴェーバーによる社会的行為の定義「行為者によって考えられている意味の上からいって他者の行為と関係をもち、その経過においてこれに指向しているような行為」(Weber, [5]1972)は、これだけを見ると相互行為と同義のようにも解される。しかし他の個所でヴェーバーが「社会的行為は過去の・現在の・または未来に期待される他者の行動に指向し得る。『他者』とは単独の知人でもあり得るし、不特定多数者でもあり得るし、まったく未知の人でもあり得る」(*ibid.*: 11)と述べているのを合わせ考えれば、彼が社会的行為という語によって意味しているのは相互行為よりずっと広くて、他者との関係が直接的すなわちパーソナルでない場合をも含むということがわかる。不特定多数者とか未知の人とのあいだで成り立つ社会的行為の例として、ヴェーバーは貨幣的交換をあげている。未知の人が作った製品を買ってこれを消費する時、そこに間接的な社会的行為がある。そこで、社会的行為とは直接または間接に他者関連的であるような行為である、と定義することができる。相互行為はしたがって社会的行為の特殊ケースである。

相互行為が持続的——もちろん中断の時間は入ってよいが将来にわたって続くことが双方の行為者によって期待さ

れている――である場合、自我と他者とのあいだには社会関係が形成されているという。[8] 社会関係(Gesellschaftsverhältnis, soziale Beziehung)という語を中心概念に仕立てたのはフィアカント(Vierkandt, ²1928)とヴィーゼ(Wiese, ³1955)で、ジンメルの心的相互作用(seelische Wechselwirkung)という語がこれに先行していた。ジンメルは社会学第一世代の社会有機体というような「実体論的思考」を非科学的な考え方としてしりぞけ、カッシーラー(Cassirer, 1910)の意味での「機能論的思考」をもってこれに代えるために、社会とは作用であるとか出来事であるとか機能的なもの(etwas funktionelles)であるとか述べて、社会を心的相互作用という名の心理過程に還元した。フィアカントはジンメルのこの心理主義を継承すると同時に、リットやシェーラーの現象学的社会学を受けいれて、人と人との関係は本質的に自我の内面を他者に知らせて共感を得、そのことによって自我意識(Ichbewußtsein)を我々意識(Wirbewußtsein)に拡大することである、とした。自我意識の拡大としての我々意識の共有は自我と他者とがゲマインシャフト関係(Gemeinschaftsverhältnis)によってむすばれている状態を意味するから、フィアカントにとって社会関係の本質はゲマインシャフト関係にほかならない。他方ヴィーゼは、ジンメルの社会とは実体でなく出来事だという観点を継承したが、フィアカントのような主観的・心理的観点をとらず、経験主義の方法論から客観主義的アプローチを採用した。ヴィーゼはこのような方法的観点から、自我と他者とのあいだの結合または分離の度合いを「距離」という客観的タームであらわし、この距離が縮まっていく過程を社会過程と呼び、この社会過程を一定の時間断面で切った状態を社会関係と定義した。

ジンメル、フィアカント、ヴィーゼの社会関係論の貢献は、コントやスペンサーがマクロ社会の概念しかもっていなかったのに対して、社会を人と人との関係に分解することによってミクロ分析のための概念用具をつくり出した点にある。この点の貢献は通常彼等に冠せられる「形式社会学」という呼び名のゆえにかくされてしまっている観があるが、彼等は同時代のアメリカのミードやクーリーと並んで、ミクロ社会学の開拓者としての栄誉を与えられるべきである。ただ、ジンメル、フィアカント、ヴィーゼに共通する弱点は、ミクロ分析を行為理論の構築にまで深めることがなく、したがって自我と他者との相互作用を相互行為として概念化することに思いいたらなかったことであった。彼等が役割概念をもつにいたらなかったのはこのゆえであると考えられる。ミードが自我理論と並んで役割理論の出発点を確立し得たのは、心理学者としてのミードが社会的行動主義の観点をもっていたことによるであろう。この観点はジンメルらには欠けていたといわなければならない。

さてダイアドにもう一度戻って考えよう。自我にとって、他者は状況の一部をなしている。状況は物的状況・社会的状況・文化的状況の三要素から成るが、自我にとって他者は社会的状況の構成要素をなすことはいうまでもない。われわれはさきに、自我が状況と関連するさいのかかわり方には、(i)目的として、(ii)手段として、(iii)条件として、(iv)障害として、の四つの場合があるとした(第**13**項)。だから、自我が状況の一部にほかならない他者とかかわりをもつ仕方も、この四通りあるわけである。ただ目下の場合状況は他者(他の行為者)として特定化されており、自我と他者とは相互行為しているのであるから、状況一般の場合(状況は物的対象および文化的対象を含むが、それらは人間と相互行為しない)には考え得なかったスペシフィケーションを必要とする。われわれは(ii)の特殊ケースとして、他者が自我にとっての交換の相手方であるという場合を新しく加えることにしよう。他方、状況を構成している他者が自我にとっての環境条件にとどまる時は、自我はそれらの他者とのあいだに間接的な関係はあっても、直接的な相互行為・社会関係はないわけだから、これは除いて考えてよいことになる。そうするとけっきょく、考察すべき相互行為・社会関係の諸類型——それらを「理念型」として考える——は、図**3**にあらわされている四つに帰着する。以下それらについて説明を加えよう。

他者の自我に対する関係		本文中の番号	相互行為	社会関係
目的として		(1)	ゲマインシャフト行為	ゲマインシャフト関係
手段として	目的達成の手段	(2)	ゲゼルシャフト行為	ゲゼルシャフト関係
	交換の相手方	(3)	市場的交換行為	
環境条件として				
障害として		(4)	競争および闘争	

図3 相互行為と社会関係の4類型

（一） 他者が自我の行為にとっての目的である場合。これは、自我にとっての目的が他者と相互行為し社会関係をとりむすぶこと自体である場合である。自我のこのような目的設定は、彼の他者関係的欲求から生ずる。他者は直接に自我の欲求をみたしてくれるのであるから、この場合の自我の行為は表出的あるいは完結的行為であって、目的-手段関係は行為の中に入ってこない。ダイアド関係において自我と他者とは対称的だから、以上の関係は他者の側からいってもまったく同様である。実在の経験的事例としては夫婦・親子・兄弟姉妹などの関係が通常これに最も近く、また純粋な場合の恋愛関係・友人関係・仲間関係・師弟関係もこれに近いし、より一般的にいえばいっしょにいること自体を楽しむこと以外には目的のないパーティのメンバーや会話自体を楽しむ話者のグループといったものもこれに属すると考えることができる。恋人は夫婦になることが、夫婦や親子は家族関係を将来にむけてより緊密に維持していくことが、友人はより一層親しく肝胆相照らすようになることが、師弟は勉強とか人格形成とかがより一層すすむことが、話者は相互により一層親睦を深めることが、それぞれ自我が実現しようと欲している未来の状態、すなわち自我にとっての目的をなしており、それはまた他者にとっての目的でもある。これらの経験的諸事例を抽象化すれば、自我と他者とが、単に利害を共通にするとか目的を共有するとかの関係以上に、「自分のもの」(eigen)と「人のもの」(fremd)の区別の撤廃、すなわち互いに相手と一体化することをめざしているような相互行為・社会関係の理念型を考えることができる。このような相互行為をゲマインシャフト行為、またその社会関係をゲマインシャフト関係、そしてそのような社会関係を形成していく過程を共同化(communalization)と呼ぶことにしよう。

（二）　他者が自我の行為にとって目的達成の手段である場合。これは、自我の行為の目的は当該他者でなく、何かほかの物的・社会的・文化的客体のいずれかであって、自我の欲求(どのような種類の欲求であってもよい)充足はそれを達成することから得られるが、その欲求充足はながい目的-手段関係の連鎖をたどることなしには達成され得ず、だからまずそのための用具として当該他者と相互行為し社会関係をとりむすぶことが不可欠である、という場合である。したがって、このような行為は手段的あるいは道具的行為であって、そこでは、自我 対 他者の社会関係は目的-手段関係として特徴づけられる。ただ、他者が用具であるという表現は、自我が他者を一方的に利用するような事態を連想させる危険があるが、ここでの意味はそうではなくて、自我と他者とはあくまで対称なのだから、その時他者もまた自我と目的を共有し、その目的の達成にとって自我を用具として有用だと見做し、そのような考えで自我と相互行為しているのだという点が注意されねばならない。事業のパートナー、会社の同僚、研究プロジェクトの仲間、スポーツのチームメートなどは、実在の経験的事例としてこの理念型に近い相互行為ないし社会関係の例示であり得る——もちろんその過程において相互行為をとり交わすこと自体が満足の源泉になるような関係に移行しない限りにおいて。そこでは他者は手段なのであるから、自我は他者の選択において目的合理的でなければならず、両者の関係は冷徹すなわち常に計算づくである。すなわち、自我と他者とはけっして一体化していない。ただ両者のあいだには目的の共有があり、そして両者は協力しあったことによってそうでない場合よりも目的達成上有利になったのだから、目的達成に関して利害は一致している。このような理念型における相互行為をゲゼルシャフト行為、またその社会関係をゲゼルシャフト関係、そしてそのような社会関係を形成していく過程を協働化(cooperation)と呼ぶことにしよう。

(三)　他者が交換における自我の相手方である場合。これは、自我と他者とが互いに相手の提供する物的・社会的・文化的対象を獲得の目的としており、そのような交換を行なうことによって相互に欲求充足を得る場合である。そこでは、行為の目的は交換対象なのだから、相手の行為者そのものは欲求充足の手段であるといってもよく、その意味でこれは手段的な相互行為の特殊ケースであるといえる。ただそれが前出のゲゼルシャフト関係と異なるのは、交換は瞬時に終わるからこの相互行為は社会関係の形成にいたらず、そして交換行為者は一切の組織による拘束から独立である、という点である――もちろんその交換行為がその後も持続して社会関係がそこに形成されることはあり得るが、それは交換の必要条件ではない。交換においては、高く売りつけると自我は得をし他者は損するという点で利害が対立しているが、少なくとも両者が合意に達して交換を行なった――力と欺瞞の行使は交換とは呼ばれない――限り、そこには相互満足があり、従って利害の一致があるといってよい。この理念型の経験的事例は市場における経済的交換によって典型的に代表されるから、これを市場的交換行為と呼ぼう。しかしそれは、貨幣を媒介とする経済的交換をこえて、たとえば助力の提供と服従によるお返しのような社会的交換にまで拡張し得る。交換は、手段的な相互行為の特殊ケースだから、これは前出のゲゼルシャフト行為の下位類型ではあるが、ゲゼルシャフト行為が企業のような組織を形成してその拘束に服するのに対して、市場的交換行為者は単独の行為者であっていかなる組織の拘束にも服さない点がゲゼルシャフト行為とちがっている。他方それが自他の区別の撤廃という意味での一体化によって特徴づけられるゲマインシャフト行為とカテゴリカルに異なることは、説明を要しないであろう。

(四)　他者が自我にとって目的達成の障害になる場合。このようなケースとしてまず考えられるのは、自我がめざしているのと同一の目的達成を他者もまためざしているが、両者の目的達成は両立し得ない、すなわち一方の獲得が他方の獲得機会の剝奪になるような一定のルールのもとで、自我と他者とが定まった報酬総額を争奪し合う(一般的には「コンスタント・サム」、特殊的には「ゼロ・サム」)、という状態である。このような場合に生ずる自我と他者との相互行為ないし社会関係を競争と呼ぶ。限定された入賞を争う競技やコンテストの参加者間における相互行為、あるいは一定人数で勝負を争っているゲームの参加者間における相互行為は、その原初的な例である。競争においては、一定の規範の受容——より強い場合にはそれの制度化と内面化——があること、すなわち一定のルール(「ゲームの規則」)のもとにおいて分配をめぐる争いが展開されるということが不可欠の条件である。ところが、これとはちがって、そのようなルールが欠如している状態のもとで他者が自我の目的達成をひたすら妨害する、そしてその妨害は競争の場合のように他者が目的を達成するための手段としてなされるというより、自我を目的達成から排除すること自体が他者にとっての目的である、というような相互行為ないし社会関係があり得る。これを、競争から区別して闘争と呼ぼう。競争と闘争の理念型的な区別は社会関係の類型設定において基本的である(第**20**項)が、しかし現実には両者の境界は必ずしも明確とはいえず、量的連続体として考えた方がよい場合も少なくない。

以上四つの類型(9)のうち、はじめの二つにおいては、相互行為をつうじて自我も他者もともに欲求充足を実現することが可能であり、そしてそのことを契機として両者のあいだに持続的な社会関係を形成することが可能である。そのような社会関係の集合が集団や組織をかたちづくる。逆に、それらの相互行為が行為者に満足ではなく不満をつくり出した場合には、社会関係ないし集団・組織の解体が起り得る。たとえば夫婦はお互いの欲求が相手によって充足されない場合離婚するかもしれず、事業のパートナーは手を引くかもしれない。ダイアドはそれ自体すでに一つの社会システムであり、その社会システムの解体はマクロ社会学的にはシステムの機能的要件の不充足という観点から説明可能である。けれどもここでの文脈たるミクロ社会学の観点からは、ダイアドの解体は行為者の欲求不充足として関心の対象とされる。ミクロ社会学の中心概念は機能ではなく行為であって、行為は欲求充足に指向しているのであるから、相互行為の解体はこの観点からは欲求不充足に起因するという着眼によって関心の対象とされ、そのような観点から社会学的に説明される。

これとは異なって第三の交換の場合においては、交換という相互行為は瞬時に終了するし反覆するとは限らないから持続的な社会関係形成の契機とはならず、市場は集団や組織を形成しない。また第四の競争および闘争においては、自我と他者との利害があい反しており、とりわけ闘争の場合には共通のゲームの規則(規範)の制度化・内面化もないから、やはり持続的な社会関係形成の契機とはならない。但し他の契機によってすでにつくられている集団や組織の内部において、競争や闘争が行なわれることはもちろんあり得る。また競争の場合には、闘争と異なってゲームの規則の制度化・内面化があり、また競争の敗者は勝者のような満足を得られないとはいえ社会関係から排除されたわけではないから、競争は集団や組織の持続ということと両立し得る。

17　ゲマインシャフト行為とゲマインシャフト関係

第一の類型はゲマインシャフト行為・ゲマインシャフト関係である。第**16**項ではこれを、他者が自我の行為にとって目的であるような相互行為・社会関係として定義した。この類型の相互行為と社会関係について、さらにたちいって考えよう。

ゲマインシャフトという語は、周知のように、テンニエスによってゲゼルシャフトという語の対語として確立された。テンニエスはホッブズの研究家として彼の理論の中にホッブズ的自然法思想をとりいれた反面、ホッブズのように人間の自然状態を「万人の万人に対する闘争」とは考えず、まったく逆にそれを「人間の意志の完全な統一」が実現されている状態として考えた。テンニエスはそのような統一の契機として血（家族・親族）と場所（村落共同体）と精神（職業団体）の三つをあげ、人間と人間とを結合する社会的な力としての「了解」(Verständnis) はこの三者によってこの順番の強さで基礎づけられる、とした。第一の「血のゲマインシャフト」すなわち家族成員のむすびつきはさらに、母子関係・夫婦関係・兄弟姉妹関係の三つに分たれるが、この中で最も本源的な結合関係は母子関係のそれに求められた。これに対して後二者および「場所」と「精神」のゲマインシャフトはなんらか別の契機によって補完されることなしには、争いを生じたりしてゲマインシャフト的関係がゆるみやすいと彼は考えた。テンニエスはそのような補完的契機として所有すなわち共有財産のもつ意義を強調した。所有は家族において家産として実現されているほかに、第二の統一契機たる村落共同体においても入会地 (Allmende) として実現されている。これに対して都市の家族、ならびに地域共同体としての都市においては、交換による市場的関係が侵入してきて、ゲマインシャフト的関係がそこなわれている。交換はゲマインシャフトの本質と矛盾し、これをこわす方向に作用する、というのが彼の中心テーゼの一つである (Tönnies, 8 1935: 8–10, 14–16, 20–36)。

マックス・ヴェーバーはテンニエスのゲマインシャフト 対 ゲゼルシャフトという区分を彼の行為理論とむすびつけ、目的合理的行為・価値合理的行為・情緒的行為・伝統的行為という彼の行為の四分類のうち、前二者がゲゼルシャフト、後二者がゲマインシャフトに対応するとした。従ってヴェーバーによれば、ゲマインシャフト関係 (Vergemeinschaftung) とは、情緒的行為または伝統的行為によって形成される社会関係として定義されるもので、行為者によって主観的に抱かれた情緒的または伝統的な一体感によって特徴づけられる (Weber, 5 1972: I: 21–22)。他方、ヴェーバーのいう目的合理的行為および価値合理的行為はゲゼルシャフト行為に対応するものである。ヴェーバーはゲゼルシャフト行為の典型として、欲求充足のための目的合理的な手段選択——所与の制約条件のもとで効用の最大化を実現するような手段選択——に指向する行為としての経済的行為、とりわけ市場における交換をあげる。従って、ヴェーバーにおいてもテンニエスにおけると同様、市場的交換行為がひろく浸透することによって、伝統的行為ならびに情緒的行為にもとづいて形成された社会関係がこわされていけば、ゲマインシャフト行為およびゲマインシャフト関係はしだいに崩壊していくと考えられた。ヴェーバーの近代化理論における中心概念としての「合理化」がこれをあらわす。

しかしながら、それでは合理的な市場的交換が優位していく近代以降の社会において、ゲマインシャフトは消滅してしまうのか。そうではなく、ゲマインシャフトは産業化と近代化のただなかにおいて解体化しつつもなお存在しつづけているのではないか。テンニエスは近代産業社会におけるゲマインシャフトの残存に気づいてはいたが、そのことにあまり重要な意味を認めようとしなかった(Tönnies, ^{8}1935: 247–249)。これにくらべるとヴェーバーの方がゲマインシャフト行為・ゲマインシャフト関係の普遍性の事実に対して注意を向けていた。たとえば市場における経済的行為がはげしい競争にさらされる時、そのような競争は当事者自身にとって互いに不利であるから、これをなんらかの方法で緩和することが彼等に共通する利害となる。そこで競争を制限するために機会の内部的独占化を実現するようなゲマインシャフトを形成し、アウトサイダーに対して機会を「閉鎖化」しようとする普遍的な力がはたらく(Weber, ^{5}1972: I: 199–222)。これは一例であるが、ゲマインシャフト行為・ゲマインシャフト関係は、近代社会のただ中においてもなお消滅し去ることなく人びとの生活の中に一定の場所を占めつづけている。

ホッブズが人間の自然状態を「万人の万人に対する闘争」として概念化した時、ホッブズには人間社会に普遍的に含まれているゲマインシャフトの要素についての認識が完全に欠落していた。彼の行為理論においては、すべての個人は他者を自我にとっての欲求充足の妨害者としてのみ見るとの仮定がおかれていた(Hobbes, 1651)。これは、ホッブズ理論が人間行為についての最も極端な功利主義的個人主義の前提から出発したことを意味する。しかし社会学説の中には、これとはまったく異なった人間行為についての仮定から出発する行為理論の系譜が存在する。そしてこの系譜の行為理論は、ゲマインシャフト行為の普遍性を帰結するのである。この系譜の行為理論の原点は、アダム・スミスに求められる。

スミスは『道徳感情の理論』において、人間は自分にとって一文の得にならなくても他人の運命に気をくばらずにはいられない性向があり、他人が幸福にしているのを見ると嫉妬にいたらない限り自分もうれしくなるし、他人が不幸におちいっているのを見ると自分も悲しくなるという「同類感情」(fellow feeling)を普遍的にもっている、との仮定から出発した。この感情が喜びである場合と悲しみである場合とを合わせて、スミスはこれを「共感」[10](sympathy)といいあらわした。しかしながら、人が他人の共感を呼びおこすことができるためには、一定の条件があると彼は考えた。いま、一人の受難者を見物人たちが取り囲んでいるとしよう。見物人たちがこの受難者に共感を覚えるのは、彼等がこの受難者の感情を道徳的に「適正」(proper)であると見做して是認する場合に限られる。そこで受難者の側からいえば、彼が見物人たちの共感を得たいと望むなら、自分自身を見物人の眼で見、自分の立場を見物人に合わせなければならない。すなわち、人は他人の感情——但しこの他人はただの無責任な傍観者ではなく「公正な観察者」(impartial spectator)であると仮定する——に自分の感情を合わせなければならない、とスミスは論じた(Smith, Glasgow Ed.1976a : 9–26)。

スミスのこの「共感」の理論を利他主義的行為理論と解すると、同じスミスが『諸国民の富』(Smith, Glasgow Ed.1976b : I)において分業を利己心に発するものとして説明し、その分業の産物にほかならない市場的交換の行為が「見えざる手」に導かれて「商業社会」における公共の福祉の実現にいたる、と説いた利己主義的行為理論とのあいだに矛盾があるとの誤ったスミス理解が生まれる。かつてドイツ歴史学派の経済学者たちが「アダム・スミス問題」と呼んだものがそれであって、この議論においては、『道徳感情の理論』におけるスミスと『諸国民の富』におけるスミスとのあいだに基本的な観点の変更があったというような解釈が行なわれた。(11) しかし、じつは『道徳感情の理論』もまた人間行為が利己的なものであるとの前提から出発しているのであり、あたかもフロイトの超自我がエスの衝動を抑制すると考えられたように、スミスにおいても「内なる裁判官」が利己心の衝動を抑制していると考えられていた。また「見えざる手」という言葉であらわされたシステムの制御メカニズムについての着想は、『諸国民の富』だけでなく『道徳感情の理論』にも登場している。従って、この二著は出版年において一七年のへだたりをもってはいるが、両者のあいだに基本的な観点の変更があったとするのは正しい解釈とはいいがたく、両者は同一の行為理論の上に立脚していると見なければならない。ただ「共感」の原理と「見えざる手」の原理とが異なった原理であることはたしかであるから、私は両者を、ゲマインシャフト行為の理論とゲゼルシャフト行為の理論とにそれぞれふりわけて位置づける解釈をとりたい。両者は矛盾するのではなく、人間行為および社会関係における二つの異なる類型として併存しているのである。

スミス自身はもちろん、ゲマインシャフト対ゲゼルシャフトという概念化を知らなかった。ところがスミスから一世紀半をへだてて書かれたマックス・シェーラーの『共感の本質と諸形態』は、スミスの「共感」原理を受け継ぎつつ、これをはじめて明示的にゲマインシャフトの概念とむすびつけた。シェーラーの考えでは、ドイツの学者たちがスミスの「共感」を他者の体験の追体験(Nacherleben)あるいは感情移入(Einfühlung)と同一視したり、またはお祭に出ると沈んだ心もうきうきしてくるといった感情伝播(Gefühlsansteckung)や、それの極限的な場合としての一体感(Einsfühlung)さらには忘我(Ekstasis)によって説明しようとしたりしたのは、すべて誤っている。シェーラーによれば、共感とは生活ゲマインシャフト(Lebensgemeinschaft)の中でのみ獲得可能な他者認識の形態であって、他者についての直接的・無媒介的な知識にその起源をもつ。これに対してゲゼルシャフトにおいては、そのような直接的・無媒介的な他者認識は可能でなく、間接的・媒介的な他者についての知識があるのみである。ゲマインシャフトにおける他者体験はそれとは根本的に異なって、「我」と「汝」に共通する一つの流れであり、共同体験である。シェーラーの考えでは、共感はそのような共同体験として説明されねばならず、感情移入のように自我の体験がまずあってそれを他者に挿入しようとする過程として説明するのは適切でない。ゲマインシャフトにおいては他者の体験は同時に自我自身のものとして体験されるのだと考えられるべきである。換言すれば、ゲマインシャフトにおいては、「我」意識が先に形成されていて「我々」意識があとから入ってくるのではなく、「我」であるか「汝」であるかについて無差別な一つの体験流(ein in Hinsicht auf Ich-Du indifferenter Strom der Erlebnisse)というものが流れている、と見なければならない。すなわち、そこでは「自分のもの」(Eigenes)と「他人のもの」(Fremdes)とははじめから区別されていないのだ、とシェーラーは主張した(Scheler, 61973 : 212–216, 239–242)。

フィアカントはシェーラーによって指摘された共感とゲマインシャフトのこのむすびつきに、つぎのような限定を加えた。すなわち、一口に共感(Sympathie)と呼ばれている事実には少なくとも三つのものが区別されるべきで、それらは混同されてはならない。第一は他者の感情の直接的共同体験(direktes Miterleben)、第二は他者の内的状態についての知識としての理解(Verstehen)、第三は他者の喜びや悲しみを内的関心の対象とする共同感情(Mitgefühl)。第一の「直接的共同体験」は、ある人の感情状態が周囲にいわば放射されることによって他の人びとに転移する過程、すなわち「感情転移」(Gefühlsübertragung)である。これは、パニックにおいて恐怖の感情が広まるなどの例から明らかなように、いわば無媒介な感情伝染であって、必ずしもゲマインシャフトを必要としない。第二の「理解」は、他者の心的状態をその内面からとらえることによって他者をいわば拡大された自我の一部とするもので、恋愛関係や親子関係に典型的に見られるように、内的親近感と緊密な意志疎通が前提であり、すなわちゲマインシャフトの基礎があってはじめて形成可能である。第三の「共同感情」は、他者と喜びや悲しみの感情をともにすることで、フィアカントはこれを人間に生得的な性向にもとづくものとするが、これが起り得るためにはもちろん自我と他者はある程度知りあっていることが前提であるとはいえ、ゲマインシャフト関係のような深い了解関係は必要でない(Vierkandt, ²1928 : 98–111)。けっきょく、共感とゲマインシャフトとのむすびつきは「理解」の場合において本質的であるが、他の二類型においてはそうではない、というのがフィアカントの見解である。フィアカントは「感情移入」説をとくに批判したわけではなかったが、彼のいう「感情転移」は感情移入にごく近い概念で、彼はこれをゲマインシャフトを媒介とする「理解」と峻別したのであるから、フィアカントもまたシェーラーとおなじく共感を感情移入によって説明する理論を否定したのだと解することができる。

他者知覚に関して感情移入説を批判することにおいて、シュッツもまたシェーラーおよびフィアカントと同様の見解を示した。シュッツはこのことを、「我々」の領域が「我」の領域に先行する、と表現した(Schütz, 1973 : I : 165)。しかしながら非常に興味のあることに、シェーラー、フィアカント、シュッツが共通に依拠していた現象学の創始者フッサール自身は、『デカルト的省察』の第五省察において、じつは他者知覚の説明に感情移入説をとっていた(Husserl, ²1973 : I : 123–124)。だから他者知覚の問題については、彼等は当然フッサールと袂を分つことにならざるを得ない。とりわけシュッツはこの点を躊躇することなく明瞭に示した。フッサールにおいては、現象学的な超越論的主観性の世界の扉をあけてその中に入ることができるためには自然的態度の地平を去ってしまうことがまずもって前提となるから、「現象学的還元」を行なうことがすべての出発点であり、自然的態度のままでの現象学的分析などということはおよそ考えられない。だが、ひとたび現象学的還元を行なえば、行為者にとっての状況の構成要素をなすすべての物的・社会的・文化的対象はことごとく遮断されてしまい、だからすべての他者も排除されて、「我思う」の純粋意識だけの世界が現出する。この「窓のないモナド」としての超越論的主観性の世界の中にはゲマインシャフトなどあり得ようはずがない。シュッツはこのことを、フッサールの超越論的自我は複数をとることのない単数だけの名辞であると表現し、そのような独我論的世界にとどまる限り相互主観性の形成という問題は解けないとした。だから、「我」の領域に先行して「我々」の領域があるというシェーラーの命題は、現象学的還元から離れて「現世」すなわち自然的態度の世界において考えられるのでない限り可能でない、というのがシュッツの結論であった。フッサールが生活世界という語を最初に鋳造した時、彼はこれを超越論的主観性の世界の中に位置づけ、感情移入によってその形成を説明し得るとしたのであったが、シュッツはこのような説明は成り立たないとして生活世界の概念を超越論的主観性の世界から切り離してしまった。相互主観的構成としての生活世界は、日常的な自然的態度の世界においてでなければ、説明可能でない。このように解釈されたシュッツの生活世界は、ゲマインシャフトの主観化された対応物、したがってシェーラーやフィアカントによって解釈された共感と事実上おなじものをあらわしていると解してよいであろう(Schütz, 1973 : I : 140–149, 164–169)。

最後に、ハバーマスのコミュニケーション行為の概念が、ここでの主題であるゲマインシャフト行為の概念と重なりあうことに注目したい。ハバーマスは彼のコミュニケーション行為の概念を、行為者が利己的な成果計算に第一次に指向せず、その行為計画を共通の状況規定にもとづいて他者と同調させ得ることを条件として自己の目的を追求するような行為として定義する(Habermas, 1981 : I : 385)。他方でハバーマスはシュッツによって解釈されたようなものとしての生活世界の概念を導入し、これをコミュニケーション行為の補完概念として位置づける時、生活世界は困難なしに説明され得ると論ずる(Habermas, 1981：II：198)。ハバーマスのいうコミュニケーション行為をゲマインシャフト行為として読みかえ、生活世界を自我と他者とのあいだに共感が成り立つ世界として読みかえれば、ハバーマスもまたシェーラーやフィアカントが考えたのとおなじことを考えている、と見做すことができる。ついでにつけ加えれば、社会システムと生活世界とが原始社会では未分離であったのに対して、社会進化とともに両者の分離(Entkoppelung)が進行してきてそれが物象化(Versachlichung)であるという既述のハバーマスのテーゼ(第5項)は、ここでの私の用語でいえば普遍概念としてのゲマインシャフトがゲゼルシャフトと併存するということを言っていると解することができるから、ここでの文脈に適合する概念化であるということができよう。

以上アダム・スミスからシェーラー、フィアカント、シュッツを経てハバーマスにまでいたる共感・相互主観性ないし生活世界の形成に関する諸学説の例証は、ゲマインシャフト行為・ゲマインシャフト関係の普遍的意義の認識が社会学における行為理論の系譜の中に連綿として続いてきたことを示すものである。そしてじつは、初期パーソンズにおける主意主義的行為理論のテーゼも、共感とか相互主観性とか生活世界とかの語をキイ・ワードとして使っていないとはいえ、内容的にはこのおなじ系譜に属するのである。パーソンズの『社会的行為の構造』における中心主題は周知のように社会秩序に関する「ホッブズ問題」であった。パーソンズは人間の自然状態についてのホッブズの仮定を功利主義の行為理論の極限と考え、これをもって功利主義が社会秩序の問題を解き得ない現物証拠とした。この意味での功利主義はロックに継承されて古典市民社会理論の原点となり、より広くいえば啓蒙主義的合理主義、したがってまた西欧の近代思想一般、だからその一環としての実証主義的科学理論、これらすべてのものの原点となった。ホッブズ問題とは、これらのものがそれだけではだめなのだということを認識する問題であるにほかならない。かくしてパーソンズが着目したものが、英仏を中心とした実証主義の潮流に対するアンチテーゼとしての、ドイツを中心とした理念主義の潮流であった。ゲゼルシャフト関係が「セルフ・インタレストの合理的な追求」において形成される社会関係であるのに対し、ゲマインシャフト関係は「理念的」な社会関係である(Parsons, 21949 : 687–689)。上記の例証におけるゲマインシャフトの諸理論がスミス――スミスにはハバーマスのいうシステム的秩序としての「見えざる手」と生活世界的秩序としての「共感」の両原理が併存していた――を除いてドイツ理念主義の側から出ているのは偶然でない。

「ゲマインシャフトの時代にゲゼルシャフトの時代が続いている」(Tönnies, 81935 : 251)というテンニエスの歴史認識は、もちろん大筋としては正しかった。すなわちゲマインシャフトは産業化・近代化とともに解体を続けてきた。しかし他面において人間は、産業化・近代化にもかかわらずゲマインシャフトを必要としつづけてきた。産業化と近代化は、ゲマインシャフトをゲゼルシャフトに変えたというより、ゲマインシャフトとゲゼルシャフトを分離したのである。そのゲマインシャフトの最後の砦となってきたものが家族であり、他方において地域社会である。しかしながら近代産業社会では、都市の家族は今日ではもう大部分、テンニエスの強調した土地の共同所有からは切り離されてしまったし、離婚率の上昇や単身者世帯の増加による家族の解体化もすすんでいる。地域社会は村落においてはなおゲマインシャフトの要素をのこしているが、都市においてはゲマインシャフトとしての性質を喪失して、僅かに近隣社会や学校へ通う子供の世界での遊び仲間程度のものになっている。このようにゲマインシャフトの解体は間違いなく進行してきているが、それでも近代産業社会において人は家族というゲマインシャフトの中に生まれ、家族員は相互にゲゼルシャフト行為の手段となることなく、共同生活そのものを自己目的として共感の世界に生きている。家族がゲマインシャフトでありつづけ、けっしてゲゼルシャフトに転化しなかったのは、近代における市場的交換の優越が家族関係の内部にまで浸透しなかった事実によって説明し得る[12](第26項)。家族は家計の単位として消費市場における買い手でありまた労働市場における売り手であるが、家族員相互のあいだには経済的交換関係はなく、分配問題もない。夫婦・親子の財布は一つであって家族内の分配は贈与によって行なわれているから、家族員相互間に利害の対立が生ずる可能性は——理念型的にいう限り——ない。たとえば親は子がたくさん食べたから自分が損したと思うのではなく、子がたくさん食べるのを見て自分も幸福になるのである。またこれを子供の側から見た場合、家族の中に生まれ落ちて成長する子供にとって、「我々」意識はシェーラーが指摘したとおり「我」意識のあとからはいってくるというものではなく、「我」であるか「汝」であるかについて無差別な一つの体験流といったものが家族の中にあるといった方が適切である。もちろん現実には——とりわけ子供が成人するにつれて——親子の一体感に亀裂が生じ、親子のあいだの「断絶」——断絶とは「理解」(Verstehen) あるいは「了解」(Einverständnis) の不成立を意味する——が起るといった病理現象があり得る。また近年における老齢年金制度の普及と核家族化は、子供が結婚して独立したあとの親子関係をゲマインシャフト関係からしだいに遠いものにしている。とはいえ、これらのことは核家族内部が病理的な場合を除きゲマインシャフトであり続けることを否定するものではないであろう。家族の中においてでなければけっしてみたされ得ない人間の欲求というものがある限り、家族におけるゲマインシャフト行為・ゲマインシャフト関係が現代社会の重要な構成要素の一つであり、独自の特性をもった相互行為・社会関係の一類型である、との命題がくつがえされることはないであろう[13]。

ゲマインシャフト関係においては、成員が相互にゲゼルシャフト行為にとっての手段であるといった関係がないため、目的達成の効率を高めるための分業関係の制度化といったことは必要がなく、また支配関係の制度化によるヒエラルヒー組織もなく、したがって成員は意識において同質であり、分化をとげていない。ゲマインシャフト関係はこのように同質なものが目的を共有することによって協力しあい結合する関係である。このような社会関係を形成する相互行為過程は、上述のように共同化という語によってあらわされる。共同化の結果としての社会学的アウトプットが基礎集団である。それの構造-機能的な分析はマクロ理論の課題となる（第26項）。

18　ゲゼルシャフト行為とゲゼルシャフト関係

第二の類型はゲゼルシャフト行為・ゲゼルシャフト関係である。第16項ではこれを、他者が自我の行為にとって相互に共有している目的の達成にとって有用な手段であるような相互行為・社会関係であると定義した。この類型の相互行為と社会関係について、さらにたちいって考えよう。

テンニエスは交換をもって最も典型的なゲゼルシャフト行為と見做し、「交換ゲゼルシャフト」（Tauschgesellschaft）という概念を立て、スミスを引用しつつ「万人が商人である」ような状態がゲゼルシャフトであるといって、商人を「本来的にゲゼルシャフト的な人間」とした（Tönnies, 81935 : 40–42, 52–55, 162–163）。だから交換ゲゼルシャフトの面からいえば、ゲゼルシャフトは最も典型的には市場によって代表されるとテンニエスは言っていることになる。ところが他方で、テンニエスは「ゲゼルシャフト的団体」（gesellschaftliche Verbindungen）という概念を立て、これを「ゲマインシャフト的団体」と対立させる。ゲマインシャフト的団体の典型は家族であって、そのほかに友人関係やギルドやツンフトや教会等々がこれに属するものとしてあげられる。これに対してゲゼルシャフト的団体とは、目的達成のために種々の力と手段を結合してつくられる結社のことで、株式会社を典型とし、その他さまざまな形態の企業があげられる（Tönnies, 81935 : 197–203）。そこでゲゼルシャフト的団体の面からいえば、ゲゼルシャフトは最も典型的には企業によって代表されるとテンニエスは言っていることになる。

市場と企業をともにゲゼルシャフトであるとするテンニエスの議論は、どちらもがゲマインシャフトとはちがうということをいうだけの目的ならそれでよいとしても、両者のちがいをはっきりさせないかぎり不十分であるといわねばならない。市場は交換というゲゼルシャフト行為が複数行為者のあいだで行なわれる場所であるが、売り手と買い手は交換の合意が成立すると瞬時に交換行為を終了して別れ、以後二度と会うことはない——もちろん主婦が顔なじみの八百屋や魚屋から毎日買うということもあるが、売り手と買い手の関係が持続するということは少なくとも市場たることの必要条件には含まれない。交換行為は相互行為の一形態であるが、その相互行為が将来にわたって持続することが両行為者によって期待されていない限り、そこに社会関係が成立しているとはいえない。すなわち、市場は相互行為の場であるが社会関係を欠いている。このことは、市場が本書の冒頭で与えた社会の定義、すなわち持続的な相互行為としての社会関係のシステムという条件をみたしていないことを意味する。すなわちわれわれの概念化からすれば市場は社会ではない(われわれはそれを準社会とした)としなければならない(第19項参照)。これに対して、企業は目的を共有する複数のゲゼルシャフト行為者の持続的な相互行為すなわち社会関係から成り、加えて分業体系と支配の構造を備えた、高度に構造化され制度化された社会である。企業は消費財市場や生産財市場や労働市場や金融市場に売り手や買い手としてあらわれるが、企業そのものの成員相互間には市場的売買行為は行なわれず、彼等は分業関係と支配関係をつうじて組織化された協働行為によって、共通の目的を追求している。企業にとって市場は環境であって、市場は——内部労働市場と呼ばれている特殊な市場概念を別として——企業の組織の境界をこえて内部にまで入ってくることはない。このような理由から、私は企業と市場を分離し、ゲゼルシャフトをテンニエスのゲゼルシャフト的団体の意味に狭く解して、市場的交換行為を含まないものとして規定したい。

ゲゼルシャフト的団体は企業だけではなくて、官庁や学校や研究所や各種の職業団体や文化団体——テンニエスは教会をゲマインシャフトに入れたが宗教組織は両面をもつ――や労働組合や圧力団体など多くのものを含み得るが、ゲマインシャフトの典型的な経験的事例として家族を考えたのとパラレルにここではゲゼルシャフトの典型的な経験的事例として企業を考えよう。じっさい、現代社会において家族と企業は人びとが属する集団の二大カテゴリーをなしており、両者が融合している自営業の場合を除き人びとは両者のあいだを「通勤」している。そしてゲマインシャフトとしての家族とゲゼルシャフトとしての企業のあいだをつなぐものこそ、ここでゲゼルシャフトから分離させて考えた市場である。ゲゼルシャフトはゲマインシャフトと同様に複数の人びとのあいだの社会関係の集積から成っている集団であるが、ゲマインシャフトとちがって限定された目的をもち、ゲゼルシャフト行為者はその目的を達成するための手段として当該集団内の他者と社会関係をむすんでいる。ゲゼルシャフト行為者の欲求充足は目的達成から得られるのであって他者との社会関係から得られるのではない、という点がゲゼルシャフトのゲマインシャフトと決定的に異なる点である。ゲマインシャフトとしての家族はみんなで仲よく生活するという完結的行為そのものから欲求充足が得られるのであって、それ以外には目的はない。これに対してゲゼルシャフトとしての企業は手段的・道具的な団体であって、同業他社との市場的競争の中で、質の高い財またはサービスを効率よく生産して利潤をあげることによってはじめて成員の満足が得られるのであり、集団としての企業がたとえどんなに仲よしグループであろうと、赤字を出せば解散に追いこまれるほかはない。近代産業社会においては、このように対照的な特性をもった家族と企業があい対峙しており、人びとは――現代産業社会では経済活動人口の大部分がエンプロイーであるから――この両者のあいだを通勤して、労働時間をゲゼルシャフトとしての企業で、余暇時間をゲマインシャフトとしての家族で過ごす、という構造になっている。そして市場――後述するとおり消費財市場・労働市場・金融市場の三つを含む――が家族と企業とのあいだに介在している。

ゲゼルシャフトはこのようにゲマインシャフトとはまったくその依拠する原理を異にする、ちがった類型に属する社会なのであるが、ゲゼルシャフトは従来しばしばそのようには理解されず、単にゲマインシャフトの薄められた形態であるかのように考えられる場合があった。ゲマインシャフトとゲゼルシャフトのあいだの関係を単なる段階的な差異(Abstufungen)と見做すフィアカントの見解はそのような見方の代表的な例である。社会現象が高度に精神的な事象であることを強調するフィアカントは、個々人ごとに独立した自己感情(Selbstgefühl)の持主である人間が、お互いに内面的孤立(独我)におちいらずに自己の内面を他者に知らせる方法をもっていることによって他者を「理解」し「自我を拡大」していく能力を有することに着目して、人と人とのあいだにそのような精神的交流が行なわれる状態を「内面的結合」(die innere Verbundenheit)と呼び[14]、これを社会の本質なりとした。しかしこのような内面的結合による他者理解をつうじての自我意識の拡大が真に可能なのはゲマインシャフトにおいてである。ゲマインシャフトにおいては自我は他者の事柄や運命を「よそごと」(fremd)とは考えず「わがこと」(eigen)として考えるという意味で、自我と他者とは融合している。このような状態をフィアカントは「完全なる集団ゲマインシャフト」と呼ぶ。ゲゼルシャフトも、それが相互肯定的関係であって敵対的関係でない以上、内面的結合の要素を一定量含んでいるが、その強さはゲマインシャフトに及ばない。そこで、社会は内面的結合の強弱に応じて「ゲマインシャフトに近い関係」から「ゲマインシャフトに遠い関係」までの異なった度合いをもつことになり、テンニエスの意味でのゲゼルシャフトとはこの後者を意味するものにほかならない、とフィアカントは論じた(Vierkandt, 21928：158-166, 208-233)。

フィアカントの考えた内面的結合という概念を受けいれる限り、それがゲマインシャフトにおいて濃密であり、ゲゼルシャフトにおいて稀薄であるというのは一般的傾向としてその通りであると私も考える。しかし、そのような概念操作によってゲゼルシャフトをいわば消極的にのみ特徴づけるにとどまることは、ゲゼルシャフトの規定の仕方として不十分であるように思われる。ゲマインシャフトとゲゼルシャフトのちがいは、自我と他者とのかかわり方のちがいとして、カテゴリカルに、すなわち単なる程度のちがいでなく質的なちがいとして特徴づけることができ、その方が経験的事実をはっきり概念化することができる。家族における社会関係は自我にとって他者が目的そのものであるところにその根源的な特性があり、内面的結合が一般的にいって濃密なのはそのことの結果変数として説明できる。これに対して企業における社会関係は自我にとって他者が目的達成の手段ないし道具であることを固有の特性としており、その結果として内面的結合は一般にはより稀薄である。しかし企業でも内面的結合のかなり濃密な社会関係をつくり出し得るし、そういう経験的事例は多数存在する。それは手段的関係に目的的理念が加味されることによってそうなるのである。けれどもそのような企業といえども、企業のほんらいの社会学的特性である社会関係の手段的性質が除去されてしまうわけではない。だからある企業で内面的結合のかなり濃密な社会関係が存在している場合でも、これをゲゼルシャフトと規定してすこしも差支えない。なぜならゲマインシャフト的要素がかなり加味されていても、企業としてのゲゼルシャフト的要素がそのことによって稀薄になるわけではないから。

ゲゼルシャフト行為は定義によって手段的あるいは道具的行為なのであるから、目的-手段関係が基軸をなし、手段の目的に対する合理性が手段選択——この場合他者が手段なのだからつまり他者選択——の基準となる。すなわちゲゼルシャフト行為はその理念型において目的合理的な行為である。しかし、このようなことが可能であるためには、他者選択が目的合理的基準だけによってなされ得るような構造的条件が与えられていることが前提となる。親族集団および小範囲の地域社会が集団のほとんどすべてであるような未開社会(第**31**項)においては、そのような構造的条件は与えられていないことが明らかである。だからゲゼルシャフト行為・ゲゼルシャフト関係の大規模な出現は、産業化・近代化の進行以降のことであって、それ以前の段階においては人間行為における手段的・道具的な関心はなかったわけではないとしても、それは大部分ゲマインシャフト行為・ゲマインシャフト関係の中に埋没していたと考えられる。

ゲゼルシャフト関係はゲマインシャフト関係とおなじく相互肯定的な関係で、自我と複数他者とのあいだに目的の共有があり、その目的を首尾よく達成することによって自我と他者はともに欲求充足を得るのであるから、自我と他者との利害は一致している。しかしながら、ゲマインシャフト関係において自我と他者とのあいだに eigen と fremd の区別がないという意味での一体化がめざされているのと異なって、ゲゼルシャフト関係においてはテンニエスがいったように「人びとはあらゆる結合にもかかわらず分離したままである」(Tönnies, 81935 : 40)。eigen と fremd の区別がないところでは分配問題は生じないのに対して、人びとが本質的に分離しているところでは必ず分配問題が発生する。すなわち、自我と他者との利害が一致しているのは目的を首尾よく達成するところまでであって、一旦目的が達成されて成果が得られたら、その獲得されたアウトプットの分配をめぐって利害の対立があらわれる。もちろん、その利害の対立は顕在化されるとは限らず、通常は利害当事者が一定の分配ルールを受けいれることに合意していることによって平和的に処理されている。ただアウトプットが一定(コンスタント・サム)である限り、どのような分配ルールをつくろうと常にそこには「あなたが余計とれば私の取分がそれだけ減る」という問題が解消しがたく存在しているわけであって、ゲマインシャフトとしての家族におけるように「子供がたくさん食べるのを見ることが親にとっての喜びである」というようにはならない。したがってこの分配の局面のみを考えれば、ゲゼルシャフトとしての企業は市場におけるとおなじ問題に直面しているといい得るし、またコンスタント・サムの獲得競争も現実の企業の中にはいりこんでいる。

右に見たように、経験的実在としての企業に現実に存在している相互行為と社会関係は、ここで区分している相互行為と社会関係の諸類型の複数のものにまたがるのであるが、われわれの設定したゲゼルシャフト関係の定義からすれば、企業の中でゲゼルシャフト関係の理念型に適合するのは、共通目的を達成する過程で組織の複数成員が彼等の行為を協働化する局面である。ゲゼルシャフトにおける協働化はゲマインシャフトにおける共同化とおなじく目的の共有による協力関係の形成であるが、両者が異なる点は、共同化が完結的な性質の相互行為であるゆえにそこでは効率性・合理性の追求ということが問題にならないのに対し、協働化は手段的・道具的な相互行為だからここでは効率性・合理性の追求が中心問題になる、という点である。このことから、協働化には共同化にない分業関係と支配関係の制度化が不可欠であり、ゲゼルシャフト関係における成員は組織の命令に拘束されこれに服さねばならない。ゲゼルシャフト行為・ゲゼルシャフト関係が、以下の第三類型たる市場的交換および第四類型たる競争および闘争とカテゴリカルに異なるのは、後二者においてそのような組織の命令による拘束ということがない点である。協働化ないし協働行為、ならびに分業関係と支配関係などについての考察を含む組織の構造-機能的な分析は、マクロ理論の課題となる(第**27**項)。

19　市場的交換行為

第三の類型は市場的交換行為である。第**16**項ではこれを、他者が交換における自我の相手方であるような相互行為として定義した。第一および第二の類型と異なって、この相互行為は社会関係の形成にまでいたらないのが通常であるから、市場は本書の冒頭に定義した意味での社会とはいえない。多くの社会学のテキストブックに家族・村落・都市・企業・国家などは登場するが市場はふつう登場しないのは、この理由によると思われる。

しかしながら、市場はもっとゆるめられた意味では社会であるといえる面をもっている。なぜなら、市場的交換は

「万人の万人に対する闘争」として行なわれるのではなく、共通規範と役割相補性によってルール化された契約として平和的に行なわれるからである。もし、社会についてのわれわれの定義（第1項）をゆるめて、持続的な相互行為としての社会関係の形成がなくても、複数行為者のあいだに規範の共有と役割相補性の受容がある時にはこれを社会というと定義することにすれば、市場は社会の中に含められ得る。われわれは社会の定義をそのように変更しないままで、市場を準社会として位置づけたのであった。

市場的交換は、人が欲求充足の手段として他者とのあいだで行なう相互行為の、きわめて重要な特殊ケースをなす。ここで市場的交換が相互行為一般の特殊ケースであるということの意味についてたちいって考えよう。われわれは行為を欲求充足の実現に指向する目的達成過程であると考えた（第12項）。行為一般にかかわるそのような欲求充足の中で、とくに他と区別されて「経済的」な行為ないし「経済的な」欲求充足といわれるものは何か。伝統的な経済観によれば、それは人間が自然に対して能動的にはたらきかけて、人間の生存に必要な衣食住にかかわる欲求を充足してくれるような資源を獲得することであると考えられてきた。そのような欲求は基本的に物質的な欲求――より高次の段階では「サービス」など非物的なものが加味されるとはいえ――であり、従ってそれを充足する資源は第一義的に物的資源である。だからこの見解によれば、経済的行為とは、人間が物質的な欲求を充足するために、自然に対して能動的にはたらきかけて、物的資源を獲得する行為である。これを、経済についての「物質主義」的定義と呼ぶことにしよう。

しかし、経済的行為の概念については、これとはちがった解釈があり得る。それは、市場的交換行為を経済的行為と考える考え方である。われわれは「相互行為」という概念を立ててこれを直接的に他者関連的であるような行為と定義し、欲求充足が単独の行為者の行為として完結する時には、相互行為は生じないと考えた（第16項）。経済的行為に関して欲求充足がそのように単独の行為者の行為だけで完結する場合というのは、一人で野山へ出かけて動物や植物をとってくる狩猟採集経済、あるいは農耕が行なわれてもそれが完全な家計的充足として行なわれるアウタルキー経済の場合にあたる。これに対して、生産過程内で分業を生ずるなどして単独では欲求充足を果たし得ず、他者との道具的な相互行為が不可欠になってくる場合が前項で考察したゲゼルシャフト関係であって、企業はそれの発展したものである。しかし経済行為であって他者との道具的な相互行為を不可欠とする形態がもう一つある。それが市場的交換である。市場的交換は、自分が必要とするものを自分でつくらずに、他人がつくったものを入手しようとする人びとのあいだに生ずる相互行為である。テンニエスはこれをゲゼルシャフト団体内の相互行為と明確に区別しないで両者をともにゲゼルシャフト行為とした。私ももちろん両者がともにゲゼルシャフト行為であるとすることに異論はないが、しかし両者のあいだには根本的なちがいがあると考えるがゆえにこれを別カテゴリーとしたのである。

市場的交換は欲求の対象である財を自我がみずからつくらずに他者のもっているものを自分のものにしようとする行為であり、他者の側からいってもこの事情は同じである。しかし両者はともに交換前において自分がもっているものに所有権を主張しているのであるから、所有権の移転にほかならない交換が平和的に――すなわち「力と欺瞞」(force and fraud)の行使なしに――行なわれ得るためには、「交換における相互満足」(富永、一九六五a、一一九―一二〇、一三四)がなければならない。つまり交換とは二つの欲求充足過程に分解して考えられねばならないのである。ところでこれまでにくりかえし述べてきたように、欲求充足ということは行為一般の特性であって経済的行為だけの特性ではない。そこで交換もまた経済的行為だけに限らずに行為一般について考え得るものであることが気づかれるであろう。社会的交換と呼ばれるものがこれである。たとえばホーマンズがブラウから引継いだ「助力」(help)と「是認」(approval)の交換――オフィスの仕事に習熟しないある新参社員がその仕事に習熟している古参社員に助力を求め、その代わり彼はその古参社員に頭が上らなくなる(もうすこし強い場合には彼はその古参社員に服従という財を提供する)——はその例である(Homans, ²1974)。ブラウ－ホーマンズのこの例で、当該オフィスがもし家族のようなゲマインシャフトなら、古参社員による助力は無償で、すなわち贈与として提供され得る(古参社員にとって新参社員の喜びは彼自身の喜びである)。しかしゲゼルシャフトにおいてはそういうことはあり得ない。助力を求められた古参社員は、助力を与えるという時間とエネルギーの提供が、一人の新入社員を「子分」としてもつことを可能にするならそれはわるくないビジネスだ、というように計算した時その求めに応ずるであろう。それが引きあわないと考える時彼はこれを断るだろう(15)。この意味で右の交換にはやはり「相互満足」がある。

市場的交換は社会的交換の特殊ケースである。市場的交換を経済的交換といいかえてよいなら、このことから「経済的交換は社会的交換の特殊ケースである」との命題が導かれる。交換は相互行為の一形態にほかならないから、右の命題はさらに「経済的行為は社会的行為の特殊ケースである」との命題を導く(富永、一九六五a、一二三—一二五、参照)。社会的行為とは直接または間接に他者関連的であるような行為であって、相互行為の概念を間接的な他者関連にまで拡張したものであると先に述べた(第16項)。経済的交換は相手があってはじめてできる行為、すなわち他者関連的な行為であり、経済的交換は社会的行為の特殊ケースにほかならないことを承認する限り、右の命題は反証されないであろう。しかし、一人で行なう狩猟採集的行為や、完全に家計的充足として行なわれるアウタルキー農耕のように、他者関連的でない生産行為をも経済的行為と呼ぶ用法に従う——物質主義的定義をとるかぎりそうなることは否定し得ない——と、右の命題は混乱をひきおこすことになるであろう。そうだとすると、経済的行為とはいったい何か、という問題にわれわれはまたもや引き戻されないわけにはいかなくなる。

この問題は、カール・ポラニーによって提出された経済についての「実質主義」的概念化('substantivist' conception）対「形式的」概念化（'formal' conception）という議論と関連づけて考える時、より一層興味あるものとなる。ポラニーは、古典派経済学にはじまり新古典派経済学によって受け継がれて数学的に洗練された表現を与えられるにいたった市場行為中心の経済観を、経済の形式的概念化と呼ぶ。古典派による定式化は、スミスにみるように、人間の交換性向から出発し、分業の必要性を演繹し、市場の必然性を推論した（Smith, Glasgow Ed. 1976b）。新古典派による定式化は、ロビンズに見るように、経済とは何かという問題についての答を伝統的な「物質主義」的定義から引き離し、市場における交換行為の特質の中に経済の本質を求めて、経済とは所与の目的に対して代替的用途をもつ諸手段の中から目的函数の「極大化」を実現するものを選択する原理である、とした（Robbins, 1932）。ポラニーの主張は、古典派が前提にしているような市場というのは近代以前の経済においてはどこにも存在していたことはなく、したがってまた新古典派の定式化にみられるような経済的行為の分析は近代以前の経済には全然あてはまらない、だから古典派・新古典派がこのような市場行為中心の経済観をあらゆる時と場所とを問わず普遍的にあてはまる原理であるとするのは誤りだ、ということである。ポラニーがこれに代えて、近代以前の経済を支配していた原理——彼はこの原理が近代以降の経済の経験的分析にも適用できるとする——として提出したのが、彼が経済の実質主義的概念化と呼ぶものである。この実質主義的概念化は、上述した「物質主義」的定義への復帰ではなく、ポラニー独自の社会学的な経済についてのとらえ方を示すものである。

ポラニーのいう経済の実質主義的概念化とは、経済過程が社会の中に「制定され」（instituted）あるいは「埋めこまれ」（embedded）ているものだという認識から始まる。そのようなものとして経済は社会の部分なのだから、経済が統一性と安定性を得るためには、社会の他の諸部分とのあいだに「統合のメカニズム」が発展していなければならない。ポラニーがこの統合のメカニズムとしてあげるものは四つある。第一は互酬性（reciprocity）、第二は再分配（redistribution)、第三は交換(exchange)、第四は家計(householding)、これである。互酬性は家族・親族集団すなわち血縁団体において行なわれている「対称性」(symmetry)原理による経済的分配のメカニズムである。再分配は村落すなわち地縁団体において行なわれている「中心性」(centricity)原理による経済的分配のメカニズムである。交換は経済単位間の交易を「価格決定の市場システム」(a system of price-making markets)原理によって行なう経済的分配のメカニズムである。家計は閉鎖集団の自給自足として行なわれるみずからの使用のための生産(production for one's own use)である。市場はポラニーがあげる統合メカニズムの四つの中の一つとして含まれてはいるが、近代以前の経済においてはそれは副次的なもので、「せいぜい経済生活の従属的特徴であるにとどまっていた」(Polanyi, [2]1957; Polanyi, *et al.*, eds., 1957: 243-270; Jenkins, 1977)。

経済過程が社会の中に「制定され」あるいは「埋めこまれ」ているというポラニーの命題は、経済が社会の部分であるとの概念化を意味する点で、「経済的行為は社会的行為の特殊ケースである」という私の命題と同趣旨のものである。ポラニーのいう「経済の実質主義的概念化」は、伝統的な「経済の物質主義的定義」とは別のもので、物質主義的定義が経済を自然との関係に注目してとらえようとしているのに対して、経済を社会との関係に注目してとらえようとしている。物質主義的定義は、経済的行為が人間の自然に対するはたらきかけであるという根本をおさえた定義ではあるが、それだけで経済というものを理解しようとすると経済の社会関係的側面が当面の関心から脱落してしまう。そこで物質主義的定義から論理的にひき出される極端なケースをとると、上述した単独の狩猟採集行為(未開社会の場合)、あるいは純粋に家計充足的な農耕行為(初期農業社会段階の場合)などが、「経済的行為は社会的行為の特殊ケースである」との命題の反証例としてあげられてくる可能性を生ずるのである。もちろん、経済的行為を社会的行為の特殊ケースなりとする定式化は、経済的行為が人間の自然に対するはたらきかけであるという面を無視するものではない。ただ、欲求充足過程としての経済的行為は、狩猟採集や農耕あるいは工場生産だけで完結するのではなく、家族・親族集団内での分配や消費の過程がそれらに続くということに注意することが本質的に重要である。狩猟採集や初期農耕(園耕)においては、市場的交換という仕方での他者関連の様式がそれらに続くということはない。その理由は、狩猟採集段階や園耕段階においてはゲゼルシャフト行為の分離がなく、右のすべての過程がゲマインシャフトの中に包みこまれていることによる。ポラニーが経済過程は社会の中に「制定され」あるいは「埋めこまれている」といったのは、このことをさしていると解される。この意味で狩猟採集や家計内的農耕はけっして非社会的行為なのではなく、ゲマインシャフト関係としての社会関係に包みこまれているのである。

ポラニーの場合、経済過程が社会の中に「制定され」あるいは「埋めこまれている」という表現は、近代以降の経済と社会についても同様にあてはまるとされている。私の場合も、「経済的行為は社会的行為の特殊ケースである」との命題は前近代・近代ともにあてはまる一般原則であるという想定に立っている。しかしながら、経済と社会との関係は、産業化・近代化以前とそれ以後とではその形態がまったく異なる、という点が注意されねばならない。産業化・近代化以前においては家計的な、すなわち自給自足的な欲求充足が優位しており、これは個別家計についてそうであっただけでなく、国家財政もまた王や領主の私的家計と未分離な「オイコス」的需要充足方式に依存していた(Weber, [5]1972 : 67–69)。ヴェーバーは古代ギリシャ・ローマにおいて、奴隷を労働力とした大農場が市場むけの生産を行なっていた事実に注目して「古代資本主義」なるものの存在を肯定したが、しかし種々の政治的ならびに経済的制約条件のゆえにそれがごく限定されたものでしかなかったことを強調した(Weber, 1924 : 13–33, 144–146)。古代・中世において市場的交換はなかったのではないが、それが一定限度以上に発展し得る構造的条件が欠けていた。すなわち、エンプロイー(賃金労働者およびホワイトカラー)が存在せず、従って企業と家計の分離がなく、従ってゲゼルシャフトを構成すべき企業と市場はいまだ大部分ゲマインシャフトの中に包みこまれていた。家計(Haushalt)というのは経済単位として見た場合の表現であって、それの社会関係的表現がすなわちゲマインシャフトである。この段階においては、企業と市場は、ゲマインシャフトなる「社会」の中にポラニーのいう意味で文字通り「埋めこまれていた」のであった。

これに対して、産業化・近代化以降の段階になると、ゲゼルシャフトとしての企業がゲマインシャフトとしての家族から分離し、エンプロイーが両者のあいだを「通勤」するような構造ができあがり、かくして企業と家族のあいだに経済的交換の場が必要となって、ここに市場が独立の準社会としての位置を確立するにいたる。企業と家族のあいだをつなぐ準社会である市場には、三つの種類が区別される。第一は消費財市場である。これは、家族がもはや自分の必要とするものを自分でつくらず、企業がつくったものを交換をつうじて入手しようとする結果必要となった準社会である。第二は労働市場である。ヴェーバーがしばしば言及した古典古代における大農場やエルガステリオンは、自由な労働が存在していなかったために、奴隷労働に依存するしかなく、これが桎梏となって企業としての発展が制約された。これに対して近代では、企業と家族が分離したために、家族が労働サービスの売り手となり、企業がそれの買い手となって、このような交換の場としての準社会が必要になった。第三は金融市場である。企業家が自分の家計の内部で節約によって蓄積した個人資本だけを企業に投下しているうちは金融市場は不要であるが、他人のためた貨幣を借入れようと考えはじめると、ここに資金需給を媒介する交換の場としての準社会が必要になる。この意味の金融市場は、資金需給が株式を媒介として交換される株式市場と、金融機関が需給の仲介者としての役割をとる預金市場・貸出市場とを含む。

パーソンズの$AGIL$図式を用いた境界相互交換(boundary exchange)表では、企業がA部門に位置づけられてこれが「経済」と呼ばれ、家族がL部門に位置づけられてこれが「潜在的パターン維持」と呼ばれた。私の図式化はパーソンズのものを次の二点で修正している。第一に、パーソンズの図式化においては、企業（A部門）と家族（L部門）とのあいだには二つの境界相互交換すなわち消費財市場と労働市場のみが位置づけられ、銀行は政治（G部門）といっしょにされて金融市場は企業（A部門）と政治（G部門）のあいだの境界相互交換として位置づけられている。しかし銀行預金は家計にその源泉があるのだから、金融市場もまた企業（A部門）と家族（L部門）とのあいだの境界相互交換に加えられるべきである。第二に、パーソンズは伝統的な経済の物質主義的定義にひきずられて、企業を構成要素とするA部門を経済システムと呼び、これを社会システムの下位システムと見做した（Parsons and Smelser, 1956）。しかし経済的な欲求充足は企業の中だけで完結するわけではなく、企業で生産された消費財が交換とこれをつうじての分配によって家計の手に入ることではじめて達成されるのである。産業化・近代化以降の段階においては、経済財の獲得行為としての経済的行為は、その大部分が市場における貨幣的交換をつうずることなくしては達成され得ない。だから経済的行為という概念は、生産と消費を両端において両者のあいだをつなぐ市場的交換行為それ自体をその中核部分として含むことが不可欠である。経済システムとは経済的行為のシステムであるから（システム概念については第**22**項）、経済システムを企業のみを構成要素とするシステムと考えることは狭きに失する。産業化・近代化以降の段階における経済システムとは、家族と企業をそれぞれ消費と生産の行為主体とする市場システムとして概念化されるべきものである。

三つの準社会を含む経済システムは図**4**のようにあらわされる。産業化・近代化以前の社会においては、企業と市場はゲマインシャフトとしての家族・親族団体の中に埋めこまれていて分離していなかった。従ってその段階では明示的に存在していたのはゲマインシャフトだけであり、この図に表示されているようなものとしての経済システムは

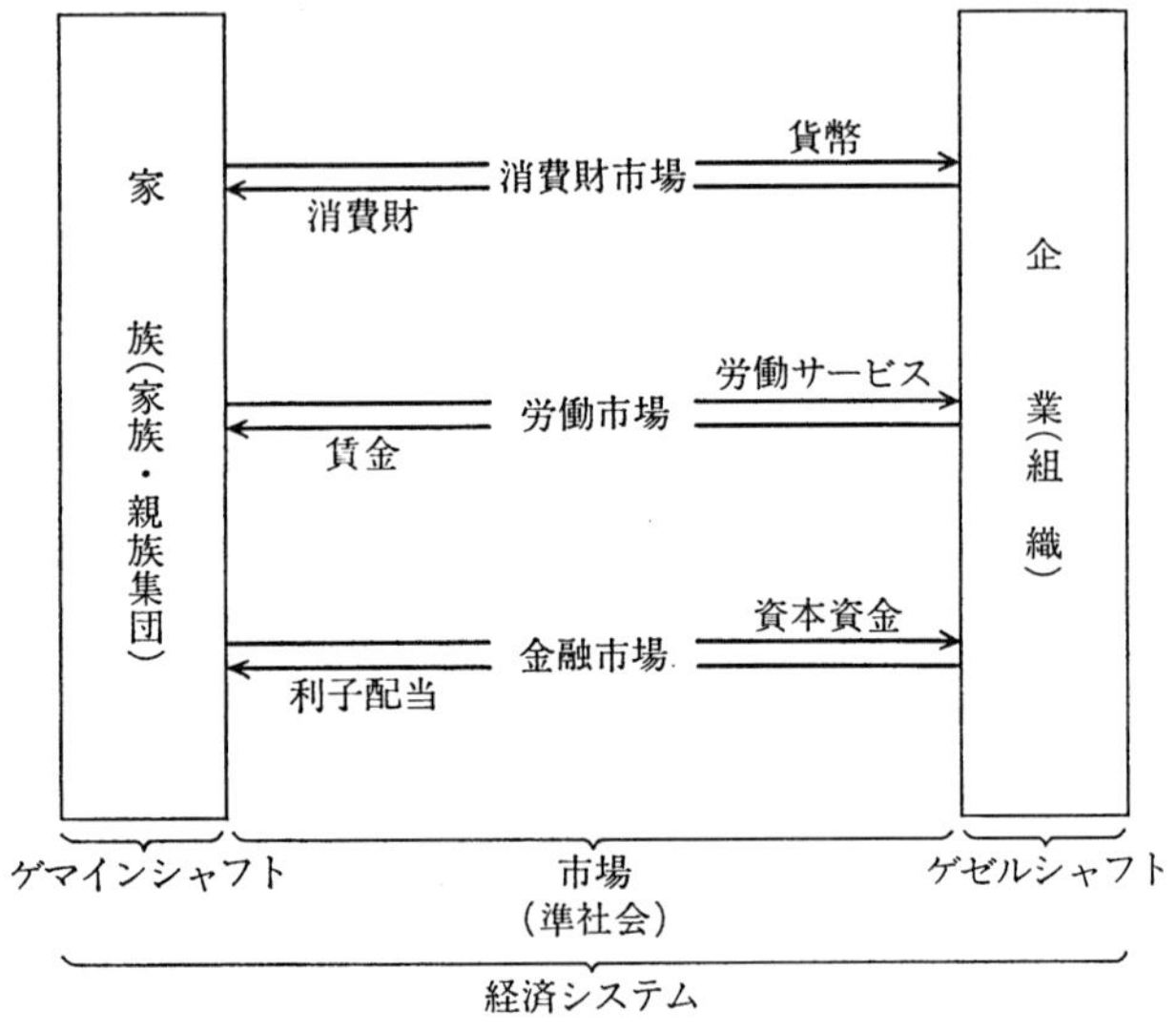

図4 経済システム

まだ成立していなかったと考えられねばならない。この意味で、経済システムは産業化・近代化をつうじてはじめて確立された、ということができる。産業化と近代化そのものについての分析は社会変動理論の課題をなす（第**32**項）。なお図**4**に示された三つの市場のほかに、企業相互間のあいだに形成されている生産財市場があり、また金融機関を企業と考えれば貸出市場は企業間関係として位置づけられることになるが、これらのものはここでは省略されている。

20 競争と闘争

第四の類型は競争および闘争である。先行する三つの類型が、それぞれのちがいにもかかわらず、自我と他者とのあいだに欲求充足が相互に両立するという意味で肯定的な相互行為が成り立っている点で共通であるのに対して、この第四の類型においては、自我と他者との欲求充足が両立し得ないという意味で否定的な相互行為が行なわれている。この類型はさらに二つの下位類型に分たれる。競争と闘争とがこれである。

まず競争(competition, Konkurrenz)とは、自我と他者とが目標を共有しているが、そのさい一方の目標達成の実現が他方の目標達成の可能性を減殺――最も強い場合には排除――するような関係にある時に、両者がともに一定のルールを受けいれながら、相互に相手よりも目標達成において優位に立とうとする場合に生ずる相互行為あるいは社会関係をいう。この場合それが相互行為であり得るのは、協働化の場合のように目標達成に関して他者が手段となるというかたちでの他者関連ではなく、他者は自我にとっての目標達成の妨害者であるからこれに勝つことが目標達成の手段となるという、いわば他者が負の手段であるような関係をつうじてである。さきに否定的な相互行為という表現を用いたのはこの意味である。しかし否定的な相互行為であるとはいえ、それらの行為者間には共通規範の受容――より強くはその制度化と内面化――があり、さらには相互行為の持続すなわち社会関係形成があり得るから、競争は組織のような確立された社会の中において、既存の社会関係を破壊してしまうことなしに行なわれ得る。企業における昇進をめぐっての競争はまさにそのような場合の典型的な事例である。

経済学において、自由競争とか完全競争とかいう文脈で用いられる競争の概念は、右に述べた社会学におけるそれとちがった意味をもっている。完全競争といわれるものは、市場的交換に参入している無数の需要者と供給者のすべてが、それぞれ独立の行為者として自己の満足の「極大化」を求めて行為する仮設的状況を意味し、そのような条件のもとでは一つの価格が成立してすべての需要と供給がその価格において均衡する、との定式化がなされている。この意味の完全競争市場における競争と、右に述べた相互行為の一類型としての競争とが最も著しくちがっている点は、完全競争市場における競争においてはいかなる行為者も彼の行なう選択によって他者の欲求充足機会に影響を与えることはないと想定されており、それゆえすべての行為者はそれぞれ自分の欲求充足の「極大化」を、他者のそれをなんら妨害することなく実現し得るのに対し、相互行為の一類型としての競争においてはいかなる一人の行為者の行為の結果もすべての他者の欲求充足機会に影響を与えると想定されており、それゆえ自我の欲求充足の「極大化」は他者のそれの実現を妨害することになって両者は両立し得ない、ということである。たとえば首相のポストは一つしかないから、「昇進」レースにおいて一人が首相になってしまえば他の人は「次善の」ポストを狙うしかない。すなわち前者の場合には、すべての行為者は他者の行為をなんら気にしないで自分の行為を自分単独できめ得るのに対して、後者の場合には自我(他者)の欲求充足の実現可能性は常に他者(自我)の行為のあり方によって左右されることになるのである。このような状況設定は、経済学の文脈でいえば、完全競争市場ではなくて、限定個の寡占企業のあいだで展開される寡占競争市場で生ずる事態に似ている。ゲームの理論が想定している状況がすなわちこれである。

いま、行為者はみずからの行為の将来結果として期待される欲求充足の度合いを、なんらかの評価函数によって数量的に表示できると仮定する。すなわち、仮に現在の行為に関してn個の可能な選択肢——ゲームの理論ではこれを「戦略」という——があることがわかっているとして、行為者はそれぞれの戦略をえらんだ場合に期待される欲求充足の度合い(すなわち利得)について、みずからの評価函数をもっていると想定するのである。そうすれば、もしこの行為者の行為が単独で行なわれる独立の行為であるならば、彼のとるべき戦略の選択(意思決定)はこの評価函数によって一義的に確定するであろう。ところが、この行為者(自我とする)はいま単独では行為し得ず、もう一人の行為者(他者とする)がいて、自我の利得は自我自身の戦略の選択だけではきまらずに、他者のとる戦略にも依存するとすれば、自我は自我自身の評価函数だけによって意思決定を下すことはできなくなり、評価函数自体がコンティンジェンシー表(contingency table)のかたちで表現される(利得行列)。このような場合、ゲームの理論では、選択解を「ミンマックス」(ゼロ和二人ゲームにおいて他者が利得の最大を求めると想定すれば自我は最大損失を最小にする戦略をとる)、または「マックスミン」(他者が損失の最小を求めると想定すれば自我は最小利得を最大にする戦略をとる)の原理に求め、相互行為しあう行為者はこの原理に従って行為することによって均衡解に到達することができるとする。

ゲームの理論そのものは社会学の理論ではないから、これにたちいることは本書の課題ではない。ただゲームの理論が想定しているような種類の相互行為場面は、パーソンズが命名しルーマンがそれの再定式化を意図している「二重のコンティンジェンシー」(double contingency, doppelte Kontingenz)問題と関係をもっており、その限りでそれはこの文脈に入ってくる。パーソンズが二重のコンティンジェンシーと呼んだものがゲームの理論の想定しているような事態であることは、パーソンズ自身が言明している(Parsons, 1977 : 167–168)。ここではそのことの意味を、つぎのように解釈することにしたい。多くの日常的な相互行為場面での競争——たとえば社会的昇進をめぐっての競争——においては、評価函数がゲーム理論において仮定されているような数量的尺度によって評価結果を表示し得るようにはなっておらず、利得行列の各セルはカテゴリー変数(名目尺度)によってのみ表示され得るにとどまる(たとえば社長になる、重役になる、部長どまり、などのように)。だからミン(最小)とかマックス(最大)とかの基準は適用できず、ゲーム理論は使えない。けれども、競争の当事者がなんらかの評価函数を共有し、競争のルールを受けいれた上で争っている点では、それはゲーム理論が想定している事態と同じである。この条件を欠く場合には、それは競争とは区別された事態としての闘争に属することになって、競争とはいえなくなる。この文脈でパーソンズが、二重のコンティンジェンシーにおいて相互行為しあっている行為システムが統合的たり得る条件は、規範的秩序が共有されていることであると論じたことの意味を考えてみよう。パーソンズのこの定式化においては、競争という語は用いられていないが、ゲーム理論に思考の出発点があるという彼の言及をその通り受けとる限り、彼が問題にしていたのはここでの定義における競争のような事態であったはずだと考えられるのである。パーソンズが規範的秩序の共有という条件をあげたのは、二重のコンティンジェンシーが競争にとどまって闘争にならないための条件を示すためであった、と解することができる。

競争において評価函数と相互行為のルールが共通に受けいれられているということは、それが共同化および協働化において見られるような同調とかコンセンサスとかを生み出すということを全然意味しない。共同化および協働化においては相互行為者のあいだに利害の一致があるから、自我と他者とはどちらも同じように満足することが可能である。またそのような相互満足は、交換行為においても達成され得る。競争においては、そのようなことはけっして起り得ない。競争の結末は常に、欲求充足をよりよく達成し得たもの(勝者)と、より少なくしか達成し得なかったもの(敗者)との分化である。敗者は競争のルールを受けいれて行為したのだから、現行秩序に反抗したりこれを破壊したりするようなことはないであろうし、そのような挙にもし出たとしてもそれは支持を受けないであろう。しかし敗者は欲求充足機会を奪われたのである以上、勝者と表面上は友好関係をとりつつも緊張関係を持続するであろう。ルーマンは、パーソンズが二重のコンティンジェンシーにおいて行為システムが統合的たり得る条件を規範の共有に求めたことを規範主義的偏向として批判し、価値コンセンサスをもち出す必要はないとか、一般システム理論でいう「ノイズ原理からの秩序」とむすびつけなければならないとか言っているが、彼はパーソンズの想定していた事態が競争の社会関係であると解されることにまったく気づいておらず、そのため彼の批判はひどく見当ちがいの方向に展開してしまっている(Luhmann, 1984 : 148–153)。けっきょくルーマンのいおうとしていることは二重のコンティンジェンシーにおいて規範の共有という条件がみたされない場合に何が起るかという問題であって、われわれはこの問いに対して、そのような場合には競争の社会関係は闘争の社会関係に移行するか、それともルーマンが強調するような偶然ないし不確定の事態——それは相互行為がきわめて不完全にしか構造化されていないような場合に起る——にいたるかのいずれかである、と答えることができるであろう。

つぎに、競争と同じく第四類型に位置するが競争とは異なった下位類型である闘争(conflict, Kampf)に目を転じよう。闘争とは、競争とおなじ状況下において、競争におけると同様に相互に相手よりも目標達成において優位に立とうとするが、競争とは異なって、この目的のために相手を攻撃し、相手の存在そのものを目標達成過程から排除しようとするような相互行為あるいは社会関係である。競争の場合においても他者は自我にとって目標達成の妨害者すなわち負の手段であったが、しかし競争においては自我が戦略を立てる場合それを妨害する他者が存在することはあくまで大前提で、これを直接攻撃したりこれを排除したりするなどは思いもよらないことであり、自我の関心はただ、他者がどういう出方をしてくるか、そしてこれにいかに対処するかの一点に注がれていた。これとちがって闘争の場合には、他者が負の手段であるということの意味は一層直接的で、負の手段だからこれを排除してしまうことが自我の目標達成の最も手っとりばやい早道だという短絡が行なわれる。但しこの排除の度合いには、ゼロにしてしまう(抹殺・追放・権利剥奪など)ことから妨害の度合いを少なくする(圧迫を加える、譲歩させるなど)ことまで無数の変異があり得る。戦争・紛争・争議・対立などは闘争のそれぞれの具体的形態である。

他者をなんらかの度合いにおいて排除することは、他者との社会関係を全面的あるいは部分的にそこなうことになるから、闘争はもはや社会関係の類型たり得ないのではないか、それはもう社会ではないし準社会でさえあり得ないではないか、という意見は当然出され得る。しかし闘争についての代表的な社会学説はそうは言っていない。フィアカントは社会的闘争と社会外的闘争とを区別し、前者に経済的闘争・精神的闘争・狭義の社会的闘争などをかぞえ、後者に肉体的闘争(決闘・血讐など)をかぞえた上で、社会的闘争には社会外的闘争とちがって常に多少とも「内面的結合」(第**18**項)の要素が含まれており、だから社会的闘争は社会の本質と矛盾しない、そのゆえに社会的闘争には必ず闘争を内側から緩和させようとする力がはたらく、と説いた(Vierkandt, ²1928 : 302–306)。同様に、ジンメルは闘争がそれ自体彼の意味での社会化(Vergesellschaftung)すなわち社会関係形成の一形態である、なぜなら闘争することによって対立者間の緊張が解消するから、と述べた。もちろん、ジンメルのこのいい方は、闘争することで対立がますます激化していくことも現実に多いことを考えると、条件のスペシフィケーションが不十分であるといわなければならないが、ほんらい生の過程の中には求心的・調和的・結合的なものだけがあるのではなく、収斂する方向と拡散する方向が分ちがたく浸透するというジンメルの命題は、コーザーのいう「闘争が集団を結束させる機能をもつ」面を洞察したものとして重要である(Simmel, ³1923 : 186–187 ; Coser, 1956)。

現実には、競争と闘争のあいだの境界線は流動的である。たとえば労使交渉は、争議として顕在化しない場合でも、力の行使を背景として相手方の譲歩をかちとるものである点で闘争に属するが、しかし制度化された労使交渉は制度としてのルールを労使が共通に受けいれている限り競争の面をあわせもっている。その意味で、現在の後期資本主義諸国における成熟した労使関係は、競争的闘争の社会関係としてこれを特徴づけることができるであろう。これらの競争および競争的闘争は、市場的交換をつうじてはなされ得ないさまざまな社会的資源の非市場的分配を受けもっている、という点が重要である。たとえば上述の例でいうと、社会的昇進をめぐっての競争は、権力および威信のアスクリプションによらない分配すなわち業績原理による分配を受けもっている。また労使関係における競争的闘争は、労働市場における市場的分配によらない力の行使をつうじての賃金の非市場的決定と、労働組合組織の介入による権力および威信の再分配を受けもっている。社会的資源の分配としての社会階層は、第三章において全体社会の構造分析の文脈で扱われる(第**29**項)。

(1)　社会レベルの問題(役割・集団・構造・制度等々)にかかわるすべての命題は、個人レベルの問題(意識・自我・欲求・目的等々)にかかわる命題からひき出すことができると考える方法的観点を個人還元主義(または心理学的還元主義)といい、逆に後者はすべて前者からひき出すことができると考えるそれを社会還元主義という。「還元」という操作については、統計力学の熱力学に対する関係が、しばしば例証の材料に用いられる。これについては第**21**項で論ずる。

(2)　本書におけるミクロとは、個人の欲求・欲求充足・動機づけ・目的などのレベルにおいて行為現象を説明する視点であり、これに対してマクロとは、社会システムの機能的必要の充足・不充足というレベルにおいて社会の構造および機能を説明する視点である。ミクロ社会学とマクロ社会学とのこの区分は、ミクロ経済学とマクロ経済学との区分をいくらか念頭において考えられている。周知のように、経済学におけるミクロ分析とは、市場における財の購入をつうじて欲求を充足する行為者の行為の分析であって、その中心概念は効用という主観的な要因である。これに対して経済学におけるマクロ分析とは、国民経済全体としての経済活動の諸水準の相互依存関係の分析であって、その中心概念は所得という客観的に測定可能な数量である。ミクロ社会学とミクロ経済学は個人の行為の分析であって主観的な観点を導入してくるという点でパラレルであり、またマクロ社会学とマクロ経済学は社会全体としてのパーフォーマンスを個人に還元することなく全体レベルにおいて客観的なタームで分析するという点でパラレルである。なお、本書で採用しているミクロ対マクロという二分法のほかに、ミクロ・メゾ・マクロという三分法もあって、たとえばヘイグが組織理論で用いているのはその例である(Hage, 1980)。本書においてもし三分法を導入するなら、ミクロとは個人レベル、メゾとは部分社会レベル(集団・組織・部分地域社会)、マクロとは全体社会レベル(国家・国民社会)、と規定されるであろう。すなわち、二分法におけるマクロが、三分法ではメゾとマクロに分たれることになる。ただ本書で三分法を採用せず二分法をえらんだ理由は、ミクロ分析とマクロ分析の原理的なちがいこそ理論的に最も本質的であることを強調したいと考えたことによる。

(3)　論理実証主義における相互主観性テーゼに関しては、カルナップ、ハーン、ノイラート「科学的世界把握——ヴィーン学団」(Neurath, 1979: 81-101)を参照。他方、現象学的行為理論でいう日常生活の知識についての相互主観性に関しては、シュッツの論文「人間行為の常識的解釈と科学的解釈」(Schütz, 1973: I: 7-27)を参照。両者は知識の相互主観性をいっているという点では共通であるが、前者は科学的知識のことを考えているのに対し、後者は前科学的な常識が社会化をつうじて共有されているという問題を考えている点でちがっている。

(4)　パーソンズの行為理論には、初期の『社会的行為の構造』(Parsons, [2]1949)において彼が「主意主義的行為理論」と呼んだものと、一九五一年以後のパーソンズが「行為の一般理論」として構築したもの(Parsons and Shils, eds., 1951; Parsons, 1951)とがあって、両者のあいだには重要なちがいがある。このちがいは、初期パーソンズの行為理論が、イギリスの功利主義に準拠した実証主義的行為理論の批判の上に立ってマックス・ヴェーバーの行為理論における理念主義を受容したのに対して、一九五一年以後のパーソンズがアメリカの心理学や文化人類学を大幅に受けいれてそれらを統合した「一般理論」なるものを作ろうとしたことに由来する。その結果一九五一年以後のパーソンズは、初期行為理論においてヴェーバーからの強い影響のもとに表明した「主観的観点」という公準を撤回するにいたった(Parsons, 1951 : 543)。但しその場合でも、パーソンズは、行為がシンボルをつうじての他者とのコミュニケーションに指向する限り主観的観点は必要であるとの留保を付している。本書において私が行為理論として再定式化しようとしているのは、ヴェーバーから初期パーソンズにいたるそれの延長線上にあるもので、一九五一年以後のパーソンズの「行為の一般理論」ではない。ただそれでも、最低限度における行動心理学的カテゴリーの受容は、いずれにせよ必要である。なお、富永、一九八四a、四一一—四一八、を参照。

(5)　ここに掲げた欲求の四分類は、富永(一九七四、九七)に述べたものの反覆である。この四分類は、そのさいに脚注で述べたように、心理学者トールマンの第一次から第三次までの欲求三分類を下敷きとし、トールマンのいう第一次的欲求を(i)と(ii)の二つに分割することによって作成された。

(6)　目的・手段・環境条件・障害という四つをとり出してくることのヒントを私はヴェーバーから得ている(Weber, 51972 : 3)。ヴェーバーは、行為者が対象に意味を付与することによって対象は行為の「目的」となりあるいは「手段」となるといい、そのような意味付与を行なわない時は対象は「起動」(Anlaß)、「結果」(Ergebnis)、「促進」(Förderung)、「障害」(Hemmung)として考察されるといっている。なおこの四つは第**14**項および図**3**で重要な整理箱の役目を負うことになる。

(7)　価値を「主体の欲求をみたす客体の性能」とする定義が行なわれている(見田、一九六六)が、この定義は、客体の中に価値という性能が客観化されたかたちでひそんでいるかのような仮定を含んでいる点で適切でない。

(8)　相互行為をともなうことなしに、あるいは相互行為に先行して存在し得る社会関係として、血縁関係および地縁関係をあげることができる。血縁関係は親族(未開社会におけるリネージ、シブ、クランなどと、文明社会における双系的な親戚関係)を構成する契機であって、たとえ相互行為がまったくなくても血縁関係たり得る(地理的に離れているような場合そういうことが起り得る)。地縁関係は地域社会を構成する契機であって、地域を共有することによって生ずる地理的あるいはエコロジカルな関連性であるが、やはり相互行為がまったくなくても地縁関係たり得る(地域社会が大きければそういうことがむしろ普通である)。

(9) 注(6)に記した目的・手段・環境条件・障害の四つとは別に、ゲマインシャフト、ゲゼルシャフト、市場、競争および闘争という四つの由来を記しておきたい。四つのうち二つは、もちろんゲマインシャフト対ゲゼルシャフトというテンニエスの周知の二分法からきている。しかしゲマインシャフトもゲゼルシャフトもともに肯定的な社会関係であるから、もう一つ否定的な社会関係を導入することが必要である。こうして、パーソンズがヴェーバーに依拠しつつ定式化したVergemeinschaftung, Vergesellschaftung, Kampf(conflict)という三分法ができあがる(Parsons, ^{2}1949: 653, 687)。あと一つは、テンニエスがゲゼルシャフトという概念の中に区別しないで押しこめた、組織と市場とを分離するというアイディアで、これは私の経済社会学的ならびに組織理論的研究関心から由来している。経済社会学的には、パーソンズの境界相互交換図式における、家族と企業を含んだ*A*、*G*、*I*、*L*四つのサブシステム間における拡大された意味での「市場」という考え方からの影響をあげ得る(Parsons and Smelser, 1956)。組織理論的には、一九六〇年代にはじまる「構造論的組織論」ならびに「組織と環境」論からの影響をあげ得る(Lawrence and Lorsch, 1967; 野中、一九七四)。

(10) "sympathy"の訳語としては従来多く「同情」の語が使われてきたが、本書では一貫して「共感」の語を用いる。同情を「感情を同じくすること」という意味に解すれば同情の語を用いてもよいのであるが、日常用語では同情の語は他人の不幸や苦悩の感情を分けもつという意味に限定されて使われるので、"sympathy"の訳語として不適である。

(11) この問題については、富永(一九六五b、二七—五〇)において論じたことがあるので、それを参照。

(12) 家族が本来的に市場とあいいれない関係にあることは、マックス・ヴェーバーの「家ゲマインシャフト」(Hausgemeinschaft)の概念によってよくいいあらわされている。すなわちヴェーバーによれば、家ゲマインシャフトは外にむかっては連帯性を意味し、内にむかっては日常財の消費ゲマインシャフトを意味する。家ゲマインシャフトがそのまま王侯の大家計にまで拡大されたものがオイコスである(Weber, ^{5}1972: 214, 230)。

(13) 家族が他の社会集団と決定的に異なる特性として、構成員の社会関係におけるゲマインシャフト的性質を日本で最もはやい時期に強調したのは戸田貞三である。戸田は家族内社会関係を、「感情融合」「非打算的信頼感」「内的一体化」「強き合一化」などの語によって特徴づけ、これを近代社会全般のゲゼルシャフト的性質および対立抗争の激しさに対比した(戸田、一九三七、一一六—一五一)。

(14) die innere Verbundenheit を「内面的結合」とここでは訳したが、一般には「内的結合」と訳されている(たとえば、蔵内数太、増一九六六)。ことさら定訳をひっくりかえすつもりはないが、ただ私はフィアカントの原著を読む前に日本語の解説文献で「内的結合」の概念に接し、それが人と人との精神的内面における交流を意味することを十分には理解し得なかったので、フィアカントの原意を伝えるためには「内面的」の方がよいのではないかと考えた。

(15)　ブラウ＝ホーマンズのこの例はオフィスという「ゲゼルシャフト団体」すなわち「組織」の中の出来事で、組織の中には社会関係が形成されているから、社会関係の形成のない一回限りの相互行為である市場的交換とはその性質を異にする。この点で右の例は私のここでの文脈に適合しない面がある。市場には組織による拘束はないのに対して、企業の中での相互行為には組織による拘束をともなうのである。ブラウ＝ホーマンズの例は非常によく知られているので私はこれを用いたが、より適合的な例は組織内相互行為ではないような相互行為の場合であろう。

第三章　社会のマクロ理論

第七節　社会のマクロ的認識——社会システム理論

21　社会は環境に適応しつつ存続する——マクロ社会学の視点

動物の世界において、個体が社会なしに存在しているケースがある以上、個人は社会に論理的に先行していると考えねばならず、そうだとすると、人間が社会を形成する理由は個人の側に社会なしには欲求充足がなされ得ない事情があることによって説明される必要がある、というのが前章で展開されたミクロ社会学の視点であった。ミクロ分析の視点においては、社会事象は社会レベルとの相互依存関係の中で個人レベルに関係づけて受け止められ、個人の欲求充足過程の中に位置づけられて説明されるのであった。個人の欲求充足過程は行為——相互行為を含む——だから、ミクロ社会学は行為理論であり、行為理論は社会事象を行為のレベルにおいて説明する方法論の上に立っている、ということができる。行為は個人のものであるから、前章ではこれを方法論的個人主義ないし社会名目論の観点に立つものとした(第11項)。しかし社会学的分析のもう一つの世界たるマクロ分析にこれから入ろうとするにあたっては、方法論的個人主義に依拠する社会分析の有用性をけっして否定することなしに、それの射程距離にはかなりせまい限界がある、ということがどうしても指摘されねばならない。この議論は、「全体と部分」の問題として以前から論じられてきた科学方法論上の問題と関係をもっている。

全体レベルにおいて測定されたマクロ変数間の関係に関する命題が、その全体を構成している微小な諸部分に関して測定されたミクロ変数間の関係から論理的に引き出され得る、すなわち演繹され得るようなものであることが示された時、全体についての理論は部分についての理論に還元されたという(Nagel, 1961：Chap. 11；Homans, ²1974)。還元(reduction)の典型的な事例としてしばしばひきあいに出されるのは、熱力学の統計力学への還元である。熱力学は、熱とかエネルギーのような数量変数をマクロ・レベルで測定して、熱力学第一法則(エネルギー保存)や第二法則(エントロピー増加)のようなマクロ命題を立てた。これに対して統計力学は、分子や原子の運動をミクロ・レベルで統計的に測定することによって、熱力学が立てたマクロ命題は一定の仮定のもとでミクロ・レベルにおいて立てられた命題から論理的に引き出され得るということを示した。熱力学の統計力学への還元のような関係がマクロ・レベル(全体)とミクロ・レベル(部分)のあいだで常に成り立つならば、「全体と部分」と呼ばれる問題は問題として存在しない。つまりこの場合には部分について成り立つことは全体についても成り立ち、両者は等価であって相互に他に対して自律性をもたない。

「全体と部分」が問題として登場してくるのは、ネーゲルが「創発性教義」(doctrine of emergence)と呼ぶものがあてはまるような事例においてである(Nagel, 1961：366–397)。創発性教義とは、マクロ・レベルにおける事象の性質が、ミクロ・レベルにおける構成諸部分の性質から予測され得ないようななんらかの新しい事態(novelty)をともなうものであるというテーゼである。創発性テーゼの最初の提起者はJ・S・ミルに帰せられている。ミルは——創発性という言葉を用いたわけではなかったが——力学における力の合成の事例と、化学における二つの物質の化合の事例をあげ、前者においては合力は分力の和として説明され得るのに対して、後者においては化合によってできた第三の物質はもとの二つの物質の和としては説明できないと論じて、力学は演繹的科学であるが化学はそうでない、とした(Mill, Works1974：VII：370–371)。その後、同様のことが生物学における生命事象、進化理論における創造性、心理学におけるゲシュタルトなどに関して主張されるようになり、創発性教義の適用範囲が拡大された。いずれの場合についても、創発性教養の基本的アイディアは、力学におけるような「機械的」説明を生命事象におけるような「有機的」説明と対比し、科学的説明としての前者の普遍性要求が後者に関してあてはまらないことを示すことにあったということができる。

では、化学・生物学・心理学から目を広義の社会事象に移すことにして、ここでは創発性はどういうかたちで問題になるだろうか。すべての社会事象が創発性問題をもつわけではない。たとえば経済学における需要量や供給量のように、国民経済全体としてのそれの大きさが個々人のそれのたし算によって求め得るような場合には、力学における還元と同様の意味で、マクロ・レベルにおける経済諸量のあいだの関係をミクロ・レベルにおけるそれに還元することができるから、創発性問題は登場しない。新古典派経済学のミクロ理論が、部分経済についての理論ではなく国民経済全体についての理論であるのに、個人消費者の選好函数や個別企業の生産函数から出発するのは、マクロ・レベルの事象をミクロ・レベルの事象に還元し得るという、マクロとミクロの等価関係を前提しているからである。これに対して、ミクロの単位である個人の行為が複数あつまった時に、それらのあいだに相互行為——より一般的にいえば変数間の相互作用——がおこることによって個人の行為に変化を生じ、それらが単独でなされていた時には予想し得なかったようななんらかの新しい事態が生ずる時、創発性問題がおこってくる。ミクロ経済学はそのようなことはおこらないとの仮定をおいているので、方法論的個人主義を貫徹することができる。しかしながら社会学的には、個人の選好を決定している個人価値は、当該個人がそのことを意識していると否とにかかわらず、他者とのあいだのたえざる相互行為の反覆を通じて、個人の外部に存在している集合的価値からの影響をたえず受けている。このことをわれわれは、自我形成および役割形成についての考察において、すでに十分に分析した(第**14**および**15**項)。すなわち、自我形成は一般化された他者の内面化なしにはあり得ないし、役割形成は社会システム・レベルにおける機能的必要からつくり出された役割システムと、これにもとづく役割期待なしにはあり得ない。これらのことは、個人行為の説明においてすでに社会の作用による個人行為の変容を考慮に入れねばならないというかたちで、創発性問題への着眼を要求する。

マクロ社会学が問題とする役割システム、集団や組織や全体社会の構造、封建制や資本主義や社会主義のような社会制度、社会階層のような社会的資源の分配状態などは、いずれも複数行為者間の相互行為とそれの持続から生ずる社会関係にかかわる特性であって、個人に関してはけっして定義することのできないものである。たとえば父や母という役割は子供があってはじめて生じ、夫や妻という役割は配偶者があってはじめて生ずる。家族という集団をつくることができないロビンソン・クルーソーの世界にはそのような役割はあり得ない。役割にせよ社会構造にせよ制度にせよ資源分配にせよ、それらのものは社会を分解して単独個人をとり出した瞬間、雲散霧消してしまうことは明らかである。マクロ社会学の主題は単独個人をどのように分析してもけっして出てこないものであるという意味で、まさに創発特性そのものの世界にかかわるものなのである。

社会学説として創発性の教義――そういう言葉を直接使わなかったとはいえ――をはじめて明示したのはデュルケームであった。デュルケームは、生命が有機体の諸部分の中にではなく全体の中に存するのと同様に、社会的事実は社会の諸部分つまり個人の中にではなく社会それ自体の中に存する、という命題を立てた。彼が社会的事実の例示としてあげたものは、個人意識から区別されたものとしての集合意識、個人表象から区別されたものとしての集合表象、さらには集合体によって確立された行為様式としての制度や、社会構造、世論や流行のような社会的潮流、などであった。デュルケームの考えによれば、それら社会的事実の具体的な担い手はもちろん個人であるほかはないが、しかしそれらはあらかじめ個人にあるものをたし算した結果社会事象になったのではなく、個人外在的に社会の中にあったものが教育をつうじての内面化作用によって個人の中に入ってきたのである。この外在性のゆえに社会的事実は客観性をもつのであって、それゆえ社会的事実の研究は内観法のような主観の世界の分析によってではなく、客観的に存在している「物として」観察され、記述され、比較されるのでなければならない、とデュルケームは主張した(Durkheim, [19]1977)。

デュルケーム学説は、マクロ社会学の視点を方法論的に確立した――マクロ社会学の視点そのものの提示はデュルケーム自身もみとめるようにスペンサーにすでにあったがスペンサーは方法論的な考察をしなかった――ものとして社会学史上に位置づけることができるが、ただデュルケームの議論では社会学説はマクロ理論としてしか許容されず、ミクロ理論が意味をもち得る余地についての配慮がなかったことが問題になる。デュルケームは集合意識や集合表象や制度や社会構造や社会的潮流等々の社会的事実が個人にとって外在的所与であり、個人はそれらによって拘束されそれらを学習する存在であるという面のみをもっぱら強調したので、デュルケーム理論はこんにちまでたえず論争の文脈におかれることを避け得なかった。とりわけ重要なことは、デュルケーム理論において、個人は社会との関係の中で常にまったく受動的にのみ位置づけられているということである。これは、個人が行為者として能動的な行為主体であるという面が理論の中から脱落していることによるのである。個人は社会によってつくられるが、同時に個人はまた自己の欲求充足を求めて行為するという自己主張の持主でもあり、この面からしてある時には集合意識や集合表象や制度や社会構造や社会的潮流にあえて立ちむかう。そうであるからこそ、道徳や法や宗教や集団構造や封建制・資本主義・社会主義のような社会制度はそれが成立しているそれぞれの時点において個人を拘束し個人の服従を要求していながら、長期的には個人がそれらを変えていこうとする動機づけをおさえつづけていることはできないのである。社会に対する個人のこの能動面を理論化することが、社会のミクロ理論の主題であった(第二章)。われわれはいま、方法論的個人主義によって主導されたミクロ理論から、創発性教義をよりどころとするマクロ理論に視点を移そうとしているのであるが、そのさいデュルケームのようにマクロ原理によってミクロ原理を排除するような観点を採用すると、これまで提示されてきたミクロ理論と、これから提示されることになるマクロ理論とは相互に否定しあう結果となり、二つの理論は切り離されてしまって一つの理論としての統一性を失うことになってしまうであろう。そうなることを避けるためにはいかにすればよいか。

創発性原理の導入は、マクロ理論がミクロ理論に還元され得ない、という原則を述べているものである。しかし還元性を否定すること、すなわち非還元性を主張することは、ミクロ理論の意義を否定するものではけっしてなく、単にミクロ理論がマクロ理論にとって代わり得る可能性を否定するもの、すなわちミクロとマクロそれぞれの自律性を主張するものであるにとどまる。私はミクロ社会学を方法論的個人主義ないし社会名目論の観点として提示するさい、それが方法論的集合主義ないし社会実在論の観点を排除しないことを強調しておいた(第11項)。すでにくりかえし述べたように、ミクロ社会学の中心概念は行為であり、そして行為とは個人の欲求充足の実現に指向する目的達成過程であった。これに対して、マクロ社会学の中心概念は、以下述べるように社会システムであり、社会システムは機能的要件充足の実現に指向する目標達成過程によって特徴づけられる。社会システムは複数個人の行為によってつくられるシステムであるから、行為と社会システムはミクロ(部分)とマクロ(全体)の関係に立つ。けれども、この両者の関係に関して創発性が問題になるということは、行為理論と社会システム理論とがそれぞれ互いに他に還元されることなく、自律性を主張しあう関係に立っていることを意味する。そのことを確認した上でさらに私は、もう一歩すすめて、行為理論と社会システム理論とが互いに相似性をもつ、ということを主張したい。これは、さきに「主体-客体の相似性」(第3項)といいあらわしたものの延長線上にある原理である。以下少しくこのことの意味について説明しよう。

行為者という個人は、状況の中におかれてこれに適応しながら、自我という固有の構造に由来する独自の欲求によって動機づけられ、欲求充足を求めて目的的に行為している。これとちょうどパラレルに、集団・組織・地域社会などの社会システムは、環境の中におかれてこれに適応しながら、社会構造に由来する独自の機能的要件を充足する必要にせまられて、それの達成に指向している。われわれは行為という概念を個人のそれに限定したから、後者の過程を行為と呼ぶことはできないけれども、欲求充足を求める目的的な状況適応過程たる行為という個人のパーフォーマンスと、機能的要件充足を求める目的的な環境適応過程たる社会システムのパーフォーマンスとのあいだには、一定の平行関係を想定することができる。かつてタルドとデュルケームのあいだに交わされた論争、またそれから半世紀後にシュッツとパーソンズとのあいだに交わされた論争(Parsons and Schütz, 1978)は、行為者に関して生起していることの理論化と、社会システムに関して生起していることの理論化とが、主観説 対 客観説として、あるいは社会のミクロ理論 対 社会のマクロ理論として、くりかえしあいいれないものと考えられてきたことを物語る。もちろん両者は理論化のレベルを異にしているから、それぞれをどちらか一方に還元して一つの理論にしてしまうことはできない。つまり行為理論と社会システム理論は、統計力学と熱力学のような関係に立つものではない。しかし、個人行為のレベルと社会システムのレベルのあいだに創発性問題があるということは、両者が互いに他を否定しあわなければならないとの結論を必然的に導くものではけっしてない。私は社会のミクロ理論としての行為理論と、社会のマクロ理論としての社会システム理論とを、それぞれ欲求充足および機能的要件充足に指向する目的的過程として相似的に構成することをつうじて両者を関連づけ、両者のあいだの不必要な対立を除去することは可能だし、社会学者はそうすることにつとめなければならないと思う。

このような観点からデュルケームいらいのマクロ社会学の視点を修正しようとする時、その修正されたマクロ社会学の視点とはどのようなものか。デュルケームのマクロ社会学がミクロ的基礎に配慮していなかったのに対して、パーソンズのマクロ社会学は行為理論というミクロ的基礎をもっていた。パーソンズは社会システムを行為のシステムであるとし、これをおなじく行為のシステムである有機体、パーソナリティ、および文化システムと並べて位置づけた。しかしパーソンズの社会システムについての構造-機能分析が、理論上の実質において、そのミクロ的基礎である行為理論とどれだけ真にむすびついていたかということについては、これまでにもいくつかの疑問が述べられてきた(稲上毅、一九七五、厚東洋輔、一九八〇)。パーソンズは構造-機能分析の出発点をシステム-環境の関係に求め、環境がたえず変化する中でシステムがその境界を維持するのに必要な活動が機能であるとする(Parsons, 1977 : 101–103)のであるが、そのさい社会システムの分析にとっての中心概念である機能と、行為の分析にとっての中心概念である欲求とがむすびつけられることなく放置される結果、社会システム理論と行為理論とが遊離してしまうことにならざるを得ない。すなわち、せっかく社会システムは行為のシステムであるというかたちで社会システム理論と行為理論とのつながりが指定されているにもかかわらず、理論内容において行為理論はいっこうに社会システム理論のミクロ的基礎の役目を果たさずに、構造-機能分析つまり社会システムの分析はそれとは事実上切離されてしまっているのである。

社会システムにおける機能と行為における欲求との関係は、つぎのようなものであるはずである。すなわち、社会システムは行為のシステムなのだから、システムとしての社会をつくっているのは、自己の欲求充足を求めて行為している複数の個人である。個人はその欲求充足のために社会を必要とするがゆえに社会をつくる、というのがわれわれのミクロ社会学の視点であった(第**11**項)。そうであるなら、社会システムの機能のミクロ的基礎は、個人行為者の欲求に求められねばならない。もちろん機能は社会システム・レベルの概念で、それはシステムが環境から課せられる試煉に抗して、ルーマンのいう「内と外とのあいだの複雑性の落差」(Luhmann, 1970–1981：I：115–116)を維持して境界を張っていくことができるために、ぜひとも充足されることが必要な要件をなしている。だがそのことを社会を構成している個人の観点から見て、なぜその境界維持つまりシステムの存続が必要なのかというふうに問題を立てれば、明らかにそれは、そうすることが個人の欲求充足の実現につながるからである、と答えられねばならないであろう。

しかしながらこのことは、社会システムにおける機能的要件充足が個人行為者における欲求充足に還元されるということを意味するものではない。われわれが社会の基本類型としてあげた基礎集団・機能集団・地域社会・社会階層・国家などの中には、ごく短命なものもあるとはいえ、それらのうちのかなりのものは、個人の生命よりもはるかに長く制度体として存続し、いわば歴史的な時間の中でそれ自身の独自の生命をもち、それ自身の進化の過程をたどる。したがってマクロ社会学が視野の中におさめる時間の地平は、ミクロ社会学よりもはるかに長い。他方空間的に考えた場合にも、機能的要件の充足が成員の欲求充足につながるというのは全体的・長期的な意味においてであって、個別的・短期的には欲求充足を剝奪される個人は非常に多いと考えねばならない。なぜなら、それらの集団や地域社会において役割や制度はシステムの必要から割出されて個人に課せられるのであり、個人はそれに自分を適応させなければならない。すなわち、個人は一定の役割行為を引き受けることが直接的な彼の欲求充足と一致するものでないとしても、当該社会の成員であることをやめない限り、社会システムにおける機能的要件充足の達成のために、その役割行為を果たさなければならないのである。

約言すれば、社会レベルの過程を個人行為レベルの過程に還元することなく、システムとしての社会が環境から課せられる課題に適応して自己の存続をはかっていこうとする目的的過程を分析することがマクロ社会学の視点である。

個人の欲求が常に充足されるとはきまっていないように、社会システムのこの課題も常に達成されるとは限らない。かくして社会システムは存続に失敗するかもしれないし、存続のために現行の構造や制度を変えなければならないかもしれない。システムの機能的要件充足・不充足は個人の欲求充足・不充足にけっして還元はされないが、システムの存続をはかる行為の担い手は個人をおいてほかにはないから、要件充足・不充足過程の分析はミクロ・レベルにおける個人行為の分析とのかかわりを常に考慮に入れてなされる必要がある。

22　社会システムの概念

ミクロ社会のレベルにおける事象を行為という概念によって整序したのとパラレルな意味で、われわれはマクロ社会のレベルにおける事象を整序する役目を引き受ける中心概念をぜひとも必要とする。この役目をここでは社会システムの概念に負わせることにしよう。すなわち、社会のマクロ分析は、社会システムの概念とともにはじまる。

社会システムという概念を用いるにあたって、まず次のことを明らかにしておかねばならない。システムという概念は、経験的な研究対象を概念化する方法にかかわる概念である。すなわち社会システムとは、この方法概念を社会という研究対象に適用することによって成立する、社会認識の方法を表示している概念なのである。社会学の研究対象はすでにくりかえし述べてきたように社会そのものである。社会学は社会システムについての学なのではなく、社会についての学である。社会システムは、マクロ社会学が対象としての社会を認識する方法的視点をあらわす概念である。それは、ミクロ社会学が社会を認識する方法的視点をあらわす概念が行為であるのと、パラレルである。

社会システムという概念は、次のような二重の意味において、多義的である。(一)社会という概念には、広義の社会と狭義の社会との区別がある(第**1**項)。したがって社会システムという方法概念を適用する対象が広義の社会であるか狭義の社会であるかを明確にしておかなければ、ただちに混乱を生ずる。(二)システムという概念の多義性は、これまでにも多くの論者が指摘してきたところである。ルーマンはシステムの概念を、全体　対　部分(das Ganze/die Teil)、システム　対　環境(System/Umwelt)、自己言及的システム(selbstreferentielle Systeme)という三段階を経過して形成されてきたと整理している(Luhmann, 1984: 15–29)。ただルーマンは、この段階移行をパラディグマ革新と表現して、すべてのシステム概念の使用者がこの三段階移行をあとのものほど高次の概念化として受けいれてきたかのように述べているのであるが、これには問題があって、つぎのように訂正される必要があろう。すなわち、第一に、これらの異なったシステム概念は現在なお併存しているというのが実情である。第二に、システム概念としては、ルーマンのあげた三つのほかに、要素の相互依存による因果関係の無限の循環的波及という定式化をあげねばならない。第三に、ルーマンが最後にあげた自己言及的システム(あるいはオートポイエシス)の概念は、まだ生物学の一部で多様なアイディアが競いあっている段階であって、社会学者の中ではこれを受けいれようとする試みがいままさに出はじめたばかりのところであり(今田高俊、一九八六)、社会科学の分野においてまだ信頼し得るに足るだけの実績が出ていないから、これを社会学の中枢に据えようとする試みはなお時期尚早であるように思われる。以上の二点に関して、本書で用いる社会システムの意味を明確にしなければならない。

(一)の点については、むつかしい問題は何もない。ただ区別をはっきりさせておくことが必要なだけである。これまで述べてきたところからすでに十分明らかなように、本書において社会とは常に狭義の社会のことである。だから本書で社会システムという語を用いる時には、それは常に狭義の社会にシステム概念が適用されたものをいう。しかし広義の社会という概念もまた現に行なわれているのだから、広義の社会を論ずる人がシステムという概念をそれに適用する権利があることはいうまでもない。かくして二種類の社会システム概念が生ずる。広義の社会について社会システムが論じられている例はボウルディング(Boulding, 1968)、公文俊平(一九七八)、村上・熊谷・公文(一九七三)などに見られ、また自然科学者が物理システムや生物有機体システムについて述べるかたわらふれる社会システムというのは大体これである。広義の社会システムは狭義の社会システムを含むから、両者はもちろん無関係ではない。もともとシステム理論は自然科学で形成されたものであり、社会学者が用いてきた狭義の社会システムはそれが社会科学に導入されたものの一環であるから、社会システムは狭義に用いられる場合でもその考察は常に学際的な広がりを背後にもっている。ただ、広義の社会システムについて考察することは、社会学の理論についての本である本書の目的からはあまりに拡散的でありすぎるので、以下ではこれにふれることはしないでおく。

(二)の点については、学説史的な広がりをもった考察が不可欠である。ルーマンのようにシステム概念の主導権を自然科学(生物学・神経生理学・細胞学・コンピューター科学など)にゆだねて「社会学は共同研究としては締め出されているだけでなく、この学際的文脈の中で学習能力をもたないことを露呈してしまった」(Luhmann, 1984：27)などといった言い方をする代わりに、ここでは社会学説の展開の中でどのような社会システム概念が用いられてきたかを大づかみに検討してみることにしよう。そうすれば、社会システムというのが社会的全体性にかかわる一つの秩序原理であって、それは社会学が社会をその全体性において認識することを必要とするとの方法的自覚をもったことによって形成されるにいたった概念である、ということが明らかになるはずである。

社会学はその古典的形態であった一九世紀の社会有機体説にはじまり、一九世紀末―二〇世紀初頭の形式主義学派や心理主義学派やさまざまの理念主義学派を経て現代にいたるまで、いつもなんらかのマクロ的な社会的全体を抽象化して表示する整序概念を必要としてきた。社会学第一世代たるコントとスペンサーは社会有機体の語を用い、とりわけスペンサーは明示的な有機体アナロジーに立脚しつつ社会の構造および機能という対概念を確立した。次いで社会学第二世代に属する巨人たちがあらわれて、さまざまな整序概念を提出した。テンニエスのゲマインシャフト－ゲゼルシャフト、デュルケームの社会的事実－集合表象、クーリーの社会組織－社会秩序、ジンメルの社会化の形式－心的相互作用、パレートの社会システム、マックス・ヴェーバーの資本主義の精神－支配の諸類型、フィアカントのゲマインシャフト関係、ヴィーゼの社会過程－社会関係－社会形象などがそれであり、また社会学に固有のものとはいえないがマルクスの社会構成体やディルタイの精神的世界などの概念も社会的全体性にかかわる概念化であった。社会システムという語は、これら多様な社会的全体性に関する概念化の一つとして、社会学史の上に登場してきた、と位置づけることができる。右にあげたリストの中で、システムの語を術語として明確に導入したのはスペンサーとパレートで、システムの語を用いなかったが部分と全体の関係を正面から論じたのがデュルケームである。スペンサーとパレートはそれぞれ、かつてソローキン(Sorokin, 1928)が「生物有機体学派」(bio-organismic school)および「機械主義学派」(mechanistic school)と名付けたものを代表する。社会システムに対するこの二つの異なったアプローチは、パーソンズによって総合されて、ここに社会についての分析的整序概念としての社会システム概念が確立される。そのさい社会システム概念は機能主義的分析と密接にむすびつき、後者の最初の定式者であったデュルケームがこの流れの中にとりこまれる。

順序としてまずスペンサーからはじめよう。スペンサーはコントの実証主義を引き継ぎながら、コントにおいては不十分なままに終わっていた自然主義的社会観としての社会有機体説を、コントよりもはるかに明確に定式化した。システムという概念は、スペンサーにおいては生物有機体と社会に共通するメカニズムとしての、維持システム(sustaining system)・規制システム(regulating system)・分配システム(distributing system)という三層構造の文脈において用いられた。維持システムというのは内層または内的システムともいわれ、全体システムの内部的必要を充足するサブシステムである。動物では食物の消化機能を受けもっている諸器官がこれにあたり、社会では食物生産にたずさわる農民および工業生産にたずさわるマニュアル労働者がこれを担当している。つぎに規制システムというのは外層または外的システムともいわれ、全体システムが環境との関係を処理していくのに必要な機能を受けもつサブシステムである。動物では外敵から逃げあるいは外敵を攻撃するのに必要な感覚器官ならびに運動器官がこれにあたり、社会では外敵に対する防御および攻撃を受けもつ軍事部門と、外敵に備えるために必要な社会全体としての統合を維持する機能を受けもつ政府部門とがこれを担当している。三番目に分配システムというのは、維持システムと規制システムのあいだを媒介するチャンネルの役目をするサブシステムである。動物では血液循環による酸素および栄養の補給と老廃物の回収を受けもつ諸器官がこれにあたり、社会では運輸・通信・上下水道・ゴミ処理などと市場メカニズムをつうじての財の交換に従事する人びとがこれを担当している。

スペンサーが生物学的アナロジーをえらんだのは、イギリス経験論哲学とコント、ミルの実証主義の両面に由来する自然主義的社会観にもとづくものである。当時まだ先行者のない学問であった社会学が、このような方法的観点に立脚して社会システムという未知のもののメカニズムを説明するには、有機体システムという既知のもののアナロジーによるのが実証主義の方法論に適合的なのであった。社会有機体説というのはその産物である。スペンサーの理論はシステム理論というような抽象化された一般理論にはいたり得なかったが、しかし社会有機体説を単なるアナロジーを超えるもの、すなわち生物有機体と社会とに共通する原理を抽出することを目的とするものと解し、そしてその共通原理の定式化こそがシステム理論のめざすものなのだと考えるなら、スペンサーは社会の諸事象をシステム理論によって考えようとした最初の人であったといえるであろう(Spencer, [5]1904 : I : 435–536)。

つぎにパレートの社会システム論は[(1)]、有機体論的モデルによってではなく、自然主義のもう一つの源泉たる機械論的モデルによってこれに接近したほとんど唯一の——成功していると見るかどうかはともかく——大規模な社会学理論構築の試みである点で特筆に値する。パレートのいう社会システムは、基本的にパレート社会学の意義を解説したヘンダーソン(後述)が「物理-化学システム」と呼んだ自然科学起源のシステムと同形のものであったが、パレートはそれを直接には自然科学からではなく、彼自身が新古典派の経済学者としてローザンヌ大学における彼の先行者ワルラスから引き継いだ、市場的交換の一般均衡に関する連立方程式体系からもってきたのであった。彼が社会システムの内容をなすと考えた諸変数は、パレートに特有の概念である残基、派生体、社会的異質性と周流の三つに、パレートがオフェリミテと呼ぶ効用ないし満足に関する主観的変数を加えたものから構成されている。

第一は残基(résidu)である。これは人間行為を動機づけている、本能に根ざした非合理的な感情であって、パレートはこれを、結合の本能、集合体持続、外部的行為によって感情を表現しようとする欲求、社会性に関する残基、個人とその付属物の保全、性的残基、の六つのカテゴリーに分つが、じっさいの社会分析で多く使われているのは、六つのうちのはじめの二つ、すなわち彼が「結合の本能」と呼んだ革新の動機づけと、「集合体持続」と呼んだ保守の動機づけである。前者は企業家によって代表され、後者は金利生活者によって代表される。

第二は派生体(dérivation)である。これは残基にもとづく本能的な非合理的行為を、事後的に合理化して説明しようとする論理的欲求の産物である。パレートはこれを、断言、権威、感情または原理との一致、言語的証明、の四つのカテゴリーに分つが、それらはいずれも、非合理的感情の表現と、論理的推理の表現との両極に区分される。

第三は社会的異質性(社会階層)とその周流(社会移動)である。パレートは階級をエリート(支配階級)と非エリート(被支配階級)に分かち、社会は常に少数のエリートによって支配されているとするが、しかし一つの階級はけっして長期にわたってエリートの地位を維持することはできず、エリートの周流と彼が呼ぶ現象をくりかえす。周流というのは個人の社会移動とは異なって、一つの階級が集団的に上昇したり下降したりするものと想定されており、その原因は「結合の本能」と「集合体持続」との比率の変動に帰せられる。すなわち両残基のバランスがとれ「結合の本能」が適度に優位する時、一つの階級はエリートに上昇し得るが、バランスが崩れてどちらかが強すぎるようになるとその地位を失う。

第四は効用である。これは通常経済学上の概念と考えられているものであるが、パレートは効用の語を経済的効用よりも広い意味に用い、固有に経済的な効用をオフェリミテと呼んだ。パレートは経済学で分析される個人のオフェリミテの極大という観点に加えて、社会学的分析にとっては個人の効用と社会の効用とが同じでないという問題を考えることが必要であるとする。たとえば、一国全体としては軍事力や労働力の面から人口の大きい状態の方が効用が高いが、個人としては生活水準の観点から人口の小さい状態のほうが効用が高い、など。

パレートの社会システム概念における分析単位は、経済システムの場合と同様に個人である。個人のオフェリミテという観点から出発して彼が社会にとってのオフェリミテという問題を解こうとした工夫は、こんにちパレート最適という語によって広く知られている。しかしパレートは社会学的分析においては、個人の効用、および社会にとっての効用の二概念に加えて、集合体の効用という概念も必要だとする。そこで個人あるいは集合体について数量的に表示された(パレートは「指数を与える」と言っている)上記のような諸変数(全部でn個あるとする)の相互依存しつつある関係全体が、彼のいう社会システムである。ここで相互依存ということの意味は、原因変数と結果変数とが分離されず、すべての変数が原因とも結果ともなりあって、いずれか一つの変数に変化を生じた場合にその影響が無限に波及していく全過程をさしている。ヘンダーソンのいう物理-化学的システム(熱平衡および化学平衡)においては、その相互依存の運動法則は、

$$\frac{dx_i}{dt}=f_i(x_1, x_2, \cdots, x_n) \qquad (i=1, 2, \cdots, n)$$

と書かれるn本の連立方程式体系によってあらわされ、このシステムは$\frac{dx_i}{dt}=0$において均衡に収斂する。パレートの社会システムはこれと同形のものを念頭においていたと考えられるが、ただ彼はこれを経済学の市場的交換における一般均衡の考え方から転用したので、自然科学にはない行為者の主観的観点にかかわる最大満足均衡の条件がつけ加えられている。すなわち、効用を目的変数の位置において、人びとの最大満足が実現されるような状態としてシステムの均衡を定義する——なぜなら他の事情にして等しき限り均衡からの離脱は常に満足の悪化をもたらすので人びとは均衡からの離脱にむかって動機づけられることがない——ことがそれである。ただ経済学の場合と異なって社会システムの場合には効用函数を明示化しがたいため、パレートは最大満足均衡を与える方程式体系を定式化することはけっきょくできなかった(Pareto, 1916: §§ 2060–2236)。

さきにルーマンを修正しながら述べたシステム概念の四類型にあてはめるならば、スペンサー的な有機体論的接近による社会システム概念は全体 対 部分の区別による概念化であり、これに対してパレート的な機械論的接近による社会システム概念は要素の相互依存をつうじての因果の循環的波及による概念化である。そしてこの両者を統合し、かつ社会システムを環境の中で境界を維持しつつ環境とのあいだでインプットとアウトプットの交換を行なって環境に適応していく過程という観点から理論化する、という新しい試みと取り組むことになったのが、社会学第三世代に属するパーソンズであった。パーソンズの社会システム理論の出現によって、社会学のシステム理論はシステム 対 環境による概念化に移行したと考えることができる。

パレートからパーソンズへのこの移行を媒介したのは、サイバネティックスでも一般システム理論でもなく、それらよりもずっと時間的に先行する一九三〇年代のパレート解説家ヘンダーソン――もちろんパーソンズはサイバネティックスおよび一般システム理論の出現後はそれらを吸収して両者をつないだ――であった(Parsons, 1977：27-28；パーソンズ-富永、一九七九)。もと生化学者であったヘンダーソンは、パレートのシステム概念を上述のように熱平衡や化学平衡にみられる物理-化学システムに由来するものと読み、これをクロード・ベルナールによる内部環境の恒常性テーゼおよびキャノンのホメオスタシスのテーゼにむすびつけて、物理-化学システムと生物有機体システムとの同形性(isomorphism)を強調することにより両者を統合する方向性を指示した。かくしてシステムの概念は、ヘンダーソンによって、環境のその時その時の変動に適応しつつ、システム内の相互連関をつうじて均衡化にむかう動きを発生させるメカニズムを意味するものとなった(Henderson, 1935)。パレートの社会システム概念に機能主義とのつながりは何もないのに対して、パーソンズのそれが機能主義理論とのむすびつきにおいて定式化されたのは、ヘンダーソンの右の媒介によるものであった。(2) この径路によって、パーソンズは機械(物理システム)と生物(有機体システム)に共通する情報インプットをつうじてのシステム制御という考え方に、ウィーナーやアシュビーのサイバネティックス、およびベルタランフィの一般システム理論(3)よりも先行して到達していた。このことは一面、サイバネティックスーシステム理論の側から見れば、バックレーが批判したようにそれらの理論的成果を十分とりいれていないといわれる原因にもなった(Buckley, 1967)が、他面からいえば、社会学における社会システム理論がそれらから独立であったことによって、独自の発展史をもち得たことを意味するものでもあった。

社会学における社会システム理論の独自の発展とは何か。それは社会システム分析の方法を構造-機能分析として考えるということである。パーソンズはこの着眼を最初に表明した方法論論文「社会学における体系的理論の現在位置と展望」(Parsons, ²1954：212-237)において次のように述べた。高度に発達した科学のあるべき理想として従来あげられてきたのは、解析力学の微分方程式体系にみられるような完全に動学的な分析である。そこではシステムを構成しているすべての変数は相互依存しつつ同時決定される。しかしながら、このような分析方法がすべての科学にとってそのまま模範になるとはいえず、社会システムの分析はこれとはちがった観点をとることを必要とする。社会科学の中では経済学が例外的に、物理システムについての分析方法をとりいれて成功した。それは経済システムがそうすることを可能にするような条件を一応みたしていたからである。しかしその場合でも、経済の制度的構造のようなものはこの方法では扱えないから、それらは変化しない与件としてモデル外に前提されるにとどまるしかない。パレートは、経済学での経験と数学・物理学の訓練を背景に、社会システムに力学的な動学的モデルを適用したのであるが、その結果は失敗であったといわざるを得ない。パレートが社会システム・モデルの中にもちこんだ変数のうち、残基と派生体は行為の動機づけ要因で、これらは量的変数ではないがなんとか数量的に処理可能である。これに対して、社会的異質性すなわち階級とその周流というのはシステムの構造要素であって、これはこのような方法ではまったく処理することができない。社会システムは物理システムと異なって元来このような構造的カテゴリーを多くもっているが、これらは解析力学タイプの動学的分析とはまったく異なった方法で処理される必要がある、と。

このような方法的考察の結果パーソンズが到達したのが、構造-機能分析(第**23**項)である。当然のことながら、社会システムの概念もまた、この構造-機能分析の方法に適したものとして、パレートが用いたようなものとはちがった視角から構築されねばならない。パーソンズが社会システムを定義するさいの表現は、もちろん彼のながい学的生涯の中でいろいろ変化しているが、それらの変化を組み入れて要点を抜き出すと、おおよそ次のようなものである(Parsons, 1951; 1961; 1977)。第一に、社会システムは複数個人の行為のシステムであるということ。これは、パレートの社会システムが、一定数の社会学的変数によって構成されたシステムとして考えられているのとはちがっており、構造-機能分析の考え方の特徴をあらわしている。第二に、社会システムは構造をもっているということ。さきにふれた解析力学タイプの動学的分析では、システムは過程と相互依存の中に解消してしまい、構造という概念はシステムの中に場所をもたない。これに対して、社会システムの場合には、集団にせよ組織にせよ地域社会にせよ、行為が一定の構造をもってむすびつけられている。地位および役割というのは行為のそのような構造的位置をあらわすのに適した概念である。第三に、社会システムは過程がその内部で達成される場所であるということ。過程とは時間の経過の中でシステムにとって必要な活動が行なわれていくことで、たとえば役割遂行・コミュニケーション・社会関係形成・制度化などがそれである。第四に、社会システムは環境の中におかれており、環境から課せられる課題に適応することによってみずからを維持し存続している開放システムであるということ。システムは環境とのあいだに境界を張って内と外とを区別しているが、環境とのあいだでインプット・アウトプットの交換を行ないつつシステムの外部におこる変化に対してシステム内部の状態を自己調整していかなければならない。第五に、社会システムは環境に適応しつつ存続していく上で必要な機能を充足する活動を行なうということ。社会システムが環境との関連で達成することを求められている活動の種類を機能的要件といい、構造および過程とともにこの機能的要件の分析が構造-機能理論の中心的な関心事をなす(構造-機能分析については第**23**項)。

社会学第三世代までのところでなしとげられた社会システム理論の到達点は以上のようなものである。ルーマンは、パーソンズ以後における社会学第四世代にとっての課題を、社会学の外でのシステム理論の新しい展開である自己言及的システムの理論を社会システムの分析に導入してくることであると主張している。サイバネティックス-一般システム理論以後におけるシステム理論のこの新しい動きは、まず一九六〇年代に自己組織システム(self-organizing system)というアイディアが提示されたことによってはじまった。自己言及システムというのはこのアイディアをさらに拡充した概念であって、ルーマンによればその考え方は次のようなものである。すなわち、システムの機能分化はシステムの自己言及、すなわちシステムがみずからの構成要素ないしはそれらの要素のオペレーション自身に関連づけることによってのみ成立する。システムは、このことを可能にするために、自己自身を記述し利用する。システム-環境理論においては、システムは環境に対して開かれており、システムの構造変動の原因はシステムの環境に帰せられた。これに対して自己言及的システム理論においては、情報を生み出すのはシステム内環境であって、その意味でシステムは閉じている。これは一面ではシステム理論の第一段階であった部分-全体理論への復帰であるが、しかしそれは単なる復帰ではなく、自己言及的システムのオペレーションはあくまで環境の生態学的条件のもとにおいてのみ可能である。システム-環境理論において問題にされたシステムの閉鎖性・開放性という区別は、いまや自己言及的閉鎖性がいかにして開放性を生み出すことができるか、という問いによっておきかえられる(Luhmann, 1984: 24–26)。

システム-環境理論による社会システム理論が、ホメオスタシスやサイバネティックスや一般システム理論など社会学の外部で発展をとげた自然科学の成果に依存していたように、自己言及的システム理論の社会システム理論への導入に関するルーマンの提言も、生物学の分野で近年形成されつつあるオートポイエシスの理論の社会学への導入に依存するものである。(4) しかしながら、この理論に社会学の将来を託しようとするかに見えるルーマンの提言には、つぎの点で問題があるように思われる。すなわち、システム-環境理論は自然科学の成果をただ模倣したのではなく、構造-機能理論としてスペンサー-デュルケームいらいじつに一世紀の歳月をかけて社会学自身の内部で彫琢されてきた理論の中にこれを血肉化したものであった。それにくらべると、自己言及の理論はまだはじまったばかりで、社会学にそれを導入するとどのような理論的成果が得られることになるのかを、いまだ見定めることができない。それは将来、社会学の中に血肉化されたものになり得るかもしれないが、しかし目下のところはその試みはあまりに漠然としすぎていて確実な理論的成果を生みだすにいたっていない。私は本書において、パーソンズ以後における社会学第四世代にとっての課題を、そのような外部からのインパクトに依存した不確実な試みに求める代わりに、社会学内部における理論のピースミールな連続的発展に求めたい。私の考えるピースミールの発展とは、構造-機能理論によって再定式化された社会変動理論を、家族・組織・地域社会・社会階層・国家などの個別領域ごとのいわゆる「中範囲理論」と交配するとともに、これを歴史的ならびに比較社会論的展望の中に位置づけるという、これまでまだ行なわれていない新しい試みを開拓することである。

その本題に入る前に、社会システム理論をめぐる今日の論争的状況を考慮しつつ、社会システム理論をくりかえしひきおこされてきた誤解から救出する目的で、社会システム理論に対する外在的批判に対する反論を、次の三点について追加的に記しておくことにしたいと思う。

（一）　社会システム理論は新版社会有機体説なのではない。この点は、本書で述べてきたことによってすでに十分明らかであると私には思われるが、有力な学者がこれまでくりかえし社会システム理論を社会有機体論の単なる焼直しにすぎないとする議論を展開してきているので、煩をいとわず述べておくことがやはり必要であろう。たとえばダーレンドルフは、均衡論的に表象された(gleichgewichtig vorgestellt)社会システム概念が、コンフリクトの構造的源泉を認識することを妨げているとし、その理由は社会システム概念が有機体論的であって、有機体においては諸器官の機能は全体の維持にむかって統合されているため、システム・モデルはコンフリクトと社会変動を病理的と見做す傾向があるからだとする(Dahrendorf, 1961: 124-131)。同様に新明正道は、社会システムの概念が機能分析とむすびついて社会有機体説を新しい扮装のもとに再生させていることは否定することができないとし、そのことが社会を過度に統合的・調和的なものとしてとらえる非現実的な静態的社会観をつくり出しているとする(新明、一九六七、三一—六三)。これらの見解に対しては、まず何よりも、社会システム概念が物理システムおよび有機体システムと社会システムとの同形性という認識から出発しているということの意味を、これらの論者が正しく理解していないことを指摘しなければならない。ルーマンがはっきり述べたように、社会システムを有機体システムと比較することは古いヨーロッパの伝統財と見做されるべきであり、社会学はその意義をみずから否定すべきではない。この比較の是否をめぐる争いこそ社会システム理論にとっての刺激の源泉だったし、その比較を機械までを含むものに拡大してシステムの一般理論を探求することはこんにちの支配的傾向となっている(Habermas und Luhmann, 1971: 92-93)。ただそのさい重要なことは、それらを比較し、それらの同形性に着目することは、けっしてそれらを同一視することを意味するものではない、ということである。有機体と社会が同じでないというくらいのことは、典型的な社会有機体論者とされるスペンサーの場合でさえ、十分に強調されていた。まして現代の社会システム論者が、そのような幼稚な同一視を避けていることはあたりまえのことではないか。社会が有機体とちがうことは、ダーレンドルフの指摘をまつまでもなく明らかである。たとえば有機体の諸器官相互およびそれらと生命体全体とのあいだには、病気の場合を除いて機能の補完と部分の全体に対する貢献のみがあるのに対し、社会の諸部分間およびそれらと全体社会とのあいだには利害対立・コンフリクト・紛争などがたえず起る。また有機体においては、成長を除いて構造変動はあり得ず——種としては構造変動としての進化があり得るが個体としてはそれはあり得ない——、回復されがたい機能障害は死をもたらすのに対し、社会の場合には、日本の明治維新に見るように、機能障害におちいった一つの制度的構造を、構造変動によってつくりかえることが可能である(第**24**項)。社会システム論者であろうとなかろうと、これらの事実認識に変わりはない。そこで哺乳類のホメオスタシス原理のことを考えてみよう。有機体個体は構造変動が不可能だから、ホメオスタシス機構に回復不能な機能障害がおこれば死亡する。しかしバックレーが指摘するとおり、このことの論理的帰結を裏がえせば、もし構造変動が可能なら、右の事態は構造を変化させることによる適応の可能性を示唆している、ということがいえる(Buckley, 1967 : 14)。社会システムの場合がまさにこれにあたる。右のことを私の言葉でさらにいいかえれば、有機体システムと社会システムとの同形性に着目した説明原理から、われわれはダーレンドルフや新明が言っていることとは反対に、まさに社会変動を説明する論理を得ることができるのである。

(二)　社会システム概念は行為理論と無関係な概念なのではない。ダーレンドルフは、社会システムの構造分析は地位の概念とともに始まり、その機能分析は役割の概念とともに始まると解し、そしてこの地位と役割は行為から導出されているのではなくそれ自体として自立しているカテゴリー単位と考えざるを得ないから、社会システム概念はなんら行為の概念とむすびついておらず、だから行為理論は社会システム理論の要素たり得ていないと批判する(Dahrendorf, 1961 : 66-76)。しかしこれは皮相の見解にすぎない。社会システムは行為のシステムであるからこそ、機械システムや有機体システムと異なった性質をもったシステムたり得ているのである。なるほどシステムはマクロ的観点に立って全体性の秩序形式を認識する用具だから、システムの個々の単位に個別に焦点を合わせてはじめて認識し得るミクロ世界の中での出来事は捨象されてしまっている。ダーレンドルフが地位-役割は行為概念から離れて自立しているカテゴリーだといったのは、このことをさしている限りではまちがいではない。しかし、いかにマクロ的な視点に立つとしても、単位の性質のちがいまでもが無視されるなどということがないことは、同形性への着目が同一視でない以上はっきりしている。物理システムは物のシステム、有機体システムは細胞のあるいは諸器官のシステム、社会システムは行為のシステムであるから、それら単位の性質のちがいによってシステムとしての性質のちがいが出てくる。たとえば上述した有機体システムと社会システムとのちがい、すなわち有機体個体が構造を変え得ないのに対して社会は構造的に可変的たり得るのは、行為が行為主体の意思のはたらきによって行為様式を変えるという意思決定をなし得ることによるのである。ルーマンは社会システムが行為システムであることの特性を、意味を構成するシステム(das sinnkonstituierende System)たることのうちに求める(Habermas und Luhmann, 1971: 75–80)。この場合の意味はもちろん、ヴェーバーのいう「主観的に思われた意味」、すなわち行為者が自己の行為に対して彼の主観の世界で付与する意味の延長線上において理解されねばならない。私はさきに、このような行為者の思念する意味が行為の目的を構成すると考えた(第**12**項)。意味付与の仕方が相互主観的な次元において変化すれば、行為の目的も変わり、したがって社会システムの構造が変わってくる。社会システムの構造の可変性の根拠は、このように社会システムの構成単位である行為の性質にさかのぼって説明することができるであろう。この点の洞察をぬきにして社会システムの構造を行為概念から切り離して概念化できるなどと論ずるのは、まさにその論者自身が社会は人間から成っているという基本的な事実を忘れて、社会の構造をあたかも機械の構造でも見るように見ていることを露呈するものにほかならない。

(三)　社会システムは環境の中で生起し、システムの構造および機能はシステムと環境との相互連関の中でのみきまる。システム事象が環境の中で生起するというのは、行為が状況の中で生起するというのと相似である。状況は行為者による主観的な意味付与をともなった概念であったが、社会システムは単一個人のような意識世界をもつものではあり得ないから、環境は行為者による主観的意味付与の契機を含まない。しかし、行為者にとっての状況が、自然的・社会的・文化的の各状況から成っているのとパラレルに、社会システムにとっての環境もまた、自然的・社会的・文化的の各環境から成っていると考えることができるという点で、状況と環境は相似的である。また行為者が状況の中から目的や手段などをとりこんでくるのと同様に、システムは環境の中からさまざまなインプットをとりこんでくる(「開放システム」)。ただ社会システムは行為とちがってマクロ・レベルにおける概念化であるから、環境もまたマクロ・レベルにおける概念化でなければならない。すなわち、状況における他者(他の行為者)に相当する位置を占めるものは、他の社会システムである。ルーマンが強調しているように、環境というのは単なる残余カテゴリーと見做されてはならず、システムの構成にとって本質的(konstitutiv)なもの、すなわち環境のあり方によってシステム自体の構造と機能のあり方が変わってくるものと考えられねばならない。環境は他の社会システムを含むのだから、一つの社会システムの変化は他の社会システムにとっての環境の変化を意味し、その逆もまた真である。こういう相互連関をつうじて、システムと環境は相互に影響を及ぼしあっている。この意味で、環境はシステムの負の相関物(Negativkorrelat)であるということができる(Luhmann, 1984 : 242–253)。ただ、このようにシステムと環境との相互連関性を強調すると、システムそのものがもともと要素間の相互連関によって定義されたものであることから、システムと環境とのあいだに引かれた境界の意味づけが問題になってくるであろう。システムはシステム内部の要素間で相互連関しあい、そのシステムがまたシステム外部の環境とのあいだで相互連関しあっているというなら、システムと環境とのあいだの境界はいかにして引かれ得るのだろうか。ルーマン自身は、アシュビーの「多様度」(variety)の概念に由来する「複雑性」(Komplexität)という概念を立て、システムの境界の内と外とのあいだにおける複雑性の落差(Gefälle)ということを根拠に、システムと環境との差異を定義しようとしている(Luhmann, 1970–81 : I : 113–117 ; II : 204–216 ; Luhmann, 1984 : 242–285)。この概念化は、社会システムは意味構成的システムであるとする上述したルーマンの考え方を前提にしており、意味付与の仕方が異なればシステムと環境とのあいだの境界の引き方もちがってくると考えられている。私は他の機会にこの概念についてふれ(富永、一九八四a、二四九—二五〇)、その考え方に高い評価を与えたが、複雑性というのはルーマンに固有の概念化であって、複雑性の内外落差によってシステムを定義するという考え方はシステムの目標とシステムの構造および機能についての考察によって十分いいかえることができると私は思うので、本書では私自身の理論構成の中にとくにこの概念を導入するということはしない。そこでわれわれの次の課題は社会システムの構造と機能について考えることでなければならない。

第八節　社会構造の概念化

23　社会システムの構造分析

社会構造とは、一つの社会システムを形態面から特徴づけている、構成諸要素のあいだの相対的に恒常的なむすびつきである。これについて三つの例示をあげよう。第一に、家族の構造というのは、家族という一つの社会システムを固有に特徴づけている短期的には変わらない地位・役割のむすびつきの形態のことである。たとえば家父長制家族と核家族とのちがいは、それぞれの家族の社会構造のちがいとして認識される。第二に、企業の組織は家族とはまったく異なった地位・役割のむすびつきの形態をもっており、それは機能分化と権力分化の制度化によって特徴づけられる。また企業の組織は集権的な形態をもつ場合と分権的な形態をもつ場合とがある。このような企業組織の特性および異なる組織間でのちがいの認識は組織の社会構造という概念化を要求する。第三に、後述するとおり(第25項)、われわれは近代産業社会の主要な構造的構成要素として、基礎集団・機能集団・地域社会・社会階層・国家と国民社会の五つを抽出してきてその構造を考える。このような社会の全体としての構成を認識するのに社会構造論が不可欠である。以上の例示によって明らかなように、社会構造は長期的には変化をとげるが、短期的には相対的に恒常的であることによってそれの一定の形態的特性を認識することができる。その認識は、実在の形状をクロスセクションによって記述することによって行なわれる。すなわち、社会構造というのは記述概念——もちろん現実そのもののコピーではなく認識と思考によって抽象化された——で、社会システムの実在的側面としての相対的に静態的な形態ないし形状の特性を述べるものである。

社会学者の中には、静態的分析を排して動態的分析を重んずるあまり、構造概念そのものを忌避する傾向を示すものがある。たとえば「すべての構造は虚構(Täuschung)にもとづいている」(Luhmann, 1970-81:I:120)とするルーマンは、構造の不確実性ないし不安定性をもっぱら強調しようとしており、また前述したダーレンドルフや新明の構造-機能分析についての批判にも構造を重視してはならないとの見方があらわれている(第22項)。私もまたながいあいだ産業化や近代化のような社会変動の過程を研究してきたものとして、動態的分析を重視する点においては人後に落ちない。しかし、デュルケームが解剖学と生理学のアナロジーを用いて明確に述べたとおり(Durkheim, 191977:12)、社会の構造分析は社会システムの解剖学に相当する基礎知識を与えるものであり、それなしには社会変動の概念化さえ可能でない、ということが強調されねばならない。人体についての医学的知識が骨や筋肉や諸器官など人体を構成している構造的諸要素の配置を知ることからはじまるように、近代産業社会についての社会学的知識は家族・企業・市場・地域社会・国家など近代産業社会を成り立たせている固有の構造的諸要素の配置(第25項)を知ることからはじまる。但し、ラドクリフ-ブラウンが明確に指摘したように、動物有機体個体には構造類型の変動はないのに対し、社会システムは歴史の過程の中で構造類型をたえず変動させてきた(Radcliffe-Brown, 1952:181)という点で、解剖学と生理学のアナロジーには留保条件が必要である。しかし社会変動を分析するという目的のためにも、社会構造の明確な概念化は不可欠の前提をなすことが注意されねばならない。なぜなら、社会変動とは何が変動することなのかと問うていけば、変動するものは構造であるとの答に行き着くことになるはずで(富永、一九六五a、二二五—二六四)、だから社会構造とは何なのかということが明確になっていなければ、社会変動を分析するといってもそれが何をどのように分析することなのかということを明確にすることはできないからである。社会システムの形態は有機体システムのように目で見たり手でさわったりできる具体的なものではないだけに、社会構造という概念はそれが何を指示するかについての思考上のルールを明確にした上で用いないと、議論があいまいになりやすいのである。

社会構造という概念の最初の明示的な使用はスペンサーに求められる。スペンサーは構造概念と機能概念とを対応しあう二つの基礎的な社会学的分析のレベルをあらわす概念であるとし、彼の考える社会進化の方向性を、構造レベルでは社会的異質性の増大、機能レベルでは諸部分間の相互依存性の増大としてとらえた。すなわち、社会のより原始的な段階では、構造分化がないゆえに社会の諸部分は相互に等質的であり、構造的に等質的なものは機能的にも分化し得ないから相互に独立で互いに分離している。これに対して社会のより発達した段階では、構造分化がすすんで社会の諸部分は相互に異質的となり、構造的に異質的なものは機能的にも分化するから相互に代替できなくなって、相互依存的となるというのである (Spencer, [5]1904 : 459–478)。このアイディアを継承したのがデュルケームで、彼は構造的に等質的でなんらの分化のない社会をホルドと呼び、ホルドの連合から成っている社会の構造状態を環形動物になぞらえてこれを環節的類型 (type segmentaire) と名付ける一方、分業すなわち職業的分化の発達した社会の構造状態を分化した諸器官から成る脊椎動物になぞらえてこれを有機的類型 (type organisé) と名付けた。環節的類型に対応する連帯が機械的連帯、有機的類型に対応する連帯が有機的連帯であって、前者から後者への移行がデュルケームの提唱した社会進化の法則である。スペンサーの場合と同様、デュルケームにおいても、この法則が構造レベル(類型)と機能レベル(連帯)の両面から定式化されている、ということが注意を要する点である (Durkheim, [7]1960 : 149–176)。

スペンサーにおいてもデュルケームにおいても、構造の概念は機能の概念とむすびついていた。スペンサーの場合、両者のむすびつきは有機体アナロジーからきていた。すなわち、高等動物の諸器官の機能分化が実体としての有機体の構造分化にもとづいているのと同様の関係が、発達した産業社会における構造分化と機能分化についてもあてはまる、と考えられたのである。デュルケームの場合には、スペンサーのようにあからさまに社会を有機体であるとすることは控えられたとはいえ、有機体アナロジーはデュルケームによっても用いられた。すなわち、彼は社会的事実を存在様式(manières d'être)と行為様式(manières de faire)の二面に分け、前者を解剖学にたとえてこれを構造の学とし、後者を生理学にたとえてこれを機能の学とした(Durkheim, 191977 : 12–14)。ということは、スペンサーにもデュルケームにも潜在的に社会システムの概念が共通にあって、社会システムと有機体システムとの同形性という着想に依拠しつつ、彼等はともに社会システムの構造と機能を対概念とし、これを理論構築の主柱に用いたと解釈できる。いわばシステム・構造・機能の三位一体的認識が、スペンサーにもデュルケームにもあったのである。

この三位一体は、デュルケームを継承したラドクリフ－ブラウンによって潜在形からいわば顕在形に転ずることになった。ラドクリフ－ブラウンは社会人類学者であったから、彼の研究対象は未開社会の親族に集中した。彼は親族をシステムとしてとらえ、そのシステムを構造と機能という対概念によって分析した。親族システムの構造とは、具体的に存在しているものとしての親族の社会関係の制度的形態であり、この形態は社会によってさまざまに異なる。それらを調べあげ、それらの比較をつうじて相互のちがいを明らかにするのが社会形態学の仕事である。たとえば、彼が調査した西オーストラリアのカリエラ族のもつ特殊な婚姻ルールは、親族構造の一例——後述のレヴィ－ストロースの親族構造論でもこれが有力な引例とされた——である。これに対して、親族システムの機能とは、その構造が果たしている必要性をみたすはたらきである。たとえば右にあげたカリエラ族の婚姻ルールは文明社会にはない特殊な社会制度だから、それがなぜそのようなかたちで存在しているのかという問いに対して説明を与えることが必要になる。この課題に対して機能の側から説明を与えるのが社会生理学の仕事である。さらに、上述したように社会システムは有機体システムとちがって構造類型を変化させるから、構造の変動を扱う社会進化論がこれに加えられる

(Radcliffe-Brown, 1952 : 178–204)。

システム・構造・機能の三位一体の文脈――これがパーソンズによって「構造-機能分析」と名付けられた分析論理をつくり出すことになる――において社会構造概念を彫琢する基礎工事は、ほぼラドクリフ-ブラウンにおいて形成され終わった。ラドクリフ-ブラウンだけでなく、マリノフスキーやネーデルなどを加えたイギリスの社会人類学がこの面で果たした貢献は大きかった。ただ彼等の理論構築は、直接には未開社会を経験的対象としてなされたものであった。未開社会は、近代産業社会とは異なって、親族集団がほとんど唯一の主要な社会構造であるような社会であり、国家も行政組織も職業体系も企業も市場も学校もない、単純な社会である。このことが、一面において構造-機能分析をわかりやすいかたちで理論化するのに有利にはたらいたと思われるのであるが、他面において近代産業社会の社会構造を中心に扱う社会学の基礎理論として不十分な点をつくり出したことも否定できない。そこで、これら社会人類学の理論的成果を再度社会学に呼び戻しつつ、構造-機能分析を社会学の本流にのせたパーソンズにおける社会構造概念を見よう。

パーソンズは社会構造を、まず分化した諸役割が相互に統合された構造としてとらえる。しかしこれだけでは社会構造を役割構造といいかえただけで、まだ実質的な構造分析の内容を進展させたことにはならない。そこで次に、この役割構造に対して配分(allocate)または分配(distribute)される三つの可動的要素(movable elements)に着目する。(5)人員・用具・報酬というのがそれである。まず人員(personnel)の配分とは、誰がどういう地位・役割に配置されるかを決定するメカニズムのことで、社会システムの観点から役割構造に対して人員が配置されるといってもよいし、個人の観点から人員に対して地位・役割が配分されるといってもよい。これには家族のように出生によって配分がきまるアスクリプション基準と、学校や企業のように能力や業績によって競争的に選抜するアチーヴメント基準とを区別することができる。第二に用具(facilities)の配分ないし分配とは、手段的な性質をもった稀少な資源が役割に配分されまたは個人に分配されるメカニズムのことで、この意味の用具としては、物的用具ないしその購買手段である資本と、関係的用具としての権力と、文化的用具としての教育とをあげることができる。第三に報酬(rewards)の配分ないし分配とは、表出的な性質をもった稀少な資源が役割に配分されまたは個人に分配されるメカニズムのことで、この意味の報酬としては、物的な報酬としての消費財ないしその購買手段である所得と、関係的報酬としての威信や是認や愛情などをあげることができる。こうして、パーソンズの社会構造の概念は、一方で人員配分の結果として形成される集団・組織・地域社会の諸構造と、他方で用具および報酬の配分ないし分配の結果としての所有構造や権力構造や威信構造――一語でいえば階層構造――との両面を含むものとなっている(Parsons, 1951: 113-150)。

このように、未開社会の構造分析が親族構造の分析をほとんど唯一の焦点とするのに対して、近代産業社会の構造分析は多数の焦点をもっているから、多面的で複雑なものにならざるを得ない。これは、対象である近代産業社会自体がそのような特性をもっていることによるのであって、研究者が複雑な概念構成をすることによるのではない。もちろん研究者は構造分析を体系立ったものにするために、種々の構造的カテゴリーを工夫し整序する必要があるが、それは認識の整理箱たるにとどまるもので、社会構造自体はあくまで研究対象である社会の側に実在しているものである。さきに社会構造を記述概念――但し抽象化された――であるとしたのは、このことを言っている。社会構造が記述概念であるということは、それが構造-機能分析その他何であれ特定の理論的文脈の中にはめこまれなくとも意味をもつ、ということである。たとえばフュルステンベルク(Fürstenberg, 1967)は、西ドイツの社会構造の分析を、つぎのように整序された構造カテゴリーを用いて行なっている。すなわち、人口の年齢別構成、都市や農村への人口の空間的配置、産業別・職業別・従業上地位別等による人口構成、家族・教育・企業・余暇活動・宗教・政治などの各領域における集団や組織の形態、社会階層と社会移動、など。日本社会について社会構造の概要を示そうと思えば、われわれはやはりこの種の構造カテゴリーの整序体系を必要とする(Tominaga, 1981：675–698)。これらは特定社会の構造についての現状記述の例である。本書では特定社会の構造の現状記述はしないが、現代産業社会に共通する構造的諸事実を、もっと高い抽象の水準で一般化的に記述する作業を行なう(第25項以下)。この作業の性質はあくまで経験的実在の記述——抽象の過程に理論が関与するとはいえ——である。本書ではしかし、後述のように機能概念を導入することによって(第24項)、一つの構造がなぜそのようにあるのか、一つの社会あるいは一つの時代の家族の構造が他の社会あるいは他の時代の家族の構造とちがうのはなぜか、といったことを理論的に説明することが意図されている(構造-機能分析の枠組)。

このようにここでの文脈にとって社会構造の概念は現実の抽象化された記述なのだから、それ自体としてはまったく経験的なものである。ところが構造の概念はこれとはちがった意味にも用いられている。一九七〇年代いらい構造概念がとくに熱心に論じられるようになって、「構造社会学」などという言葉まで生まれるにいたった(Rossi, ed., 1982)が、これは、レヴィ-ストロースの構造主義人類学の盛行からのインパクトによるものである。レヴィ-ストロースの親族構造論はマルセル・モースの社会的交換理論に多くを負うており(Mauss, [4]1967)、そしてモースの社会的交換理論はデュルケームの社会学理論に負うところが大きいから、構造主義人類学というのは、デュルケームを主要な源流の一つとする構造-機能理論と系譜的には一定の関係をもっているのであるが、それにもかかわらずレヴィ-ストロースの構造概念は本書で述べたそれと一つの決定的な点でちがっていると見なければならない。レヴィ-ストロースが社会構造という語によって意味するものは、ここでのわれわれの構造概念のように経験的実在にかかわるものではなくて、研究者が経験的実在を素材としつつ推論によって組み立てた「モデル」——そのモデルは群論を用いた数学的モデルによって組み立てることができる——である。またそれは、その社会構造の担い手である当事者たちにとって意識されていない、その意味で社会の表面にあらわに出ている制度のようなものではなくて社会の深層にあるものである(Lévi-Strauss, 1958 : 304 ff.)。明らかにこの二点はむすびついており、レヴィ-ストロースにとっては深層にあって直接には観察できないからこそ推論によって組み立てるしかないもの、それが社会構造なのである。レヴィ-ストロースが構造の名によって研究対象にしたのは親族の構造であるが、彼が親族の構造というのはこの語からふつう連想される血族や姻族についての実在する形態——彼はそれを社会構造から区別して社会関係という——のことではなく、結婚し得る相手と結婚を禁じられている相手とを分つ婚姻ルールについての解釈体系(だから彼はそれを「モデル」だという)といったものである。モースが「全体的社会現象」と呼んで理論化した、社会的交換を贈与における互酬性原理(principe de réciprocité)によって解釈する考え方を援用することにより、レヴィ-ストロースは近親婚の禁止やそれの拡大としての族外婚や、あるいはもっと特殊な特定部族のさまざまな婚姻ルールを、社会的交換として説明し得るとした(Lévi-Strauss, ²1967)。

社会構造を「深層」においてとらえるというアイディアは社会学においてギュルヴィッチ(Gurvitch, 1957)に先例がある——但しギュルヴィッチは表面から観察できないものだけを構造としたのではなく、彼が「全体的社会現象」と呼ぶものを表層から深層まで一〇の層位に区分して、その全体を社会構造とした——が、構造を「モデル」によって表示するという試みは、社会学でいう一般的な意味での社会構造に関してはほとんど前例がない。とくに社会構造を数学的モデルによって表示するといった試みは、その構造をよほど特定化することなしには成功しがたいであろう。レヴィ-ストロースが問題にした特殊な婚姻ルールはたまたま数学的なモデルにのせるのに適したものであったと思われるのだが、それは未開社会でもけっして普遍的なものではないし、近代産業社会では近親婚の禁止以外そのようなルールはまったく見られないものであるから、彼が「親族の基本構造」と呼んだものは、じつは「基本」どころか親族構造論一般から考える時きわめて特殊なものであるにとどまる。ましてそれは親族以外の社会構造――たとえば企業の組織構造や全体社会の職業構造や階層構造など――に適用され得る可能性を全然もたない。これらの理由により、レヴィ＝ストロースの特殊な構造概念から、社会学の社会構造論一般が直接得ることのできるものは少ないと思われる。事実、社会学者で構造主義を論じた人びと、たとえばブードン(Boudon, 1968)やグード(Goode, in : Blau, ed., 1975)らは、いずれもそれを社会学に導入することの意味について否定的である。但し、心理学におけるゲシュタルト主義、言語学における構造主義、人類学における構造主義などから共通するものとして抽出された方法的概念としての「構造」(Piaget, 1968)は、全体性についての一つの秩序原理である点で、システムの概念と共通する――レヴィ＝ストロース自身、構造とはシステムであるといういい方をしている――考え方の上にのっていることが、十分理解されねばならない。構造の概念そのものはちがっていても、構造主義と構造-機能主義とは、その背後に、広義の機能主義(第24項)とも呼び得る共通の哲学的思潮をもっていると考えることができる。

24　構造と機能――構造-機能分析の論理

社会構造の概念がひとまず確定したところで、次に機能の概念を導入しよう。機能というのは、システムの要素、また複数の諸要素の集合体としてのサブシステム、またはシステム全体、のいずれかによって担われる活動ないし作用ないしパーフォーマンス――担い手が個人行為者である場合には活動・作用・パーフォーマンスなどは行為という概念と事実上一致する(6)――が、システムの目標達成および環境に対する適応に関してぜひとも充足されねばならない必要性にかかわっていると解釈される時、それらの活動・作用等々に対して付与される意味づけのことである。活動・作用等々がただちに機能という語と同義なのではない。要素やサブシステムの活動・作用等々が上位のシステムの目標達成に貢献するという文脈、および全体としてのシステムの活動・作用等々が環境に対してうまく適応していくという文脈にそれぞれ位置づけられてそのような意味づけのもとに見られる時、それらの活動・作用等々が機能を果たしている——あるいは果たしていない、あるいは逆機能している——というのである。

構造が無時間的、したがって空間的、したがって横断面(cross-section, Querschnitt)にかかわるものであるのに対して、機能は時間の経過の中で進行し、したがって過程的、したがって縦断面(longitudinal, Längsschnitt)にかかわるものである。この意味で機能は過程であるといってもよいが、ただそれはおなじく時間の経過の中で進行する過程である構造変動とは異なる。構造変動は構造そのものが変わる過程であるのに対して、機能は構造の機能であって、一定の構造が成立している場合に、その構造の作用として生ずる活動ないしパーフォーマンス・行為・過程等々を意味するものである。

システムおよび構造の語とおなじく、機能の語もまた特定ディシプリンをこえて用いられる普遍的な方法概念で、社会学的分析にのみ固有のものではない(だからとくに社会事象に関していわれているということを明示する必要がある時には、社会システム、社会構造などと同じように、社会的機能という)。だからこの語の使用には、社会学的分析に一定の科学理論的観点を導入するという含意をともなう。さきの定義で、機能とは事象に対する一つの意味づけであるということを述べた。この意味づけとは、目的論的解釈とむすびついているものである。たとえばニュートン力学の文脈で、落下する物体や太陽のまわりをまわる惑星の運動に機能が帰属されることはない。これに対して、おなじ物理的過程であっても、たとえば時計を動かす部品のはたらきには機能という意味づけが付与され得る。なぜか。前者には目的的文脈はないのに対して、後者には時計を動かすという目的的文脈への位置づけ——それは人間が付与した目的である——があるからである。これに対して有機体システムの場合には、有機体は人間が人為的につくったのではない自然システムであるにもかかわらず、機能分析が親近性をもつ。すなわち、有機体の生命維持に必要な諸活動を各器官が分担している時、それらの器官は機能を果たしているといわれる。なぜか。生命維持ということを一つの目的に見立てる時、この目的に貢献するようなシステムの自己維持的・自己規制的なはたらきは、これを目標指向的システム(goal-directed system)という目的的文脈の中に位置づけて見ることができるからである(Nagel, 1961: 410–421)。但し、目的というのは解釈者である人間が付与する意味づけだから、有機体に目的を仮設するような説明の仕方は、自然過程に神ないし擬人化されたなんらかの意志を呼び出すことになって非科学的だという問題を生ずる。この問題は、目的論的(teleological)とは目的を仮設することなのではなく、構造の機能に着目した説明のことである、という限定を加えることによって解決することができる。その限りで、機械のような人為的につくられた物理システムと、人体のような自然的につくられた有機体システムとを、目標指向的システムとして同形的に認識することが可能である。

社会事象は、一面で人間が目的的につくり出すものである(人為システム)という面をもつが、他面で人間の個別意志によるコントロールを超えている(自然システム)という面をもつ。後者の場合、これに目的を仮設するのは、有機体に目的を仮設するのと同様に非科学的であるという問題を生ずる。しかし、目的論的説明ということの意味を上記のように構造の機能に着目した説明のことであると限定しておけば、その限りで物理システムと有機体システムと社会システムの三者の同形性を仮定した機能分析が意味をもち得る。但しこのことは、社会システムを機械とおなじだと見る(社会機械論)とか、有機体とおなじだと見る(社会有機体論)とかいうことをまったく含意しない。社会システムはこれまでくりかえしてきたし今後もまたくりかえすように機械とも有機体とも全然ちがったものであり、構造–

機能分析はそのことの十分な認識の上に立った社会システムについての分析法なのである。(7)

さきに私は構造を記述概念だとしたのであるが、これに対してここで機能を説明概念として特徴づけたい。すなわち、機能は説明項(explanans)であり、これによって説明される被説明項(explanandum)は構造である。構造は対象としての社会に実在するものであった。これに対して、機能は研究者が構成する概念である。社会構造は実在であるといっても、社会はもともと機械や有機体のように目で見たり手でさわったりすることのできないものだから、社会構造を機械や有機体の構造のように目で見たり手でさわったりすることはできない。しかし社会構造は諸要素の空間的な配列であって一定の形態をもっている。構造が対象の側に実在するとはこのことを言っている。これに対して機能は、機械や有機体の場合でも目で見たり手でさわったりすることができず、活動・作用等々の過程によって担われている。社会システムにおける機能も同様に、個人や集合体の行為・活動・作用・パーフォーマンス等々の過程によって担われている。それらの行為・活動等々はそれ自体としては——目で見たり手でさわったりすることはできなくとも——対象の側にある実在であるけれども、これに機能という観点から意味づけを与えるのは解釈者である。

簡単な具体例をあげよう。人間の心臓がなぜあのような構造をもっているのか(被説明項)という設問に対しては、それが血液を全身に送るという目的を達成する上で最も適合的であるからであるとの説明を与える(説明項)ことが可能である。但しこの場合、人間が目的的につくったわけではない心臓の構造に対して目的を仮設することは、前述のように自然過程に神あるいは擬人化されたなんらかの意志を呼び出すことになって非科学的であるという問題を生ずることになるのであるが、そうではなくてこれを構造の機能という観点から解釈して機能的適合性という意味づけによって説明するならば、そのような問題を惹起しない。同様の例を物理システムについてあげると、飛行機がなぜあのような構造をしているのか(被説明項)という問題は、それが空中を飛ぶという機能に最も適するからということによって説明され得る(説明項)であろう。この場合には飛行機は人間が目的的につくったものだから、空中を飛ぶという目的をあげてこの設問に答えることが非科学的であるという問題を生ずることはないが、構造の機能的適合性という説明の方式をとるならば、フォーマットは心臓の例とまったく平行的たり得るであろう。以上の二例とまったくおなじ考え方を社会システムの構造に適用することによって、たとえば近代以前の社会における家族がなぜしばしば家父長制的な構造をもっていたのか、近代以降の社会における家族がなぜ多く核家族の形態をとるようになってきたのか、近代企業の組織がなぜ一般的に官僚制的な構造を有しているのか、等々の設問(被説明項)に対して、それらの構造の機能に着目してそれぞれの構造がその文脈で要求される機能的必要に適合的であるまたはあった(説明項)ということを論証することによって答を出すことが可能である。同様の着目は、さらに構造の説明を超えて、たとえば日本の明治維新において徳川幕藩制はなぜ崩壊したのか、というような構造変動についての設問(被説明項)にも適用可能である。この場合には、徳川幕藩制という一つの構造が、新しい国際環境に直面してもはや適合的に機能し得なくなった(説明項)ということを論証することが必要であろう。このような論理によって、社会システムにおける構造形成あるいはその裏面である構造変動を、その構造が果たしている、あるいは果たすことを求められていながら果たし得ていない、機能への着目によって説明するのが、構造-機能分析にほかならない。

構造と機能を以上のような説明論理によってむすびつけることができるためには、両者のあいだに一定の対応関係をつけることを考えなければならない。そのための概念的工夫として、従来から議論の多い機能的要件(functional requirements or requisites)および構造的要件(structural requirements or requisites)という二つの概念について検討しよう。マートンは、機能的要件の概念を機能理論において最もあいまいなものの一つだと論じた(Merton, 31968 : 106)が、そのあいまいさはいまも解消しているとはいえない。社会システムの機能的要件についての代表的な定義はリーヴィによってなされたから、ここでもまずそれをとりあげよう。リーヴィは機能的要件を、「システムを維持するために何がなされねばならないか」という問いに対する答であるとし、この意味でそれは「単位の維持に必要な一般化された諸条件」で、「それが充足されないと社会の終焉(termination)が結果する」(Levy, 1952：62, 137-149)ものである、と端的に規定した。リーヴィは社会の終焉という問題の多い概念については、これを、(a)成員の死滅または離散、(b)成員の無関心化、すなわち成員たることの動機づけの停止、(c)万人の万人に対する闘争、(d)他の社会による吸収、という四つの条件のいずれかが起こることであると用心ぶかく定義することによってひとまず対処した(しかしこの対処の仕方に問題があることはすぐあとでふれる)。そしていかなる社会も、それがこれら四つの条件に抵触することなく持続することができるためには次の一〇項目の要件がみたされねばならない、として機能的要件のリストを以下のように提示した。すなわち、(一)環境に対する適切な生理学的関係ならびに性的補充のための準備、(二)役割分化と役割割当、(三)コミュニケーション、(四)共有された認知的指向の共有、(五)共有され明確化された目標集合、(六)手段選択の規制、(七)感情表出の規制、(八)適切な社会化、(九)破壊的行動の有効な規制、(一〇)適切な制度化。

これとは別に、パーソンズはすべての社会システムが直面する四つの機能的「システム問題」(system-problems)という名称のもとに、よく知られた*AGIL*図式を提示した(Parsons and Smelser, 1956：16-18)。この図式によれば、すべての社会システムはその存続を確保するために、つぎの四つの「システム問題」を解決しなければならないとされており、この四つがすなわち機能的要件のリスト(パーソンズ自身はこれを機能的命令 functional imperative と呼ぶ)に相当する。(一)適応(*A*機能)。外部環境に適応していくためにシステムが必要とする資源を準備すること。(二)目標達成(*G*機能)。機能分化の中で当該システムが専門的に担当しているシステム目標を、*A*部門が準備した資源を用いて実現すること。(三)統合(*I*機能)。システム内部に生ずる利害対立を調整し、起り得べき逸脱行動を抑止すること。(四)潜在的パターン維持(*L*機能)。新しい成員を社会化し、既存の成員の価値コミットメントを強化することによって、制度化された価値を維持すること。*AGIL*という四つのカテゴリーは、ベイルズの作成にかかる相互行為過程分析のための一二の分類カテゴリー(Bales, 1951)と、パーソンズ自身の創始にかかる五つのパターン変数(Parsons and Shils, eds., 1951)とを組み合わせて整理したもので、その演繹手続における前提条件を承認すれば、この四つですべての場合を尽くしているとの証明がついている。リーヴィの一〇項目リストはそのような演繹手続を経たものではないためにやや雑然としすぎているが、それらを適当に合併したり組み替えたりすれば、パーソンズの*AGIL*に対応させることは不可能ではないと思われる。パーソンズの*AGIL*もじっさいの経験的諸問題に適用してみると困難を生ずる場合が少なくないが、論理的導出においてすぐれているところから汎用に耐え得るので、これにとって代わり得る代案として実用可能なものはまだ登場するにいたっていない。

社会システムの機能的要件という概念が社会のマクロ理論としてのシステム理論にとってもつ意味は、行為者の欲求という概念が社会のミクロ理論としての行為理論にとってもつ意味と平行的であるということができる。欲求が充足されない場合、有機体は個体が死ぬ(個体維持の欲求の場合)か、種が絶滅する(種族維持の欲求の場合)か、またはパーソナリティ形成が不完全(人間の社会的・文化的欲求の場合)になるかのいずれかである。このアナロジーを使うと、社会システムもまた、機能的要件が充足されない場合、リーヴィの意味で終焉(死滅)する(*A*機能および*G*機能の場合)か、システムとしての秩序形成が不完全(*I*機能および*L*機能の場合)になるかのいずれかであると考えられよう。けれども、リーヴィの意味での社会の死滅という概念は、部分社会(たとえば核家族や企業や政府)にはあてはまるが、全体社会(たとえば日本社会)にはあてはまらないという問題がある(部分社会・全体社会については第**25**項)。これは、社会システムが有機体システムとははっきり異なっている重要な点である。この困難を回避するため、われわれは社会システムの機能要件を、リーヴィのように「それが充足されないと社会の終焉が結果する」と考えるのでなく、「それが充足されないと社会システムの現行の構造が維持され得ない」と考えることにしよう。すなわち、社会システムの機能的要件は、社会システムの存続の条件をなしているというよりも、社会システムの現行の構造の存続の条件をなしていると考えよう。

右の考え方を一貫させるため、社会システムの構造と機能のあいだの対応関係についてつぎの仮定をおく。すなわち、一つの社会システムは、ある一つの構造のもとで、一定水準の機能的要件充足能力をもつ。人びとの欲求水準が高まるか、あるいは当該システムにとっての環境条件が変化するかによって、これまでのシステムの機能的要件充足能力ではやっていけなくなる場合、これまでの構造は当該システムの成員による支持を失う。すなわち、人びとはシステムの機能的要件充足能力を高めるために、新たな構造を求めて現行の構造を棄て去るのである。システムの一定の構造が、このように一定水準の機能的要件充足能力に対応すると考えてよいなら、その時社会システムの機能的要件は、構造のタームによって表現することが可能になるであろう。これが、社会システムの構造的要件と呼ばれるものである。リーヴィはこれを、「システムを維持するためになされねばならないことがいかになされねばならないか」という問いに対する答であるとし、「単位の存続に必要な行為(またはオペレーション)のパターン(または観察可能な斉一性)」と規定した。右の定義は機能的要件の概念を前提として含んでいるから、それが充足されない時には社会の終焉が結果する点は機能的要件の場合と同じである (Levy, 1952 : 63, 137–143)。

しかしながら、ある社会システムのある時点での機能的要件が何であるかが確定したとしても、そのことからただちに、その社会システムのその時点における構造的要件が何であるかを確定することはできない。なぜなら、構造は機能と一対一の対応を示すとはいえないからである(Merton, ³1968：87–88)。いま、ある時点ある社会システムにおいて明示化(法律の条文などによって)され正当性を付与されている構造的規則を制度と呼ぶことにすると、たとえば近代産業社会の政治制度は立憲君主制と共和制とで異なり、共和制もまた実権が大統領にあるもの、首相にあるもの、大統領という官職を欠くものなど多様な形態をもつ。同様に、近代産業社会の経済制度は、資本主義、社会主義、またさまざまな度合いにおいて両者の中間に位置する混合体制など多様な形態をもっている。すなわち、近代化され産業化された社会の機能的運営は、制度的にはきわめて多様な構造的代替(structural alternatives)を発展させているのである。したがって、近代産業社会の機能的要件をパーソンズの$AGIL$図式やリーヴィの一〇項目リストを利用して共通に特徴づけることは可能であるが、これを機能的要件に対応する構造的要件によって共通に特徴づけることは困難であるように思われる。事実、構造的要件の概念を提示したリーヴィ自身も、機能的要件の一〇項目リストに匹敵するような構造的要件の項目リストを提示することはできなかった。

では構造と機能とを対応づけることは不可能なのであろうか。そうではない。両者のあいだに一対一の対応をつけることはたしかにできないが、もっとゆるやかな原則で、両者のあいだには一定の対応関係が存在する。右の近代産業社会の機能的運営の例をもう一度考えよう。近代産業社会の制度的構造は多様ではあるが、それが封建制や王の専制の長期的持続とむすびついている例はない。すなわち、近代産業社会を特徴づける高度の機能的要件充足能力は、前近代社会において支配的であった諸制度的構造とはあいいれない。この理由を説明するために構造-機能理論が発展させてきたのは役割分化の理論である。スメルサーは、生産力のより低い段階で形成された産業内部における役割構造が、新しい生産技術の導入によって生産力が高められるにつれて人びとの不満の対象となり、より構造分化のすすんだ新しい役割構造へと移行していく過程に注目して、イギリスにおける一八世紀後半から一九世紀初頭にかけての産業革命史を、役割分化が進行するという意味での構造変動の過程として分析した(Smelser, 1959)。この着眼を一般化することによって、われわれは機能的要件充足能力の低い水準は役割分化の度合いの低い構造に対応し、それの高い水準は役割分化の度合いの高い構造に対応する、との定式化を立てることができる。一つの社会システムが、機能的要件充足能力のより低い段階からより高い段階に移行する時、当該社会システムは古い社会構造を棄てて、役割分化の度合いのより高い社会構造を採用しなければならない。但しその場合、役割分化の度合いのより高い社会の構造形態は一つにきまっているわけではなく、複数の構造的代替が可能である。それらのうちのどれを選択するかは、当該社会の成員自身の意思決定にゆだねられている。

構造-機能分析の論理はほぼ以上のようなものであるが、なおこれについて次の三点につき私の観点からするコメントをつけ加えておきたい。第一は、「実体概念に対する機能概念」(カッシーラー)という文脈での機能概念と、ここで問題にしている構造-機能分析の意味での機能概念とのあいだの関係について。第二は、「システム的-機能的モデル」(ストンプカ)というような表現が用いられる場合のシステム理論と機能理論とのあいだの関係について。第三は、「構造-機能理論から機能-構造理論へ」(ルーマン)の転換という提案について。

(一)　カッシーラー、ジンメルの機能概念と機能理論におけるそれとの関連について。カッシーラーは、アリストテレス形而上学が依拠していた実体概念からの解放によってはじめて、近代の物理学および化学における力・運動・空間・時間・エネルギー・原子などの概念化が可能になったということを、数学および自然科学の概念形成に関する膨大な歴史的検討をつうじて論証した(Cassirer, 1910)。この場合の「機能」概念——しばしば「函数」概念とも表現される——は、カッシーラー自身によって「関係」とか「形式」とかの語と互換的に用いられ、他方「実体」概念は「事物」とか「本質」とかの語と互換的に用いられる。そして科学的思考の発展とは、前者から後者への移行にほかならないとされる。カッシーラーが問題にしたのは自然科学の場合だけであったが、この考え方は一九世紀末から二〇世紀初頭にかけての時代思潮となり、社会科学にも大きな影響を与えた。社会学ではジンメルが社会の概念に関してこの考え方を適用し、「形態学的外観から眼を転じて最終的な認識論的基礎に依拠するならば、社会統一体というようなものが実在していて諸部分の性質・関係・変化がその統一的性質から生じているというのではなく、諸要素の関係と活動がまず存在してそれにもとづいてはじめて統一体について語り得る、といわなければならない」(Simmel, 1890: 13–14)とか、「社会は本来的になんらか機能的なもの (etwas Funktionelles)、個人がなしまた受けるもので、この基本的な性質からいえば人は社会について語るべきではなくて社会化 (Vergesellschaftung) について語るべきである。……じっさい、社会はなんらの実体でもなく、またそれ自体として具体的なものでもなくて、一つの出来事、他の人の側からする個人の運命と形成の受動と能動の機能である」(Simmel, 41984: 13–14)とかのように、社会を実体としてではなく関係・活動・機能などとしてとらえることを提唱した(傍点は引用者)。ジンメルが社会を「形式」であるとしたのは、それが実体 (Substanz) でないとの文脈から来たものである。実体に対する機能というカッシーラーやジンメルの意味での機能の用法――これを仮に反実体主義と呼んでおこう――は、スペンサーに萌芽し、デュルケームによって最初の定式化を与えられ、マリノフスキーとラドクリフ-ブラウンによって未開社会の分析に用いられ、パーソンズ、マートン、リーヴィその他多くの人びとによって近代産業社会の分析用具として彫琢された機能理論の意味での機能の用法とおなじではない。上述したように、機能理論の意味での機能には、システム問題にかかわる目的論的な意味づけが加わって、システムという一つの目的的全体の中での、部分と部分、部分とシステム、システムと環境などの関係における、システムの必要性をみたす活動・作用・行為・過程という意味が付与されている。しかし、この意味の機能もまた、反実体主義のそれとおなじく、実体と対比されたものとしての関係とか活動とか作用にかかわっている。すなわち、機能主義は反実体主義と共通の認識基盤の上に立っている。この点で、機能主義は反実体主義と別のものではない(8)。他方また、機能主義が着目する部分と全体との関係における非還元主義的思考は、心理学のゲシュタルトや言語学・人類学に共通する方法原理としての構造主義(第**23**項)とも、共通の認識基盤の上に立つものであることが理解されねばならない。こうして、反実体主義・機能主義・構造主義は、科学理論的に一つながりのものであり、それらを広義の機能主義といった名称でくくることも可能である。

(二)　機能理論とサイバネティックスおよび一般システム理論との関係について。機能理論はデュルケームの段階ではまだ社会システムという概念を用いていなかったが、社会人類学ではラドクリフ-ブラウン(Radcliffe-Brown, 1952)、社会学ではパーソンズ(Parsons, 1951)がそれぞれ社会システムという語を理論の中枢にとりいれたことによって、機能理論とシステム概念とのむすびつきは本質的なものと考えられるようになった。とくにパーソンズは、構造-機能分析の提示にさいしてたびたび生理学におけるホメオスタシスに言及し、その延長としてのサイバネティックスにおける制御理論を社会システム理論の中にとりいれた(Parsons, [2]1954 : 218 ; 1966 : 5–29 ; 1967 : 180–181 ; 1977 : 48–49)ので、機能理論とサイバネティックスと一般システム理論との密接な関連性が印象づけられている。しかし、単に密接な関連性があるといった漠然とした表現を超えて、三者のあいだの理論的な関係がいかなるものであるかを正確に認識する努力は、必ずしも十分にはなされていない。ストンプカは、機能理論の中核をなすものは社会のシステム・モデルであると考え、それゆえ機能理論(機能分析、機能主義)は「システムズ・アプローチ」「システム分析」「一般システム理論」などとして知られるものの一部門である、と主張する(Sztompka, 1974 : 56–57)。機能理論は一般システム理論の一部門であるとするストンプカのこの見解は、しかしながらつぎの点で問題を含むと私は思う。一般システム理論というのは、サイバネティックスの成功を足場にしながら、しかし本質的には自動制御機械を経験的レファレントとする理論であるサイバネティックスとはちがって、生物有機体を固有の経験的レファレントとして構成された理論である。それは「全体性」に対する一般理論たることをめざすもので、異なった分野の諸システム間に「同形性」が見られることを根拠に理論の学際性を主張しており、その提唱者ベルタランフィはその学際性の射程の中に社会学をも含めている。しかしそれが説明しようとしているのは、直接的には成長や分化のような生物有機体の諸事象であって、ベルタランフィ自身は社会事象について研究した上で社会学理論に発言しているわけでは全然ない(Bertalanffy, 1968; Buckley, ed., 1968：11–30)。あえて図式的にいうなら、サイバネティックスと一般システム理論と機能理論との関係は、次のように整理される。サイバネティックスは機械の制御メカニズムについての理論、一般システム理論は生物有機体の自己組織メカニズムについての理論、そして機能理論は社会システムの構造形成と構造変動についての理論であって、それぞれ経験的レファレントを異にする。但し、それらのあいだには、それぞれの固有の経験レファレントを超えた相互関連が成立している。サイバネティックスは自動制御機械の制御メカニズムを理論化することを目的としたものであるが、生物事象におけるホメオスタシスのような恒常性維持のメカニズムは、サイバネティックスの理論で説明できる。しかしそれではサイバネティックスは機械と生物有機体の両方を完全に包みこんだ理論たり得るかというと、けっしてそうではない。個体の成長や種の進化のように、一つの状態からそれとは異なるより複雑な状態にむかってすすむ「自己組織化」(self-organizing)と呼ばれる過程は生物有機体に固有のものであって、基本的に機械のメカニズムについての理論化であるサイバネティックスの範囲を超えている。同様にして、一般システム理論は生物有機体における自己組織化のメカニズムを理論化することを目的としたものであるが、社会事象における環境適応のメカニズムのようなものは、おそらく一般システム理論で説明できる。しかしそれでは一般システム理論は生物有機体と社会の両方を完全に包みこんだ理論たり得るかというと、おそらくけっしてそうとはいえない。古代専制が封建制に移行するとか封建制が資本主義に移行するとかいうようなシステムのつくりかえである構造変動は社会システムに固有のものであって、生物有機体個体には成長はあっても構造変動はない。種の進化には構造変動はあるけれども、それは突然変異と自然選択によるものであって、社会構造の形成と変動のように行為主体による意識と動機づけをともなった行為過程によって担われたものではない。だから、社会システムの構造形成と構造変動についての理論化は、基本的に生物有機体のメカニズムについての理論化である一般システム理論の範囲を超えていると考えねばならない。社会システムについての理論としての機能理論は一般システム理論から多くを学ぶことができるとしても、ストンプカのように機能理論を一般システム理論の一部門であるとするのは誤りであるといわなければならない。

(三)　ルーマンによって提唱された「機能-構造理論」について。ルーマンは、パーソンズによって主張された構造-機能分析が、機能の前に構造をおくことによって、構造を問題化する可能性を奪い、現状を正当化することに奉仕したとして、これとは逆に構造の前に機能をおくように変えることにより、構造の現状を問題化し構造形成の意味を問うことができるようになる、と主張した。そしてこのように構造の前に機能をおいた分析方法を、構造-機能理論から区別されたものとして機能-構造理論と名付けた(Luhmann, 1970-81 : I : 113-114)。私はルーマンがパーソンズ以後における社会システム理論の発展に数多くの貢献をなしてきたことにもちろん高い評価を与えるけれども、構造と機能の順序を逆にするというこの提言は、まったく意味をなさない提言であると思う(9)。なぜなら、構造-機能理論という名称はたしかに機能の前に構造の語をおいているけれども、そのことはけっして、構造を先に前提して機能をあとからつけることにより構造の現状を正当化するなどという考えを意味するものではないからである。ルーマンは、パーソンズが構造概念を機能概念の前に位置づけた(vorordnen)――名称のことではなく内容的に――かのように述べているが、パーソンズはそのようなことを書いたことはないと私は思う。またルーマンは、構造と機能をひっくりかえしにしなければならないと提言する理由として、構造-機能理論が現状の正当化に奉仕するという上述のテーゼと並べて、社会システムの制度を不当にも不変のものとして扱うとか、すべての社会的現実を常に構造的に統合されたもの、調和的なものと見做すとかいうことをあげているが、これらの解釈は、構造-機能理論が社会変動を説明しないとするダーレンドルフ流の誤解——プラス・イデオロギー的な外在的批判——をルーマンが機能主義理論家らしくなくそのまま受けいれていることを示すものである。もっとも構造と機能との関係についてパーソンズ自身が述べていることは必ずしも明確とはいえないので、ここではパーソンズ解釈学にたちいるよりも、私自身の構造-機能分析についての理解(第23項)にもとづいて、ルーマンの提言に反論したいと思う。私の理解によれば、上述のように構造というのは記述概念、機能というのは説明概念である。ある一つの領域(たとえば職業分化)における構造(職業構造)を現実分析(実在についての記述)として問題にする時には、それが果たしている機能は単に前提されている。逆に、その構造が果たしている機能(職業分化による経済的必要の充足)を問題にする時には、現状において実在している構造(職業構造)が前提とされて、それの機能が論じられる。すなわち、構造と機能の関係は相互的なのであって、構造が先行しているわけでもなければ、機能が先行しているわけでもない。だからこの両者を関係づける分析を構造-機能分析と呼ぼうと機能-構造分析と呼ぼうと、どちらが「前に」位置づけられるかといったことは、内容的な実質の上でなんらのちがいもあり得ようはずがない。現状の構造(職業構造)がいまのままで維持されるかそれとも変動が生ずるかは、その構造のもとでの当該システム(職業システム)の能力が環境の要求する機能的要件を充足するものであるか否かによって説明される。すなわち、環境の要求する機能的要件が目下のシステム能力で十分応じ得るものであれば構造は現状のままで安泰たり得るが、それが目下のシステム能力を上まわるものである時には構造は安泰ではあり得ず、システム能力を高める方向に構造変動が起ることが必要である。構造形成と構造変動は、このようにしてシステムの課せられている機能的要件との関連で説明されるものである。

第九節　近代産業社会の社会構造㈠――部分社会の構造

25　近代産業社会の社会構造――総論

前節までのところでマクロ社会学の視点と構造-機能分析の方法原理に関して詳細に考察してきたので、それらをもとに本節から近代産業社会の社会構造についての現実分析に進むことにしよう。

近代産業社会というのは、近代化され産業化された社会ということの省略的表現である。「近代化」はすでに古い過程であるとしてこれとは区別して「現代化」という語を使う例があり（庄司興吉、一九七七）、中国語でも文化大革命の収束後「現代化」の語が定着しているが、ここで近代産業社会という時の近代ないし近代化は、そのように時代区分として近代と現代を区別する意味での時間的な近代ではない。近代産業社会とは、近代化および産業化という普遍化された意味内容をもつ社会変動過程を経過することによって伝統社会から離脱した社会である。「現代社会」と単にいったのではこの内容はあらわせない。なぜなら、「現代の」という語を時間的な現代にかかわるものと解する限り、現存している発展途上諸社会も現代社会の一環――ウォラーステイン流にいえば現代世界システムの一環――をなしているはずだから。すなわち、それらの社会は現代の社会ではあるが、近代化・産業化を経過した社会ではないから近代産業社会ではない。

近代化および産業化は社会変動についての概念化であるから、これに関するたちいった議論は社会変動を主題とする第四章まで延期しよう（第**32**項）。しかしここでその結論を先取りして最小限度のことを述べておくなら、「近代化」

とは、その政治的側面に関しては近代国民国家の形成と王の専制からの離脱としての民主化、その社会文化的側面に関しては近代科学の発展とこれにもとづく合理主義の精神の浸透および教育の普及、近代法の形成、村落共同体の解体と都市化、社会分化などの諸項目を含み、他方「産業化」とは、その技術的側面に関しては近代科学の生産技術への応用による人力・畜力から非生物エネルギーへの動力革命、その経済的側面に関しては生産技術の進歩にもとづく高度の生産力上昇すなわち経済成長と、これにともなう経済システムの構造変動すなわち経済発展を含む。この意味において近代化され産業化された社会はこんにち一般に先進社会と呼ばれているものと一致し、その経済制度には資本主義(市場経済)と社会主義(指令経済)の両方が含まれる。以下の社会構造分析は、ここに定義した近代産業社会にだいたい共通する構造的特性を記述するが、市場に関する部分は資本主義の経済制度を念頭においている。

産業化は歴史上産業革命と呼びならわされている出来事に始まるが、それに先行する科学革命をこれとあわせ考えると、それらと政治的ならびに社会文化的な意味での近代化革命とがほぼ平行するので、近代産業社会という概念が成立し、これに先行する社会は伝統社会として一括される。産業革命に先行する技術革新として人類史上重要なのは農業革命で、これは人類が食料獲得を狩猟採集にたよっていた段階から能動的に食料を生産する農業社会段階に移行した生産革命であった。後述するようにレンスキーは狩猟採集段階と農業社会段階とのあいだに園耕社会段階を挿入してこれを独立の発展段階とした(第31項)が、本書では大づかみに狩猟採集社会と園耕社会とを合わせたものを未開社会と呼ぶ。これは農業社会以降の段階を文明社会と呼ぶことが多いのと対比した名称である。但し狩猟採集社会・園耕社会・農業社会・産業社会という区分は生産技術の発展段階による区分であるのに対して、未開・文明の区分にはテクノロジー以外に文字の有無、宗教の形態、政治の形態、社会構造の形態などを考慮に入れた総合的な視点が必要である(第**34**項)。近代産業社会は、農業社会における長い文明の蓄積ののちにはじめてその出現が可能になった、文明社会の最も高度な形態である。社会進化の発展段階を考える上で生産技術の発展段階に着目することは、技術進歩が他の社会文化的諸領域を決定するという意味での技術決定論を仮定するものではなく、技術ならびに経済の領域での発展段階による区分と、政治・社会構造・文化の諸領域での発展段階による区分とが大づかみに言って対応するとの前提に立つものである(第31項)。未開と文明の区分についての上記の定義は、この意味での近似的な対応関係を前提している。

近代産業社会という概念はマックス・ヴェーバーの意味での理念型であって現実に存在しているこれに該当する諸社会の多様性は捨象されている。ただ近代化と産業化は一七世紀以降まず西洋で起った歴史的過程だから、近代産業社会を理念型として考えるという場合に理念型構成の素材となる経験的指示対象はまずもって西洋諸社会であるということは否定できない。ところが近代化と産業化はその後西洋を超えて広がり、現在では非西洋社会たる日本ならびにこれに続く台湾および韓国などを近代産業社会に含めて考えなければならない。そうするとここに一つの問題が生ずる。おなじ近代産業社会であってもその社会構造が西洋と非西洋とで異なる場合、理念型においてこれをどのように処理したらよいか。近代化・産業化における西洋と非西洋という問題は第四章でたちいって考えることにして(第40項)、ここでは次の点のみを述べておく。近代化・産業化は西洋人によって創始されたが、それは文化伝播をつうじてしだいに非西洋にも広まっていった。そのさい近代化と産業化の機能的必要が社会構造に共通の構造的要件を課することになり、その方向へむかっての収斂的な構造変動がひきおこされるようになった。その結果、西洋と非西洋とのあいだで元来はきわめて異質でありそれぞれの特殊性をもっていた伝統社会の構造が、近代化と産業化によって一定範囲の普遍性をもつように変わってきた。基礎集団の機能喪失とか、機能集団の増大とか、地域社会の拡大・村落共同体の解体・都市化などというのはそのような普遍性の方向を指示するものである。近代産業社会の理念型は、こうした普遍性の側面を概念化することによってつくられている。しかしもちろんこのことは、近代化と産業化が世界中をすべておなじにしてしまうといった主張を含むものではない。現実には、異なった構造が機能的には等価であるという可能性はいくらでもあり得るから、近代化・産業化の機能的必要が共通であってもそのことが構造のちがいをゼロにすることはない。以下の構造分析は普遍性の面を抽出した理念型の記述を中心におくが、日本社会の近代化・産業化は文化伝播すなわち外生因によるものである点で西洋社会のそれと根本的に異なるというのが私の本書における基本テーゼである(第**33**・**40**項)から、そのことは当然に日本社会の構造分析にも関連をもってくるであろう。

さて本項の目的は近代産業社会の構造分析の総論を提示するという目的のために、近代産業社会をマクロ的に見た場合の構造的枠組をえがき出すことにある。まず、基本的な社会類型を概念化した図**1**(第**2**項、八ページ)にもう一度戻って考えよう。テンニエスが「血の」ゲマインシャフトと「場所の」ゲマインシャフトを区別し、高田保馬が「血縁社会」と「地縁社会」とを分けた上で両者をあわせたものを「基礎社会」と呼んだのは、どちらも血縁と地縁を社会形成の二つの基礎的契機として認識したからである。図**1**に提示された私の概念化ももちろんこの伝統を踏襲している。しかし私は、テンニエスが血縁社会と地縁社会をゲマインシャフトという上位概念によってくくってこれをゲゼルシャフトと対比し、高田保馬が血縁社会と地縁社会を基礎社会という上位概念によってくくってこれを派生社会と対比したのとは、ちがった観点をとっている。すなわち私のカテゴリー区分においては、基礎集団(家族と親族、すなわちテンニエスのいう血のゲマインシャフト、高田のいう血縁社会)と機能集団(テンニエスのいうゲゼルシャフト、高田のいう派生社会)とを合わせて社会集団としてくくり、これを地域社会(テンニエスのいう場所のゲマインシャフト、高田のいう地縁社会)と対比される上位カテゴリーとして位置づけている。このようなカテゴリー化の基礎にある私の考え方は次のようなものである。

テンニエスは一方で村落と並べて都市——但しヨーロッパ中世的な都市——をゲマインシャフトであるとし、他方でゲゼルシャフトの概念の中心に市場的交換をおいたため、彼が地縁社会をすべてゲマインシャフトと見做していたような印象がつくり出されている(しかしテンニエスは近代的大都市をゲゼルシャフトの典型であると述べているから この印象は正しくないのであるが、彼の都市論がきわめて不十分なためこの誤った印象が助長されている)。似たようなやり方で、高田は地縁社会の中に村落と都市をともに含め、血縁社会と地縁社会を合わせたものを基礎社会と呼んだが[10]、この基礎社会という語はゲマインシャフトやコミュニティと類似した概念内容をもつものとして理解されやすいので、高田もまた地縁社会をすべてゲマインシャフトとして考えていたような印象がつくり出される(高田の地縁社会論に都市への言及がほとんど欠けていることとあいまって、彼の概念化においては近代産業社会における全般的な都市化の進行によって地縁社会の性質に重要な変動が生じている事実が彼のカテゴリー化に適切に写像されていない)。さらにマッキーヴァーのコミュニティ概念が、一方でゲマインシャフトに近い概念内容を与えられている(しかもまぎらわしいことにコミュニティという英語はしばしばゲマインシャフトというドイツ語の英訳にあてられてきた)と同時に、他方で彼のコミュニティの定義が村も町も都市もコミュニティであるといった表現になっているため、マッキーヴァーの場合にもまた地縁社会——マッキーヴァーのコミュニティ概念は共同関心による社会的統一として定義されており、地域的近接はそのための条件として言及されているにとどまるから、地域社会とただちに同一視できない——がすべてゲマインシャフトと見做されているような印象がつくり出されるのである。このような不正確な印象がつくり出されないようにすることを目的として、図**1**における私の概念化では、社会集団と地域社会がどちらもゲマインシャフト(家族と村落)とゲゼルシャフト(機能集団と都市)のいずれのかたちをもとるものであることが明示されるようになっている。

近代産業社会において、機能集団の最大のものは国家であり、地域社会の最大のものは国民社会である。マッキーヴァーの用語を用いれば後者はコミュニティであり、前者は国民社会を基盤として形成されているアソシエーションであって、両者ははっきり別のものとして認識されねばならない(第**30**項)。他方、国民社会的規模における社会的資源の不平等分配によってつくり出された準社会が社会階層である。不平等の発生は農業社会段階にはじまるが、近代産業社会以前の不平等構造はアスクリプション原理に依拠していたので、社会階層のこの形態を身分と呼んで、ヨーロッパ一九世紀に形成された概念である階級と区別するのが通常である。階級は近代産業社会以降のものであり、そして近代産業社会以降でもその前期と後期とではいちじるしく変化して、中間層化が進行した。近代産業社会は国民社会と国家を近似的に全体社会としている社会であり、階級もまた国民社会レベルにおいて形成されている(第**29**項)。

以上の簡単な考察から、近代産業社会の主要な構造的構成要素として次の五つを抽出することができる。

- 部分社会
  - 社会集団
    - 基礎集団(家族・親族)
    - 機能集団(組織)
  - 地域社会――国民社会を除く――(村落と都市)
- 全体社会
  - 社会階層
  - 国民社会と国家

本章の第**26**―**30**項および第四章の第**35**―**39**項では、以上の五つをそれぞれこの順にとりあげて、社会構造論および社会変動論の各論を構成することにしよう。(11)

これら近代産業社会の構造的構成諸要素について、その相互間の機能的関連を考察するさいには、以上のほかに市場が不可欠の要素として登場する。近代産業社会の構造と機能の考察に市場が不可欠である理由は、近代産業社会が家計(核家族)と経営(組織)の分離を本質的な構造原理とする結果、両者をつなぐ機能的関連が市場を近代産業社会の不可欠な構造的要件として独立させたと考えられることによる。市場は多くの社会学者によって考察の対象から除外されてきたが、市場を社会学的概念体系の中に引き入れた重要な先例はマックス・ヴェーバーに見られる。彼は近代産業社会の中心的な機能的要件たる合理性要求が、一方で合理的な家計計算、他方で合理的な資本計算をそれぞれ要請すると考え、この家計計算と資本計算が行なわれ得るための構造的前提は貨幣市場が成立していることであるとした。ヴェーバーの考えによれば、近代資本主義のもとでは市場が自立しているから経済行為は営利的に行なわれ、この市場の自由が合理性要求をみたす。これに対して社会主義のもとでは市場は自立しておらず、国家権力に従属していて市場の自由が欠けているから、経済行為は家計的に行なわれ、合理性要求が十分みたされない(Weber, [5]1972: 42-65)。

近代産業社会の構造的構成諸要素の提示を終えたので、つぎにそれら相互間の機能的関連の考察にすすむことにしよう。近代産業社会以前の段階においては、基礎集団としての家族は、未分化な多くの生活上の機能がその中で充足される文字通りの基礎的な集団であった。とりわけ重要なことは、この段階では家族が生産の単位としての経営的機能と消費(世代的再生産を含む)の単位としての家計的機能の両方を、未分離のまま担っていたということである。近代化・産業化以前の社会において人口の八割ないしそれ以上を占めていた農業従事者(独立自営農民であれ農奴であれ)、および残りの人口の大部分を占めていた商業ならびに工業従事者の家族はそのようなものであった。近代産業社会の社会構造を近代化・産業化以前の社会の社会構造から区別する最も重要な特徴の一つは家族と企業の分離にあり、これによって家族は生産的機能を失うことになった。エンプロイー化の進行がこれである。もちろん、近代産業社会においても自営業は残存している(旧中間層と呼ばれてエンプロイーである新中間層から区別される)が、それはもはや近代産業社会の主たる構成要素であるとはいえず、主たる構成要素はエンプロイーとしての労働者および新中間層である。これらの家族における家計と経営の分離の結果、この両者のあいだをつなぐ交換のパイプとして、既述のように市場が不可欠な構造要素として独立した。分離した家族と企業は、さきに図4(一四四ページ)に示したように、消費財市場(家計が経営から消費財を買い経営は貨幣を得る)・労働市場(経営が家計から労働サーヴィスを買い家計は貨幣を得る)・金融市場(株式・社債・借入金をつうじて経営は資金を調達し家計は配当や利子を得る)という三つの市場において相互にインプット・アウトプットの交換をしている。家族(核家族)・企業(組織)・市場の三つは、近代産業社会において人間の生活上の欲求充足を実現しているメカニズムの構造的担い手である。これらの構造的諸要素は、図3(一一四ページ)における(1)、(2)、(3)に対応していて、家族(基礎集団の代表)はゲマインシャフト関係から成り、企業(機能集団の代表)はゲゼルシャフト行為・ゲゼルシャフト関係から成り、市場(準社会)は市場的交換行為から成っている。これらの三構造要素とその機能的関係は、図5(二一六ページ)の下半分に示されている(図5のこの部分は図4の再録である)。

図5の上半分には、のこりの構造的構成諸要素である、地域社会(村落、都市、そして全体地域社会としての国民社会の三つをこの語のもとにまとめた)と国家・自治体(国民社会および市町村や県をそれぞれ基盤とする地域行政組織)とが示されている(階級はこの図には表示されていない)。家族も企業も特定地域社会に必ず定着して立地しているから、当該地域社会に共住する他の家族や企業やその他の諸集団とのあいだに一定の地理学的ないし生態学的な関連性を生ずる。これが、住民-地域社会関係および企業-地域社会関係として図5に示されているものである。他方、家族も企業もそれぞれ国家および自治体の構成員として、国家および自治体に税金を支払っているのと引きかえにさ

まざまな行政サービスを受けている。図**5**では、これらの行政サービスを、政府・自治体による住民行政（家族に対して）、産業行政（企業に対して）、地域行政（地域社会に対して）として示している。以上の各機能的関連はそれぞれ、経済システム（消費財市場・労働市場・金融市場）、生態学的システム（住民-地域社会関係および企業-地域社会関係）、行政システム（福祉行政・産業行政・地域行政）としてまとめることができる。

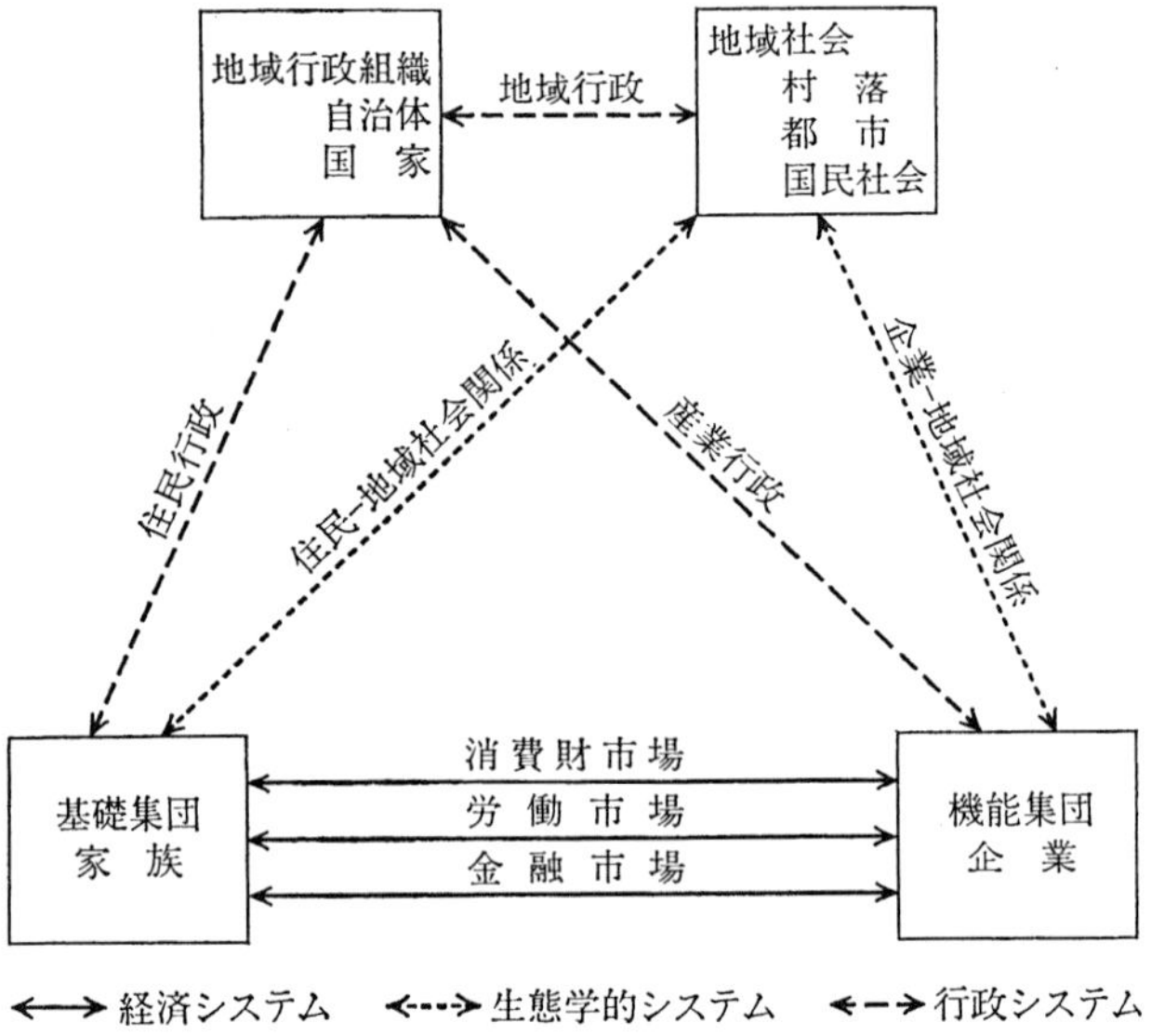

図5　近代産業社会の構造諸要素間の機能的関連

図**5**はパーソンズの境界相互交換図式（Parsons and Smelser, 1956; Parsons, 1969）にヒントを得てつくられたものであるが、考え方はそれとおなじではない。この図の四つの構造要素である家族・企業・地域社会・地域行政組織は、$AGIL$図式のような抽象化された分析的思考を経由して抽出されてきたものでなく、テンニエス、ヴェーバー、高田保馬の伝統を延長した構造記述的思考からひき出されている。結果として家族をLに、企業をAに、地域社会をIに、国家をGに対応させることは可能であるが、パーソンズの図式をそのままここにもちこむことは避けておきたい。パーソンズの$AGIL$というのはもともと社会システムの機能的要件の非実在的・分析的に抽出された因子であるが、事後的にそれを実在的な構造要素に対

応づけて経験的意味づけを与えようとしたため、両者のあいだにギャップを生じている。そのギャップはとりわけＩ部門(ある時には法規範、ある時には「社会的コミュニティ」が経験的指示対象にえらばれる)において大きい。というのは、Ｉ機能を専門に担当する社会の部門ははっきり独立していないから。その結果、Ｉ部門をめぐる境界相互交換におけるインプットとアウトプットの経験的意味づけはとりわけ困難で、解釈は多義的となる。加えて、パーソンズの場合、境界相互交換は各六つの境界についてそれぞれアプリオリに二本ずつ(二重境界相互交換)と指定され、それらに四つの交換メディアを対応させるといった図式主義が、右の事情を一層増幅している。図5における私の図式化では、パーソンズの境界相互交換にあたるものが三本になったり一本だけであったりして不揃いであり、図式上の整合性をいちじるしく欠いているが、これは構造を実在の記述的なカテゴリーと解し、機能をそれぞれの構造カテゴリーごとに経験的に帰属させたためで、図式上の整合性を欠く代わりに分析的因子と経験的意味づけとのギャップという問題は避けられている。以下、図5に示された四つの構造的諸要素に社会階層を加えたものを、順次にとりあげてみていくことにしよう。

26　基礎集団——家族・親族

高田保馬が基礎社会と名づけたものは血縁社会と地縁社会の両方を含んでいた。私は社会集団と地域社会を分離した上で、高田の基礎社会 対 派生社会の意味での「基礎」の語を生かそうと考えたため、高田のいう血縁社会を基礎集団と呼びかえた。高田が血縁社会としてあげたのは、群(ホルド)・家族・氏族・フラトリー・部族・部族同盟であったが、ホルドおよび部族・部族同盟は地域社会と考えられるのでこれらを除き、かつ文化(社会)人類学の内部で生じてきた術語の不統一にもとづく混乱を避けるためにマードック(Murdock, 1949)の用語法に準拠することにすると、家族以外の親族として人類学が扱ってきたものはリネージ(単系の血縁親族で系譜関係のたどれるもの)・シブ(単系の血縁親族として認知されているが系譜関係のたどれないもの——従ってリネージよりずっと広い)・フラトリー(二つまたはそれ以上のシブから成る上位血縁親族——マードックはこれをシブと区別して扱ったが、私はこれをシブに含めて考えたい)・クラン(シブでは成員から除かれるシブ成員の配偶者——父系の場合は妻、母系の場合は夫、外婚制規定により配偶者は必ず非親族である——を成員に含めたもの)に分たれる。この用語法ではリネージおよびシブがふつう氏族といわれているものにあたる。氏族は血縁関係としては非常に遠い人びとまでをも包摂するが、現在での血縁関係は遠くなってしまっていても、共通の祖先をもっているという意識が彼等をむすびつけている。

清水盛光によると、中国でも「親族関係に基調的なものは、同一祖先からの共同出自の意識である」(清水、一九四二、一二)。彼によれば、中国語で親というのは相互的愛着を意味し族というのは人びとの集合をさすが、愛着は血縁関係にある人びとのあいだで最も強く、その中でも関係が最も強いのは父母であるから、父母を溯って「生命繋属の関係」にある人びとの集合が親族ということになる。中国の宗族は族外婚制であるから親族内部での通婚はなく、しだいに遠くなっていく血縁関係を通婚によって更新することはできない——この点で日本の同族と異なる——が、それにもかかわらず出自を共通にするという意識のゆえに持続力をもった。

近代産業社会においては親族集団はしだいに解体し、こんにちではそれらの諸社会で親類とか親戚(kindred, Verwandtschaft)といわれているものは、双系によってたどられる血族および姻族のうちの一定範囲のもの(たとえば日本の民法では六親等以内の血族と三親等以内の姻族)にすぎない。近代産業社会で親類といわれているものは社会関係として存在しているけれども社会集団をなしてはいない。だからそれは未開社会における親族集団とは別のものである(第**35**項)。

家族は親族の一部であるが、家族の中核をなす夫婦関係は血縁関係でなく、他方親族は姻族を包みこんで広がるから、親族を血縁社会とのみ規定するのは適切でない。しかし夫または妻にとって姻族であるものは彼等の子供にとっては血族に転化するから、血族と姻族とを実体的に分離することはできない。一般に近代産業社会における血族および姻族は特定個人ごとにその範囲が定義されるものであって、社会集団として定義することはできない。とりわけ、血族関係や姻族関係が必ずしも密接な相互行為とつながるとは限らない事実を考慮に入れるなら、このことは一層明らかであろう。これに対して家族は、その構成員が親族中のどの範囲の人びとを含むかは制度によって異なっているけれども、居住をともにし家計をともにしていることによって、成員間の相互行為が密接であり成員と非成員の境界が確定的である——居住をともにしない成員があったり非親族が居住をともにしたりして「家族」と「世帯」がずれる場合があるが、居住をともにしない成員でも贈与関係による家計の共同が消滅しない限り家族員である——ゆえに、常に社会集団である。

家族というのはほんらい学問的に構成された概念というより日常語のレベルでの一つの社会的実在を表示している概念であって、家族そのものは学問的定義を下しても下さなくてもそれに先行して実在している。だから家族とは何かという問題は、現実に人びとが家族と呼んでいるものを家族とすることから出発し、次いでその実在の多様性を学問的に整序していくことによってのみ答えられる。ところが通時間的・通社会的に、人びとが家族と呼んできたものの構造と機能は多様である。従って家族を研究するさい誰しもが考えてきたことは、家族を分類し、もしくは家族類型を立てるということであった。家族についての分類や類型設定はさまざまな観点からなされてきており、用語も多様なものが併存しているが、以下の考察に必要な限りで若干のものをあげてみる。

(一)　ドイツの学者が多く用いてきた大家族(Großfamilie)・小家族(Kleinfamilie)という区分(その一例はVierkandt,

1928：442–446）。小家族とは一組の夫婦とその未婚の子供たちのみから成る家族をいい、大家族とはこれにさまざまの他の親族・非親族が加わったものをいう。この区分では大・小という量的なタームが用いられてはいるが、内容的にはそれはけっして家族員数だけで分類する考え方ではなく、あくまで構造に着目した区分である。大家族には種々のものがあるから、これをさらに区分する必要が生じ、次の（二）や（三）が出てくることになる。

（二）　マードックが提示した核家族（nuclear family）・合成家族（composite family）という区分（Murdock, 1949：Chaps. 1-2）。核家族とはさきの小家族と同じく一組の夫婦とその未婚の子供たちのみから成る家族をいい、合成家族とは核家族をいわば原子とすると複数の原子が結合して分子を構成したものをいう。この区分は（一）であげたドイツの学者たちの小家族・大家族という区分とおなじことに帰着するが、合成家族を複数の核家族の結合体と見て核家族の構成要素としての普遍性を主張したところにマードックの見方の独自性がある。マードックは合成家族をさらに複婚家族（polygamous family）と拡大家族（extended family）に区分した。複婚家族とは一夫多妻または一妻多夫の家族をいい、拡大家族とは一つの家族の中に複数の核家族が含まれているものをいう。

（三）　右の（一）、（二）でいう大家族・拡大家族を、さらに直系家族と複合家族に分ける区分。森岡清美の夫婦家族（conjugal family）・直系家族（stem family）・複合家族（joint family）という三類型がこれである（森岡、一九七二、二一一二二）。夫婦家族は小家族・核家族に同じ、直系家族は嗣子（通常は男子で、長子の場合とそれ以外の場合を含む）の核家族が親夫婦と一つの家族を形成し、嗣子単独相続制と結びついていて、これをくりかえすことにより制度体としての家族（日本で「家」、ギリシャ語で「オイコス」と呼ばれてきたもの）が家産とともに直系的に永続するもの、複合家族は兄弟（通常男子に限る）の複数の核家族が親夫婦とともに一つの家族を形成しているもので、父の死とともに兄弟の家族が分割相続によって分裂する場合と分裂しない場合とを含む。

(四)　家族の形態だけでなく社会関係の性質をも導入して類型を設定する区分。清水盛光の夫婦家族・婚姻家族・未分家族・家父長家族・直系家族という五類型はこれである(清水、一九五三、八三―九六)。夫婦家族とは一組の夫婦のみから成る家族である。婚姻家族とはデュルケームの用語 famille conjugale を清水がそのように訳したもので、(三)で夫婦家族といわれているものと同義である。未分家族(famille indivise)とはデュルケームの用語で、傍系親が独立しないで一つの大家族を形成するものである。家父長家族(patriarchalische Familie)とはクーランジュやメインが法制史的観点から古典古代の家族類型として論じ、マックス・ヴェーバーが支配の社会学の観点から家産制(Patrimonialismus)の原型としてあげた家族類型で、家父長の専制的権力によって統率された直系親族から成り、男子による分割相続制をとる。直系家族とは家父長家族が長子単独相続制とむすびついたもので、長子以外の兄弟は結婚とともに家族分裂して独立の家族を創立する形態である。清水のいう夫婦家族と婚姻家族は、小家族および核家族というい方では区別されずに一括されているものであるが、清水がこれを区別したのは、夫婦家族においては家族という集団の中に血縁関係がまったく含まれていない事実を強調するためである。また家父長家族という類型は、家族の形態に加えて家父長が専制権力をもち他の成員がヴェーバーのいう恭順(Pietät)の感情をもってこれに服従するという要素が導入されてつくられたものである。この意味で私は、清水の五類型は家族内社会関係の性質を考慮に入れた区分であるとしたのである。

以上の諸カテゴリーは、横断面的に考えられているものと縦断面的に考えられているものとの両方を含む。家族類型の縦断面的すなわち歴史的な変動についての考察は社会変動論の主題に属するので第四章で扱う(第**35**項)が、ここで次のことだけは最小限度ふれておかねばならない。現存する未開社会に関しては、マードックがあつめた「通文化的サーヴェイ」(cross-cultural survey)において十分な情報が入手できる一九二の社会のうち、二四パーセントが核家族だけをもつ社会、二八パーセントが拡大家族と重ならない複婚家族をもつ社会、そして四八パーセントがなんらかの拡大家族をもつ社会であると報告されている(Murdock, 1949 : 2)。これに対して、近代産業社会とりわけ西ヨーロッパ・北アメリカの諸社会における家族は大部分が——何パーセントがということがとりわけて関心の対象にならないほど圧倒的に——核家族によって構成されており、非西洋の近代産業社会である日本の核家族比率はそれらよりも低いけれども、しかしそれは近年しだいに高まって、一九八三年現在で単身者世帯を除いて七四パーセント(厚生行政基礎調査による)が核家族である。他方、社会進化の発展段階(第**31**項)において未開社会と近代産業社会の中間に位置する農業社会に関しては、西洋史上の古典古代や中世封建社会のような現在近代産業社会になっている諸社会の歴史上の過去と、現存する多くの発展途上諸国がこれに属しており、歴史上の過去についてはもちろん、現存する農業社会についてもマードックのファイルのような統計資料は存在していない。しかし歴史上の過去の家族については歴史家による叙述がある。それらによると、たとえば古代ギリシャ[12]およびローマにおける家族はクーランジュ(Coulanges, 1864)やメイン(Maine, Pollock's Note Ed. 1906)がえがき出したように家父長制家族であったことが知られており[13]、また古代ゲルマンにおける家族もタキトゥス(Tacitus, hrsg. von Reeb, 1930)によって一子相続による家父長制家族であったことが記されている。中国の伝統的家族については多くの研究があるが、それらの示すところによれば、中華人民共和国成立以前の中国の家族は直系親と傍系親をともに含む森岡の用語における複合家族——費孝通はこれを拡張家族(expanded family)という語で呼んでいる——であった。但し中国の伝統家族が常に大人数であったわけではなく、家長が死ぬと兄弟は均分相続制によって家を分けるから、かたちとしては核家族形態をとった家族も少なくなかった(Fei, 1983; 清水盛光、一九四二、仁井田陞、一九五二、牧野巽、一九四四、福武直、増一九五一、尾形勇、一九七九)。

　これらを通観して、未開社会には核家族も存在しているがその比率は大きくなく、農業社会にはそれは一層僅かで大家族・複合家族・拡大家族・家父長家族などの名で呼ばれる形態が通常であるようだ、との概括が成り立つ。すなわち、核家族が支配的な形態であるのは近代産業社会においてのみである。この事実は、核家族化と近代化・産業化とのあいだに一定の因果関係があることを暗示する。では近代化・産業化はなぜ家族の構造変動を核家族化の方向にむけてひきおこしたのか。しかしそのさい、日本が西洋諸国に比して核家族比率が低い理由はいかに説明し得るか。これらの問題に対して構造-機能分析の観点から解答を与えることは社会変動論の課題であるから第四章までその考察を延期することとし(第35項)、ここでは近代産業社会における家族の位置づけという問題に視点を限定してこれを構造-機能分析の観点から次のように解釈したいと思う。

核家族化は、マードック流にいえば合成家族が原子に分解したことを意味するから、家族の構造縮小にほかならない。そしてこの構造縮小は、次のような家族の機能縮小と一定の関連をもっていると考えることができる。すなわち、かつて近代化・産業化以前の家族が果たしていた多くの機能のうち、(i)経済的生産の機能、(ii)宗教的(とりわけ祖先の霊に対する祭祀の)機能、(iii)子供に対する教育的機能、(iv)政治的(とりわけ家父長家族における家長の統制的)機能などが、近代産業社会の核家族から剥離された。すなわち、(i)経済的生産の機能は家計と企業の分離によって企業に奪われ、(ii)宗教的機能は宗教教団に奪われあるいは宗教的機能そのものの重要性が低下し、(iii)教育的機能は社会化全般としてはなお残っているが教育そのものとしては学校に奪われ、(iv)政治的機能は国家および自治体によって奪われたのである。近代産業社会における家族にのこされた機能としては、(v)夫婦のあいだでの性的欲求充足の機能、(vi)家族員の緊張処理機能、(vii)消費家計を共同にする機能、(viii)育児および子供の社会化ないしパーソナリティ形成機能、(ix)夫婦および親子のあいだの愛情すなわち一体感をつくり出すことにより他者関係的欲求の充足を達成する機能、の五つをあげ得るにとどまるであろう。

しかしながら、ここで重要なのは次の事実である。近代産業社会において家族の機能の範囲は未開社会および農業社会に比してたしかに縮小した。そしてこの機能縮小は、全体社会における機能分化に対応している。けれども、しばしば家族の機能喪失として表現されてきた右の事実を、そのゆえに家族は重要性を失ったというように受けとめることは、けっして適切ではない。なぜなら、近代産業社会における機能分化の中で、縮小されたとはいえ家族にのこされた機能、とりわけ――(v)は家族外でもみたし得るとしても――(vi)から(ix)までの四つの機能は、他ではみたされ得ない機能として、その重要性はむしろ高まっていると考えねばならないからである。それらの諸機能への特化は、家族員が一つの財布を分けあって物質的欲求充足機会を共有するとともに、あわせて非物質的な心的ならびに対他的な欲求充足機会をも共有するという、語のほんらいの意味での「共産的関係」(戸田貞三、一九三七、五〇)を家族に付与するものである。これに対して、(i)から(iv)までのような機能は、家族が機能集団を兼ねていたことによって家族に課されていたものであって、これらが取り除かれたことによって家族の性質は純化された。

シェルスキーによると、このことを早い時期に明確に指摘したのはオグバーンで、彼は近代産業社会の家族において失われた機能を制度的機能、のこされた機能をパーソナリティ機能という語でそれぞれ表現し、家族のパーソナリティ機能はかえって重要性を増しているとした。シェルスキーはオグバーンのこの指摘を引用しつつ、この残余機能が情緒の充足(Affekterfüllung)とかパーソナルな共感関係の価値上昇(Wertsteigerung persönlicher Sympathiebeziehung)などを実現することを、残余機能の内面化(Verinnerlichung)といいあらわした。シェルスキーは、第二次大戦におけるドイツの敗戦とこれにともなう全体社会と国家の崩壊・滅亡という現実の中で、難民と東ドイツからの亡命者、階級的地位下落者、戦争未亡人、空襲によって家を全部焼かれた人、戦争捕虜のため復員がおくれた人あるいはそのため夫と長期に会えなかった人、および重度傷痍者という六類型の戦争犠牲者およびその家族一六七例を面接調査し、これらの家族が社会的孤立のもとにおかれたがゆえにかえって団結心を強め、制度としての家族の弾力性と安定性を確保し得たとの結論を得た。「近代家族の安定性法則」の名のもとにシェルスキーが立てた命題は、産業化および公的給付と公的権利の伸張による機能縮小が家族に残しておいた残余機能が大きければ大きいほど、また家族のパーソナリティ領域の残余機能が強く内面化されればされるほど、産業社会における家族の安定性ないし弾力性は高い、というものであった(Schelsky, 1967：24–25)。

オグバーンやシェルスキーが問題にした残余機能というのは、私がゲマインシャフト行為とゲマインシャフト関係の普遍的意義として分析した共感・相互主観性・生活世界の形成ということと同義であるといってよい。産業化・近代化にともなう機能分化の一環として、家族と企業の分離およびこれにともなって両者をつなぐものとしての市場形成が行なわれたことによって、家族は近代産業社会における社会集団中で唯一のゲマインシャフトの担い手となった。近代産業社会における全般的なゲゼルシャフト化の中にあって、家族がよくゲマインシャフトの最後の砦となり得たのは、図**5**(二一六ページ)に示したように、家族が合理的に達成され得る機能をすべて機能集団にゆずり渡し、表出的ないし完結的な他者関係的欲求の充足という非合理的にしか達成し得ない機能のみをみずからのうちに残すことによって、近代資本主義に固有な市場関係が家族の中に浸透してくることを食い止め得たためである。この残余機能を果たすためには、家族の構造は小さい方が適している。すなわち、核家族化による構造縮小は、家族が残余機能を適切に果たし得るための構造的要件をみたすものである。家族の構造縮小が機能縮小と一定の関連をもつとさきに述べたのはこのことをさしている。

シェルスキーの安定性命題が提出されたあとに、先進諸国の核家族は、離婚率の増大、単身者家族の増大、とりわけ高齢化社会にむかう中での老人の孤独化、職業をもった女性の大量増加に起因する別居夫婦の増大、性意識の変化、などの諸問題に一挙に直面しなければならない羽目におちいった。かつては社会学の研究諸領域の中でカレント・トピックスの焦点からは比較的遠い分野であった家族研究は、いまや現代社会問題の第一線に立たされることになった。日本で核家族化をささえてきた戦後の価値体系が揺さぶられ、「日本的」家制度の再評価が高まっているのと同様、西ドイツでもかつての大家族への復帰が論じられている(Arbeitsgruppe Fachbericht über Probleme des Altens, 1982: 357-397)。しかし、社会変動の方向性は基本的には逆転しがたいであろう。上記の諸問題に対する家族政策的諸対策も、この前提をおいた上で考えられねばならないであろう(富永、一九八四b)。

27　機能集団——組織

家族と異なって、機能集団は人間の歴史とともに古い集団ではない。固有の意味で機能集団とはいえないがその先駆的形態とみられる若干のものは古い起源をもつ——たとえば宗教教団は古代に発し、ギルドやツンフトなどの同業組合は中世に発するだけでなく、同輩集団(たとえばマックス・ヴェーバーがくりかえしあげる男子結社Männerbund)のようなものも機能集団と見做すなら未開社会にもそれは存在している——けれども、固有の意味での機能集団は近代化・産業化とともに急速に簇生しそして発展したものである。このことは、機能集団が本来的に機能分化を前提として、それらの分化した諸機能のうちの一つを専門的に担当することを目的としてつくられた社会集団であって、そのような機能分化は近代化・産業化以前から徐々に進行してきたものであるにせよ、その本格的な展開は近代化・産業化以後のことである事実を考えれば、当然のことである。

機能集団とここで呼んでいるものは、マッキーヴァーによって立てられていらい広く用いられてきたアソシエーションの概念と重なりあうところが多い。マッキーヴァーはアソシエーションを「一つあるいはそれ以上の共通関心を追求するために明確に設立された社会生活の組織」(MacIver, 1920：24)と定義した。マッキーヴァーの独自の概念である関心(interest)というのは、本書で欲求・動機づけ・目的などとしてあげてきたものと近い概念であるから、アソシエーションというのは成員の共有している目的を達成するための手段という性質が明確に意識されているような集団である、と考えることができる。このことから機能集団とアソシエーションとそれにゲゼルシャフトの三者が密接に重なりあう関係にあることは明らかである。にもかかわらず私が図**1**いらいの概念化においてアソシエーションの概念を用いていないのは、マッキーヴァーのアソシエーションの概念には家族が含められているゆえに、それは機能集団という概念とは異なると考えられることによる。近代産業社会における家族の主流は単系親族集団や家父長制家族とは異なる核家族であって、核家族はマッキーヴァーが論じたように結婚のたびに新しく設立される集団であり、そして結婚は共通関心を追求するためになされる行為であるといい得る面をたしかにもっている。しかし、家族を企業その他の組織と同一視して同一の範疇の中に含めることは、本書の文脈においてはなされ得ないしなされるべきでない。なぜなら、家族は核家族といえども歴史的に見ればかつて未分化な包括的機能を受けもっていた基礎集団としての親族集団の末裔であり、また近代産業社会においても家族内の社会関係の性質は手段的でなく表出的あるいは完結的であって、家族は近代化・産業化とともに解体しゆくゲマインシャフト関係の最後の拠点として存在しつづけている(第**17**項)のであるから。

機能集団が他の社会類型と異なるとくに重要な特性として、次の四点をあげよう。第一に、機能集団は限定された目的を達成するために自由に作られるものであるという点で、近代化・産業化にともなう機能分化と移動の自由ならびに結社の自由の産物であり、それゆえ近代産業社会段階に入ってから簇生するにいたった集団である。第二に、機能集団は特定目的達成のための手段であることが明確に意識されているから、その集団内社会関係の性質は表出的あるいは完結的でなくて手段的であり、したがってゲマインシャフト関係でなくゲゼルシャフト関係である。このことからさらに、つぎの二つの特性が帰結される。すなわち、第三に、機能集団は目的の発生とともに一定時点で設立され、目的が達成されるとともに一定時点で解体する。企業のように継続事業(going concern)という性質をもつ組織の場合には目的が消滅することはないが、逆に目的の達成に失敗した場合には淘汰されることによって解体し、いずれにせよ永久存続の保証はない。この点で機能集団は、地域社会のように始まりもはっきりしないし終わりもなくて人間生存とともに永続する性質の社会とは、明確に異なる。第四に、機能集団は手段であるゆえに手段的合理性が要求され、集団の存続は目標達成の効率性によってはかられた成功度に依存する。このことから、機能集団は目的の効率的な達成のために、とくにそれが一定規模を超えた場合、分業体系の形成と、制度化された権力による協働行為(cooperative action)のコントロールを機能的に要請されるにいたる。機能集団が分業関係と制度化された支配関係を備えたものが組織である。この意味の組織の概念はバーナード(Barnard, 1938)によって確立された。さきに私は、ゲマインシャフト関係における共同化とゲゼルシャフト関係における協働化とを区別した(第**16**項)が、これは共同化では機能的目的の合理的・効率的な達成はできないのに対し、協働化はそれを可能にするという決定的なちがいがあるためである。かくして、機能集団への着目は組織の分析へとすすむ。

組織に関して重要なことはとりわけ次の三点である。第一に、組織は経営の家族からの分離を前提とする(第**2**項)。農業社会段階における王侯のオイコスや自営の農業・商業・工業従事者の家族はいずれも経営の要素を合わせもっていたけれども、家族(家計)との分離がなかったために組織を形成し得ず、合理的な協働行為を発展させ得なかった。

第二に、組織は分業関係をつくりあげる。組織は家族を分離することによって、純粋に仕事の遂行のみのための社会関係を生み出すが、このことはさらにもう一段すすんで分業体系を編制することを可能にする。分業とは、共有された目的を達成する工程を、相互に異質的で補完的な複数の課業に分解することであって、分業にもとづく協働はデュルケーム的にいえば類似による連帯ではなくて異質なもののあいだの有機的な連帯である。だからそれは同類意識や共感原理にもとづいて形成される社会関係ではなく、自分の課業が独立では意味をもちえないことの自覚、すなわち機能的相互依存の自覚にもとづいて形成される社会関係である。デュルケームによれば、類似にもとづく共同意識は抑圧手段による威嚇のもとで画一的な信念と慣行とを強制する法的規制を生み出すのに対して、分業は分割された諸機能の性質およびその諸関係を決定する法的規制を生み出すのであって、それの違反は贖罪的性質をもたず原状回復的手段(mesures réparatrices)のみを惹起するにとどまる(Durkheim, 71960 : 205–206)。このことは、分業関係にもとづく組織内社会関係が、近代産業社会に固有な個人主義の価値とよく適合することを示すものである。

第三に、組織は制度化された支配関係をつくりあげる。結合関係と分離関係とを区別するのはヴィーゼいらいの社会関係論の定形であるが、第三の社会関係として支配関係という類型を独立させることが可能である(横山寧夫、一九七九、一〇二—一一〇)。支配関係は勢力または権力(制度化された勢力を権力という)の行使による支配服従の関係であるが、組織における権力の重要な特徴はその妥当性根拠が制定された秩序(gesatzte Ordnungen)すなわち規則にあって、権力行使者個人に対するパーソナルな恭順の感情(Pietät)にあるのではない、ということである。マックス・ヴェーバーは、制定規則による支配を合法的支配または官僚制的支配と呼んで、これを恭順による支配である伝統的支配と対比した(Weber, 51972 : 122–130)。組織に加入するということは当該組織において制定されている規則を加入者が受けいれることを意味し、したがってその規則によってつくられている支配関係の秩序を受けいれることを意味する。だから組織成員は組織の管理幹部によって発せられる命令に従わなければならず、もし従わなければそれ相当の制裁(sanction)を受けねばならない。このように規則として制定され成員も納得してそれを受けいれる支配関係を制度化された支配関係と呼ぼう。制度化された支配関係は、近代民主主義の原理である法の下の平等と矛盾しないと考えることができる。なぜなら、規則への服従は組織に加入することにともなって成員が支払わねばならない費用の一形態であり、成員はその費用と引き換えにさまざまな利得ないし報酬(企業の場合は物的報酬、宗教組織や政治組織の場合は精神的報酬、その他組織全般に関して便益や機会の供与、地位にともなう威信および権力の付与、仲間意識などの心的一体感の体験等々)を得るという交換関係の一環であるから。また官僚制組織における権力関係は限定的であって、伝統的支配における主従関係が全人格的であるのと異なり、ひとたび職務を離れれば上位者も下位者も対等な個人に戻ることも、その理由に加えられてよいであろう。

官僚制組織に社会学者の目をむけさせたのはヴェーバーである。ヴェーバーが官僚制という語によっていいあらわしたのは官庁のことだけではなく、私企業たると公企業たると行政組織たるとを問わず、次の諸条件をみたす合理的支配の形態をすべて官僚制という。すなわち、(i)継続的で規則に拘束された職務の運営がなされること、(ii)作業の分配や命令権力・強制手段の行使が権限の原則に従って行なわれること、(iii)職務階層制の原理に従うこと、(iv)規則が支配しその適用のために専門訓練が行なわれること、(v)管理幹部が行政手段や生産手段から分離されていること、(vi)職務地位が保有者によって専有されないこと、(vii)文書主義の原則(Weber, [5]1972 : 125–126)。彼が官僚制に着目したのは、近代化と産業化を合理化として受け止め、そしてその合理性を実現する構造的な担い手こそ官僚制組織にほかならない、と考えたことによる。このことは、官僚制組織の技術的卓越性に関する彼の次の命題にきわめて端的に述べられている。「完全に発達した官僚制機構のそれ以外の形態に対する関係は、ちょうど機械と機械によらない財生産の方式との関係に比せられる。正確性・迅速性・明確性・文書への精通・継続性・慎重さ・統一性・厳格な服従・摩擦防止・物的ならびに人的費用の節約は、訓練された職務遂行者による厳密に官僚制的な、とりわけ単一支配的な行政による方が、あらゆる合議制的・名誉職的・兼職的諸形態によるよりも、最適に高められる」(Weber, ⁵1972 : 561–562)。

しかしながら、官僚制組織における支配関係がいかに伝統的支配の場合にくらべて民主化されているにしても、それは依然として人の人に対する支配であり、そうである限り組織成員の自由を束縛し、彼等の自主的な行為を抑圧するものであり得ることを見逃すわけにはいかない。ヴェーバーは、自身一方では官僚制化が民主化と平行してすすむといいながらも、他方ではそれを誇張すべきでないとし、官僚制支配が民主化の敵対物であり得ることを述べている(Weber, ⁵1972 : 571–572)。同時に彼はまた、彼自身が正確性・迅速性・明確性等々の言葉をつらねて讃辞を呈した官僚制の卓越性なるものも、技術的な卓越性という文脈に限られるのだということをくりかえし強調している。すなわち、その合理性は形式合理性であって実質合理性ではないとして、彼はつぎのように述べている。「資本計算の最高度の形式合理性が労働者を企業家の支配のもとに隷属させることによってのみ可能となるということの事実は、経済秩序のより広い特殊的な実質非合理性を示すものである」(Weber, ⁵1972 : 78)、と。民主主義は政治と行政の問題であるが、労働者が企業の中で実質非合理性のもとにおかれるという問題は資本主義経済の社会学的帰結の問題である。石坂巖が指摘しているように、一方で官僚制の合理性を浮かび上らせたのもヴェーバーであったが、他方で政治・行政組織の問題と経済・企業組織の問題とを常に平行的に考えることによって近代産業社会の構造的な問題を広い視野から浮かび上らせたのもまた、ヴェーバーであった(石坂、一九七五、一八五—二一八)。

ヴェーバーの官僚制論のこの側面は第二次大戦後における産業社会学の発展の中でアメリカの地盤に移植され、それがマートンやブラウによって「官僚制の逆機能」(Merton, ³1968 ; Blau, 1955)問題として論じられた。マートンはこれをパーソナリティ形成の面での逆機能として問題にしたが、これは一九五〇年代の産業社会学がメイヨーとレスリスバーガーの「組織における人間問題」という問題設定の線に沿って組織のミクロ分析に特化したことに見合うものであり、それはまた一九三〇年代初頭のドイツで経営社会学の出発点を築いたブリーフスの「経営における労働疎外論」(Briefs, 1934)の系譜とも見合うものであった。他方バーナードの組織理論も、メイヨーやレスリスバーガーとは視角が異なるが、組織における人間協働の確保はいかにして可能かというミクロ・レベルの問題と関連づけて組織を見ようとするものであった。ヴェーバーは官僚制組織を技術的卓越性の観点からのみ見て、組織がうまく機能し得ずに解体するような状況設定をすることはなかったのに対し、バーナードにとっては組織は無数につくられてはつぎつぎに消滅していく高度に不安定なもので、組織が成功的に人間協働をつくり出し得る条件こそが組織研究の中心課題であった。彼はこの条件を、組織レベルでの目標達成(effectiveness)と個人レベルでの動機の充足(efficiency)とがともにみたされる——一変数最適化ではなく二変数の同時最適化——ことであると定式化した(Barnard, 1938：91-94, 235-257)。このほか、グルドナーによる官僚制組織の逆機能に関するケース・スタディ(Gouldner, 1955)、アージリスによる公式組織のパーソナリティ形成への不適合性の研究(Argyris, 1957)、尾高邦雄による労働者の企業と労働組合とに対する二重帰属意識の研究(尾高、一九八一)などは、いずれも組織のミクロ分析における研究水準を代表するものである。

他方、これらのミクロ理論に対比される意味で構造論的組織論といわれるものが、メゾ・レベルでの組織研究を固有の対象として一九六〇年代からおこってきた。構造論的組織論の創始者はピュー、ヒクソン等その当時「アストン・グループ」と呼ばれた人びとであった。彼等もまたヴェーバーの官僚制論から出発したが、ヴェーバーの官僚制概念が上掲の「官僚制の七原則」に見られるように単一類型としてのみ立てられていることを批判し、現実に存在している企業や官庁の官僚制組織はきわめて多様であるのに、ヴェーバーが官僚制の理念型を一つしか立てなかったことが多様なものを多様性において認識することを妨げていると主張した。現実に存在している企業の組織には、集権的な構造をもったものもあるが分権的な構造をもったものもあり、また分業化の度合いの大きいものもあるが、小さいものもある。そこでアストン・グループは、組織構造を複数の構造変数に分解して概念化し、それらの組合わせによって官僚制組織の諸類型を区分することを工夫した。彼等は組織構造変数として(i)専門分化、(ii)標準化、(iii)公式化、(iv)集権化、(v)組織形態、(vi)柔軟性、という六つの数量尺度を構築した。これらの構造諸変数は、「アストン調査票」と呼ばれる質問紙法による測定手続きとむすびついており、得られたデータは多変量解析の手法によって処理される(Pugh and Payne, 1977)。組織の複数類型というこのアイディアはたちまちのうちに普及して、組織構造の多様性は当該組織のおかれた環境の多様性によって説明できるとする、組織と環境の相互関連についての「コンティンジェンシー理論」とむすびつくにいたった(Lawrence and Lorsch, 1967; Burns and Stalker, 1961)。

組織の分析はこんにち、これらさまざまの分析枠組によって、社会学と経営学の両面から多様な展開を示しているが、本書の関心からいうとその中心テーゼは次のことに帰着する。近代産業社会の諸構造要素の中で、合理性の側面を集中的に担ってきたのが機能集団であり、とりわけ組織である。ヴェーバーの官僚制論は、この事実を近代化と産業化のまだ比較的はやい時期に鋭く認識すると同時に、またその反面として形式合理性の進行が実質非合理性を生み出す面をも大きな迫力をもって指摘して、この両面からその後こんにちまでの組織理論の発展に広範かつ深い影響を与えた。近代産業社会が社会発展のそれ以前の諸段階に比して圧倒的に人類の欲求充足水準と社会システムの機能的要件充足水準を高めた事実を考える時、その過程を集中的に担ってきたのが組織の合理性であることの意義は、決定的に重要である。これらの組織はまた、その大部分が都市に立地して、次項で述べる都市化——都市の都市度の上昇——を担った。こうして、組織は近代化・産業化、さらには都市化の主役となり、近代産業社会の合理性を高めて、システムの機能的要件充足能力を増大させてきたのである。しかしこれらのことを認めるにしても、ヴェーバーの官僚制概念は、その単一類型的で多様性の余地を与えない硬直性を、しだいに強く批判されるようになってきた。ヴェーバーがくりかえし問題にした、形式合理性の反面としての実質非合理性の増大というテーゼも、実は多分に彼自身のこの硬直的な基準それ自体の帰結なのではないか。われわれは官僚制の多元論的な概念化という問題を、組織変動論(第36項)においてとりあげることにしよう。

28　地域社会——村落と都市

われわれは地域社会を、社会集団とは異なった原理によって形成される社会であると考えた(第2項)。すなわち、社会集団も地域社会もともに一定数の人びとのあいだに社会関係が集積している状態であることには変わりがないが、社会集団の場合にはその社会関係は土地とのむすびつきを必要としない——家族も企業も自由に移転することができる——のに対して、地域社会は一定の範囲の領域(テリトリー)の上に人びとの生活上の社会関係が集積することによって形成されている。いうまでもなく、地域社会のこのような形成は人間の定住生活の産物である。遊牧民の場合には血縁社会は発達するが地縁社会は発達しにくい。とはいえ遊牧民においても、移住に一定の領域性があれば、地縁要因は多少とも作用しているといってよいであろう。遊牧は農耕に適さない土地での人間の環境に対する適応様式の一つを示すもので、ヨーロッパにおいて牧畜がはやくから定住農耕と両立するかたちで行なわれた事実は、環境条件がそれを不可能にしているのでないかぎり、社会進化の過程が人類を定住農耕に導くのが進化における主流であることを示していると解して差支えないであろう。こうして、地縁は血縁と並んで人類史におけるほぼ普遍的な社会形成の契機をなしてきた。高田保馬が血縁社会と地縁社会とを合わせたものを基礎社会と呼んだ——本書では前者が社会集団であるのに対して後者が地域社会であるというちがいを重視したためこの呼称に従わなかったとはいえ――のはこのゆえであった。

地域社会は人間が生物として植物や動物と同様に土地の上に分布している状態であるともいえるから、地域社会の考察にはそれら生物の地理的分布にかかわる学問である生態学の人間版が必要になってくる。人間生態学または社会生態学(human or social ecology)といわれるものがそれである。生態学(Ökologie)は経済学(Ökonomie)とともにギリシャ語のオイコス(oikos)を語源としてつくられた語で、オイコスが家計(Haushalt)を意味することから、生物が環境条件に適応しつつ環境の要求に対して「やりくりする」メカニズムを研究する生物学の一部門が、そのように名付けられた。これを人間に適用すると、「人間集団中の生存競争において、社会組織は一定の地理的地域の居住者間に存在する空間的食物的関係に適応する」(奥井復太郎、一九四〇、一一三)という命題がつくられる。人間の生態学的分布は、人間がこのような適応の結果として生存のために最も適した場所を選ぶことによって形成される。バージェスによって立てられた同心円理論はそのような分布の形態の一つを示す(Park, Burgess and McKenzie, eds., 1925)。

人間生態学は生物学の研究手法や説明概念を地域社会研究にあまりに直結させすぎたきらいがあるが、おなじく地理的分布を考えるにしても植物生態学の用語をそのままもってくることを避けて社会関係の集積頻度という観点からアプローチすると、この点の弊害が除かれる。鈴木栄太郎の社会関係の累積体としての地域社会という考え方がそれである。鈴木は、農村調査の結果にもとづいて、日本の農村(一九三〇年代)に存在する社会集団を、行政的地域集団・氏子集団・檀徒集団・講中集団・近隣集団・経済的集団・官制的集団・血縁的集団・特殊共同利害集団・階級的集団の一〇種に分類し、村の地図の上に村民の集団所属を書き入れていったところ、それらは相互に重複しあうだけでなく、三重の輪をえがいてその輪の外にはめったに出ないことを見出した。鈴木はそれらを「最も小なる累積体」「中位の累積体」「最大の累積体」と呼び、それぞれの輪の中に入る地域を、この順に第一社会地区・第二社会地区・第三社会地区と名付けた。第一社会地区は小字・組にあたり、第二社会地区は徳川時代以来「村」といわれてきたものにあたり、第三社会地区は明治以後の行政村にあたる。これらのうち社会的統一の最も強固なものは第二社会地区であって、鈴木はこれに自然村という名を与えた(鈴木、著作集一九六八―六九、I、第三章)。

村落の条件としてはこのように、限定された地域の上に人びとの社会関係が集積し、それを超える社会関係はめったにないということが重要である。この条件は近代産業社会の都市――農業社会段階の都市では必ずしもそうでなかったが――では通常みたされない。すなわち都市においては地域内の社会関係の集積が村落ほど密でなく、反対に地域を超える社会関係の頻度が高い。農村という場合には、このことに加えて、居住者の大部分が農業に従事していることという産業的な限定が加わる。村落であって農村でない事例は漁村など、さらに非一次産業の事例としてマックス・ヴェーバーがあげている「工業村」(Gewerbedorf)があるがこれはもちろん例外である(Weber, 51972: 727)。より一般的な規定としては、村落は集落としての規模と人口密度がともに小さいという条件があげられる。とくに農村の場合は農業が広い土地を不可欠の生産手段とするゆえに、人口密度は大きくはなり得ない(漁村ではこれとちがって家々が軒を接して建てられている)。以上を約言して、村落とは、人口規模と人口密度が一般に小さく、社会関係が大部分地域内部に閉鎖されており、住民が大部分一次産業(農村の場合は農業)に従事しているような地域社会である、ということができる。

村落において社会関係が一定範囲の地域の外に出ることが稀であるという上記の条件は、村民の生活上の欲求充足が大部分その内部で調達されていることを意味する。これはわれわれの全体社会の定義(第2項)に相当する。然り、伝統的な村落は村民にとって全体社会であったのである。それは小さな全体社会であって、その中に人びとの欲求充足手段調達の社会関係が封鎖されて累積している。村落のこの性格を、とりあえず――というのはよりたちいった考察を先送り(第37項)したままで――村落共同体と呼んでおこう。村落共同体は農業社会段階につくられたもの――ヨーロッパにおける村落共同体の歴史的形成については後述(第37項)――であるが、第二次大戦前の日本の農村に関する鈴木栄太郎の実証的研究は、当時すでに近代産業社会の前期段階にあった日本において、農村が基本的に近世において形成された村落共同体を維持していたことを示している。これは日本だけのことではなく、ヨーロッパにおいても、近代化と産業化はその前期段階くらいまでは農村になかなか浸透せず、農業社会段階に形成された村落共同体が基本的に残存していた。重要なことは、鈴木のえがいた自然村が、日本において村落共同体が解体しはじめる直前の姿を記録したものだった、ということである。鈴木自身このことを意識し、「……かくの如き社会構造が、わが国の農村には有史以来存続し、それがいま亡びんとしつつある。……村のなくなった日本の農村の将来も考え得ない事はない」(鈴木、著作集一九六八―六九、I、四五―五四)と述べていたのであった。じっさい、この段階までの日本の産業社会にあっては、工業製品市場は村落共同体にほとんど侵入せず、農村は産業化と近代化の恩恵をほとんど受けてはいなかったのである。農業機械や化学肥料や農薬やモータリゼーションなど工業製品市場が大量に農村内部に浸透するのは、近代産業社会の後期に入ってからのこと、すなわち一九五五年以降の高度経済成長いらいのことである。それ以後の農村は都市化と市場の浸透がいちじるしく、ゲマインシャフトは急速に解体し、都市と村落のちがいはいまやどんどん縮小しつつあることが明らかである。

ヨーロッパ中世に形成された村落共同体は日本のそれと同じく封建制のもとでの農民の生活共同の形態であったことから、社会関係の封鎖的性質や入会地の共同所有など、共通する特性を多くもっている。これに対してアメリカ合衆国――オーストラリアなども同様――は封建制をもたなかったから、村落共同体そのものが形成されず、広大な土地が開拓民によって占有されて、農家ははじめから散在する個々の農場に村落を形成することなく散居した。これらの農家がトレード・センターとしての田舎町とむすびつきながらそれを中心に点在する形態は、ギャルピンによってラーバニズム（rurbanism）と呼ばれた。これは都市的要素と村落的要素とがむすびついているという意味であった（Galpin, 1918：64）。後期産業社会の農村になると、ヨーロッパでも日本でも——ギャルピンのラーバニズムとおなじ意味においてではないが——市場の浸透と生活様式の都市化により、都市的要素と村落的要素との境界がもはや識別できないものになっていく傾向にある。

村落と対極的なもう一つの地域社会の形態が都市である。都市も一定範囲の土地（テリトリー）の上に生活上の社会関係が集積する点では村落とおなじであり、だから両者は合わせて地域社会と呼ばれるのである。都市と農村が対極に位置するものであるにもかかわらず、両者には共通のアプローチが有効であるのはこのゆえである。都市と農村のちがいについては、ソローキン-ジンマーマンがあげた八項目（Sorokin and Zimmerman, 1929：56–57）、ないしソローキン-ジンマーマン-ギャルピンがあげた九項目（Sorokin, Zimmerman and Galpin, 1930–32, 3 Vols., Part I, Chap. IV）が常に引用されてきた。後者の九項目とは次のとおりである。（i）職業のちがい、（ii）環境のちがい、（iii）地域社会の規模のちがい、（iv）人口密度のちがい、（v）住民の社会-心理的な特性における同質性と異質性のちがい、（vi）社会的分化・階層・複雑性のちがい、（vii）社会移動のちがい、（viii）移住の方向性のちがい、（ix）社会的相互行為のシステムのちがい。ここでは、右の中からとくに重要と思われる若干の諸項目をぬき出して、都市とは、人口規模と人口密度が一般に大きく、社会関係が地域内部に閉鎖されずに外にむかって開かれており、住民が大部分非一次産業に従事しているような地域社会である、と規定しておこう。これがさきに示した村落の規定の裏がえしであることはいうまでもない。

ここにあげた都市の定義と、さきにあげた村落の定義とを見くらべるなら、それらがともに量的なタームで規定されていることがわかるであろう。かつて都鄙連続体(rural-urban continuum)という概念化の是非をめぐって論争があり、都市社会学者の関心がこの問題にむけられた(安田三郎、一九五九)。こんにちでは村落的なものと都市的なものとが連続体上に位置づけられることについては、反対論はもはやなくなったと言ってよいであろう。この意味では、村落の定義はじつは村落度の定義にほかならず、都市の定義は都市度の定義にほかならない、ということができる。実在している村や町には村落度の高いものから低いものまでの分布があり、同様にして実在している都市には都市度の低いものから高いものまでの分布があって、かつ村落度と都市度とはそれぞれ他方の符号を変えたものにすぎない。このように概念化しておくことは、以下において村落と都市それぞれを社会変動の中に位置づけて考える——近代化・産業化と関連づけて考える——時きわめて有用である。

農村研究に生態学的手法を用いた鈴木栄太郎は、都市研究にも広い意味で生態学的といってよい手法を用いてアプローチした。地図の上に、都市から地方に流れ、逆にまた地方から都市に流れる「社会的文化的交流」に着目してこれを記入していく。そうすると、都市のみがもっていて村落はけっしてもっていない、都市に固有の機能的特性が浮かび上る。都市とは「社会的交流の結節機関」をそのうちに蔵しているような地域社会である、という規定がそれである。そのような流れとして、鈴木は九つのものをあげた。すなわち、(i)商品流布、(ii)国民治安、(iii)国民統治、(iv)技術文化流布、(v)国民信仰、(vi)交通、(vii)通信、(viii)教育、(ix)娯楽。これらの流れが地方から都市に集まりまた地方に散っていくその結節点に位置する機関を結節機関という。それらは、上記九つの流れに対応して、(i)卸小売商・組合販売部、(ii)軍隊・警察、(iii)官公庁・官設的諸機関、(iv)工場・技術者・職人、(v)神社・寺院・教会、(vi)駅・旅館・飛行場、(vii)郵便局・電報電話局、(viii)学校、その他各種教育機関、(ix)映画館・パチンコ屋など。これらの結節機関には、それらを職場としている人びとが集まり、さらにそれらを利用しあるいはそれらの顧客である人びとが集まる。そのゆえに都市は多数の人口をあつめる。聚落は社会的交流の結節機関をもつにいたった時に都市性を具えるのである、と鈴木は定式化した(鈴木、著作集一九六八—六九、VI、六八—八〇、一三八—一四五)。

鈴木の結節機関説は、多くの都市の定義が必ずその項目の中に含めている産業的限定(上記の私の規定では「住民が大部分非一次産業に従事している」こと)をとくに強調してとり出し、その中の第三次産業がもつサービス機能に着目して、これに特化している事実に都市の中心的機能の位置づけを与えたものであると私は解する。但しそれが単なる産業的規定にとどまらず、これに生態学的観点が加えられて、両者が統合されているところに鈴木の独自性がある。これに多少のコメントを加えると、サービス産業にとくに着目したのはポスト工業社会の議論を先取りしているともいえるが、工業都市というものも実在してきたのであるから、第二次産業(とくに製造業)も原材料と製品に関して物の流れの結節機関であると考えて項目中に含めた方がよいように思われる。また彼の九項目中には金融・財政など貨幣の流れへの着目が脱落しており、さらに通信というとらえ方は狭すぎるので情報の生産と流通というように広くとらえる方がよいと思われる。その他いくつかのものを追加して整理しなおせば、都市に位置する結節機関は、(i)人の流れに関するもの(交通機関)、(ii)物の生産と流通に関するもの(企業および流通機関)、(iii)情報・知識の生産と流通に関するもの(研究・教育機関、出版・マスコミ機関、通信機関)、(iv)各種サービスに関するもの(医療機関、法務機関、宗教機関、芸術機関、芸能機関、娯楽機関)、(v)貨幣の流れに関するもの(金融機関、財政機関)、(vi)権力行使と行政サービスに関するもの(政府・行政機関、司法機関、治安・警察機関)のようにリスト・アップされ得るであろう。

村落は農業社会段階において村落共同体として形成され、それが近代産業社会に入るとともにしだいに解体して、都市との区別が小さくなっていくのであった。すなわち、村落の村落度は、農業社会段階において最も高く、近代産業社会においてしだいに低下しつつある。都市はおなじく農業社会段階において村落を母体として発生したもので、農業社会段階における都市は都市共同体という言葉があてはまるような性格のものであった——これについては後述（第37項）——が、都市度をさきの都市の定義にしたがって考え、かつその中に結節機関説を代入してみると、村落の場合とはちょうど反対に、西洋中世や日本の中世・近世の都市など農業社会段階の都市はなお都市度が低く、これに対して近代産業社会に入ってからの都市は急速に都市度を高めつつある、ということがわかる。近代産業社会に入ってから都市が急速に都市度を高めた要因として、つぎの二つがとりわけ重要であるように思われる。すなわち、第一に、右にあげた諸結節機関の中には、農業社会段階から存在していたものもあるとはいえ、その多くは近代産業社会に入ってから以後に発展をとげたものである。その結果、これらの諸結節機関の人口吸引力によって、都市の人口および人口密度が急速に高められた。第二に、これらの諸結節機関はいずれも組織によって担われた。組織は家族と分離していることが前提であり、この分離は近代産業社会になってはじめておこった。組織が家族と分離すると、組織と家族のあいだに労働市場が割ってはいり、また両者が空間的に離れるために通勤という現象を生ずる。市場が割って入ることによってゲマインシャフト関係——農業社会段階の都市はテンニエスもそう考えていたように大部分ゲマインシャフト関係から成っていた——が崩壊し、通勤が都市の大量現象になることによって社会関係の範囲が広がるとともに開放的になる。これらの諸要因が、近代産業社会において都市の都市度を急速に高めることになったのである。

第一〇節　近代産業社会の社会構造(二)――全体社会の構造

29　社会階層

社会階層とは、社会的諸資源――物的資源(富)・関係的資源(勢力および威信)・文化的資源(知識や教養)の三つを合わせてこのように呼ぼう――が不平等に分配されている状態である。(14) それらの諸資源は、個人の欲求を充足し社会システムの機能的要件を達成するのに有用だから誰もがそれを欲しがるが、その供給が需要に比して稀少であるゆえに、個人にとっても社会システムにとっても価値を付与されている。社会階層が社会構造分析の中に占める重要性は、このように人びとによって価値を付与された社会的諸資源の分配が、不平等になされているという現実への強い関心にある。

社会階層は部分社会に関しても定義できるし全体社会に関しても定義できるが、ここでは一九世紀いらいの階級理論の伝統にしたがって全体社会の中にこれを位置づけて考えよう。社会階層はまた、個人を単位としても定義できるし集団を単位としても定義できるが(原純輔、一九八二)、一般に行なわれている社会階層研究の多くは、個人に関して階層的地位を定義するけれども、事実上は家族を階層分化の単位と考えてきた。これは、家族が一つの財布を分けあう消費ゲマインシャフトであり(第26項)、さらに近代産業社会の核家族では一家にただ一人の職業人をもつことによって彼の職業上の勢力および威信を他の家族員が分けあっている――この仮定は近年における女性有業者の増加によってあてはまらなくなってきた――と解し得ることから帰結されたものである。現実には、社会階層の実証的分析のための数量データが成人男子を対象にした社会調査データに依存していることが、右のような仮定をおくことを好都合ならしめたという事情がある——たとえば、現在の階層的地位は被調査者本人の現職でとるが、出生時あるいは子供の時の階層的地位は当時の父の職業でとり、妻の階層的地位は夫の職業でとり、所得地位は家族収入でとる等々。ここでも、このような考え方にしたがっておこう。すなわち、階層的地位は個人に関して定義されるものであるが、同一家族の成員は等しい階層的地位を分け合っており、だから事実上は社会階層分析は家族を単位として考えられることが多い。

社会階層の形態は多様であるが、大きく分けると階層的地位が生得的(ascriptive)に決定されるものと、階層的地位獲得が競争にゆだねられて業績(achievement)によって決定されるものとに区分できる。一般に前者を身分——マックス・ヴェーバーはこの語を威信階層の意味に用いたがこれは例外——と呼び、後者を階級——この語のより限定的な用法については後述——と呼ぶ。インドのカーストは右の意味での身分の特殊ケースと考えられるもので、そこでは階層的地位が親族出自および伝統的に従事してきた生業によって生得的に完全に決定され、階層の境界が一義的に確定されており、族内婚制である。身分は階層的地位の農業社会的形態、階級はその近代産業社会的形態と大づかみにはいえるが、中国で隋代以降清代末期まで千三百年間続いた科挙制度は官吏任用に業績原理を適用したものと考え得るから、農業社会でも地位決定に業績要素が導入された場合もあったことを考慮しておかねばならない。ヴェーバーは『儒教と道教』において科挙試験の合格者を「読書人身分」(der Literatenstand)と呼び、中国が世界に他に類例がないほど文人的教養を階層的地位評価の唯一の決定基準とした国であって、しかもそれが世襲的でなかったことに注目した(Weber, 1920: I: 395–396)。

これら農業社会において普遍的であった身分制秩序と異なって、近代産業社会における社会階層の特徴は、階層的地位が移動可能で地位決定が業績原理によってなされるところにある。とはいえ近代産業社会のこの特徴は、近代化と産業化の初期段階から実現されていたわけではなかった。それどころか、近代における階級理論の創始者ともいえるサン-シモンおよびマルクスの階級概念がそれをみごとにうつし出している一九世紀ヨーロッパの階級的現実は、階級所属が人種などと同じように個々人の生得的属性として終生ついてまわるような、中世封建社会の延長線上にあった(第38項)。サン-シモンがあげた貴族・ブルジョワ・産業者という階級三区分、および、マルクスとエンゲルスがあげたブルジョワジー・中間諸階層(小工業者・小商人・手工業者・農民)・プロレタリアートという三区分は、それぞれ西ヨーロッパの一九世紀初頭および一九世紀中頃の歴史的事実を概念化したものである。階級所属という問題が人びとの日常生活の中で明確に意識されることが少なくなり、階級の境界そのものが不明確になった今日の近代産業社会の後期段階と異なり、その前期段階であった一九世紀ヨーロッパでは階級は人びとの日常的意識の中に実在し、その境界も明確で、それぞれが独自の言語や文化をもっていた、社会集団というのにごく近い社会類型の一つであった。このような現実を概念化したサン-シモンとマルクスによって代表される階級理論を、一九世紀ヨーロッパ型の階級理論と呼ぶことにしよう。

ところが一九世紀当時から、西洋諸国の中にこれに対する一つの例外があった。封建制の過去をみずからの内にもたないアメリカ合衆国がこれである。マルクスはフランスにおける一八五一年のルイ・ボナパルトのクーデターを分析したさい、フランス革命以後の半世紀間共和政が一向に安定しないフランスの現実を、建国いらい安定的に共和政を維持してきたアメリカ合衆国と対比して、ヨーロッパでは共和政はブルジョワジーのプロレタリアートに対する無制限な専制を意味するにすぎないが、アメリカではそうでないと述べた。その理由は、アメリカにも階級は形成されているけれども、それはまだ固定しておらず、その構成要素はたえず入れ替わっており、その結果近代的な生産手段が導入されても失業問題は起らないし、物質的生産をつくり出す熱狂的な運動が古い亡霊を処分してしまっているからだ、というのである(Marx-Engels, Werke 1956–83：8：122–123)。そしてこのような背景のもとに、一九世紀ヨーロッパ生まれの階級概念とは異質な概念化が、二〇世紀に入ってからのアメリカで生まれることになった。この新しい理論は、階級という語に代えて社会階層(social stratification)という語を普及させたので、以後しだいに社会階層という語が社会学の術語として確立されるようになった。一九世紀ヨーロッパ型の階級という概念が、貴族とかブルジョワとかプロレタリアートのように実在概念に依拠し、したがって一元論的な概念化であるのに対して、社会階層という概念は、実在をまるごと概念化するのではなく実在の諸側面を区別する分析的な概念化に依拠し、したがって多元論的である。そこで、この新しい理論を分析的・多元論的な社会階層理論と呼ぶことにしよう。

二〇世紀的階層理論がアメリカで生まれたと述べたが、じつは分析的で多元論的な概念化はアメリカでの発展に先立って、ドイツ人であるマックス・ヴェーバーによって最初に定式化された。ヴェーバーは階級状態(Klassenlage)を、財調達・外的な生活上の地位・内的な生活上の運命の典型的な機会と定義し、同一の階級状態にある人びとの集まりを階級と定義した。しかしヴェーバーのいう階級は一つなのではなく、(i)財産階級、(ii)営利階級、(iii)社会階級の三つに分析的に区分されている。はじめの二つについては、プラスに特権づけられている(positiv privilegiert)かマイナスに特権づけられている(negativ privilegiert)かを分けるので、それぞれ二つずつの類型ができる。すなわち、財産をもっている階級ともっていない階級、営利機会をもっている階級ともっていない階級がこれである。三番目の社会階級というのは分析的な範疇でなく、実在的なものをあらわすために設けられたもので、労働者・小市民・知識人・特権階級の四つに区分されている。つぎに、階級と区別されたもう一つの範疇として身分(Stand)という概念を立てる。身分状態(ständische Lage)とは、社会的評価においてプラスに特権づけられているかマイナスに特権づけられているかの状態をいう。その評価の基準として、次の三つがあげられる。(i)生活様式の種類、(ii)教育、(iii)出自による威信(Abstammungsprestige)または職業威信(Berufsprestige)。ヴェーバーのいう階級はいわば狭義の階級で経済的な基準によって定義されており、これに対して身分というのは威信階級である。両者を合わせると広義の階級になる(Weber, [5]1972: 177–180)。別の論文ではヴェーバーは経済階級と威信階級の二つに権力階級を加え、最後のものを党派(Parteien)と表現している。だからここでは経済階級と威信階級と権力階級の三つを合わせたものが広義の階級ということになる(Weber, [3]1947: II: 631–640)。

アメリカで起った新しい社会階層理論の創始者はソローキンである(Sorokin, 1927)。ソローキンは、社会階層を次の三つの次元に分けた。(i)貧富の差によって地位が区分される経済階層、(ii)権力と威信、名誉と称号、支配と被支配などによって地位が区分される政治階層、(iii)職業的地位が名誉あるものとみられるか否か、また権力をもつか否かによって区分される職業的階層。この区分は(ii)と(iii)がどちらも権力と威信(名誉)という複数の要因をかかえこみ、かつ相互に重複を生じているため不明確になっている。この点を改善するため、(ii)を権力階層に限定し、(iii)を威信階層に限定するならば、ソローキンの区分はほぼヴェーバーの三区分に一致する。すなわち、経済階層はヴェーバーの階級に、政治階層はヴェーバーの党派に、威信階層はヴェーバーの身分に、それぞれ対応するであろう。つぎに、ソローキンの社会階層概念は社会移動(social mobility)という概念と対をなしており、しかも後者が著書の表題に用いられているほど社会移動が重視されている点が、ヴェーバーにないソローキンの特徴をなしている。これは、マルクスが注目したアメリカでは階級がたえず入れ替わっているという観察に見合うもので、このアメリカ社会の特徴のゆえにこそ、この国で社会階層と社会移動を対概念にするというヨーロッパにはなかった概念化が生まれたのだと考えることができる。ソローキンは社会移動に水平移動と垂直移動を区別した上で、垂直移動を主として考察の対象とし、それが生ずる原因として、(i)階層間の出産率・死亡率の差、(ii)親と子のあいだの能力の差、(iii)環境の変動、(iv)個人の能力と個人の階層的地位とのくいちがいの事後的調整、の四つをあげた。ソローキンの研究がヨーロッパの階級論とちがうもう一つの重要な点は、ソローキンが統計的データを大量に集めて、実証的な分析を推進したことである。ソローキンのこのような研究が出発点となって、アメリカにおける社会階層と社会移動の研究は社会調査の技法とむすびついてもっぱら実証研究の方向にすすみ、それがまたヨーロッパにも影響を与えて、やがてこの分野の研究を社会学の研究諸部門中で随一の水準を誇る計量分析の方向に導いていくことになったのである。

サン-シモンとマルクスに代表される一九世紀ヨーロッパ型の階級理論と、ヴェーバーとソローキンに代表される分析的・多元論的な社会階層理論とを、どちらかが正しくどちらかが誤っているとか、二者択一的にいずれかをえらぶべきだとかいうようにとらえるのは適当でない。これらはそれぞれ、近代産業社会前期と近代産業社会後期(第**31**項)の社会的現実からひき出された、異なった発展段階に対応する概念化である。近代産業社会後期に入ると、一九世紀ヨーロッパにおいて存在していた貴族とかブルジョワとかプロレタリアートなどの諸階級のうち、貴族はしだいにその実質を失っていき、またブルジョワとプロレタリアートはしだいに変質をとげるとともにその境界があいまいになってきた。不平等は存在しているが階級は見えにくくなり、その実態をとらえること自体がさまざまな概念上のまた社会調査技法上の工夫を必要とするようになった。二〇世紀の社会階層論が分析的・多元論的になり、また計量分析的になっていった理由はここにある。ソローキン以後現在までの半世紀をこえる社会階層研究の多面的な発展をあとづけようと思えばそのために一冊の専門書を書かねばならないが、ここではそれらの豊富な研究史の中から四つほどの研究領域をえらび、それらを高度に圧縮されたかたちで概観することをつうじて、研究動向のレヴューというよりは近代産業社会後期における社会階層と社会移動そのものの動向のいくつかの側面をみることにしよう。

（一）階層的地位の測定。一九世紀ヨーロッパ型の階級ならば、階級的地位はそのものとして現に実在している区分を用いればよいのだから、地位を測定するなどという問題はそもそも起らない。階層的地位の測定が独立の研究主題になったということは、階層というものが見えないものになってきて、研究者が社会調査の技法をつうじてそれをデータ化し構成しなければならなくなったということを意味する。そのような試みの最初のものはチェーピンおよびシーウェル（Chapin, 1931 ; Sewell, 1940）によってなされ、社会経済的地位尺度と名付けられた。チェーピンとシーウェルの方法はどちらも、被調査者の自宅を訪ねて、所得・物的所有・文化的所有・社会活動参加を数十項目に分けて調べあげ、点数化するものであった。これよりもうすこし手のこんだやり方がウォーナー（Warner, *et al*., 1949）によって提案され、これは地位特性指数（略称ＩＳＣ）と呼ばれた。ＩＳＣは職業・所得源泉・住居の型・居住地域の四変数のウェイト（係数）づき一次結合から成る。ウォーナーはこのウェイトを、ＥＰ法と呼ばれる評価法によって得られた地位スコアを従属変数に用いた回帰方程式から得た。しかし、チェーピン－シーウェルの社会経済的地位尺度もウォーナーのＩＳＣも、有名にはなったが技法としては定着しなかった。階層的地位測定法として定着し広く用いられることになったのは、職業威信尺度と呼ばれるものである。これはシカゴの国民世論調査研究所（NORC）が創始し（North and Hatt, 1947）、世界各国に広まって、最終的にはトレイマンの標準国際職業威信尺度（Standard International Occupational Prestige Scale）によって完成を見たスコア値で、世論調査をつうじて職業を人びとにランク付けさせ、その結果をもとにして職業小分類の全項目にゼロから一〇〇のあいだのスコアを与えるというものである（Treiman, 1977）。またこの職業威信スコア値を従属変数とし、教育年数と所得を独立変数として回帰方程式をつくることにより、教育と所得のウェイトづき一次結合を求めることによって、社会経済的指数（ＳＥＩ）と呼ばれる威信スコアの代用物を求める方式がダンカンによって考案されている（Blau and Duncan, 1967）。しかしいずれを用いるにせよ、分析的・多元的な社会階層概念が前提であるから、階層的地位の測定には、所得・教育・職業威信・権力(または勢力)のように複数個の尺度値を用意することが必要である。これらのうち、所得・教育・職業威信の三つについては今日ほぼ汎用の尺度値が工夫されているが、権力ないし勢力については、社会階層理論においてそれがもつ重要性にもかかわらず、測定する適当な方法がまだ見付かっていない。日本では二八八の職業小分類すべてについて職業威信スコアが得られている(富永編、一九七九、四九九—五〇三、直井優、一九七九)。

(二)　社会移動指数。近代産業社会は平等社会ではないが、完全平等が人間社会の望ましい状態とは必ずしもいえず、むしろ移動が自由に行なわれて機会均等が実現されているのが望ましい状態である、との考え方から社会移動に多くの研究情熱が注がれてきた。それでは移動の機会均等が実現されているとはどういうことであるか。それは世代間移動に関しては子供の階層的地位が親のそれによって影響されないこと、世代内移動に関しては現在の階層的地位がスタートのそれによって影響されないことである、と答えることができる。このことは、より操作的にいえば、父職と子職、または初職と現職に関して表**1**のような移動表をつくった時、両者が無相関であることを意味する。このような状態は、完全移動と呼ばれる。この完全移動という考え方に準拠して、現実の社会移動(世代間あるいは世代内)が機会均等という望ましい状態にどの程度近いかまたは遠いかをあらわす指数が、いろいろに工夫されてきた。グラス等の結合指数・分離指数(Glass, ed., 1954)、安田三郎の開放性係数(安田、一九七一)、ブードンのブードン指数(Boudon, 1973)、ハウザーらの循環移動率(Featherman and Hauser, 1978)などがそれであって、これらのものを含めて移動表分析において使われる主要な指数を表**1**の下半分に列挙しておく。わが国では、これまでに尾高邦雄・西平重喜を中心に行なわれた一九五五年の第一回調査(日本社会学会調査委員会編、一九五八)から、安田三郎を中心に行なわれた一九六五年の第二回調査、筆者を中心に行なわれた一九七五年の第三回調査(富永編、一九七九)を経て、直井優を中心

表1　移動表(mobility table)と移動指数(mobility indices)移動表

父の階層または初職	子の階層または現職					計
	1	2	…… j	……	k	
1	f_{11}	f_{12}	……f_{1j}	……	f_{1k}	$n_{1\cdot}$
2	f_{21}	f_{22}	……f_{2j}	……	f_{2k}	$n_{2\cdot}$
⋮	⋮	⋮	⋮		⋮	⋮
i	f_{i1}	f_{i2}	……f_{ij}	……	f_{ik}	$n_{i\cdot}$
⋮	⋮	⋮	⋮		⋮	⋮
k	f_{k1}	f_{k2}	……f_{kj}	……	f_{kk}	$n_{k\cdot}$
計	$n_{\cdot1}$	$n_{\cdot2}$	……$n_{\cdot j}$	……	$n_{\cdot k}$	N

各種移動指数公式

	階層カテゴリーiについて	全体について
粗移動率	$(n_{i\cdot}-f_{ii})/n_{i\cdot}$	$\left(N-\sum_i f_{ii}\right)\Big/N$
構造移動率	$\dfrac{\max(n_{i\cdot}, n_{\cdot i})-\min(n_{i\cdot}, n_{\cdot i})}{\max(n_{i\cdot}, n_{\cdot i})}$	$\dfrac{1}{2N}\sum_i[\max(n_{i\cdot}, n_{\cdot i})-\min(n_{i\cdot}, n_{\cdot i})]$
循環移動率	$\dfrac{\min(n_{i\cdot}, n_{\cdot i})-f_{ii}}{\max(n_{i\cdot}, n_{\cdot i})}$	$\left[\sum_i \min(n_{i\cdot}, n_{\cdot i})-\sum_i f_{ii}\right]\Big/N$
結合指数	$Nf_{ii}/n_{i\cdot}\,n_{\cdot i}$	$\sum_i Nf_{ii}\Big/\sum_i n_{i\cdot}\,n_{\cdot i}$
分離指数	$Nf_{ij}/n_{i\cdot}\,n_{\cdot j}$	$\sum_i\sum_j Nf_{ij}\Big/\sum_i\sum_j n_{i\cdot}\,n_{\cdot j}$
安田の開放性係数(Y係数)	$\dfrac{\min(n_{i\cdot}, n_{\cdot i})-f_{ii}}{\min(n_{i\cdot}, n_{\cdot i})-n_{i\cdot}\,n_{\cdot i}/N}$	$\dfrac{\sum_i \min(n_{i\cdot}, n_{\cdot i})-\sum_i f_{ii}}{\sum_i \min(n_{i\cdot}, n_{\cdot i})-\sum_i n_{i\cdot}\,n_{\cdot i}/N}$
ブードン指数	$\dfrac{\min(n_{i\cdot}, n_{\cdot i})-f_{ii}}{\min(n_{i\cdot}, n_{\cdot i})}$	$\dfrac{\sum_i \min(n_{i\cdot}, n_{\cdot i})-\sum_i f_{ii}}{\sum_i \min(n_{i\cdot}, n_{\cdot i})}$

に行なわれた一九八五年の第四回調査まで、一〇年ごとに四回の社会階層と社会移動(略称ＳＳＭ)を主題とする全国調査が行なわれてきており、それらのデータは電算機用データ・テープによって利用可能である。これらのうちまだ分析の完了しない第四回調査を除く三回の調査から得られた移動表の分析により、次のことがわかっている。(i)日本の世代間移動率は、一九五五年以後増加のトレンドをつづけている。(ii)日本の世代間移動率は、先進諸国に比してまさるとも劣らないくらい高い。(iii)日本の世代内移動には増加のトレンドは見られない。(iv)日本の世代内移動率は、先進諸国に比して低い。

(三)　経路(パス)解析。この分析手法は計量生物学で用いられていたのをダンカン(Duncan, 1966; Blau and Duncan, 1967)が社会学に転用したもので、個人の生涯をつうじての地位達成過程(status attainment process)という社会学的アイディアを、逐次的(recursive)な線形構造方程式モデル(linear structural equation model)という統計学的分析用具によって表示したものである。地位達成という語には、階層的地位というものが個人にとって所与のものなのではなく、みずからの努力によって生涯の各時点ごとに達成していくものだという社会階層論の考え方が典型的に表現されている。ある個人の階層的地位は、彼の父の職業、彼の父の教育、彼自身の能力や意欲、彼の学歴、彼の初職、その他多くの先行諸原因の結果として決定されていると考えられる。構造方程式というのはそのような因果関係の構造をあらわしている方程式という意味である。経路モデルはこの構造方程式に逐次的という条件を付加してつくられたモデルで、逐次的とは原因諸変数の時間順序が確定していて因果連鎖が一方向であることをさし、あわせて残差変数が先決変数と無相関というテクニカルな条件を付加してモデルを単純化している。経路(path)とはこの因果の経路のことである。五つの変数だけを用いた最も簡単な経路モデル(基本モデルという)とそのダイアグラム表示を図**6**に示す。経路モデルに用いる構造方程式は回帰方程式だから、全変数は数量変数(ダミーを含む)でなければならない。職

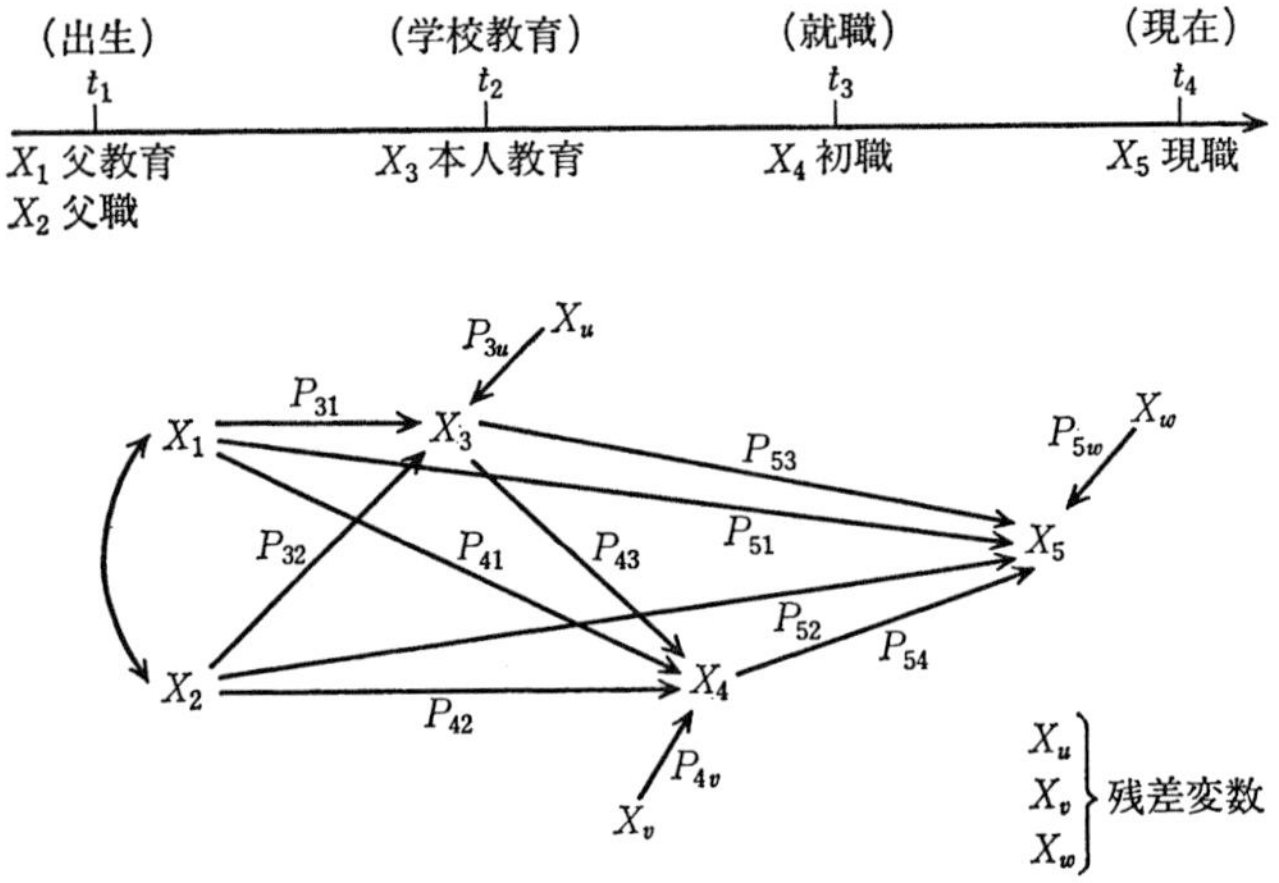

$$
\begin{cases}
X_3 = P_{31}X_1 + P_{32}X_2 + P_{3u}X_u \\
X_4 = P_{41}X_1 + P_{42}X_2 + P_{43}X_3 + P_{4v}X_v \\
X_5 = P_{51}X_1 + P_{52}X_2 + P_{53}X_3 + P_{54}X_4 + P_{5w}X_w
\end{cases}
$$

図6 経路分析(パス解析)の基本モデル

業威信スコアが広まって職業という質的変数が数量尺度であらわされるようになったこと、および電算機使用の普及が経路分析の爆発的な盛行を導いた。上述した日本のSSMデータに経路分析を適用した結果によれば、(i)父の職業・教育がその子供の階層的地位を決定する度合いは大きくない、(ii)地位決定の因果的経路として決定的なのは、本人の教育が初職を決定し、その初職が現職を決定するという経路である、(iii)以上の点をアメリカと比較してみると、現職地位の決定に関して日本では初職が決定的に重要なのに対して、アメリカでは初職はそれほど重要でなく教育の直接効果が日本より大きい、(iv)教育を決定する変数としては、父の教育があげられるほか、教育アスピレーションという心理的要因の重要性が大きいことが指摘できる、(v)教育は意外なほど所得を決定する度合いが小さい、などの諸事実が明らかにされている(富永編、一九七九、富永-安藤、一九七七)。なお近年は、グッドマン(Goodman, 1965)によって創始された対数-線形(ログーリニアー)分析の手法が移動表の分析に多く用いられるようになり、ハウザー、フェザーマン、ゴールドソープらがいずれも経路分析によらずに対数-線形分析を用いるようになった(Hauser, 1978; Featherman and Hauser, 1978; Goldthorpe, 1980)。対数-線形分析は、クロス表における二変数の独立性の仮定を検定することから出発したもので、経路分析のような数量諸変数の準備を必要とせず、移動表が与えられればただちに適用可能であることを最大の利点としており、この利点によってしだいに経路分析にとって代わる傾向にある。

(四)　地位非一貫性の分析。われわれは社会階層を物的資源・関係的資源(勢力と威信)・文化的資源という複数の諸資源が不平等に分配されている状態と定義し、また一九世紀ヨーロッパ型の階級概念に対して二〇世紀につくられた社会階層概念が分析的・多元論的な性質をもつことを強調してきた。このように多元論的であることから当然生ずる問題は、それら複数種類の諸資源が相互にくいちがって分配されたらどうなるかということである。じっさい、多元論的であるということはそれらが独立に動き得ることだから、たとえば金持ちだが威信と教育はないとか、逆に威信は高いが貧乏で勢力もないとか、その他いろいろのくいちがった組合わせがいくらでも起り得るのが近代産業社会後期の階層構造の特徴なのである。このように、同一個人のもつ複数の地位諸変数が相互にくいちがって一致しない状態を地位非一貫性(status inconsistency)という。地位非一貫性という概念の創始者はレンスキー(Lenski, 1954; 1966)である。彼は地位非一貫性を、構造的な歪み、不満の源泉、したがって社会的危機の徴候としてとらえた。すなわち、地位が非一貫である人は欲求不満におちいり、怒りの感情やマージナル・マン感情を抱き、革新政党を支持し、さらには政治的極端主義にむかう傾向がある。ヘルマン・シュトラッサーが、ヴイマール・ドイツにおけるナチス支持者を、地位下落によって地位非一貫を強いられて強い不満を抱くにいたった帝政ドイツ時代の旧エリート層および新中間層に求めたのも、同様の着眼によるものである(第7項)。ところが、近代産業社会後期の社会には、これとはまっ

表2　クラスター分析による6階層クラスターと主観的階層帰属・政党支持

（日本，SSM全国調査，1975）

階層クラスター	クラスター・センター						事例数	構成比
	教育		所得		職業威信			
	平均値	標準偏差	平均値	標準偏差	平均値	標準偏差		
I	4.88	.327	3.47	1.075	4.35	.696	306	12.6
II	1.79	.409	2.11	.703	1.70	.536	538	22.2
A	2.49	.706	4.46	.499	2.22	.784	357	14.7
B	2.90	.582	4.21	.790	4.69	.465	293	12.1
C	3.26	.643	2.29	.663	1.55	.521	265	10.9
D	2.52	.578	2.33	.637	3.31	.552	667	27.5
							2426	100.0

階層クラスター	主観的階層帰属					計	事例数
	上	中の上	中の下	下の上	下の下		
I	0.7	37.0	52.5	8.2	1.6	100.0	303
II	2.1	19.0	49.8	22.7	6.4	100.0	528
A	0.8	29.1	55.8	12.0	2.3	100.0	351
B	2.1	30.4	52.9	12.5	2.1	100.0	289
C	1.9	16.3	54.9	22.3	4.6	100.0	264
D	0.3	18.3	57.4	20.0	4.8	100.0	655
Total	1.2	23.6	54.1	17.3	3.8	100.0	2390

階層クラスター	政党支持				計	事例数
	保守	中道	革新	支持政党なし		
I	31.6	7.6	24.0	36.8	100.0	288
II	49.2	6.3	21.2	23.3	100.0	523
A	49.3	5.5	20.7	24.5	100.0	347
B	50.0	9.4	16.1	24.5	100.0	286
C	36.9	6.8	21.0	35.3	100.0	252
D	33.4	7.8	25.8	33.0	100.0	652
Total	41.4	7.2	22.1	29.3	100.0	2348

注：階層クラスター　I　上層一貫
II　下層一貫
A，B，C，D　非一貫

教育，所得，職業威信　いずれも1〜5の5点尺度値に変換．数が大きい方が地位が高い．

政党支持　保守＝自民党
中道＝公明党，民社党
革新＝社会党，共産党

表3 クラスター分析による6階層クラスターと主観的階層帰属・政党支持
(西ドイツ, Zentralarchiv für empirische Sozialforschung による全国調査, 1980)

階層クラスター	クラスター・センター						事例数	構成比
	教育		所得		職業威信			
	平均値	標準偏差	平均値	標準偏差	平均値	標準偏差		
I	4.21	.679	4.51	.642	4.77	.527	177	13.1
II	1.75	.460	1.48	.500	1.87	.809	369	27.2
A	1.93	.574	3.92	.791	1.47	.500	311	22.9
B	2.25	.574	4.11	.783	3.63	.577	231	17.0
C	3.63	.700	2.23	.826	2.51	.541	97	7.2
D	2.80	.641	1.66	.606	4.55	.500	171	12.6
							1356	100.0

階層クラスター	主観的階層帰属					計	事例数
	上	中の上	中	労働者	下		
I	4.1	37.9	56.2	1.8	…	100.0	169
II	…	1.1	42.5	54.7	1.7	100.0	358
A	0.3	5.1	59.8	33.4	1.4	100.0	296
B	0.4	11.1	66.7	21.4	0.4	100.0	225
C	2.2	12.1	75.8	8.8	1.1	100.0	91
D	0.6	9.7	71.6	16.8	1.3	100.0	155
Total	0.9	10.4	58.2	29.4	1.1	100.0	1294

階層クラスター	政党支持					計	事例数
	CDU-CSU	FDP	SPD	Die Grünen	DKP, NPD, 支持政党なし		
I	44.2	12.8	30.8	9.6	2.6	100.0	156
II	38.2	9.1	44.7	3.5	4.5	100.0	309
A	32.6	10.7	45.2	6.3	5.2	100.0	270
B	42.6	11.3	36.4	5.6	4.1	100.0	195
C	34.9	10.5	47.6	3.5	3.5	100.0	86
D	33.3	15.6	38.3	10.7	2.1	100.0	141
Total	37.6	11.2	41.0	6.2	4.0	100.0	1157

注：階層クラスター、教育・所得・職業威信 } 表2の日本のデータと同じ
政党支持　CDU-CSU キリスト教民主・社会同盟(保守)
FDP 自由民主党(中道)
SPD 社会民主党(革新)
Die Grünen 緑の党
DKP ドイツ共産党　　NPD ネオ・ナチ党

たくちがったタイプの地位非一貫が大量に存在しており、レンスキー-シュトラッサーのいわば古典的な地位非一貫性概念は修正を要するように思われる。たとえば、教育は低いが高い職業パーフォーマンスのゆえに労働市場において高い所得を得る機会に恵まれた人びとは、地位非一貫によって欲求不満やマージナル・マン感情をもつというよりも、むしろ低い教育水準を所得の改善によって補償することにより、満足を高めつつあるのではないか。今田-原は一九七五年SSM調査のデータにクラスター分析を適用して、日本社会には地位一貫よりも地位非一貫の方が多く、過半数である五一パーセントが地位非一貫であることを見出した(今田-原、一九七九)。さらに富永-友枝は一九五五年から一九七五年までの三時点データにクラスター分析を適用して、地位非一貫が一九五五年の四八パーセントから一九六五年の五九パーセントを経て一九七五年の六五パーセント——一九七五年が今田-原の数字と合わないのは、地位変数の選択が異なるためと、使用したクラスター分析の種類が異なるためである——まで、増加の一途をたどっていることを見出した(富永-友枝、一九八六)。これら非一貫グループは、みずからを中流と判定しているものの割合が非常に高く、政党支持において一貫グループとほぼ同程度に保守支持の割合が高い。しかもこのような傾向は日本だけのことではなく、私が西ドイツのケルン大学経験的社会研究所(Zentralarchiv für empirische Sozialforschung)による一九八〇年西ドイツ全国調査の電算機用データ・テープを用いて日本のデータと同一プログラムでクラスター分析を行なったところ、基本的に類似したパターンがあらわれた。日本の一九七五年と西ドイツの一九八〇年の分析結果をそれぞれ表**2**および表**3**として示す。この結果を簡単に解読しておくとつぎのとおりである。上層一貫は日本一二・六に対し西独一三・一、下層一貫は日本二二・二に対し西独二七・二、非一貫は四つを合わせて日本六五・二に対し西独五九・七である。非一貫グループの主観的階層帰属は日本・西独とも中流が圧倒的に高い。政党支持は西独で社会民主党(ＳＰＤ)支持率が日本の革新支持(社会・共産)率より全体に高いためパターンが異なるが、上層一貫を別として、非一貫グループが下層一貫に比してとくに革新支持が高い傾向はみられないし、小会派(緑の党・共産党など)支持が高いという傾向も――非一貫Dに緑の党支持率がめだって高いのを除き――みられない。すなわち、現在の西ドイツでは、ヴイマール・ドイツとは異なり、日本と同様に中流帰属型で満足型の安定的な非一貫グループがふえているということができる。

最後に、社会階層の理論面について簡単にふれておこう。ソローキン以後の社会階層研究は経験的研究が先行してきた分野であって、理論は研究の主役であったとはいえないが、理論面ではコンフリクト理論と機能理論とが対立して論争をくりかえしてきた。一九世紀ヨーロッパ型の階級理論はすべてコンフリクト理論――当時そのような名称はなかったとはいえ――であった。これは、サン－シモンによって準備されマルクスによって明示的に定式化された、所有によって定義された二階級モデルによって導かれたものである。しかし、近代産業社会後期に入るとともにエンプロイー社会への移行があって、所有の意味は後退した。そこでダーレンドルフのように所有を権力でおきかえる新しいコンフリクト理論が登場してきた(Dahrendorf, 1959)。しかしながら第一に、権力をもつかもたないかによって支配階級と被支配階級を截然と区分することは困難で、コンフリクト理論はこの困難を今日まで克服していない。第二に、社会移動の増大、地位決定の業績主義化、そして分析的・多元論的な階層概念が生み出されるにいたった背景をなしている階級区分の不明確化は、階級闘争を稀薄化させる方向に作用する。ダーレンドルフ自身もこの方向性を承認せざるを得なかった。

では機能理論の側はどうか。これについては、社会階層に機能理論を適用するとはどういうことを意味するのか、という根本問題から考えていかなければならない。社会階層は不平等の構造化であるが、不平等に機能があるというようなことがいえるだろうか。不平等には機能がある、という理論を展開した最初の論文はデーヴィス－ムーア

(Davis and Moore, 1945)である。彼等は社会階層には次の二つの機能があるとした。すなわち、(i)それは適切な人材が適切な地位につくように動機づける、(ii)それは地位占有者が地位にともなう義務を果たすように動機づける。いかなる社会でも、その社会にとっての機能的重要性の高い役割とそうでない役割とがある。そして重要な役割を果たすのに必要な能力をもった人物は稀少である。社会階層は、それらの重要な諸役割が適任な人によって占められるように誘因する人材配分の機能をもつゆえに存在する、と。けれどもこの議論は、機能理論の原理的レベルにおいて次のようないくつかの問題を含む。

(一)　もともと機能とは、それを達成することを目的として人びとが行なうパーフォーマンスである。社会階層には、家族のような基礎集団や企業・学校のような機能集団などが、全体社会の中で分担している機能的パーフォーマンスはない。社会階層は全体社会であって、家族や企業のように一定の機能を担当している部分社会なのではない。たとえば上層階級の機能とか下層階級の機能といったものはない。デーヴィス＝ムーアのいう社会階層の機能は、もしそれを機能と呼ぶとしても、マートンのいう潜在機能あるいは明示的に意図したものではない機能である。

(二)　機能理論が定式化している機能的要件テーゼは、どの機能が重要でどの機能がそれより重要でないといった評価づけのランキングを含むものではない。機能分析の観点からは、たとえば役人も商人も労働者もそれぞれ不可欠な機能を果たしているということがいえるだけで、それらの諸役割のどれが重要だから高い報酬を支払われることが社会システムにとって「機能的」である、といったテーゼをそこからひき出してくることはできない。

(三)　仮に機能の重要性の評価が可能で、重要な機能の担当者に多くの報酬が支払われねばならないとの論点を容認するとしても、現実の所得分配はそのような社会全体の単一意志を執行する機関によってきめられているということはない。多くの所得分配は市場機構をつうじてなされており、そして市場機構をつうじてなされる分配は需要供給によって決定されるものだから、パーフォーマンスに対する機能評価の観点とは別である。たとえばある社会で人気歌手や一流プロスポーツ家の所得が首相の給与より高いとしても、それは国民が人気歌手や一流プロスポーツ家の機能的パーフォーマンスを首相のそれよりも重要と判断していることを意味するわけではない。

(四)　社会が近代化・産業化するにつれて社会的平準化が進行してきたというのが近代産業社会後期のこれまでの趨勢であった。このことはデーヴィス－ムーアの観点から、社会が近代化・産業化するほど社会階層の人材配分機能が不要になると結論されることを意味するか。しかし機能理論の観点からは、社会が近代化・産業化されるほど社会の機能分化の度合いは高まるのだから、社会が近代化・産業化されるほど機能理論の説明力がなくなっていくとすることは論理的に矛盾する。この矛盾は、不平等そのものに機能があるとする仮説から帰結したものであるから、この仮説は支持できないとの結論を生むであろう。

以上から私は、デーヴィス－ムーアによる社会階層の機能理論というのは、機能理論の誤用であると結論したい。社会階層は家族や企業のような社会集団でなく、したがって役割の集合体とはいえず、だからデーヴィス－ムーアのようなかたちでこれに機能を帰属させることはできない。社会階層は分配の不平等の結果つくられる分配上のカテゴリーである。だから社会階層に機能理論を適用するには、社会的資源の分配についての機能理論といったものがつくられる必要があると思われる。しかしそのような理論はまだ存在していない。社会階層の理論は、社会学にとってなお将来の課題である。ここでは、社会階層の理論というものを考えるとすればそれは近代産業社会においてこれまで起ってきた社会階層変動の諸趨勢(第38項)をそれによって説明し得るものでなければならないこと、そしてその説明には機能理論とコンフリクト理論の両方がともに必要であろうということを、示唆するにとどめておきたい。

30　国民社会と国家

国民社会とは、近代産業社会段階における最大の地域社会である。地域社会としての国民社会の地理的な広がりは国土と呼ばれる。またその国土の上に定住して国民社会を構成している人びとは国民と呼ばれる。

国民社会の定義において「近代産業社会段階における」という段階規定は不可欠のものである。というのは、国民社会と呼ばれるものはけっして超時間的に普遍的な地域社会の形態なのではなく、近代産業社会段階以前には存在してはいなかったし、今後もいつまでも存続しつづけるとはきまっていないからである。私は、地域社会についての考察にさいして、社会関係の封鎖的な地域内集積としての地域共同体に注目し、それが近代産業社会において解体していくことを村落度の減少と都市度の増大と呼んだ(第28項)。この過程は、近代化・産業化にともなって生ずる地域社会の社会変動を考察するさいの中心主題をなす(第37項)。国民社会は、この地域共同体の解体によって形成されるにいたった地域社会である。なぜなら、地域共同体という社会関係の封鎖的な地域内集積がある限り、それが地域住民にとっての全体社会であって、地域共同体からの解放がないかぎり、それを超える社会たる国民社会は形成されがたいからである。

右の点の認識は、ただちに、国家という概念と国民社会という概念とが本来的に別個のもので、両者は完全に切り離されて考えられねばならないということを理解せしめるであろう。国家と国民社会を重ねあわせて考えることが可能なのは近代産業社会段階において国家が国民国家というかたちをとって形成されてから以後に限られるのである。こんにち世界には約一七〇の独立国があり、さらに歴史を溯れば、古代エジプト王国も古代ギリシャのポリスもローマ帝国も、中国の秦漢帝国・隋唐帝国も日本の律令国家も、中世ヨーロッパに存在していた群小の領邦国家(Landesstaat)や近世(徳川時代)の日本における大名の諸藩も、すべて国家と呼ばれていたのだから、国家の形態というのは高度に多様であるというほかはない。イーストン(Easton, 1953 : 106–109)が国家の定義は一四五もあって収拾がつかないから政治学者は国家という語の使用をやめるべきだなどといっているのは、じつは概念の混乱――それもあるとしても――だけではなくて現に実在してきた国家の現実が高度に多様であることの反映である事実を見過しているのにすぎない、というべきである。それらの多様な国家形態のうちで、国家と国民社会とを重ねあわせることができるのは、正確には近代産業社会に達しているもの――あるいはこの規定を若干ゆるめて発展途上国のいくらかを加えるにしても、少なくとも地域共同体が解体されつつある社会――に限られる、というのがここでの中心論点である。

このように時間軸および空間軸に関して高度に多様な国家の形態を考慮に入れながら、それらのすべてにあてはまるような国家の定義をえらぼうと思えば、それはきわめて形式的なものにならざるを得ない。ここではさしあたり、そのような国家一般についての定義として、国家とは一定領域の土地を領有しそこに居住する人びとを支配している統治機構である、という簡略な言明をえらんでおく。しかしこのような一般的な定義にはあまり内容はないのであって、現実には、右の定義において一定領域の土地に居住する人びとを他から区分する基準、それらの人びとを支配するという場合の支配の様式、統治機構の具体的な形態などはすべて、社会進化の発展段階によって異なっている。世界の中に現に存在している一七〇ほどの国家にしても、それらは発展段階を異にする多様な諸形態が時間軸に添って配列されているものとして認識されるべきなのであって、その時間軸を取去ってそれらを一挙に同一平面上に投射してしまえば、ただその多様性だけが無秩序に印象づけられるということになるのである。

国家を社会進化の発展段階と関連づけてその構造変動をたどることは国家における社会変動の考察まで延期することとし(第**39**項)、ここではさしあたってまず国民社会というものが成立した近代産業社会段階になってからの国家が、それ以前の国家とその社会学的実質を根本的に異にする、というところに注意をむけよう。すなわち、何よりも重要なことは、国民社会形成以前の段階での国家はそれに対応する地域社会をもっておらず、地域社会の最大のものは地域共同体としての村落や都市であるにとどまっていた、ということである。だから当然のこととして、国民社会形成以前の国家——ポリスやキヴィタスや領邦国家の小規模のものはひとまず別にして——が地域共同体の範囲を超える版図をもった時には、その版図に対応する地域社会というものはあり得るはずがなかったのである。古代の国家は、ローマ帝国と秦漢帝国・隋唐帝国という東西の代表的な大帝国に示されているように、アイゼンシュタットのいう「歴史的官僚制帝国」(historical bureaucratic empire)のかたちをとることが多かった(Eisenstadt, 1963)のであるが、それらは近代産業社会におけるような地域行政的実質においてはまったく稀薄であり、またそうであったからこそ交通不便な古代においてあのような大版図をもち得たのだと考えられる。

私は第**2**項において近代国民国家を組織としてとらえる見解を提示し、ただその場合の組織というのは企業などの組織と異なって市町村などの自治体とともに地域行政組織として考えられる、ということを述べた。この観点からして、近代国民国家は国民社会規模において形成された最大の地域行政組織であり、また同時に立法・司法の業務を行なう統治機関である、と定義された(九ページ)。この定義は近代国民国家すなわち近代産業社会段階での国家の定義であって、国家一般の定義ではない。この定義を、さきに述べた国家一般の定義とくらべると、「一定領域の土地に居住する人びと」というのがここでは国民社会として特定され、「支配している統治機構」というのがここでは地域行政組織として特定されていることがわかるであろう。この後者の点について、もうすこしたちいって考えてみよう。

国家が組織であるということは、それが企業などとともに機能集団の一形態であるということを言っている。マックス・ヴェーバーの官僚制論に出発点をもつ社会学の組織理論において、企業と並んで組織概念の典型として常に言及されてきたのは官庁組織であったから、右の定義ではこれを地域行政組織としてとり出した。ただ行政は国家業務の全部ではないので、右の定義では行政組織をとくにとり出したあとに、立法・司法の業務を行なう統治機関という語を付加してこの不足を補った。さて問題は国家を機能集団の一つと考えることの意味である。本書でいう機能集団は家族を除外している点でマッキーヴァーのアソシエーションと同じではないがそれにきわめて近い概念である、ということについてはすでに述べた(第27項)。だから国家を機能集団とすることは、マッキーヴァーが国家をコミュニティ――われわれの場合は地域社会――から引き離してアソシエーションと見做したさいに意図されていた精神を引き継ぐものである。これまでもくりかえし述べてきたように、機能集団ないしアソシエーションというものは大部分近代産業社会以降のものである。近代産業社会において、企業や学校や政党や各種の職能団体や労働組合等々数多くの機能集団が簇生するにいたったが、その中にあって国家もまた行政組織の側面を大いに肥大させたのである。つまり国家自体も機能集団の簇生において中心的な役割を果たしたのであった。こうして、近代産業社会において組織たることは国家の本質的な特性の一つとなった。

ところでしかし、国家は企業や学校等々と並んで組織の一つであるといっても、それは国土をもち国民社会という地域社会の上に形成された組織である点で、他の諸組織とちがっている。また、国家は地域社会の上に形成された組織であるという点では県や市町村などの自治体と共通しているが、それの依拠する地域社会の性質が最大の地域社会(相対的な意味における全体社会)である点が自治体とちがっている。今日ではもちろん、国家の外に国連のような国家を構成員とする国際組織が確立しているし、多国籍企業のような複数の国民社会にまたがった組織も存在しているけれども、国連はそれが立脚する地域社会をもつとはいえないから地域行政組織ではなく、また多国籍企業は組織ではあるがあくまで企業だから機能集団であってただその境界が国境を超えたにすぎない。国際化がすすんだ現在でも国家は依然として最大の地域行政組織であり、また遠い未来はいざ知らず現状では国家の主権は依然として国民社会の範囲を超えないから、国民社会は相対的な意味においてではあるがやはり全体社会としての特性を基本的にそなえている。国家が組織であるとしても、それは特別の組織であることを認めなければならない。

国家をアソシエーションの一つとしたマッキーヴァーも、国家はアソシエーションとして特殊なものであることを認めた。すなわち、国家は他のアソシエーションが成員の離脱を認めるのに対して国民の国籍離脱にきわめて強い拘束を課すること、国家は他のアソシエーションが成員に課している規則とは根本的に異なる強制力の裏づけをもった法律を国民に課しており国民はその強制力から逃れられないこと、国家は他のアソシエーションたとえば企業や労働組合や宗教教団の活動に対して干渉することができること、などがそれである(MacIver, 1920: 39-47)。同じことは国家を組織として見る場合にもあてはまるのであって、国家が他の組織たとえば企業や学校や政党などとちがう特殊な組織であることを認めなければならない。ただこれらの点はすでによく知られている事柄であるから、これ以上反覆しなくともよいであろう。ここで問題にしたいのは、マッキーヴァーが指摘しなかった次の点である。

機能集団は限定された目的を達成するために合理的につくられるものであり、そしてそれが合理的であるためには特定機能のみに特化していることが必要である。かくしてすべての機能集団は専門分化をとげ、産業化と近代化がすすめばすすむほどただ一つの限定された目的だけに特化するようになっていく。ところが国家は例外である。近代産業社会前期において、国家の機能は治安と国防と最小限度の公共事業にほとんど限定されており、当時の国家は「夜警国家」といわれた。ところが近代化と産業化がより高度になった近代産業社会後期になって、国家はもっとはるかに多くのことを求められるようになった。とりわけ顕著なのは国家の手による福祉政策である。国家は貧困を解消し、失業者を救済し、身障者や高齢者を保護し、国民の生活水準を安定させ、不平等をなくし、機会均等を実現するようにつとめなければならない。このような国家理念は「福祉国家」と呼ばれる。政府の活動は多角化し、政府の行政組織は肥大し、国家財政は拡大し、それとひきかえに国民の租税負担は重くなった。国家は専門分化した多数の機能集団の一つになっていくのでなく、反対にますます多くの機能を背負いこむようになった。そのようなことが求められるようになった背景には、家族の機能縮小・親族の崩壊と、地域共同体の解体がある。かつて家族・親族や地域社会が果たしていた機能は、どこかがこれを引き受けねばならない。しかしそれらの諸機能の多くは、民間組織の市場機構をつうじての活動には適さない。それらを引き受ける社会類型として考え得るのは国家しかないのである。かくして、機能集団であり組織の一つでありながら、国家の活動は少数の機能に専門分化するのではなくして反対に多機能的になっていった。たとえばエツィオニは、国家を組織として定義することの重要性を強調して、国家 対 社会の関係は組織 対 集合体の関係に比せられるとしたのであるが、そのさい国家における組織は単一機能のそれではなく、超組織(supra-organization)ともいうべきものになりつつあるという(Etzioni, 1968：106–108, 473–474)。

こうして、近代産業社会後期においては、一方で国民社会の全体社会としての自足性は弱まりつつあるが、他方で国民国家は機能拡大の方向にむかいつつある。国家の機能拡大には批判の動きもあり、とりわけアメリカ合衆国はウィレンスキーとルボーが指摘するように古典的資本主義の中心価値たる経済的個人主義へのコミットが強かったが、そのアメリカも近年は福祉国家化への傾向を強めつつある(Wilensky and Lebeaux, 1965)。

本章においてわれわれはマクロ社会学の観点から社会システムの構造と機能を分析し、近代産業社会の社会構造を五つの社会類型のそれぞれについて機能と関連づけつつ経験的に考察してきた。社会構造という概念はそれ自体としては静学的な概念であるが、現実の近代産業社会はつぎつぎに動いているので、もはや構造という静学的な概念用具だけではとらえきれない。マクロ社会学はかくして、構造理論から変動理論へとむかわざるを得ない。章をあらためてマクロ社会の変動理論にすすむことにしよう。

（1）　新古典派の経済学者としてのパレートは、一般均衡理論の創始者レオン・ワルラスと、その一般均衡理論をアングロサクソン経済学における古典派-新古典派の伝統につないだヒックスとを媒介する位置を占め、無差別曲線、パレート最適、その他数多くの分析手法ないし理論的着想の創始者として重要である。他方、社会学者としてのパレートは、一九世紀末から二〇世紀初頭にかけて輩出した社会学第二世代の五人の巨人たち（出生順にあげるとパレート、テンニエス、デュルケーム、ジンメル、マックス・ヴェーバー）の一人にかぞえられている。経済学者パレートと社会学者パレートをつないでパレートの全貌を明らかにした日本で最初の本格的なパレート研究である松嶋敦茂『経済から社会へ――パレートの生涯と思想』（松嶋、一九八五、五〇）によれば、パレートの社会学への関心は晩年になって突如はじまったものではなく、ローザンヌ大学における一八九四年の正教授就任講義においてすでに、人間社会の総合的理解には経済学と並んで社会学の研究が必須であることが強調されていたということであり、また一八九七年には「社会学原理」と題する講義がローザンヌ大学で行なわれたということである。ただ、パレートを除く前記四人の巨人たちの社会学が、いずれも近代化理論としてでくることのできる性質のもので、そういうものとしてコント、スペンサーいらいの社会学の流れと一つながりのものであるのに対して、パレートはかけ離れているという印象を与えてきた。日本における最初の本格的な社会学理論の創始者であった高田保馬も、「スペンサア、ジンメル、ウエエバアが極めて近きところにあり、その思想の接近を思い得るのに対してパレトの思想は余りに離れている」（高田、改新一九七一、三六三）と記している。ただ私は、パレートは近代化理論の提示者ではなかったが、テンニエス、デュルケーム、ジンメル、ヴェーバーのいずれにも含まれていた近代に対する批判的視点の提示者であった点で、他の四人の巨人たちと共通項をもっていたと考えている。五人の巨人たちの思想の差異と関連性についての分析は、これからの社会学史研究の大きな課題としてのこされている。

（2）　パーソンズとほぼ同様の研究環境で育ったホーマンズもまた、ヘンダーソンを介してパレートの社会システム理論に接し、カーティスとの共著によるパレートの解説書を書いた（Homans and Curtis, 1934）。またホーマンズもその後の理論形成において社会システムの語を中心概念として採用した（Homans, 1950; Homans, 21974）。しかしホーマンズの社会システム概念はその後もパレート型の機械論的システム理論に近く位置し、パーソンズ型の構造-機能分析とむすびついたシステム理論とはならなかった。これがのちに、ホーマンズが「心理還元主義」を説くようになる理由である。

（3）　私は他の機会に、サイバネティックスおよび一般システム理論と社会科学とのかかわりについてかなり詳細に検討を加えた（富永、一九八四a、二三三―二五一）ので、それを参照。重要なことは、社会学における構造-機能分析は自然科学におけるそれらの発展から大きな刺激を受けたけれども、それらは一九世紀いらいの社会学の固有の方法的伝統において準備されてきた機能主義に吸収されるというかたちで摂取されたのである、ということである。社会学における社会システム概念は、サイバネティックスおよび一般システム理論とは、多くの場合比較的間接的――バックレーのような例外を除き――な関係しかもっていない。なお機能理論を一般システム理論の一部門と見做すストンプカの議論についてのコメントは第**24**項参照。

（4）　システム-環境アプローチにおいてシステムは「開放システム」として環境とのあいだでインプットとアウトプットの交換を行なうのが原則である。システムが完全に「閉じて」いるならば、それはシステム-環境アプローチではなくなる。これに対して、オートポイエティック・システムは再帰的システム（recursive system）であって、因果の連鎖は閉じており、環境とのあいだでインプット・アウトプットの交換は行なわれない。この点でそれはルーマンのいう第一段階のシステム理論（部分-全体論）にある意味で復帰する。自己言及システムという概念は、このような理論を用いて、システムが自己自身のうちに内蔵された自省作用（reflexion）をつうじてみずからの枠組をつくりかえていく過程を表示しようとするものであると説明されている。今田高俊（一九七八、一九八六）参照。

（5）　配分（allocation）と分配（distribution）の区別については、従来私自身に混乱があったので、ここで次のようにきめておく。配分とは、役割配分、人員配分、役割に対する用具や報酬の配分のように、社会システム・レベルにおいて機能的観点から行なわれる割当のことをいうものとする。これに対して、分配とは、階層的地位が個人に対する所得や権力や威信などの不平等分配によって生ずるというように、個人レベルにおいて欲求充足的観点から行なわれる割当のことをいうものとする。なおこの区別は、ミクロ経済学の用法をいくらか参照した上で設定されているが、社会学の用語法は本来的にミクロ経済学の用語法とは観点が異なるので、両者は独立と考えておいた方が混乱を生じなくてすむであろう。分配から区別された配分の語を明示的に社会学用語に導入したのはパーソンズであった（Parsons, 1951 : 114–115）が、彼の用語法もあいまいである。

（6）　このことは、行為理論と社会システム理論とをつなぐ意味をもち得る。ただ、すべての行為理論が無条件に社会システム理論とむすびつき得るのではない。行為が当該行為者個人の欲求充足という文脈だけで完結しているのであれば、その行為に関して社会的機能を帰属させる理論的文脈は存在していない。行為が社会的機能を果たすのは、それが社会システムの構成要素として、全体システムの必要性をみたす活動の担い手と解釈された場合である。

(7)　社会学における一九世紀いらいの機能理論の系譜については他の機会に詳論した(富永、一九八四a、二五七—二九八)ので、紙幅の制約もあり、ここにはくりかえさない。機能理論の出発点はスペンサーによって築かれ、デュルケームがこれを引き継いで明確な定式化を与えた。しかしデュルケームまでの段階では機能理論という名称はまだなかった。マリノフスキー、ラドクリフ-ブラウンの段階——そしてマートンも——ではじめて機能主義とか機能分析とかの名称が明示的に用いられるようになった。構造-機能理論という呼び名はパーソンズの創始にかかる。しかし名称に構造の語がついているか否かにかかわりなく、構造の概念は機能の概念と一組のものとして、スペンサー、デュルケームいらい一貫して機能理論中に位置づけられてきたのであるから、機能理論と構造-機能理論という二つの異なった理論があるということは毛頭なく、両者はまったくの同義語と見做されるべきである。社会学の主潮流の一つとしてこれを呼ぶ時には機能理論または機能主義の語が使われるのが一般であるが、本項で表題に構造-機能分析の語をえらんだのは、ここでの議論が構造と機能の関連づけを中心主題とするので、両者をハイフンでつないだ名称が内容に最もよく適合すると考えたことによる。

(8)　新明正道は、私が本文でふれたカッシーラー、ジンメル的意味での機能主義を「本源的機能主義」と名付け、私がシステム論的機能主義と呼んだもの——彼のいう社会学的機能主義——はこれとは「全く異なって」おり、「むしろそれはその理論的性格において、これと対立するものにさえなっている」と述べた(新明、一九六七、一四—一九)。これは、新明がシステム論的機能主義の内容をまだよくつかんでいなかった——一九六〇年代としてはそれはやむをえない面もあった——ことからくる不適切なコメントだといわねばならない。ついでにつけ加えると、ジンメルにはじまる形式社会学——それはまさに「本源的機能主義」の産物である——に対する最も根底的な批判者であった新明が、ここではむしろその支持者になってしまっていることが、私には不思議に思われる。

(9)　以下述べる私の見解は、一九八二年のルーマン来日の折に行なわれたルーマンを囲む討論会で述べたものである。私はルーマンがそのさい私の批判を受けいれて「機能-構造理論」なる提言を撤回したとは思っていないのであるが、彼の近著『社会システム』(Luhmann, 1984)においては、「機能分析」「機能的方法」の語が用いられるにとどまって、「構造-機能理論」

「機能-構造理論」なる用語はどちらも姿を消している。おそらくルーマンは、自己言及的システムを強調するようになったことによって、かつての「構造-機能理論から機能-構造理論へ」という提言をもはや必要ないものと考えるようになり、撤回したというよりは、事実上言及しなくなったのであろう。

(10)　すなわち高田保馬による社会分類(高田、改新一九七一、一〇二—一〇五)は次のようになっている。

(一)　基礎社会
(一a)　血縁社会
(一b)　地縁社会
(二)　派生社会
(二a)　同類社会
(二b)　目的社会

二一三ページの私のカテゴリー体系では、高田の「血縁社会」は「基礎集団」に、高田の「目的社会」は「同類社会」と合併して「機能集団」に、高田の地縁社会は「地域社会」と「国民社会」とに、それぞれなっている。また私が全体社会の中に位置づけた「社会階層」は、高田が「社会の単純分化」の中で扱いながら「社会の形態」からは除外したものをここにつけ加えたものである。名称の変更は本質的なことではないが、本質的な変更点は次の三つである。(i)高田の「同類社会」を高田の「目的社会」に合併してともに「機能集団」とした。(ii)高田が国家(自治体を含む)および国民社会(および村・町・市・県などの地域社会)を別建てにしなかったのを別カテゴリーとした。(iii)高田が単に「社会」という語によって一括していたものを、「社会集団」と「地域社会」とに分けた。これらの本質的な変更点の理由づけについては、本文中にすべて言及されている。

(11)　以上にあげた構造的構成要素の諸範疇には、テンニエスが「精神のゲマインシャフト」(具体的にはテンニエスは職業 Beruf および技能 Kunst の類似をあげた)と呼び、高田が「同類社会」(具体的には高田は同宗教者および同業者をあげた)と呼んだカテゴリーが独立していないが、ここではそれらは機能集団の中に含めて考えている。これにはもちろん問題もある。すなわち、機能集団は原則的にゲゼルシャフトであり、また近代産業社会以降に急速に発達を見たのに対して、宗教団体や同業者団体(ギルドやツンフト)は原則的にゲマインシャフトであり、近代以前にすでに発展していた点で機能集団と同一視はできない。ただそれらは特定目的の達成に特化している点で、基礎集団であるよりは機能集団に近いと考えることが許されよう。機能集団は原則的にゲゼルシャフトであるが、目的別に特化した集団内社会関係がさらにゲマインシャフト関係に進み得ることを排除しなくともよいことは、既述のゲマインシャフト行為・ゲマインシャフト関係に関する規定(第**16**・**17**項)によって明らかであろう。

(12)　古典期ポリス社会の家族については伊藤貞夫の研究がこれをみごとにえがき出している。それによると、古代ギリシャの家族――「家」(oikos)と呼ばれる――は家父長制であって家産は家父長のものであり、彼が死ぬまでは子供(長子のみでなく次三男も)が結婚しても家族分裂はおこらず、複合家族のかたちをとっていた。家父長が死んだ時にはじめて家族分裂が生ずるが、そのさい財産は男子の均分相続で、男子がない場合にのみ女子の相続権が認められた。複数の男子が財産を分けずに共同相続する場合もあった。ローマの「家」(familia)もこれとほぼ同様であるが、家父長の権限がより強大であることと、男子相続がより徹底して女子の相続が認められないことがギリシャとの主要な相違であった(伊藤、一九八一、二六二―三〇二)。

(13)　「家」制度はけっして日本だけの特殊なものではなく、農業社会段階に普遍的な家族の形態である。日本で「家」にあたるものを、西洋ではhouse, Hausといい、中国では「家」(jia)という。一九四七年の改正民法以前における日本の「家」は徳川時代の武士が主従関係と俸禄を世襲する機能的必要から生み出した制度を、明治民法が若干修正しながら法制化したもので、同一の戸籍に記載された親族によって構成される団体を意味し、戸主がこれを統率していた。戸主は長子相続制によって家産を受け継ぎ、祖先を祀り、家成員の婚姻や養子縁組などの決定権をもっていた。西洋における家は「家父長制」(Patriarchalismus)と呼ばれてきたもので、古代ギリシャのオイコス、古代ローマのファミリアおよび古ゲルマンの家族制度はいずれもこれであり、中世における家父長制家族もやはり封建領主・貴族が主従関係と俸禄を世襲する機能的必要から発達させたものであるが、農民や商工業者にも家産維持の必要から浸透していた。家長権が強大で、かつ長子相続制(古代ローマは均分相続制)であったことは日本の「家」と同様である。中国の伝統的な「家」は、強い家長権のもとにあった点では日本および西洋の家と同様であったが、均分相続制をとっていた点でそれらとちがっていた。日本でも西洋でも中国でも、家長の支配権が家の分裂後にも維持される場合、これが支配-従属の社会関係をともなった親族関係をつくり出した。日本で同族、西洋でジッペ・クラン、中国で宗族といわれるものがこれであるが、その制度の細部はそれぞれ異なる。西洋ではジッペ・クランははやい時期に消滅したが、日本の同族や中国の宗族は近代以降も残存した。

(14)　社会的資源とは、手段的(用具として)もしくは完結的(欲求充足をもたらすものとして)に、個人または社会システムにとって有用な、稀少な物的または関係的または文化的な行為対象をさす。完結的な場合を「財」、手段的な場合を「資源」として使い分けることも考えられる(経済学では資源とは生産要素のことをさし、資本と労働と土地がこれにあたる)が、社会学では両者を分けないで「資源」といいあらわし、かつこれに「社会的」の語をつける用法が普及してきた。社会的資源は、その性質が物的対象、関係的(対人的)対象、および文化的対象に分けられ、またその用途が手段的と完結的とに分けられるので、この二つの軸をクロスさせることにより、下記の図のように分類される。この図が示すように、社会的資源の概念は、物的状況(九〇―九一ページ)よりもはるかに広い。社会的資源は社会システムの諸部分に配分されまたは個人に分配される(配分と分配の区別については二六七ページの注5)。

	手段的(用具として)	完結的(報酬として)
物的	資本財	消費財
関係的	勢力・権力	威信
文化的	手段としての知識・教養	尊重の対象としての知識・教養

第四章　社会の変動理論

第一一節　社会変動の概念化

31　社会変動の概念——社会成長・社会発展・社会進化

マクロ社会のレベルにおける整序概念を社会システムに求めたわれわれは、システムという概念が物理事象および有機体事象という社会事象以外の諸事象に関してもマクロ的な整序概念として用いられていること、すなわち物理システムと有機体システムと社会システムの同形性に着目するところにシステム概念の固有の特徴があることを見た。しかし同時にわれわれは、このことが物理システムと有機体システムと社会システムを同一視することをなんら意味するものではなく、社会システム概念の採用にあたって社会システムと物理システム、および社会システムと有機体システムそれぞれのちがいに十分着目しながら社会システムの理論を構築するのである、ということを強調した(第22項)。

社会システムが物理システムおよび有機体システムと大きくちがっている点の一つが、まさにここでのわれわれの主題である社会変動にかかわっている。機械は一度つくられれば——錆びたり故障したりすることはあるが——人が手を加えない限りみずから構造変動をおこすことはないし、有機体個体も——成長や老化を別にして——自分で自分をつくりかえるという意味での構造変動を生ずることはない。ところが社会システムは、家族が家父長制家族から核家族に変わったり、企業が組織改変で集権制から分権制に移行したり、王制が共和制になったり、封建制が資本主義に変化したりする。これらは根本的な構造変動の例であって、そのような変動はたまにしか起らないが、より小規模の変動は日常的にたえず起っている。これらの構造変動は、ひとりでに――すなわち人間の意志と無関係に――起るのではけっしてなく、当の社会システムの構成員が現行の構造を変える行為を起すことを動機づけられそのように集合的に行為することによってひき起されるのである。社会変動論が社会構造論と並ぶマクロ社会学の大きな研究題目である理由がここにある。

社会変動(social change, sozialer Wandel)という語が社会学用語として確立されたのはそれほど古いことではない。初期の社会学は社会動学に関する分野を設定してはいたが社会変動という語を用いていなかった。たとえばコントは「秩序」と「進歩」を社会学的分析の鍵概念として用い、これを社会静学と社会動学にふりあてたが、社会変動の語は用いなかった(Comte, Œuvres1968–71, Tome IV, Leçon 46–51)。またスペンサーは「構造」「機能」「成長」を社会学的分析の鍵概念として用い、さらに社会学をその一部として含む総合哲学体系の全体を「進化」の理論によって組織化したが、やはり社会変動の語は用いなかった(Spencer, [5]1904: I: Part I–II)。社会変動の語を鍵概念として用いた最初の著作はオグバーンに求められる(Ogburn, 1922)。しかしながら、オグバーンの関心は固有の意味における社会の構造変動の問題にむけられていたとはいいがたく、むしろ一九一〇―二〇年代に隆盛を見た文化社会学および同時期の文化人類学からの影響を強く受けて、社会変動というよりは文化変動が考察の中心的な対象をなしていた。オグバーンの名を有名にしたのが、物質文明の進歩に対する非物質文明のおくれを問題にした「文化的ラッグの仮説(1)」であった事実はこのことを示す。すなわち、オグバーンが社会変動の語によって意味していたものは、内容的には文化変動にほかならなかった。固有の意味における社会変動を社会システムの構造変動として概念化する方向がかたまってきたのは、ようやく一九六〇年代以降のことである。

社会変動の語が確立されてからも、社会変動とは社会の何が変動することなのかという問いに対する明確な答が定まってくるまでには、なお時間を要した。たとえば、一九五三年に小松堅太郎は社会変動の理論についての先駆的な研究の冒頭において、社会の変動とは社会の何が変動することをさすのかという問いを立て、「社会歴史的現実態において変動するものは第一に人間の生活態度であり、第二にこの態度の相関形態たる関係形態であり、而して第三にこれによって制約されて存する文化であるが、なおこれ等の諸現象を一括して変動させるに缺くことのできぬ契機が社会的勢力である」(小松、一九五三、七)という多項目列挙型の定義をもってその答とした。小松のこの答を私の用語で解説すれば、小松は生活態度という語によってミクロ・レベルの行為事象を意味し、関係形態という語によってこれをマクロ・レベルの社会構造につなごうとし、社会的勢力という語によって階級形成を指示し、さらに文化をあげることでこれらを補ったと解される。しかし小松の著作はこれら四要素間の理論的な関係についての明確な考察を欠くため、彼の定義では社会変動のとらえ方が拡散的になってしまって認識の焦点が定まらない。彼は社会変動論に二〇年先立って大著『社会構造の理論』(小松、一九三二)を書いていたのであるが、その小松が彼自身の社会構造論と彼自身の社会変動論とを明確につなぐような概念化の方式をとらなかったのは不思議に思われる。このことは、社会変動とは何かという問題についての思考のルールが当時はまだ固まっていなかったことを示すもので、小松の著書の二六年後にシュトラッサーとランダルが『社会変動論入門』(Strasser und Randall, 1979 : 23)において「社会変動をテーマ化する場合の最も困難な問いはおそらく、変動とは一般に何であるのかという問いであろう」と述べた事実を実感させるものである。

私が一九六五年に旧著『社会変動の理論』を書いた当時、社会変動論はある人の言を借りれば「英雄待望論に類するほどの大きな期待」(綿貫譲治、一九六二、一六三)を寄せられている分野であったが、多くの人がこの題目のもとに考えた内容はといえば当時はマルクス主義の強い影響があって「革命」とか「階級闘争」とかの語と観念連合を形成する一種のロマン化された漠然たるイメージの域を出てはいない場合が多かった。上述した小松堅太郎の著作はもちろんそのようなレベルをはるかに超えてはいたが、私は彼の拡散的な概念化の不明確性を克服する必要があると考えた。そこで私は、社会システムにおいて変動しない——短期的には——ものが社会構造と呼ばれているのだから、社会変動とはその変動しないものが——長期的には——まさに変動するそのことを意味していると考えて、「社会変動とは社会の構造の変動である」という命題から出発した(富永、一九六五a、二三六—二三七)。但し、右の著書においてこれに続く社会構造の概念化が狭すぎたため、同書における社会変動の定義も狭きに失し、そのままここにそれをくりかえすわけにはいかない。本書における私の社会構造の概念化、およびこれを説明概念としての機能とむすびつける考え方についてはすでに詳論した(第**23**—**24**項)。また近代産業社会の構造についての分析図式もすでに提示した(第**25**項)。だから社会変動とは社会システムの構造変動であるとの定義にもとづいてこれを分析する作業は、これらのすでに準備されているレールの上を進んでいくことから得られるはずである。

私の著書よりも三年後に出されたツァプフの編著『社会変動の諸理論』は、日本語文献をまったく対象外にしているから私の著書とは独立であるが、社会変動とは「社会構造」の変動を意味すると明確に規定している点で私の著書と一致している(Zapf, Hrsg, 41979: 11)。ツァプフはこの概念化を社会変動についての分析的プログラムであるとし、コント、スペンサー、マルクスの一九世紀的段階では社会動学は包括的な歴史的発展過程をただまるごと概念化するだけだったからこのような分析的プログラムにまでいたり得なかったと論じて、デュルケーム、パレート、ヴェーバーがこの方向への転回点をなしたと位置づける。ツァプフは、社会変動へのアプローチを、(一)ミクロの近代化とマクロの近代化、(二)社会変動の要因を外生因に求めるか内生因に求めるか、(三)社会変動の形態を成長・探索・進化の過程としてとらえるかそれとも危機・騒乱・革命の過程としてとらえるか、などのように分けてそれぞれをレヴューしたのち、「これらさまざまなアプローチを対立するものとしてでなく収斂するものとして見ると、それらはマクロ社会学的システム理論の方向への累積的発展として特徴づけられる」(Zapf, Hrsg., ^{4}1979: 20)というように概括している。このツァプフの分類軸でいうと、本書における私のアプローチは、(一)ミクロ(個人の価値観やパーソナリティの近代化)ではなくマクロ(社会システムの水準上昇と構造変動)の近代化論である、(二)西洋社会における近代化・産業化は内生因によるものであるととらえる一方、非西洋・後発社会のそれは外生因(文化伝播)によるものであるととらえる、(三)社会進化という問題にシステム・構造・機能の三位一体的認識をつうじてアプローチするが、近代化・産業化が外生因に由来するところの非西洋・後発社会の場合には、それによってひきおこされる親西洋・近代派と反西洋・伝統派との内部対立が深刻化するので、これをいかに克服するかが最大の課題となるととらえる、というように特徴づけることができるであろう。

構造変動というのはそれ自体としては無方向的な概念であるが、構造-機能分析の考え方の上に立って構造と機能を対応づけると、機能的達成水準のより低いシステムからそれのより高いシステムへの歴史的進化の過程を考えることによって、構造変動に一定の方向性があらわれる。すでに述べた役割分化ということがそれである(第**24**項)。この方向性は構造分化・機能分化(Spencer, ^{5}1904: I)、社会的分化(Simmel, 1890)、分業の発展(Durkheim, ^{7}1960)などいろいろの名で呼ばれて一九世紀型社会進化論いらい着目されてきたものであるが、マクロ社会学的システム理論の発展がネオ社会進化論を生み出していらいそれは新たな意味づけを獲得するにいたった。すなわち、役割分化がシステムの環境適応能力を上昇させる——但しそれが停滞したり逆転したりする場合もある——という定式化がこれである。この定式化は、マクロ的構造変動が水準変動と相関する事実を認識せしめ、社会変動の量的側面(水準上昇)と質的側面(役割分化)とを統合的に把握することを可能にする(吉田民人、一九七四、富永、一九八一b)。システムの環境適応能力という概念化はシステム理論の定石であるシステム‐環境の図式から出てきたものである(Parsons, 1966)と同時に、また経験的には、一九六〇年代末いらい隆盛を見た社会指標論とむすびつくものであって(Moore and Sheldon, eds., 1968; Flora, 1974; 1975; Drewnowski, 1976; Glatzer und Zapf, 1984; 三重野卓、一九八四)、ともに社会学研究における近年の新しい動向を反映している。社会変動における量的側面と質的側面とを組み合わせて、社会変動の下位カテゴリーをつぎのように設定しよう。マクロ的社会変動において、当該社会システムの機能的パーフォーマンス水準に趨勢的上昇が生じている場合、社会変動のその側面を社会成長という。そのような機能的パーフォーマンス水準の趨勢的上昇が、当該社会システムの構造変動――役割分化の度合いを高める方向への構造変動――に起因している時、そのような社会変動を社会発展という。長期にわたって社会発展が停止している状態を社会停滞といい、一度到達したより高い発展の水準からより低次の段階に逆戻りする変動を社会退行という。社会停滞は社会変動がおこらない状態だから社会変動論の主題ではない、などと考えてはならない。他の社会が発展をとげている時にある社会が長期にわたって停滞していて発展しないとすれば、それがなぜであるかを解明することは、社会発展がなぜ起るかを解明することとまったく同様に社会変動論の重要な課題である。最後に、発展・停滞・退行が継時的に反覆する変動は社会循環と呼ばれる。パレートやソローキンは歴史の中に社会循環を見出し得るとしたが、景気循環のような規則的な循環を社会変動について見出し得るとは私は考えていないので、本書は社会循環については論じない。

社会成長は、操作的には、健康水準・栄養水準・住居水準・教育水準・勤労生活の質・余暇生活の質・社会保障水準・環境条件など社会指標の諸項目によって表現された生活の質水準が国民社会レベルまたは地域社会レベルで上昇することとしてあらわされる。近代産業社会において平均寿命や栄養水準や住居水準や教育水準や余暇生活・勤労生活の質をはじめ多くの指標が上昇を続けてきた。とりわけこれらの指標は産業化・近代化が「離陸」(take-off)とか

「突破」(breakthrough)などの語で表現されてきた顕著な水準上昇をもたらしたことによって、大きく改善された。但し、耐久消費財普及率や栄養水準や教育水準などにはそれぞれの項目ごとに上昇の天井があって、どこまでも上るわけではない。また、離婚率・犯罪率・都市環境・交通事故などいくつかの指標――しばしばアノミー指標などと呼ばれる――に関しては、産業化と近代化の進行がかえって生活の質の悪化をもたらすことが、近年における先進諸国の大きな社会問題になってきた。

社会発展は、水準上昇を含んだ構造変動だから、定義によってそれ自体のうちに常に社会成長を含む。上述した「離陸」や「突破」は中・長期的には必ず構造変動――以下の第**34**項以下で分析するような構造変動――をともなうから、近代化・産業化は歴史上最も顕著な社会発展にほかならない。人類は今から一万年くらい前までは、狩猟と採取のみによって食物を得、社会構造は単純で家族とこれを包む親族と小規模の地域社会をもつのみであった。それ以後人類は農業革命および産業革命という二度の大きな生産力革命を達成し、こんにちの近代産業社会が有している高度の生産力と、これをささえている複雑に分化した社会構造をつくり出したので、ここにいたる歴史の全過程が、マクロに見た場合社会発展の語によってあらわされ得る。しかし現在の地球上の全人口約四五億のうち、おおよその目安としてＯＥＣＤ諸国とコメコン諸国を近代産業社会とし、それ以外を発展途上諸社会と見るならば、約七割がなお後者に属しており、従って人類史を個々に見る時、その中には社会発展ばかりでなく社会停滞も広範に存在してきたといわなければならない。また戦争・災害・疫病その他の原因によって、特定地域社会に関して、あるいは比較的短期的な事象として社会退行がおこることも、けっして稀ではなかった。

さて最後に、社会進化の概念を導入しよう。近代産業社会をつくりあげた地球上人口の約三割の先進部分に着目して、未開社会から近代産業社会にまでいたる社会発展を進化としてとらえ、進化理論によって説明しようとする社会学説が社会進化論である。進化理論による説明とは、システムの環境に対する適応能力においてより高度のものが選択されていくとするもので、生物進化論と並んで一九世紀ヨーロッパの時代思潮たる進化思想の中から発展をとげたスペンサーの古典社会進化論がその出発点をなし、文化人類学ではタイラーやモーガンが進化主義を代表したが、種々の説明上の難点から二〇世紀初頭にその生命を絶たれた。これに対して、第二次大戦後に社会学と文化人類学の両方で再定式化されたネオ社会進化論は、(i)社会を生物アナロジーで説明する難点を克服するため、変異にあたるものを文化的アイディアの輩出すなわち発明や発見として、遺伝にあたるものを文化の学習ならびに伝播による受容として、生物学的タームによる説明を社会的-文化的なタームによっておきかえた。(ii)生物学アナロジーから離れたことによって、社会進化を人間の選択的意志とかかわりのない自然的過程と見做す考え方からの脱却がなされ、スペンサーのように進化を適者生存として説明しその実践的帰結として自由放任主義を高唱するといったことがなくなった。(iii)文化人類学において進化主義が、一方で伝播主義と、他方で機能主義と対立する学説として位置づけられていた通念が打破され、文化の受容にいたる過程において伝播の重要性を認めるとともに、システム-環境の枠組の中に進化理論と社会システム理論の共通点を見出すようになった。(iv)古典社会進化論の難点をなしていた単線進化説が修正され、複線的進化経路をみとめるようになった。以下本書においては、レンスキーの技術を中心においた進化段階論(Lenski, 1966; Lenski and Lenski, ³1978)と、パーソンズの文化を中心においた進化段階論(Parsons, 1966)をむすびつけて利用したいと思うので、まずこの二つの発展段階図式を対応づけながら図**7**のA欄とB欄に掲げ、この両者の関係について考察したのち、本書でわれわれの用いる段階区分(C欄)を提示することにしよう。

まずレンスキーの図式は、生産技術の革新——発明・発見と伝播による——を発展段階区分の指標として採用したもので、狩猟採集社会、園耕社会、農業社会、産業社会の四つを基本区分とし、園耕社会と農業社会とがそれぞれ単

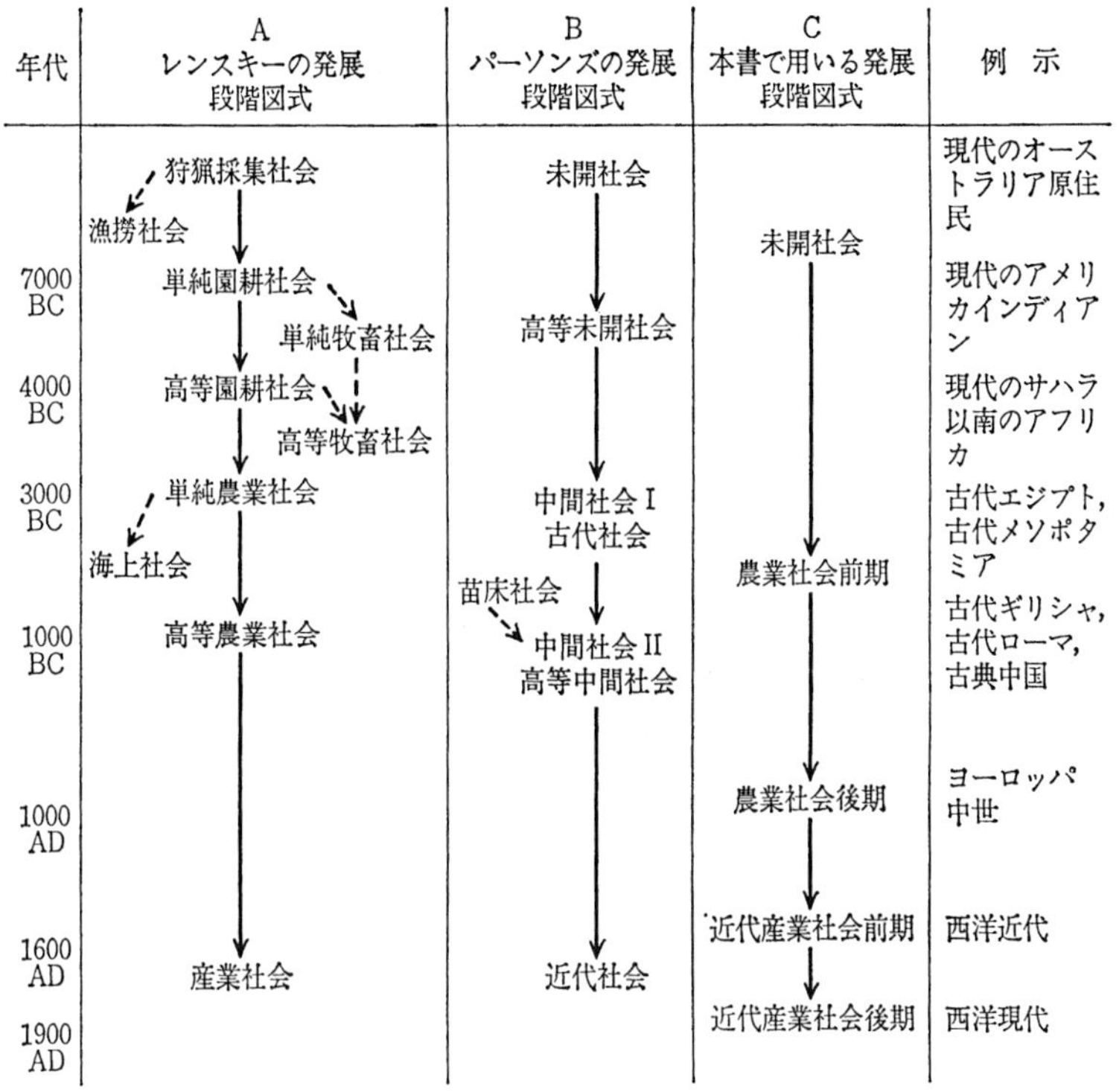

図 7　社会進化の発展段階図式

純と高等に再分されている。この四つが進化の一般類型を形成しており、これらをつなぐコースが社会進化のいわばメイン・ルート(図7A欄の実線矢印)をなす。これに対して牧畜社会、漁撈社会、海上社会は環境によって特化する特殊類型であって、これらは社会進化のいわばバイパス(図7A欄の点線矢印)として位置づけられている。各段階について簡単に説明すると、狩猟採集社会(hunting and gathering societies)は狩猟と採集のみを主要な生存手段とする社会である。園耕社会(horticultural societies)は鍬耕作による限定的な農業が狩猟採集によって補完されている社会で、単純(simple)と高等(advanced)の区別は前者が木製の鍬と掘棒を用いるのに対して、後者が青銅の鍬と武器を用いることによる。農業社会

(agrarian societies)は犂を家畜に引かせる犂耕作の出現(農業革命)によって農業生産力が飛躍的に高まった社会で、単純と高等の区別は前者が銅・青銅の犂および武器をもつのに対して、後者が鉄製の犂および武器をもつことによる。産業社会(industrial societies)は産業革命を達成することによって石炭・石油・電力・原子力などの無生物エネルギーを用いるにいたった社会である。牧畜社会(herding societies)は農耕に適さない環境のもとで牧畜のみに特化した社会であって、単純と高等の区分は前者がウマまたはラクダを輸送用・戦争用に用いないのに対して、後者がそれらを用いることによる。漁撈社会(fishing societies)は海に面した環境で狩猟が漁撈に変化したもので、一般に狩猟より生産力が大きい。海上社会(maritime societies)は良港に恵まれた環境のもとで海上貿易に特化した社会である。

つぎにパーソンズの図式は、「規範的構造のコード要素」という文化的発展を段階区分の指標に用いたもので、未開社会(primitive societies)、中間社会(intermediate societies)、近代社会(modern societies)という三区分を基本とし、未開社会を狭義の未開社会と高等未開社会の二つに分け、中間社会を古代社会と歴史的中間帝国の二つに分けて、全部で五区分から構成されている。未開社会と中間社会の区別は言語に着目することによってなされ、前者は文字をもたない社会、後者は文字をもつ社会として区分される。中間社会と近代社会の区別は法体系に着目することによってなされ、中間社会の法が伝統に依存していて形式的手続を欠くのに対して、近代社会の法はマックス・ヴェーバーの意味での形式合理性をそなえた一般化された手続を発達させていることが基本的なちがいとされる。未開社会は、原始宗教・話し言葉・親族組織・原始技術という四つの進化的普遍要素(evolutionary universals)によって特徴づけられる。高等未開社会は、これに階層分化が加わり、王を頂点とする集権的政治組織が形成され、テリトリー(領土)の観念があらわれることによって特徴づけられる。つぎに中間社会の第一段階たる古代社会(archaic societies)は、階層分化の一層の進展と、書き言葉が少数支配者集団のみによって独占されていること、王権と神性とが融合していること、などによって特徴づけられる。中間社会の第二段階たる高等中間社会ないし歴史的中間帝国(historic intermediate empire)は、古代専制による大帝国の形成、読み書き能力の上流階級全体への普及、宗教組織・政治組織・文化組織の分離による王権の神性からの独立などによって特徴づけられる。以上が進化のメイン・ルート(図7B欄の実線矢印)であるが、これからはずれて点線で位置づけられている苗床社会(seedbed societies)というのは、それ自体としては歴史の一時期だけで滅びてしまったけれどもその文明が後世の文明の母体となったものをいい、具体的には古代イスラエルと古代ギリシャが意味されている。最後に近代社会は、官僚制組織・貨幣と市場・普遍的規範としての法体系・民主的結社という四つの進化的普遍要素によって特徴づけられる。

レンスキーの区分とパーソンズの区分とは着目している区分の基準がちがっているという意味では一つにまとめることはできないが、結果として両者はごく大づかみには対応しあっていて、その対応関係は図7のA欄とB欄の各発展段階の位置によって表示されている。社会進化ないし文化進化というのはもともと包括的な概念であるから、その中には技術も経済も法も政治も宗教も社会構造も文化もそれぞれパーソンズのいう進化的普遍要素として含まれねばならない。だから区分の基準をレンスキーのように技術に求めるのがよいとかわるいとか、あるいはパーソンズのようにそれをシンボルや法に求める方がよいとかあるいはそうでないとかいった類の議論をここでする必要はなく、ここでの目的からは両者をあくまで補完関係において見ればよいのである。そのさい重要なことは、このように区分の基準を異にする二つの発展段階図式が、結果として大づかみには対応しあっているということである。(2) そこで私は以下、両図式をあわせた総合的な意味において、レンスキーの狩猟採集社会・単純園耕社会・高等園耕社会、パーソンズの未開社会・高等未開社会をあわせたものを未開社会、レンスキーの単純農業社会・高等農業社会、パーソンズの古代社会と高等中間社会をあわせたものを農業社会、そしてレンスキーの産業社会とパーソンズの近代社会をあわせたものを近代産業社会とそれぞれ呼ぶことにする(第三章いらいこれらの呼び名をすでに用いてきたが)。そうして、農業社会と近代産業社会とをそれぞれ前期と後期に分つことにする。すなわち、図7のC欄がこれである。

レンスキーが狩猟採集社会・単純園耕社会・高等園耕社会を分けたのは、これらの各発展段階に位置する現存社会が文化(社会)人類学者によってよく研究されており、それぞれのちがいが明らかにされていることを考慮に入れたものと思われるが、本書の目的はそれらを個別にとりあげてくわしくたちいることにはないので、われわれはこれを農業社会以前として一括して——やや粗大すぎるかもしれないが——未開社会と呼ぶことにしよう。未開でない社会はすなわち文明社会だから、つぎの農業社会からあとはすべて文明社会に入る。ということは、農業社会以降は歴史時代に属するということであるから、本書では現存する農業社会を観察の対象にするよりも歴史家によって研究されてきた現在の文明諸社会の過去を対象にする。とりわけ地域研究に特化しない一般社会学にとっての接近可能性という観点から、本書ではどうしても西洋の歴史にふれることが多くなる関係上、レンスキーの区分にもパーソンズの区分にも明示的に登場していないけれども、古代(専制国家の時代)と中世(レーエン封建制の時代)とを分けておく必要がある。但しこの区分はヨーロッパにのみ適用可能であり、日本にも原則的にあてはまるが、中国を含む他のアジア諸社会には適用できない。反面、レンスキーの単純農業社会と高等農業社会の区分、パーソンズの古代社会(古代オリエント)と高等中間社会(地中海世界の古典古代、中国の秦漢帝国、マウリヤ朝インド、イスラム教世界)の区分はここではとりあげずにおく。最後に、近代産業社会に前期と後期を分けることには問題が多いが、(3) 本書ではとくに地域社会における都市度の急速な高まりが始まる時期(第37項)と、社会階層における新中間層の急速な増加が始まる時期(第38項)に着目したいので、かつてロストウ(Rostow, 1960)が「高度大衆消費時代」と呼んだ時期の始点をもって、ほぼ近代産業社会後期の開始期とする段階区分を採用しておく。それはアメリカ合衆国において二〇世紀の開始とともに始まり、西ヨーロッパではそれよりおくれるがほぼ第一次大戦後、日本では本格的には一九五五年以後であるが部分的には一九三〇年代から始まっている。なおついでにつけ加えておけば、ハバーマス(Habermas, 1973)が「国家的に規制された資本主義」として定義づけた後期資本主義(Spätkapitalismus)という区分は事実上大恐慌が指標になるからこれよりややおくれて始まる。ダニエル・ベル(Bell, 1973)のポスト工業社会の到来に関する議論や、近年大きな関心をあつめている情報社会の進展についての議論には、ここでは残念ながらたちいる余裕がない。

32　近代化と産業化

考古学上の所見によれば、狩猟採集社会から園耕社会への最初の移行が当時の最先進地域であった中近東の諸地域で行なわれたのが紀元前七千年ころと考えられている。メソポタミアのシリンダーシール(円筒印章)とエジプトの絵画に家畜に引かせた犂の図が登場するのが紀元前三千年ころのことである(Lenski and Lenski, ^{3}1978 : 143, 179)。イギリスで世界最初の産業革命がはじまったのはほんの二〇〇年前のことにすぎないのだから、農業は園耕(鍬農耕)社会のはじまりからかぞえて約九千年、農業(犂農耕)社会のはじまりからかぞえて約五千年、人類の主たる活動であり続けてきたわけである。近代産業社会はこの犂を引かせた牛が蒸気機関とガソリン・エンジンにとって代わることによって誕生した。

人間の筋力および畜力を生物エネルギー(animate energy)と呼ぶのに対して、蒸気力やガソリン・エンジンの力など機械による動力を非生物エネルギー(inanimate energy)と呼び、農業および工業生産における動力源として前者のみを利用する段階から後者を利用する段階に移行する生産技術の進歩を、産業化(industrialization)の技術的側面と呼ぼう。すなわち、一つの社会の中で使用される全エネルギーの中で非生物エネルギーの占める比率が、産業化の技術的側面を表示する指標である。産業化の語が狭く解される場合と広く解される場合とがある(後述)にせよ、その中核が生産技術の進歩にかかわることについては、異論の余地はないであろう。他方、生産技術の進歩は労働生産性の向上をつうじて経済的アウトプットの産出水準を上昇させ、また労働生産性の向上を介して経済活動人口の従事者比率の重みを第一次産業から第二次産業へ、さらに第二次産業から第三次産業へと移行させていく(コーリン・クラークの法則)と同時に、大量消費市場を発達させる。これらは経済成長(経済システムの水準変動)および経済発展(経済システムの構造変動)にかかわる概念であるが、技術進歩は経済成長・経済発展の主要な原因であるから、産業化の技術的側面はただちに経済上のそのような成長・発展とつながる。そこで産業化とは社会発展の技術的-経済的側面であると定義しよう。すなわち、産業化は無生物エネルギーの使用による生産技術の進歩とこれにともなう経済成長・経済発展を一括して表示する技術的-経済的な概念である。生産技術の進歩は近代科学の進歩を前提とするが、科学革命の問題はここではいちおう産業化から切り離して、次に述べる近代化の概念にこれを含めることにしたい。

近代産業社会の誕生を右のように技術的-経済的側面から見た場合に、レンスキーが中心においた(第**31**項の図**7**A)産業化および産業社会の概念があらわれる。しかし技術的-経済的側面は近代産業社会の特性のすべてではない。これと並んで重要なのは、パーソンズが中心においた(同上B)政治的-社会文化的側面にかかわる広大な領域である。政治的側面としては、近代国民国家の形成、ならびに王の専制からの離脱としての民主化があげられねばならない。社会文化的側面としては、科学革命、その延長としての合理主義精神、近代法の形成、公教育の普及、村落共同体の解体と都市化、社会分化などをあげなければならないであろう。またインケルスが研究対象にした個人のパーソナリティ・タイプとしての「近代的」対「伝統的」も社会文化的側面の中に含めて考えてよいであろう(Inkeles, *et al.*, 1974)。これらの諸項目を含む政治的-社会文化的発展を、近代化(modernization)と呼ぼう。すなわち、産業化が技術的-経済的な側面にかかわる概念であるのに対して、近代化は政治的-社会文化的な側面にかかわる概念であって、両者はもちろん密接に相関しあうけれども、相互に重なりあわない概念である。政治的-社会文化的側面を中心に見た場合に近代化および近代社会という概念が形成される。それぞれ独立に定義された産業化・産業社会と近代化・近代社会とを重ねあわせることによって得られる総合概念が、近代産業社会である。

近代化と産業化という二つの鍵概念の本書における使い方は以上のようなものであるが、従来の社会学文献におけるこれら二つの語の使い方を見ると、それらは一つに収斂しておらず、おおよそ四つの異なった用法が併存しているように思われる。第一は、私の定義における産業化を近代化と呼び、しかし事実上は技術的-経済的側面を超える広範な問題をも近代化の中にとりこんでくるもの。この場合、産業化という語はとくに鍵概念としては用いられず、せいぜい近代化の同義語として副次的にのみ用いられるにとどまる。内容的にはこの用法は、近代化を技術的-経済的側面から見るという含意をともなっている。リーヴィの近代化論(Levy, 1966; 1972)はこれに属するが、リーヴィ以外にはこのような用法は見あたらない。第二は、産業化を狭義と広義に分け、狭義の産業化の定義は本書でその技術的側面と呼んだものと同じとするが、広義の産業化を非常に広く解してこれに本書における産業化と近代化を合わせたいわば総括概念としての位置を与えるもの。この場合には、第一の場合と逆に、近代化という語が鍵概念としては用いられないか、あるいは広義の産業化の同義語として副次的な位置に落されるが、技術的-経済的側面に視点の中心をおくという意味では内容的には第一の用法と一致する。すでにあげたレンスキーはこれに属し、私の旧著でもこの用法がとられた(Lenski and Lenski, [3]1978; 富永、一九六五a)。第三は、産業化の概念を本書における狭義の産業化と同じとし、これに対して近代化の概念を伝統社会(前近代社会)から近代社会への「全体的な転換」(total transformation)をあらわす総括概念とするもの。この用法では、狭義の産業化に力点をおいて近代化を見る点では第一および第二の用法と一致する面をもつが、近代化が産業化を含みつつそれを超える問題であると考える点でそれらと異なっている。ムーアの用法はこれに属し、日本でもこの用語法に従っている例が少なくない(Moore, 1963；間々田孝夫、一九八二)。第四が本書の用法で、これは第三の用法において近代化が産業化を部分とする上位概念とされているのと異なり、近代化と産業化をいわば同格概念とする点に特徴がある。この用法においては、第一の用法と第三の用法が近代化を総括概念とし、第二の用法が広義の産業化を総括概念としているのと異なって、総括概念にあたるものがないので、それを必要とする時は常に両者を並べておく必要がある。ベンディックスやアプターの用法がこれに属する(Bendix, 1964；Apter, 1965)。

諸文献の用語法がこのように収斂していない時、それらのうちのどの用語法をえらぶかはその概念の構成者による得失についての判断によるといってよいであろう。この観点から以上四つの用法を検討してみよう。第一の用法と第二の用法は近代化と産業化のいずれか一方のみを鍵概念として採用し他方を副次的な位置に落す点で共通しており、現に存在している二つの概念資源を有効に活用していない。第一の用法は、社会発展の技術的-経済的側面を産業化という語であらわす用語法が広く受けいれられているのを事実上無視して近代化概念一本ヤリで通す点に問題がある。逆に第二の用法は、この分野の研究が多く近代化論と総称されている事実をまったく無視してしまうわけではないにしても、民主化とか合理的精神(価値体系)とかのように、産業化という語ではカバーしきれない諸要素が視野の中に十分とりいれられない傾向がある点に問題をもつ。この点に関して私自身の旧著が第二の用法をとっていたことへの反省にふれておくと、同書における産業化概念の重視は技術→経済→社会という因果関係の強調に由来しているが、同書では近代化概念の中味についての検討が不十分であった。かくしてわれわれの選択は第三の用法と第四の用法のいずれかに絞られる。そしてこの両者のどちらをえらぶかはそれほど本質的な問題ではない。近代化理論という総括名称が広く用いられていて、その中に産業化論も含められるのが通常であることから判断すれば、第三の用法が比較的広く普及しているように思われ、これを採用した方がよいという考え方ももちろん成り立つ。私が第三の用法でなく第四の用法をえらんだのは、第三の用法によると政治的-社会文化的側面をいいあらわすのに「近代化の中の産業化以外の諸要素」といった長たらしいいいまわしが必要になるから、近代化と産業化を補集合の関係においておく方が便宜であると判断したことによる。

ここで定義した近代化と産業化はどちらも、一般化に指向するものとして立てられた社会学的概念であって、特定の国の特定の年代における市民革命や産業革命を指示する歴史的概念ではない。社会変動分析は必ず歴史研究とりわけ社会史研究とあいともなうことになるので、社会学と歴史学が不協和音を発する――近代化論におけるように――可能性が常にある。しかし社会史は社会学と歴史学が相互乗入れする場所ではあるが、原則的にいえば社会史は社会学的概念用具を用い社会学的命題定立に指向する社会学の歴史部門――経済史や政治史が経済学や政治学の歴史部門であるように――であって、歴史学そのものとは異なるとここでは考えたい(第**9**項)。たとえばイギリス産業革命史や日本の明治維新史を史実としてあとづけるのは歴史学的な研究である。これに対して、おなじイギリス産業革命の研究でも、たとえばスメルサーがやったように、産業革命期のイギリスの家族と企業を調べ、これをパーソンズの*AGIL*図式を用いた構造分化のモデルにあてはめて解釈し、社会システムの成長と発展がなぜどのようにして生じたかを説明する理論をひき出してくるような研究(Smelser, 1959)は社会学的な社会史研究である。同様に、日本の幕末から第二次大戦前までの近代化と産業化の過程をパーソンズの*AGIL*図式を用いたインプットとアウトプットの諸要素に分解し、初期産業化におけるバランスをたもった発展と中期産業化におけるバランスを欠いた発展とを対比させて昭和ファシズム期の破局の一側面を示そうとした私の研究も、そのようなものの一つである(Tominaga, 1976)。イギリスの清教徒革命・名誉革命から産業革命にいたる一七世紀中期—一九世紀前半の近代化・産業化と、日本の明治維新以後昭和前期(第二次大戦まで)の近代化・産業化と、さらには現在進行中である中国の近代化・産業化とは、社会変動としての歴史的経過およびこれをめぐる国際環境においていちじるしく異なっているが、社会変動理論の観点からはこれらを同一の概念用具を用いて分析することができるし、またそうすることによってこそそれらの比較分析も可能となるのである。

とはいえここに問題となるのは、近代化・産業化に関して一七—一九世紀の西洋[4]における歴史的事実がもつ特別の意味である。世界で最初に近代化・産業化を担いこれを達成したのは一七世紀後半—一九世紀前半の西洋諸社会であるというはっきりした歴史的事実があり、そして今日でも日本などごく一部の非西洋諸社会を別とすれば近代産業社会とは西洋諸社会——せいぜいこれにヨーロッパの他地域を加えたもの——のことであって、そうである以上、社会学的概念としての近代化・産業化もじっさいにはこれらの歴史的事実を素材としてそこから抽象化されている。いうまでもなく、西洋の歴史的事実としての近代化・産業化は、西洋近代に固有の一回起的な諸事件によって構成されている。まず、近代化・産業化が始まる前の初期状態は、西洋中世に固有の社会構造としての封建制として特定化される。つぎに、近代化の発端はルネサンスと宗教改革と地理上の発見によって与えられる。但しこれらの出来事が生起した一五世紀後半—一六世紀のヨーロッパはいまだ封建制のもとにあり、これらをもって近代産業社会そのものの生誕と見做すわけにはいかない(しばしば近代に先立つ時代として近世の語によって呼ばれる)。近代産業社会そのものの生誕は次の五つの要素から形成されていると考えることができる。第一は近代国民国家の形成。近代国民国家の形成は絶対王制においてなされ、絶対王制は王の専制だからまだ中世的秩序の延長であるが、それは封建的割拠制から国民的統合への移行を達成したことにおいて近代化の最初のステップといえる。具体的にはイギリスのエリザベス時代とフランスのルイ十四世時代がこれを代表する。第二は市民革命。市民革命は民主化すなわち王の専制からの離脱を意味すると同時に、王権は土地所有貴族の頂点に位置するものであったから土地所有貴族の領民支配の解体を意味する。具体的にはイギリスの清教徒革命・名誉革命とフランスのフランス革命、そして新世界のアメリカ独立革命がこれを代表する。第三は科学革命。科学革命は近代科学の確立を意味し、これが啓蒙思想の背景をなすとともに産業革命を準備することになった。具体的にはガリレオからニュートンにいたる古典力学の完成がこれを代表する。第四は啓蒙主義。啓蒙主義は中世のキリスト教神学やスコラ哲学の束縛からの解放による科学的合理主義の精神を導いた。具体的にはホッブズ、ロック、ヒューム、スミスから、ヴォルテール、モンテスキュー、コンドルセーにいたる諸思想がこれを代表する。第五が産業革命。産業革命がさきに定義したものとしての産業化を実現したことはいうまでもない。具体的にはワットの蒸気機関の発明に代表される動力機械の登場がこれである。以上はいずれも固有名詞をともなった西洋に固有の歴史的事件であるが、これらのものから固有名詞を除去し普遍的側面を抽象してくると、さきに近代産業社会の政治的-社会文化的側面および技術的-経済的側面として掲げた諸項目に帰着することになるのである。

33　社会発展の動因——内生因と外生因

社会変動はなぜ起るのであろうか。社会変動とは社会システムの水準変動と構造変動とから成るのであった。水準というのは社会システムの機能的パーフォーマンスの水準を意味し、その水準の一定の高さは当該社会システムの一定の構造と対応しあっているのであるとわれわれは考えた。そう考えてよいなら、水準変動と構造変動とは原則としてむすびついているであろう。すなわち、水準上昇と構造変動とがむすびついて生ずる社会変動である社会発展、水準下降と構造変動とがむすびついて生ずる社会変動である社会退行、およびそのどちらも生じない社会停滞——社会停滞は社会発展が生じない状態であるという意味では社会変動でないが、社会発展がなぜ生じないかを分析するというかたちで社会変動論の重要な主題となる——の三つと、それらの継時的な組合わせである社会循環との四類型をわれわれは設定した(第**31**項)。社会進化の発展段階における上昇移行——近代化・産業化はそれの最も新しいもの——は社会発展であり、発展段階における上昇移行が進まない状態は社会停滞ないし社会退行である。本項では社会発展に問題を限定——しかし社会発展の動因が正しく把握できれば、社会停滞・社会退行の原因もその裏返しとして認識可能になる——して、変動をひきおこす動因の問題を考えてみることにしよう。

ルーマンが概念化したように、社会システムは環境の中に浮かぶ島として環境とのあいだに一定の境界を張ることにより内と外とを区別しつつ存在しており、社会システムと環境とを合わせたものが世界のすべてなのである(Luhmann, 1970–81 : I : 114–117)から、変動の動因はシステムの境界の内にあるかそれともシステムの境界の外すなわち環境にあるかのいずれかである。動因がシステムの境界の内にある時それを内生因といい、システムの境界の外すなわち環境にある時それを外生因ということにしよう。社会システムは、物理システムや有機体システムと異なって、行為という人間主体の意思のはたらきを構成要素としているシステムなのであるから、社会変動が内生因によって起るという場合、それは社会システムの構成員である多数の行為者が、欲求水準の上昇によって自発的に動機づけられて、当該社会システム——当面これを国民社会と考えておいてよかろう——の現行の構造をシステムの機能的パーフォーマンス水準をより高める方向に変えようと国民的な規模で決意するにいたったことを意味する。また社会変動が外生因によって起るという場合にも、たとえば植民地支配や軍事的支配のもとにあって当該社会システムの構成員の意志に反する事柄が他国の支配者によって強制される場合のことを別にすれば、変動の動因が外から来たのではあるけれども、それを受けいれてみずからの現行の構造を変える内発的な動機づけがあってはじめて、社会変動は現実のものとなり得る。すなわち、強制された社会変動を除き、社会変動はそれが外生因によるものであれ内生因によるものであれ、現行の社会構造に対する不満からこれを変えようとする構成員の国民的な規模での動機づけ——欲求水準の上昇に由来する——を必要とすると考えられるのである。

では内生因と外生因との区別はどこにあるか。外生因というのが外部から強制された原因という意味でないことはいま述べた通りであって、ここで内生 対 外生という語によって意味しようとするものは、一つの社会の内部でなされた発明・発見や創造によるものか、それとも外部からの伝播によるものかという区別である。大づかみに言って、社会発展の先発国における変動の動因は内生因であり——原理的に言えば内生因以外のものであり得ようはずがなく——、社会発展の後発国における変動の動因は外生因である——原理的に言えば外生因であることを余儀なくされる。しかしながら、農業社会の段階以前にさかのぼればさかのぼるほど、地球上における人間の居住はまばらで、かつ運輸通信手段が原始的であったのだから、文化伝播が生ずる機会は少なかったとも考えられる。上述のように(第**32**項)、レンスキーは農業社会への移行(農業革命)を犂農耕の開始に求め、メソポタミアのシリンダーシールと古代エジプトの家畜に引かせた犂の図(三〇〇〇BC)にそのはじまりを見る。中国において人間が用いるスキ(耒および耜)の起源は古いが、牛に引かせる犂の使用は天野元之助によれば戦国時代(四〇三—二二一BC)と推定されている[5](天野、増一九七九、七三三—七五六)。そうだとすると中国における農業革命はメソポタミアやエジプトに比して二千年以上後発ということになり、この事実から中国の農業革命が伝播によるものであった可能性が出てくる。これについては歴史家はまだ答を出していない。ただ農業社会段階までは、世界の中に複数の相互に独立な内生的技術革新のセンターがあった可能性もあるのではないか。これに対して近代化・産業化についてはそのようなことはいえない。西洋以外の後発的近代化と産業化はすべて、西洋からの伝播を動因としている。

われわれが西洋における近代化・産業化の五つの要素(第**32**項)の一つにかぞえた科学革命についてこの問題を考えよう。コペルニクス、ブルーノ、ブラーエなどを先駆とし、ガリレオによって創始されニュートンによって完成された科学革命には西洋人以外には担い手はなく、だから科学革命は西洋の内生的変動であった。西洋以外のいかなる国の科学も、西洋からの伝播に由来する外生的変動によってはじまった。では、西洋においてこれらの科学革命の担い手たちを動機づけたものは何か。それは先行する中世的秩序に対する不満とそこからの離脱の欲求である。西洋中世の哲学はギリシャ哲学とキリスト教とが融合した教父哲学やスコラ哲学であり、西洋中世の科学はアリストテレス自然学の枠組とキリスト教的宇宙観の制約のもとにおかれていて、ともに自由な思考が束縛されていた。プトレマイオス天文学の行詰りを地動説によって革新しようとしたブルーノやガリレオは焚刑に処せられたり宗教裁判にかけられたりした。デカルトは、伝統的に教えられてきたスコラ哲学には明証性が欠けており、何一つ確実な知識を与えないから、これを棄てると宣言した。このように一六―一七世紀の革新的な学者たちは中世的秩序の非合理性に強い不満をもちそれからの離脱を求めた。科学革命とはまさにそのような不満によって動機づけられて生み出されたものにほかならない。同様にして、科学革命の直接の後継者である啓蒙主義は、反神学・反形而上学を旗じるしにして科学的合理主義を唱え、これを自然科学だけでなくて政治や経済や社会についての見方にまで押し進めて、科学的精神に依拠する社会科学を創始した。社会科学とは中世的秩序からの離脱によって可能となった近代社会の原理についての思考である、ということができる(富永、一九八四a)。ロックの『統治二論』がイギリスの名誉革命やアメリカの独立革命の指導理念となり、コンドルセーの『人間精神進歩史』がフランス革命のさなかで書かれたなどの諸事実はこのことの端的な例証である。こうして、自然科学も社会科学もともに、中世的秩序を否定することによって西洋近代をつくり出した内生的革新の産物なのであった。

近代化・産業化の五つの要素としてさきにあげたうちの残る三要素についても、まったくおなじことがあてはまる。近代国民国家の形成は、封建社会における領主ごとに細分化された小国家体制が、流通経済の範囲の拡大、運輸通信手段の発達にともなう地域社会範囲の拡大とともに、しだいに不満足に感じられるようになったことから新しい構造的要件として要請されたものと解釈できる。同様にして、市民革命と呼ばれるものは、市場経済システムの担い手として登場してきた産業資本あるいは問屋制のかたちをとった商業資本が、王の専制による束縛から脱するための構造変動要求であった。王権は領主の土地占有をつうじての領民支配の頂点に位置するものであったから、この構造変動要求はまた領主すなわち土地所有貴族の農民支配の解体要求でもあった。最後に、産業革命は、科学革命を前提として工学的な技術革新が工業生産の機械化を可能にし、これによってつくり出された大量生産製品がすでに形成されつつあった国内市場および国外市場にこれに見合う需要を見出し、かつ民主化革命によってすでに市民階級の手に帰していた政府が国内および国外におけるこれらの自国の経済活動を支援することによって、達成されたと分析できる(柴田三千雄、一九八三、一二三―一四五)。このように、一六世紀から一九世紀初頭までの西洋においては、近代化・産業化の五つの要素が相互関連・相互促進しあいながら、中世的秩序を解体し、近代産業社会の新しい社会構造を、機能的必要に見合うように自生的につくり出す方向に進んだということができる。

これらの歴史的諸事実がなぜ西洋においてのみ生じたのかという問題については、マックス・ヴェーバーの「ただ西洋においてのみ」テーゼやヴィットフォーゲルの「水力社会」テーゼなど(第**40**項)西洋人の観点からするさまざまな説明が提出されてきたが、この問題をそのように西洋に特有の自然地理的条件とか、あるいはプロテスタンティズムの倫理やローマ法のような西洋に特有の文化項目とかに帰着させるのでは、西洋以外の社会はそれらをもたないのである以上けっして近代化・産業化を達成し得ないという宿命論しか出てこないことがはじめから明らかである。西洋社会がそれらのものをもっていたことが西洋社会の近代化・産業化に対して有利にはたらいたと考えるのは適切であるとしても、それらをもっていなければけっして近代化・産業化を達成し得ないかのような説明を立てることは、非西洋社会の近代化・産業化が進行しつつある今日、明らかに適切とはいえない。より適切な説明方式は次のように組み立てられるのではないか。

（一）　一六世紀から一九世紀初頭までの時期に近代化・産業化を達成し得た社会は西洋だけであって、これにはいかなる先行者もなかったから、この社会変動は内生因によるものでしかあり得なかった。但しこのいい方は西洋社会というものを一まとめにして考えた場合であって、ガーシェンクロンのようによりこまかく西洋内部を複数の社会に分解して考えるならば、真の内生変動はイギリスだけで、フランスはそれより後発、ドイツはさらにそれらよりも後発ということになるし(Gerschenkron, 1962)、あるいはパーソンズのように、西洋の近代化を三局面に分けて、第一局面はヨーロッパの北西コーナー（イギリス、フランス、オランダ）、第二局面はヨーロッパの北東コーナー（ドイツ）、第三局面は新世界のアメリカ合衆国でそれぞれ起ったとし、近代化の過程は局面ごとに異なると論ずることが必要になるであろう(Parsons, 1971)。けれども、より巨視的な見方をとれば、イギリス、フランス、ドイツはともにゲルマン世界に属して西洋中世を共有し従ってそれからの離脱の要求（ルネサンスと宗教改革）をも共有していたし、アメリカ合衆国は基本的にはそれの延長であったから、西洋 対 非西洋のちがいにくらべてその内部差は小さい。ここでの考察の目的からは西洋を一括してこれを最初の近代化・産業化の達成者と考えることが許されよう。

（二）　西洋の近代化・産業化がもし外部に伝播することがなく、未開社会のように各社会が孤立して存在しつづけていると仮定すると、西洋より何百年かおくれて、世界で第二番目、第三番目……の内生的近代化・産業化を達成する社会がおそらくあらわれたであろう。しかし西洋の近代化・産業化が行なわれた時、地球上の諸社会はすでに人口増加によって互いに接しあっており、かつ運輸通信手段が発達していたから、この仮定はもちろんみたされなかった。それゆえ、先発社会である西洋から後発社会への伝播がおこることによって、第二番目以降の内生的近代化・産業化があらわれる可能性はなくなってしまった。すなわち、後発近代化・産業化はすべて外生因による社会変動である。内生因による近代化・産業化と外生因による近代化・産業化とがその性質を最も異にする点は、前者が自力の社会発展であるため内的成熟をともなっているのに対して、後者が——ヴェブレン－ガーシェンクロンの用語を使うと——「借りられた」(borrowed)近代化・産業化であって自力による社会発展でないため、十分な内的成熟がととのう前にスタートを開始することである。これは伝播によって生ずる社会変動の基本的な特性である。

(三)　伝播をつうじて外生因による社会変動をおこすことが可能であるなら、すべての発展途上社会はすぐにでも「借りられた」近代化と産業化によって社会変動を達成することができる、ということになるだろうか。もちろんそうではない。これについては、少なくとも次の二つの要因を考えねばならない。第一は、社会進化の発展段階における内的成熟の度合いである。(二)で述べたように、伝播をつうじての借用は、ある程度の内的成熟の不足をいわば跳び越えることを可能にするであろう。しかしそれには当然に限度があって、たとえ近代化・産業化へのインパクトが外部から伝播してきたとしても、それを内部化して近代産業社会へむかっての社会変動を達成するには、すでに農業社会としての高度の発展があることが前提となるであろう。第二は、当該社会の現行の構造を変えようとする国民的な規模での動機づけである。西洋社会の近代化・産業化において、中世社会の秩序に対する知識人たちの強い不満とそこからの離脱の要求がそのような動機づけをつくり出していたことを、われわれはすでに見た。これは内生因による社会変動の場合であるが、外生因による場合にも、たとえ文化接触をつうじて伝播があったとしても、変動に指向する動機づけがなければ、それが変動の動因として内部化することはないであろう。

(四)　外生因があり、一定水準の内的成熟があり、さらに変動に指向する動機づけがある場合、それで近代化・産業化が有効に達成され得るか否かを考察するためには、当該社会のおかれた国内的ならびに国際的な状況のあり方を分析することが必要になるであろう。この問題は、国内条件についてはアイゼンシュタット(Eisenstadt, 1970)が「近代化の挫折」の原因として分析した事柄にかかわり、国際環境についてはフランクの従属理論(Frank, 1967；1970)やウォラーステインの世界システム論(Wallerstein, 1974–80)が主題としている事柄にかかわり、われわれの用語でいえば社会停滞ないし社会退行の分析にかかわる。これについては、非西洋・後発社会における近代化・産業化の条件について考察するさいにふれることにしたい(第**40**項)。

第一二節　社会発展と社会構造の変動(一)——部分社会の変動

34　社会発展と社会構造の変動——総論

前節において、社会変動とは何かという問題およびその中での近代化・産業化の位置づけについて詳細に考察したので、本節から近代化・産業化がつくり出す社会変動についての現実分析に進むことにしよう。

われわれは社会変動論に先立って社会構造論を扱い、近代産業社会の構造分析を行なった(第**25**項)。社会変動とは社会構造が水準変動をともないつつ動くことであるから、われわれの課題は当面、近代産業社会の構造的諸要素に関する図式化(八ページの図**1**ないし二一六ページの図**5**)を、社会進化の発展段階に関する図式化(二八三ページの図**7**)の文脈の中に位置づけて、歴史的時間の中でこれを動かしてみることだということができよう。その場合の考え方の原則はつぎのようなものである。

社会は、人間が単独では達成することのできない欲求充足の水準を実現するために、目的的に形成するものであるとわれわれは考えてきた。ミクロの視点からいえばこの過程は欲求充足の過程であるが、マクロの視点からいえばそれは機能的要件充足の過程としてとらえられる。欲求が充足されるか否かは欲求水準の高さに依存するが、その欲求水準がつぎつぎに上昇していくのが他の動物には見られない人間の特性であって、内生因による場合であれ外生因による場合であれ欲求水準の上昇によって現状における社会システムの機能的要件充足能力への不満が生ずることが社会発展の究極的な原因であると考えられる(第**33**項)。一つの社会構造はそれに見合う機能的要件充足能力とむすびついているから、システムの機能的要件充足水準を高めることが可能となるためには、システムの構造変動が必要である。人類史の広範な時間的ならびに空間的な広がりの中には、多くの社会停滞や社会退行も起ってきたとはいえ、超長期的な意味で人類史を全体として見ればそれは――世界の先進的部分に関してはもちろんのこと、発展途上諸社会に関してもまた――趨勢的な社会発展を経過してきたと考えられるから、社会構造の長期的な変動には、そのような水準上昇とむすびついた一定の方向性をみとめることができるはずである。

しかしながら、以上の考え方が一九世紀的な意味での単線進化説を意味すると速断してはならない。なぜなら、社会システムの機能的要件充足とは環境からの挑戦への有効な適応――トインビー流にいうなら「挑戦」に対する「応戦」――を意味するが、社会システムが直面している環境からの挑戦は多様であるから、有効な適応の様式はただ一つなのではなく常に複数の可能性を含むと考えねばならないから。具体的にいえば、レンスキーのあげた社会進化の「バイパス」という考え方はその例であるし、パーソンズの場合にも彼が「高等中間社会」(advanced intermediate societies) あるいは「歴史的中間帝国」(historic intermediate empires) としてあげた四つの社会、すなわち古代中国(秦漢帝国から隋唐帝国まで)・古代インド(マウリア朝・グプタ朝)・イスラム帝国(正統カリフ・ウマイヤ朝・アッバース朝)・ローマ帝国(アウグストゥス以後西ローマの滅亡まで)の社会構造はまったく多様であって、それらのあいだに共通するものはない。この点を、マックス・ヴェーバーは次のように印象的に述べている。「蒸気臼が資本主義を要求するのと同様に手挽臼は封建制を要求するという周知のマルクス主義の命題は、せいぜいその前半において限定的に正しいにすぎない。……その後半の部分は完全に誤っている。手挽臼は、およそ考え得るあらゆる経済形態と政治的『上部構造』を経験したのである」(Weber, [5]1972: 640) と。すなわち、ヴェーバーは近代社会が合理化と官僚制化によって社会構造の収斂をもたらすと――条件づきにおいてではあるが――考えていたけれども、農業社会段階の社会構造はそれとちがって非常に多様なのだということを強調したのであった。

このような多様性にもかかわらず、社会進化の全発展段階をつうじて、社会構造の長期的な変動には、一定の方向性を認識し得るというのが、以下本書における社会変動分析の中心テーゼである。その方向性として、(i)役割分化(構造分化・機能分化)、(ii)地域的拡大、(iii)機能的合理化、(iv)水平的ならびに垂直的移動性、(v)平準化、の五つをあげよう。(6) 但しこれらの趨勢は、社会発展の全段階をつうじて一様に進行してきたとはいえず、とくに(v)にかかわる社会的平等性の問題については、未開社会において平等性が最も高く、農業社会において不平等が増大し、近代産業社会において平等化が進むといった非線型性がいちじるしい。しかし農業社会内部において古代の奴隷制と中世の農奴制をくらべれば、やはり前者から後者への移行において平準化の趨勢があったといえるであろう。また(i)から(iv)までの諸指標についても、それらが急速に進行したのはなんといっても近代産業社会においてであって、けっして直線的な進行があったわけではない。しかし農業社会の内部において、近代化と産業化にいたる趨勢は徐々に準備され一貫して進行しつつあったといえるであろう。以下では、このような着眼のもとに、社会構造のそれぞれの構成要素を、社会発展の各段階ごとにたどって、その変動をあとづけてみることにしたい。この場合、社会構造の構成諸要素というのはわれわれが近代産業社会に関して考えた基本社会類型のことであり、その変動をあとづけるとは、それらを社会進化の発展段階図式とクロスさせて、その各段階ごとにそれらがどんなかたちをとっていたか(いるか)を考えてみることにほかならない。

まず未開社会について考えよう。未開社会は、歴史的太古の未開社会と現存する未開社会という二つの別個のものを含むが、前者についてはそれが無文字社会であるゆえに考古学的資料以外に資料がなく、したがって社会のような無形のものについては研究そのものが不可能である。後者については文化(社会)人類学者による多くの研究があってくわしいことがわかっているが、マリノフスキーをはじめ機能主義人類学者たちが強調したように、現存する未開社会の諸事実をもって人類太古の歴史を臆測的に再構成しようとすることは方法的に誤りであるという問題がある。またバッホーフェンやモーガンなどの初期人類学者が社会構造に関して組み立てた社会進化論的説明は、その後の実証的研究によって崩壊した。本書では現存する未開社会についての人類学者の観察を社会進化の発展段階の中に位置づけられた未開社会のそれの代用にする(横断面であるものを縦断面に見立てる)誤りを犯さざるを得ないが、ここでの解釈の文脈は、母系出自から父系出自を経て双系出自へという発展段階とか、親族称呼にもとづいて原始乱婚や集団婚の存在を推論するとかいった初期人類学の進化論的解釈の文脈とは関係がなく、役割分化の進行以下、上掲の五つの趨勢という限定された視角からの長期的な方向性を問題にするにとどまるものであるという意味で、この点は許容され得るのではないかと考える。

未開社会は、農耕をまったく知らない(狩猟採集社会)かまたは掘棒や鍬による焼畑農業のような原始的な農耕しか知らず(園耕社会)、これらが場所の移動をともなうので土地所有の観念を欠き、したがって農村共同体の形成はまだなく、ましてや都市の形成もなく、地域社会としてはホルドとかバンドとかの名で呼ばれてきた複数の家族の集合体があるにとどまる。またほとんど唯一の分業は男が狩猟に出かけ女が採集あるいは園耕に従事するといった性的分業だけであって役割分化が最小であるから、機能集団の形成は僅かで、アソシエーションとしては同輩者集団のようなごく原初的なものがあるだけである。未開社会はまた無文字であって統治行為といったものが不可能であるから国家や自治体の形成もなく、また地域的に限定的で国民社会にあたる全体社会に相当するものは部族(tribe)である。未開社会ではすべての人が生存水準ギリギリの状態にあってそれを超えるものとしての余剰が乏しいから不平等はほとんど発生する余地がなく、したがって階級の形成がない。分業がないから交換の必要性もとぼしくしたがって市場もない。かくして、未開社会段階で存在している社会としては基礎集団すなわち家族と親族だけで重要なものはほとんど尽きており、あとは若干のアソシエーションと地域社会があるだけである。人類学者が社会構造という語をほとんど家族・親族の構造と同義に使うのはこのゆえである(Murdock, 1949 ; Levi-Strauss, ^{2}1967)。

つぎに農業社会についてであるが、これもまた歴史的過去の農業社会と現存する農業社会との両者を含む。後者はその地理的範囲がきわめて広大で、社会構造的・文化的な多様性もいちじるしいと考えられ、しかもこれについては人類学者による未開社会研究のように組織化された研究はない。これにたいして前者は、農業社会が文字をもっていて歴史時代に入っていることから歴史家によって多く研究され記録されている。そこで、農業社会をここでは歴史的過去について概観してみたいが、歴史的過去としての農業社会もまた広大で、歴史上の最先進部分をとってメソポタミアとエジプトにおいて犂農業が開始される紀元前三千年から西洋における近代化革命および産業革命の進行した一七—一八世紀までを農業社会とすれば、人類史のおおよそ五千年ちかくがこれに属することになる。図**7**に示したように、レンスキーはこれを鉄製犂の使用開始によって単純農業社会と高等農業社会の二つに分け、パーソンズはこれに相当する時代を中間社会と呼んで、読み書き能力の上流階級への普及および「歴史的」(「宇宙論的」に対比する意味で)宗教の形成を境界として古代社会と歴史的中間帝国に分ける。しかしわれわれが親しんできた西洋史上の時代区分では、この時代は古代オリエント・古典古代・中世に三分するのが通常である。ヨーロッパではこの間、古典古代と中世のあいだに、ラテン世界からゲルマン世界へという中心的担い手の交代があり、そしてこれはまた古代の専制大帝国からレーエン封建制への移行でもあった。パーソンズはこの移行を、ローマ帝国というより先進的な社会からゲルマン社会というより古代的な社会への退行と規定し、中世を独立の段階とは事実上見做していない(Parsons, 1971 : 36–38)。たしかに初期ゲルマン社会はローマ社会よりも発展段階において低く、そのため西ローマ帝国滅亡後しばらくは社会退行が生じたことは事実と思われるけれども、レーエン封建制成立以後における農村共同体の形成と、はじめ荘園領主によって生み出されしだいに市民の自律性を強めていった中世都市の発展は、古典古代よりもはるかに高度の発展段階を示す、ということが注目されねばならない。古代ローマにおいて、マックス・ヴェーバー(Weber, 1924)が古代資本主義と呼んだ大農場経営による市場のための生産が行なわれていたことは重要である。けれどもその場合の農業生産は奴隷労働によるものであったから、古代資本主義が自由な労働の存在を前提とする近代資本主義を生み出し得る条件はまったくなかったと考えねばならない。これに対して中世レーエン封建制のもとで農奴と一般に呼ばれている農民は、移動の自由をもたなかったとはいえ独立家計の保持者であって、このかたちで自営の生産者(近代産業社会における旧中間層)への移行が準備されていた。西洋が自生的な近代産業社会の担い手になり得たのはレーエン封建制を発展させたことをつうじてであったと考えねばならず、したがって発展段階としても古代専制国家よりも中世レーエン封建制の方が垂直的移動性および平準化にむかう傾向——さきに五つの趨勢としてあげたうちの(iv)と(v)——においてより高次の水準に達していたと思われる。

農業社会を未開社会から区別する重要な社会構造的事実の一つは国家形成である(第**39**項)。農業革命による生産力の飛躍的な進歩は、非生産階級としての王家とその行政手段としての官僚の出現を可能にした。世界最初の国家としての古代エジプトは、マックス・ヴェーバーの概念化によれば国全体が家父長制的に構造化された単一オイコスで、国家すなわち王の単一家計の財政需要はすべてライトゥルギー(Leiturgie)——国家が人民に強制的に割り当てる賦役義務や貢租義務——的に充足された(Weber, ⁵1972 : 585 ; 1924 : 65–66)。ピラミッドや大治水事業などの巨大な建設工事はこのことによって可能であったと説明され、この点は秦帝国にはじまる万里長城や大運河などについてもあてはまると考えられる。しかしそれらがライトゥルギー国家であったということは、市場はまったく形成されていなかったことを意味する。これに対して、ギリシャおよびローマ、ことにローマ帝国における奴隷制大農場経営は、労働力に関しては農場主のオイコス的調達であったが、生産物に関しては市場的交換が行なわれていた。しかし奴隷労働による農業経営やおなじく奴隷労働による工場経営(エルガステリオン)を企業と見做すことはできない。

西洋中世は村落共同体を中心にしてテンニエスがえがいたように典型的なゲマインシャフト社会をなしており、テンニエスがゲゼルシャフトの典型としてあげた近代株式会社の最初の発生は、通説によれば一六〇二年のオランダ東インド会社に求められている。しかし、株式会社の先駆的形態を大塚久雄の説くようにソキエタス(合名会社)がコメンダ(持分資本)を吸収してマグナ・ソキエタス(拡大された合名会社)を形成していく過程に求めるならば、コメンダの出現は地中海沿岸とくにイタリア諸都市において一〇世紀にまで溯り得るし、コメンダもソキエタスも一五世紀ころにはアルプスをこえてヨーロッパ全体に普及していたから、西洋中世にその発生源があったことになる(著作集一九六九—七〇、I、一〇七—一一二)。また、商人および企業家の職業団体としてのギルドおよびツンフトは、マックス・ヴェーバーによれば古典古代にすでにその萌芽があったが、当時は商人・手工業者の中に自由人と奴隷が併存していたためにその発展の芽が摘みとられ、中世都市において広範な発展を見て、一四—一五世紀には都市貴族としての門閥(Geschlechter)に代わってツンフトが都市の支配権を握るようになった(Weber, 51972 : 772-774, 798-799)。ヴェーバーはツンフトを当初ジッペ(シブ)の機能的代替物として成立したと解釈しており、したがってもちろんこれをゲゼルシャフトとかアソシエーションとかとして位置づけることはできないが、しかしジッペの機能的代替物であるにせよそれはもちろん血縁集団そのものではなく、機能集団にちかく位置している。高田保馬はギルド・ツンフトのような同業者団体を、基礎社会から派生した点で目的社会(本書でいう機能集団)とは異なるが基礎社会ではないとして、これに同類社会という名称を与えた(高田、改新一九七一、一一〇—一一四、一七九—一八二)。ここでは、高田のいう同類社会のような独立カテゴリーは立てなかったが、少なくともそれが基礎集団の枠を超えて、中世において――西洋中世だけでなく近代以前の中国や日本でも――高度に発達していた団体であることを確認しておけばたりる。

農業社会における家族は、農業・商業・工業のいずれにおいても企業と家族の分離がなく、したがってそれ自体が経営体であったとともに、家族員はまた労働力でもあったことから、核家族のような小家族でないことに機能的意味があった。また家族が経営体でもあったことから当然に、世帯の中に非血縁の使用人――もちろん近代的なエンプロイーのように給与を支払われるのでない――が混入することも多かった。古典古代は奴隷制社会であったから世帯の中に奴隷が含まれていたし、西洋中世や日本の徳川時代の農村家族には使用人が含まれていることが多かった。家族が経営体でもあったことは、また家族が家産の管理と相続の問題を常にもっていたことを意味する。メインやクーランジュによってえがき出された古典古代における家父長制家族は、この機能的必要から形成された構造形態として説明できる。いうまでもなく、核家族は結婚とともに新夫婦によって創設される一代限りの家族形態なので、世代を超えた制度的連続体としての「家」の観念――「家」はしばしば特殊日本的なものであるように説かれてきたが、それは制度の細部は別にして基本的に古代・中世の西洋のものでもあったし、伝統中国のものでもあった(7)――をもたず、財産相続に困難をともなう。われわれはすでにマードックのデータによって現存未開社会には核家族社会が二四パーセントほどあることを見た(第26項)が、農業社会には核家族は全体としておそらく未開社会におけるよりもずっと少ない――寿命が短いために形態としては核家族になっているものが一定割合存在するにしても――と考えられる。

最後に近代産業社会についてであるが、近代産業社会の社会構造についてはすでに第三章で詳説した(第九―一〇節)ので、ここでそれらを反覆する必要はない。近代産業社会における社会構造の変動のいちじるしい特徴は、さきに社会発展における五つの趨勢としてあげた役割分化・地域的拡大・機能的合理化・水平的ならびに垂直的移動性・平準化という諸指標のいずれもが近代化・産業化の進行とともに急激に上昇したことに対応して、つぎのような各セクターごとの変動がいっせいにおこったことに求められる。すなわち、(一)基礎集団については、その機能縮小ならびに家族における核家族化と親族における解体化。(二)機能集団については、その機能的必要の増大にともなう数ならびに規模の急速な増大と機能的分化、さらにそれらが相互にはげしい競争にさらされることに起因する機能的合理化の進行。(三)地域社会については、全体社会の範囲の急速な拡大と地域間移動の増大、村落共同体の解体と都市化の進行。(四)社会階層については、近代産業社会前期における大きい貧富の格差と階級対立の激化、後期における旧中間層の分解と新中間層の大量登場、労働者階級の地位上昇と新中間層とのあいだでの地位平準化ならびに地位非一貫性の度合いの増大。(五)国民社会と国家については、国民社会の自足性の低下と世界社会化、ならびに国家に要求される機能的要件の増大とこれにともなう行政組織の規模の肥大化。これらの諸項目について次項以下で順次にとりあげる。

	基礎社会(ゲマインシャフト関係)	市場的交換	機能社会(ゲゼルシャフト関係)	市場的競争
未開社会	×			
農業社会前期	×	(×)		
農業社会後期	×	×	(×)	
近代産業社会	×	×	×	×

注：未開社会とは，レンスキーのいう狩猟採集社会と園耕社会，パーソンズのいう未開社会と高等未開社会をさす．農業社会前期と農業社会後期は，西洋史上の古代(古代オリエントと古典古代を含める)と中世とにそれぞれ対応するものと考えるが，西洋以外のところでは日本を除いてレーエン封建制をもたなかったためこの区分は定義できない．図中，(　)は萌芽的ないし先駆的なかたちでの存在を意味する．

図8　社会進化の発展段階と社会構造

以上述べたことを図**8**に要約しておこう。この図では、横軸に第六節の主題であった社会関係の四類型(図**3**)に対応する四つの社会、すなわち、(i)基礎社会(ゲマインシャフト関係)、(ii)機能社会(ゲゼルシャフト関係)、(iii)市場的交換、(iv)市場における競争、の四つを(ii)と(iii)の順序を入れかえて並べ、縦軸に本章の主題である社会進化の発展段階(第**31**項、段階区分は図7)、すなわち、(i)未開社会、(ii)農業社会前期(古代)、(iii)農業社会後期(中世)、(iv)近代産業社会(前期と後期を区別していない)、の四つを並べて、両者をクロスさせてある。これによって、未開社会では社会構造が未分化で基礎社会がほとんど唯一の社会であったが、農業社会前期でこれに加えて市場的交換が萌芽的にあらわれ、農業社会後期で前二者に加えて機能社会の先駆的な形態があらわれ、近代産業社会で四つがすべて出揃った、というスケイログラム・パターン(ガットマン尺度)があらわされている。ただ、農業社会前期と農業社会後期の区分は、レーエン封建制またはそれに近い形態の社会を経験した西洋(新世界を除く)および日本のような社会には適用可能であるが、中国のように古代的専制が清朝にいたるまで基本的に持続したような社会には適用できない。総じて農業社会は空間的にも時間的にも広大であって多様性がいちじるしいので、図8における図式化は西洋と日本の場合についてのものであるという限定を明示しておくことが必要であろう。

35　基礎集団における社会変動

基礎集団における社会変動の基本趨勢についてはすでにこれまでのところでふれてきた。すなわち、基礎集団の機能縮小、これにともなう構造変動としての核家族化と親族の解体化ということがその大筋である。ここでは、そのような趨勢が生じてきた歴史的経過、およびその原因についての構造-機能分析的観点からする解釈——その一端についてはすでに前項でふれるところがあったが——を述べることにしたい。

未開社会であれ農業社会であれ近代産業社会であれ、血族関係と姻族関係をもった一群の人びとすなわち親族がいるという事実には変わりがない。家族構成の問題は、これら親族の中からどの範囲を切りとって一つの家族にするかの意思決定の問題にほかならない。この意思決定は、人びとが家族という集団に対して要求する機能的必要に適合するようになされるであろう。未開社会においては機能分化がミニマムであることによって基礎集団に帰属される機能の種類は融合したまききわめて多岐にわたるが、それらの諸機能は親族が全体として引き受ければよいのであって、家族だけがそのすべてを引き受けなければならないわけではない。未開社会における生産活動は狩猟採集と園耕がそのすべてであって、それらは大人数の協働を必要としない。また未開社会においてはまだ土地所有の観念が欠けているから家産管理の問題も相続の問題も必要がない。これらの事情のため同一家族の中に多数の家族員を労働力として引きとめておく機能的必要はさほど大きくないし、「家」という世代的に連続する制度体を必ずしも必要とするわけでもない、といえよう。ただ近代産業社会とちがって家族の外に多様な機能を充足してくれるさまざまなアソシエーションがあるわけではないから、親族集団の機能的必要性は高く、これが無力な家族を助け家族だけでは達成しがたいさまざまな機能を果たさなければならない。未開社会においてリネージ、シブ、クランなど親族集団の多様な発達があったのはこのゆえである。

農業社会においては事情は異なる。農業社会の人口の大部分を占める農業従事者——以下、奴隷制農業の場合を除く——にとって、家族は消費を共同にする家計的機能(消費ゲマインシャフト)と、生産を共同にする経営的機能(生産ゲマインシャフト)とが未分離な集団である。後者の機能にとって家族員は労働力であるから、多数の親族を——場合によっては非親族をも——家族の中に引きとめておくことは機能的必要を充足する上で合目的である。他方、農業経営は先祖代々の耕地を継承して行なわれる家業と見做されている。耕地(用水や森林を含む)はいうまでもなくこの家業にとっての主要な生産手段すなわち家産であり、しかも未開社会の場合とちがって土地の稀少性が強く意識されるようになっているから、経営体である家族にとって家産としての土地の相続は重大関心事である。そしてこの場合、経営体としての家族を分割することは家産としての土地の分割を必要とする。一子相続による直系家族はこの家産分割を避けようとする配慮からつくり出された制度であるが、この制度のもとでは嗣子以外の子は農業以外に職を得る機会に恵まれない限りもとの家族の中にとどまらざるを得ず、その場合には家族は傍系親族をかかえこむ形態になる。農業をめぐる以上の諸事情にとって、核家族は適合的でない。なぜなら、核家族は親の家族とは独立に当事者二人が創始する一代限りの家族であって、家業および家産という超世代的連続体の概念にはなじまないから。かくして、農業社会の主要な構成要素たる農家は、西洋においても東洋においても、ドイツの学者のいう大家族、マードックのいう拡大家族(直系家族または複合家族)の形態をとる機能的理由をもっている。このことは近代産業社会の中での農家についてもあてはまり、農村に大家族・拡大家族が多い事情は西ドイツと日本に共通している。

農業社会はまたそれの生み出す大きな剰余によって都市の形成を可能にしたが、これらの都市の主要な構成員である商業・工業従事者の家族においてもまた、家計的機能と経営的機能とが未分離で、商業・工業は家業として営まれており、家族は店舗や宅地や営利機会などの家産の保有者である。したがって農家について述べたのとおなじ事情がこれら都市の家族についてもあてはまる。すなわち、農家におけると同様、商工業者家族もまた大家族・拡大家族の形態をとることが機能的に適合的である。ただ農業社会段階では、農家が市場的交換にさらされる度合いは限られているのに対して、都市商工業者の家族は食料を買い入れなければならない関係上市場的交換にさらされる度合いが高いというちがいはある。けれどもこのことは、彼等の家族が経営体を兼ねていても依然としてゲマインシャフトであることを妨げるものではない。なぜなら、この段階では市場は消費市場に限られ、労働市場の形成はなく、家族経営——たとえそれが奉公人や徒弟など非血縁の使用人を含む場合でも——の中に市場がはいりこんでくるということはないからである。

ところが近代産業社会の段階に入ると、近代化と産業化にともなう家計と経営の分離が、都市商工業者の家族——

旧中間層と呼ばれることになる——とはまったく異なる労働者の家族——そしてそれより遅れて新中間層の家族をつくり出すことになる。彼等は単身で農村から都市に移住してきて、都市で核家族を形成する。彼等の第一世代はなお彼等が出自してきた農村の親族との関係をもちつづけるが、第二世代以降になるとその関係はしだいに薄らぎ、ごく弱い関係でしか親族によって包まれていない都市の核家族群が形成される。これらの家族は企業と完全に切り離され、両者のあいだには労働市場が介在していて、企業は家族とはまったく異なった性質の集団、すなわちゲゼルシャフトとなる。労働者および新中間層の家族は、農家および商工業者の家族と異なって地域社会とのむすびつきが少なく、したがって移動性が高い。また彼等はエンプロイーであってその所得は賃金・給与であるから、彼等の家族は無産(besitzlos)すなわち家産をもたない。このような特性をもつ家族にとって、核家族の形態はよく適合する。なぜなら核家族では共働きでない限り一家の中の働き手は夫一人だけであるから、夫の職業上の都合に合わせて家族は自由に移動することができる。また核家族では子供夫婦は親夫婦に拘束されずに生活できるから、近代産業社会の中心価値である個人主義に適合的である。さらに、核家族においては家族内社会関係が夫婦関係と親子関係だけに限られるので、対他的共感としてのゲマインシャフト関係を純粋に維持するために、核家族は適合的であるといえる(第**26**項)。

日本の伝統的家族は「家」と呼ばれてきた。この「家」というのは、農業社会段階における家族の普遍的形態たる家父長制家族の一形態(支配的には直系家族的形態)にほかならない(戸田貞三、一九三七、三七三—四三一、喜多野清一、一九七六、一一三—一一六)。ところが日本は一八九〇年代以降急速に産業化への道を歩んだことによって、一九二〇年の第一回国勢調査時点においてすでに、全国の世帯(準世帯など家族をなしていないものを除く)構成員のうちで八一・九パーセントが世帯主夫婦とその未婚の子(すなわち核家族成員)であったことが、戸田貞三によって確証されている(戸田、一九三七、三六八)。「家」は世代を超えて続く制度体であるから、嗣子とその配偶者およびその子を——場合によってはさらに傍系親族をも——同一家族の中にとりこむ顕著な傾向をもっているはずである。だから戸田による右の確証は、一九二〇年当時の日本においてすでに「家」は事実上大幅に解体途上にあったことを示すものである。この事実にもかかわらず、日本の家族は超時代的に「家」であり続け、現在もなおそうであるとの主張が有賀喜左衛門や中野卓によってなされ(有賀、著作集一九六六—七一、Ⅶ、二六五—三一九、Ⅸ、一七—六九、松島静雄-中野卓、一九五八)、この見解はかなり多くの支持者をもってきた。(8) 有賀-中野の主張は、家業中心に形成されてきた伝統的な農家・商家の事例にもとづいてなされており、したがってその妥当範囲は農業および商業を中心とする自営業者家族に限定されるべきものと思われるのであるが、有賀-中野はこれを日本の家族全体についてしかも超時代的に妥当するものとする。加えて彼等は、普遍化的概念としての家父長制家族や近代家族の概念を日本に適用することを、日本だけは世界の中で特殊であるとする論拠によって拒むのである。ここでわれわれがとっている観点からは、日本の家族全体をこのような解釈によってとらえる見解を受けいれることはできない。この問題は、次に述べる日本の同族集団のとらえ方にもつながる。

つぎに親族の解体化について考えよう。親族集団にはいろいろの形態のものがあって、未開社会における親族と近代産業社会におけるそれとは別のものである。未開社会の親族集団はいろいろの名で呼ばれてきており混乱が生ずるので、上述のように(第**26**項)本書ではマードックの用語法に便宜上従う。マードックのいうリネージとシブは一般に氏族といわれているもので、これは家族とはその構成原理を異にする。ローウィによると、未開社会もその原始段階では家族のみがあって氏族はなかった(Lowie, 1920 : Chap. VIII)。リネージもシブも単系(父系または母系)出自によって生得的に所属が決定される集団で、結婚によっても変わることがなく、かつ外婚制をともなうので、夫と妻はけっして同一のシブあるいはリネージに所属することはない。だからそれらは家族とクロスしあい、家族を包みこむようにはなっていない。これに対してクランは居住規則を導入してくるため、夫と妻は同一のクランに属し、クランは家族を包みこむかたちになるとともに、地域社会とも重なりあう(Murdock, 1949 : Chaps. 3-4)。

農業社会における親族の形態は多様である。クーランジュはギリシャおよびローマにおける父系の氏族が家神(dieux domestiques)を祀ることによって宗教的機能を果たしていたことを述べている(Coulanges, 1864 : 62-67)。古代ゲルマン社会にも氏族は存在していたが、西洋中世ではそれはすでに消滅していたようである。その理由について清水盛光は、強力な家父長制家族が氏族をこわしたと説明している。上述したようにリネージやシブは結婚によってもその所属が変わらない単系出自の親族集団であるが、家父長制家族は妻が婚家に入ってその姓を変えることを要求するので、リネージやシブはこわされてしまうのである。現在の西洋の双系的親族関係はその後に核家族原理に適合するようなかたちで形成されたものであると考えられる(清水、一九五三、三〇八—三一三、Murdock, 1949 : 45-46, 56-57)。

中華人民共和国以前の中国に存在していた宗族(zōngzú)は父系による外婚制親族集団であってシブと解してよく、共通の祖先を祭る祭祀の機能、生活上の相互扶助機能、成員家族の統制機能、および共同防衛機能などを果たしていた。マックス・ヴェーバーがジッペと呼んで、その存在が中国における合理的経営体の形成を妨げてきたと論じたものがこれである(Weber, 1920 : I : 375-376)。宗族は華南および華中において華北におけるよりも強かったが、全体としてその華中でも中華民国時代にはすでに物的基礎を奪われていたことが、一九三〇年代末—一九四〇年代前半に江蘇省で行なわれた福武直の現地調査によって報告されている(福武、増一九五一、一〇四—一一一)。しかし中国において現在でも妻が結婚後に夫の姓を名乗らないのは宗族の制度的遺制と考えられる。

現在の日本において親類と呼ばれているのは西洋のそれと同じく双系の親族で集団をなしていない。ところが日本の場合これとは別に、本家-分家関係に発する特殊な父系親族集団として農家および商家の「同族団」——私は「同族集団」といった方がよいと思っている――と呼ばれてきたものがあり、現在ではすでに大部分解体しているが、日本の農業社会段階における親族の形態として重要である。同族集団は外婚制をともなわず、また家を単位としているから夫と妻が別個の同族集団に属するということがない点でシブとは異なり、村落共同体と重なりあう点でクランと共通性をもつが本分家関係に発する点でそれとも異なる。本分家関係に発するというのは、家父長制家族の分裂を起点とするということであるから、家父長制を氏族とあいいれない原理に立つものと考えれば、同族集団は本来的に氏族ではない。同族集団の機能としては、同族神を祭り墓地を共同にする祭祀機能、生活上の相互扶助、および成員家族の統制機能などが主なものであるが、とくにこのうちの本家の統制機能については、本家-分家間の支配-従属関係を地主-小作関係と重なりあう経済的従属によって説明する有賀喜左衛門の解釈（有賀、著作集一九六六―七一、第一―二巻）と、本家支配の妥当根拠を家の系譜の本源のもつ伝統的権威によって説明する喜多野清一の解釈（喜多野、一九七六）とが、対立しあう二つの見解をなしてきた。有賀の同族集団についての解釈は、これを父系親族集団としてとらえる通文化的に普遍化的な概念化によらず、有賀が「日本の民族的性格としての社会関係における日本的性格」（有賀、著作集一九六六―七一、Ⅱ、六九二―七一〇）と呼ぶ親方子方関係としてとらえる日本的特殊性論の上に立つ。有賀はこの民族的性格を古代から中世・近世を経て日本が資本主義になった近代・現代にいたるまで変化していないとした上で、日本の企業組織における「縦」関係や親会社-下請会社関係から、官庁のセクショナリズムや政党の派閥までをそれで説明できるとする。このような解釈は、農業社会段階で形成された親族集団が、近代産業社会において機能を喪失しさらには産業化・近代化と機能的にあいいれないゆえに解体していくのが普遍的傾向である、とする私の命題とは両立しがたい。私は日本だけが世界の中でひとりこの通文化的趨勢の例外であり得ると主張する日本的特殊性論に納得的な根拠を見出すことができない。ここでこの問題にこれ以上深入りする余裕はないが(9)、有賀理論と喜多野理論の対立といわれてきたもののうちの有賀理論——およびその系譜を引く中根千枝の同族集団解釈(中根、一九七〇、四二五—四五五)——を私がとり得ないゆえんだけを手短かに述べた。

以上家族と親族について考えてきたことを要約して次のようにいえる。親族集団の解体化と家族の縮小化とが基礎集団における構造変動の基本線であり、それは基礎集団の機能縮小の構造的帰結として説明できる。基礎集団の機能縮小は、社会進化におけるシステムの機能要件充足能力の上昇にとっての構造要件である役割分化の、避けることのできない帰結である。大づかみにいって、未開社会では家族は大きくないがリネージやシブが発達していて多くの機能を引き受けている。農業社会は多様であるが、リネージやシブは解体して家父長制家族のような大家族が主流であり、親族集団はこの大家族から派生する形態に変わっている。近代産業社会においては核家族が主流であり、親族は集団をなさずに核家族に適合するような双系の形態に変わっているが、その機能は冠婚葬祭に参加するといった儀礼的なものに限られており、地域的流動性が高まっていることによって親族間の社会関係も薄れがちである。核家族は近代産業社会の支配的な価値観である個人主義によく適合する反面、夫婦の離婚によって解体してしまうこと、家族成員の病気や事故などによってただちに生活上の支障を来たすこと、などの弱点をもっており、加えて親族そのものの機能縮小と親族間社会関係の稀薄化によって親族がこれを補完することもできにくくなっている。近年先進諸国に共通する社会問題となりつつある高齢化社会との関連で、核家族化と親族解体の現実があらためて問題としてとりあげられ、日本では伝統的な「家」制度の復活、西ドイツでは「大家族」の再評価が論じられているが、人びとの意識ないし価値観が旧に復するということが考えがたい以上、このような提案が現実的意義をもつとは考えがたい(富永、一九八四b)。この問題は、国家の機能拡大について論ずるさい、再度とりあげることにしたい(第**39**項)。

36　機能集団における社会変動

固有の意味での機能集団、とりわけ組織——家族から分離し分業関係と制度化された支配関係を確立している機能集団(第**27**項)——は近代産業社会とともに生み出されたものであるから、それの社会変動を考察するという場合、われわれは基礎集団や地域社会のように人類の発生とともに古い社会の社会変動を考察する場合と異なって、未開社会や古代社会に溯る必要はないし、農業社会についてもそれは萌芽的ないし先駆的な形態で存在したにとどまるので構造的にまだ不完全であった——とりわけ組織の三条件をみたさなかった——と言っておけばそれでいちおう足りる。そこで近代産業社会になってからの機能集団とくに組織の変動について考察することが、ここでの課題となる。

組織は近代化・産業化・都市化の担い手であり、近代産業社会における合理化の主役であるから、組織の変動の方向性に関しては、機能的により合理化されていない状態からより合理化された状態への変動ということがその基本線として考えられることに異論の余地はないであろう。そしてこれは、近代産業社会の社会進化の過程において、より合理的でない組織が競争をつうじて淘汰され、より合理的に自己を改変した組織が生きのこることによって生ずる、と説明され得るであろう。しかし、社会変動を問題にするためには、構造変動を問わねばならない。では、組織においてより合理化されていない構造とは何であり、より合理化された構造とは何であろうか。これがここでの問題である。

マックス・ヴェーバーの単一類型的な官僚制論が受けいれられていた当時には、この問いに答えることは簡単であった。すでに見たように、ヴェーバーの官僚制組織とは彼のあげた七原則をみたすような構造のものであり、そしてそのような構造の組織こそが、正確性・迅速性・明確性以下の卓越性基準をみたすと考えられていたからである(第**27**

項)。この考え方からすれば、より合理的な組織の構造とは、(i)すべての職務運営が規則によってより多く拘束され、よりきちんときめられている、(ii)作業の分配や命令権力・強制手段の行使がより多く権限の原則にきちんと従ってなされる、(iii)職務階層制の原理がより一層厳格に適用されている、(iv)規則に合致した組織行為が行なわれるようによりきびしい専門訓練がなされる、(v)管理幹部が行政手段や生産手段からより一層厳格に分離されている、(vi)職務地位の専有をより一層強く禁ずる、(vii)文書主義の原則をより一層徹底させる、などのことによって実現されることになる。しかし、ヴェーバーの官僚制の七原則には、文書主義の原則のように、こんにちのコンピューターによる管理の時代には適合しないようなものが含まれていることを別にしても、これらの原則をより強化することはすべて、より規則ずくめでより硬直的な組織づくりを指向する結果になる点が問題なのである。そのような方向に組織をもっていくことがはたして合理的たり得るのか。アストン・グループやバーンズ-ストーカーなどによる組織構造多元論は、こうした疑問に導かれた新しい定式化の模索であった。

ローレンス-ローシュのコンティンジェンシー理論は次のように説く。組織は開放システムであってたえず環境と相互依存している。ところが組織の環境は多様である。たとえば業種Aにおいては急激な需要拡大の途上にあり、そして新しい技術革新がつぎつぎにおこっているので、それをはやくとりいれる競争が激烈である。他方、業種Bにおいては市場が安定していて、大きな需要拡大もないが大きな技術革新もないので、主要な競争要因は技術革新に対処することではなくて品質維持と顧客サービスにある。このような場合、どのような組織構造が最も合理的であるかということを、市場条件をぬきにして一般的にいうことはできない。どのような環境にも適用できる組織構造のワン・ベスト・ウェイというものはない。たとえば業種Aにおいては、たえざる不確実性に対処しなければならないため、研究開発部門と製造部門と販売部門とのあいだで内部コンフリクトをおこしやすい。そこでコンフリクトをはやく処理し得る柔軟性が最も重要である。これに対して業種Bにおいては、品質維持と迅速な顧客サービスが競争のきめ手であるため、組織の末端が管理者の意のままに動く集権的な構造が有効である(Lawrence and Lorsch, 1967)。

同様に、バーンズ－ストーカーは次のように説く。マックス・ヴェーバーが近代的・合理的な組織はいつでもどこでも官僚制というかたちをとると考えたのは、誤りである。安定した環境条件のもとでは、意思決定はプログラム化されており、選択肢はあらかじめ予想され得るので、問題はいかに迅速かつ円滑にそれを行なうかだけである。このような場合には、「機械的」(mechanical)組織が合理的である。機械的組織とは、厳格な専門分化によって個々人は特定の課業を割当てられ、仕事の遂行は上司によってコントロールされており、下位者は上位者の命令にいつも服従することを求められているような組織である。これに対して、変化しつつある環境条件のもとでは、意思決定はプログラム化され得ず、選択肢は前もって与えられないので、それらは探索活動によって「発見」されねばならない。このような場合には、「有機的」(organic)組織が合理的である。有機的組織とは、専門分化がゆるやかで、課業は流動的で融通性に富んでおり、仕事の遂行は上司によってコントロールされるよりも同僚相互間の調整によって行なわれることが多く、したがって命令・服従の関係は最小限度であるような組織である(Burns and Stalker, 1961 : 114–125)。

近代化と産業化が高度になっていけばいくほど、世の中の変化のテンポがはやくなっていく傾向があるので、ローレンス－ローシュやバーンズ－ストーカーのいう変化のはげしい環境に直面することが多くなり、したがってプログラム化されない意思決定が要求される度合いが高まっていくであろう。他方、近代化と産業化が高度になっていくほど、定型化された労働は機械によっておきかえられ、専門知識を要求されるような労働が増加していくだけでなく、高学歴化にともなって組織成員の知識度が高まっていくと考えられる(Hage, 1980 : 470–485)。かつて産業社会学の主要な関心事は、一九二〇—三〇年代の有名なホーソーン工場実験のように、大規模製造工場の中で定型作業に従事する非熟練ないし半熟練労働者の勤労意欲と生産性にむけられていた。単純組立労働などの多くがロボット化された現在、そのような労働者はしだいに減ってしまった。それどころか、産業構造全体の中で、そのような製造工場の従業員の占める比重自体が小さくなり、第三次産業の従事者が全労働力中の過半数を占めるようになっている。これら第三次産業の従事者はホワイトカラーが多くて知識水準が高く、その仕事の性質は非定型的で、彼等の組織は規模が小さい。こうして、ヴェーバー型の官僚制組織があてはまるような対象は、しだいに少なくなると同時に産業構造の主流ではなくなってきているのである。

このことはもちろん、競争がはげしくなくなったとか、合理化・効率化へむかう圧力が弱くなったとかということをすこしも意味しない。まったく反対に、競争はますますはげしく、合理化・効率化へむかう圧力はますます強くなっているのだが、その合理化・効率化の構造的帰結が、かつて考えられていた組織の官僚制化という方向をとらずに多様化し、むしろバーンズ－ストーカーのいう有機的組織のタイプがふえつつあると考えられる。

以上から、機能集団における社会変動の方向性は、機能的には合理化の一層の進行、しかし構造的には大規模化の時代が終わってむしろ小規模化、そして単一類型的官僚制化ではなく多様化と有機的組織の増加、として要約され得るであろう。

37　地域社会における社会変動

地域社会は人類史においてほぼ普遍的といってよい社会であって、未開社会においてすでに地域社会の形成はあった(ある)のであるが、血縁社会すなわち親族集団にくらべると未開社会では地域社会の重要性は少ない。他方、高度に都市化された近代産業社会にも地域社会の形成はあるが、ここでは機能分化が進行し地域移動が頻繁で社会関係が外にむかって開かれているために、地域社会の内部にむかう関心は稀薄化している。地域社会が最高度の重要性をもった(もつ)のは、社会進化の発展段階においてこの両者にはさまれた農業社会においてである。村落共同体は農業社会において生まれ、農業社会において最も高度の発達をとげた。都市もまた農業社会において生まれ、農業社会において都市共同体として発達した。農業社会から近代産業社会への移行における地域社会の社会変動とは、何よりもこの農業社会において形成された共同体が解体する過程にほかならない。

まず、村落共同体・都市共同体(両者を合わせて地域共同体といういい方をすることもできる)というかたちでこれまで用いてきた共同体という概念を問題にすることからはじめよう。共同体という日本語は、英語の community またはドイツ語の Gemeinschaft の訳語として用いられることがある。しかし本書では、片仮名書きのコミュニティはマッキーヴァーの概念としての community に準拠して用いるように限定してきたし、また片仮名書きのゲマインシャフトは「ゲマインシャフト行為」および「ゲマインシャフト関係」というかたちで、他者が自我にとっての目的そのものであるような行為(表出的行為または完結的行為)という意味に厳密に定義して用いてきた。本書において共同体という語を右のコミュニティおよびゲマインシャフトの意味に用いることはない。とりわけ注意を要する点は、本書の意味でのゲマインシャフトは普遍概念であって歴史概念ではない——テンニエスのゲマインシャフトが歴史概念であるのに対して——ということである。近代産業社会において家族がゲマインシャフトの最後の砦になっているといった表現は、それが社会関係における普遍要素であるという理解を前提としてはじめて意味をもつ。

他方、私はさきに鈴木栄太郎の生態学的アプローチに準拠して、村落の限定された地域の上に社会関係が封鎖的に累積する性質を村落共同体と呼んだ。近代産業社会では、都市は地域社会としてのこのような高度の封鎖性・累積性をもつことはないのに対して、農業社会段階では都市もまたそのような性質をもっていたと考えられ、だからそれを都市共同体と呼び得るのである。私は村落の場合には社会関係の封鎖性・累積性が強いほど村落度が高いと考え、都市の場合には反対にそれが強いほど都市度が低いと考えた(第28項)。換言すれば、地域社会の共同体性は村落度に比例し都市度に反比例する。しかしどちらの場合も共同体性は近代産業社会において解体にむかう。この意味で、共同体は本書の意味でのゲマインシャフトと異なり普遍概念ではなく歴史概念——だから私はテンニエスにおける歴史概念としてのゲマインシャフトを共同体という語で受け止めようとしている——である。そこで共同体を問題にするにあたってはわれわれは歴史家の用法を調べてみなければならない。

西洋史の上では、中世ゲルマンの都市史の研究がとりわけ多くの蓄積をもっており(増田四郎、一九七八)、またそれら歴史家の研究は社会学者にも影響を与えてきた(新睦人、一九七五)。農業社会段階での都市発達史としては、西洋では中世よりも前にまず古典古代の都市としてのポリスまたはキヴィタスが問題にされねばならないが、これと中世ゲルマンの都市とのあいだは連続でない。周知のように、西洋史上の古典古代と中世のあいだには、ローマ帝国の滅亡を境にして、ラテン世界からゲルマン世界への担い手の交代があった。古典古代の世界においては、ギリシャは都市国家の集まりであったし、ローマ帝国も都市国家から発達した。都市国家はもちろん農村地域を含んでいたが、地主たちは耕作を奴隷にさせて都市に住んだから、古典古代の社会と文化は都市的なものが優位していた。これに対して中世ゲルマンの世界においては、荘園領主は農村に居住してその領地を耕作する農民——領主に支配されていたという意味でしばしば農奴と表現されるが、じっさいには耕地の所有に関して独立性が強かった——を支配していたので、中世ゲルマンの社会と文化は農村的なものが優位していた。タキトゥスの『ゲルマーニア』には、ゲルマン社会に都市は一つもないと書かれており、紀元後一世紀ごろの古代ゲルマン社会がまったくの村落社会であったことを裏づけている。だから西ローマ帝国の滅亡後中世ゲルマン世界が始まった時、「都市化」とは反対の退行現象としての「村落化」がヨーロッパに生じたと考えられる。ゲルマン世界に都市がはじめて成立したのは一二世紀頃であったと歴史家たちは推定している。そこで一九世紀ドイツの歴史法学者たちがドイツ都市の法制的起源を研究したさい、当然まずローマ起源説が支配した。ゲルマン自体の歴史の中に都市がなかったのだから、それをローマの法制度に由来するものとして説明するのは自然なことであったろう。ところがこれに対して、ローマの都市制度は民族大移動とともに消滅したのであって、ゲルマン都市の法制的起源はゲルマン社会自体のもっていた村落マルク制度にあるのだとする村落起源説が擡頭し、やがてこれがローマ起源説にとって代わるにいたった。都市の起源が村落にあるということは、商工業者を担い手とする都市が、少なくともその発生期においては、農民を担い手とする農村と、地域共同体としての制度的基盤を同じくしたことを意味する。ドイツ都市史の研究史を詳細にレヴューした宮下孝吉は、このことを次のように述べている。「中世の都市生活は、かなり農村的な雰囲気の中に営まれた。小都市にはこの特徴が最も顕著で、大きな村落又は領主的村落と殆んど異ならぬ状態にあった。荘園領主は、成立しつつある商工業者の定住地を荘園と同様な眼を以て見、且つ荘園同様な取扱をなした」(宮下、一九五三、七一)。

鈴木栄太郎は、これらドイツの法制史家の都市村落起源説を批判して、村落がそのまま都市に変質したなどとする見解は都市をして都市たらしめる本質をまったくとらえていないと述べた(鈴木、著作集一九六八―六九、五八―六四)。しかしこれは近代産業社会における都市を見る目でなされた批判であって、歴史家に対する批判としては当を得ていないのではないか。中世ゲルマンの都市には、村落から区別された都市固有の本質といったものがまだはっきりとはなかった――せいぜい城壁による共同防衛の機能をそのようなものとしてあげ得る程度である――のだと考える時、ドイツ法制史家たちの右の学説は、近代化・産業化の過程を地域社会における共同体の解体としてとらえようとするわれわれの観点によりどころを与えてくれるものと解してよいであろう。なぜなら、右の学説は、農業社会段階では村落は村落度が高く都市は都市度が低かったのに対し、産業社会段階では村落は村落度を低め都市は都市度を高めたということを、裏づけてくれるからである。

同様の観点から、われわれは村落と都市を含めて農業社会段階における地域社会構造を共同体の概念で説明しようとするマルクス-大塚久雄の経済史的観点からする共同体論を、ここでの論証の目的に援用することができる。大塚はマルクスに準拠して、共同体とは近代資本主義以前の生産様式において存在し、近代資本主義の生産様式にいたって解体した、土地の共同占取を物質的基盤とする社会関係であると定義し、これを、（ⅰ）アジア的共同体、（ⅱ）古典古代的共同体、（ⅲ）ゲルマン的共同体、の三つの発展段階に区分した（大塚、著作集一九六九—七〇、Ⅶ、一一一〇四）。この区分は、おなじマルクスが、経済的社会構成体のあいつぐ諸段階として設定したアジア的・古代的・封建的・近代市民的という発展段階（Marx-Engels, Werke 1956–83：13：9）と同様に、最初におかれた「アジア的」というのを別にして、もっぱらヨーロッパにおける発展段階を念頭において立てられている。ヨーロッパの発展区分のはじめにだけ「アジア的形態」が登場するのは一貫性を欠くが、マルクスはタキトゥスなどを典拠にして、ゲルマン社会には古代ゲルマンにおいてすでに、最も原始的な共同体の形態である、純粋に部族の首長による土地占有という形態はなかったと考え、この最も原始的な形態をヨーロッパ外に求めた。このヨーロッパ外というのがアジアに位置づけられて、アジア的生産様式とかアジア的共同体という語がつくられることになった[10]。

マルクスは、個人が「裸の労働者」（Arbeiter in Nacktheit）としてあらわれるようになるのは近代においてのみであって、それ以前の諸段階では人は常になんらかの意味で所有者であったと考えた。しかし第一のアジア的形態においては、個人そのものはまったくの無所有で、土地はすべて部族ゲマインシャフト（Stammgemeinschaft）たる共同体のものとされ、現実にはその首長である専制君主の手に帰属していた。これに対して、第二の古典古代的形態においては、土地所有の前提として所有者は共同体の成員であることを不可欠とするが、土地所有は家父長制家族の首長たる個人の所有に分割されており、それと並んで公有地(ager publicus)が国家によって所有されていた。これらの土地所有者は都市に住むゆえに、「耕地は都市の領域としてあらわれる」のであった。第三のゲルマン的形態においては、第一および第二のいずれの形態とも異なって、土地所有者は都市に集合することなく、農村を生活の本拠としており、土地は共同体による媒介を経ずに個人がこれを所有していた。個人所有の土地を補完するものとして公有地があったが、これは古典古代におけるように国家のものではなく、ただ共同的に利用されるのであった。かくして、マルクスの要約によれば、「アジアの歴史は都市と農村の無差別な一種の統一体である」。「古典古代の歴史は都市、しかし土地所有と農業の上に基礎づけられた都市の歴史である」。「中世(ゲルマン時代)は歴史の座としての村落から出発し、その後の発展において都市と村落との対立にすすむ」(Marx-Engels, Werke1956–83：42：390–391)。大塚の共同体論は、このマルクスの発展段階図式を敷衍し、かつ「共同体」という語を鍵概念としてマルクスよりも強く前面に押し出したものである。ただこの大塚理論は、»Gemeinde«というドイツ語を機械的に右の歴史的概念としての共同体と同一視してしまう社会学的混乱をひきおこした。いうまでもなく今日ふつうに用いられるGemeindeというのは、英語のcommunityとともに自治体(本書において私が「地域社会の行政組織体」と表現しているもの)をあらわす語(もう一つの意味はヴェーバーが宗教社会学に用いた宗教教団)である。

最後に、マッキーヴァーのコミュニティ論の中にもまた、ここでの地域社会変動論に直接かかわる中心問題が含まれていることを指摘しておくことは有用である。マッキーヴァーの著書『コミュニティ』には、コミュニティについての二つの異なった定義がある。すなわちその第一は、「コミュニティと私がいうのは、共同生活のさまざまな領域であって、村・町・地域・国、あるいはより一層広い領域がこれである」(MacIver, 1920：22)というものであり、その第二は、「コミュニティとは、その成員が、共同生活の相互活動を可能にするほどに十分な関心(interests)の共同性があると認知する、社会的統一体である」(MacIver, 1920：109-110)というものである。第一の定義は、本書で私がずっと「地域社会」と表現してきたものにあたることが明らかである。それに対して第二の定義は、関心の共同性ということによってその統合が確保されている社会的統一体がコミュニティだ、といっている。この二つの定義は、これだけをとり出して並べる限りでは結びついているとはいえない。そこでマッキーヴァーはこの第二の定義のあとに続けて、地域的近接は共同関心をつくり出すのであるとした。彼のいう「関心」とは、他者と社会関係をむすぶことを動機づける要因であって、「意志」の客観的側面であると説明されている。だから、コミュニティは第一の定義では地域性のみによって規定されたとはいえ、それだけでコミュニティができるわけではなく、人と人との関係が地域性を媒介することによって共同関心を生み出すことがコミュニティの形成をもたらす、というのがマッキーヴァーのテーゼであった。約言すれば、マッキーヴァーにとってコミュニティとは、地域性と共同関心の両方を要件とする概念であり、そうであることによって彼のいうコミュニティはゲマインシャフトとしての内容を付与されたものになっている。

しかしながらじつは、近代産業社会において地域社会の領域が都市化とともに拡大し、農業社会段階における社会関係の封鎖性・累積性が消滅していくにつれて、地域性が共同関心を生み出す度合いは減少していくのである。マッキーヴァーが立てたコミュニティ発展に関する三法則(社会化と個性化、社会化とコミュニティ経済、社会化と環境制御)には、この基本的事実への言及がない。彼のコミュニティ発展に関する全考察は、コミュニティの地域性が高度の共同関心を生み出す——したがってコミュニティはゲマインシャフト的な性質をもつ——という前提から出発している。この前提は現実には、農業社会段階においてはみたされていたが、近代産業社会においてはもはやみたされず、しかもそれがみたされない度合いは近代化と産業化の進行とともにますます増大しつつある。しかるに地域性が高度の共同関心を生み出すとの前提から出発しているため、マッキーヴァーのコミュニティ発展に関する諸「法則」は、法則という表現にもかかわらず、現実に生起していることの一般化にはなっていない。換言すればそれらは、地域社会がゲマインシャフト的な性質をもつべきだというマッキーヴァーの価値前提からひき出された、いわば規範的命題という性格が強いのである。

農業社会段階において村落と都市を含めた地域共同体の共同体性を確保していた諸条件を、これまでの考察を総括しながらあげてみよう。これらの条件が消滅していくことこそ、地域共同体が解体していく過程にほかならないのである。

(一)　地域規模が小さいこと、地域移動が少ないこと、および機能分化がとぼしいことに起因する、社会関係の地域社会内部への封鎖化と累積。これは私が鈴木栄太郎の生態学的アプローチに準拠しつつ、地域共同体形成における社会学的条件として最初から一貫してあげてきた要因であった。だから都市化による地域規模の拡大と地域移動の増加、それに機能分化の進行および家族と企業の分離などは、近代産業社会において地域共同体の解体をひきおこす主要な原因をなすと考えられる。都市に固有の機能として鈴木があげた結節機関のあるものは農業社会段階から存在していたが、それらが飛躍的に増加したのは近代産業社会においてである。

(二)　経済史的観点からする共同体論が強調してきた、土地の共同占取という物的専有基盤。入会地への着目はテンニエスにもあって、彼はそれを地縁を強化する要因と見做した。マルクス‐大塚の三段階図式は、ヨーロッパ中心のテーゼではあるけれどもきわめて体系的にこの要因をとり出したものである。すなわち、そこでは農業社会段階が三つに区分され、第一のアジア的形態においては個人の独立性がゼロであって私有地はないのにたいして、第二の古典古代的形態においては個人が自立してそれぞれの私有地をもち、これと平行して共同体自体の所有である公有地が存在しており、さらに第三のゲルマン的形態になると私有地と公有地の併存は古代とおなじであるけれども、公有地は古典古代のそれとは異なって個々人が「持分」をもつ「総有」の形態をとる。すなわち、これら三段階のすべてにおいて個人は共同体規制に拘束されているのではあるが、その枠の中で個人の所有権はあとの段階ほど強まっている。近代になると共同体規制は急速に解体する。すなわち村落では公有地は消滅して私有地のみとなり、都市ではエンプロイー化が土地所有から切り離された大量の労働者とホワイトカラーをつくり出すのである。

(三)　親族集団が地縁と重なりあって共同体を強化すること。農業社会は地域移動のとぼしい社会であるから、地域社会内部に親族関係が累積するのが自然であり、場合によっては一村全部が同姓といったようなことが起り得る。また親族は祖先を共有するから、祖先を祭る宗教儀式の紐帯もまた地縁紐帯と重なりあう。近代産業社会における地域移動の増加は、これらの重複した社会関係を切断する方向に作用する。親族関係は居住地域が離れるとともに相互行為の頻度が下り機能が低下する。これらのことが共同体の解体にむすびつくのである。

(四)　資源・機会をめぐる利害の共通性。日本および他のアジア諸国における稲作農村の場合には、地域的近接が灌漑用水の管理における協力関係を伝統的につくり出してきた。そのほか農道管理などについても同様の協力関係を生じてきたし、農作業上の共同労働慣行も行なわれてきた。これらの資源・機会をめぐる共通利害から生ずる協力関係もまた、地域共同体を強化する重要な要因をなしてきたと考えられる(蓮見音彦、一九七〇、一三五—一七七)。都市では農業にともなうこのような協力関係はないとはいえ、商店街のような自営業の集まる地域では、資源・機会をめぐる共通利害が生み出す協力関係は多い。しかし近代産業社会においてはこのような地元的関心をもたないエンプロイー住民がふえ、これらの協力関係はしだいに地域行政組織によって肩代わりされるしかないようになっていく。これもまた地域共同体の解体と見合っているということができる。

以上私は、地域社会における社会関係の閉鎖的な集積を地域社会の共同体性としてとらえ、農業社会段階においてそれが確保されていた諸条件と、近代産業社会においてそれらが消滅していく過程を要約的に示した。地域社会における社会変動の方向性をマッキーヴァーの用語を用いて集約すれば、それはコミュニティにおいて農業社会段階で密接にむすびついていた地域性と共同関心とが、近代産業社会において分離していく趨勢として定式化できる。だからマッキーヴァーのようにコミュニティを地域性と共同関心のむすびつきによって定義するならば、そのようなコミュニティはしだいに実在のものではなくなっていくといわなければならない。とはいえこのことは、地域的近接が生み出す相互行為と共同関心がゼロになるということを意味するのではない。人間が地上に定住して生活するかぎり地域社会は人類に普遍的な社会であり、そうであるかぎり地域社会内部での相互行為・社会関係・共属感情が消滅することはないし、また地域性が共同関心を呼びおこすことがなくなるということはないであろう。その意味で、地域社会は家族と並んで――家族にくらべるとその度合いは劣るとはいえ――ゲマインシャフトを求める人間の郷愁の最後の砦の一つをなしている、ということができるであろう。マッキーヴァーのコミュニティ発展に関する諸命題は、人間のこのような郷愁を価値前提の根拠においていると解することができよう。

第一三節　社会発展と社会構造の変動㈡——全体社会の変動

38　社会階層における社会変動

レンスキーが強調したように、社会的資源の分配システムにおける高度の多様性は、人類史における社会発展の段階と関連づけて考えることなしには説明し得ない。この意味で、いかなる時代、いかなる発展段階を異にする諸社会にもあてはまる社会階層の一般理論といったものを構築しようとすることは、あまり賢明な企てとはいえない(Lenski, 1966 : 43–93)。社会階層は、一方で物的資源(富)の分配にかかわり、他方で関係的資源(権力および威信)の分配にかかわるが、これら諸資源の存在形態は、技術的-経済的、ならびに政治的-社会文化的な発展段階によって規定される。この問題が、社会階層に関して社会変動を考える場合の中心主題である。

社会階層は人間社会に普遍的なものとされているが、未開社会段階では一般に社会的資源の不平等度は小さい。その理由はつぎのとおりである。まず物的資源に関しては、一方で生産力そのものが絶対的に低くて生存水準を超える余剰がほとんどないから、消費財の分配はラドクリフ-ブラウンのアンダマン島調査に見るように、大体平等になされる(Radcliffe-Brown, ²1933)。他方で生産手段については、園耕社会段階までのところでは土地は小規模にしか利用されておらず、土地が欲望に比して稀少であると感じられるにいたっていないから、土地が個人によって所有の対象にされるという考え自体がなく、共同体所有である。つぎに関係的資源すなわち権力および威信に関しては、未開社会において政治的指導者層および専門職業者(呪術師や医術師)の分化はあるが、全体社会の規模そのものが小さいから、行使し得る特権の大きさは限られている。とりわけ権力に関して、武器の未発達のため戦争による勝者が敗者を奴隷にするような支配-服従関係はまだ成立していない。

貧富と権力の格差が広がるのは農業社会においてである。農業社会では、農業生産力の飛躍的な増大にともなって生存水準を超える余剰が大きくなり、かつ土地が主要な生産手段として稀少性をもつにいたるので、これらの獲得をめざして勢力争いを生ずる。武器が発達して勢力が武力による裏づけをともなって制度化され、これらの権力者階級が国家組織の担い手となるとともに、土地はこれらの権力者階級の所有に帰する。権力者階級の頂点には君主がいて、農業社会は君主制(帝制または王制)をとるのが通常である(アテネの民主制や一時期のローマの共和政は例外的)。

農業社会における君主と権力者階級による支配の形態は高度に多様であるが、それらはマックス・ヴェーバーによって家産制および封建制と名づけられた両極のあいだに配列されるものとして整理され得る。ヴェーバーが家産制(Patrimonialismus)と名付けたものは、中央に専制君主のヘル権力があって全国土と人民を集権的に支配し、この君主にピエテート関係によって従属している多数の家臣がそれらの土地と人民の分割された各部分を官職にともなうフリュンデまたはプレベンデ(俸禄)として与えられて地域団体の行政を担当するが、それらの土地・官職は期限つきまたは一代限りで世襲され得ず、君主の家計(国家財政)需要がフリュンデ保有者にライトゥルギー(貢租)として割当てられて各地域団体がこれを負担する、という支配の形態である(Weber, ^{5}1972: 583-613)。これと対極的に位置するのが、ヴェーバーによって封建制(Feudalismus)と名付けられたもう一つの支配の形態で、これは各地域ごとに自然発生的な小規模領主(荘園領主 Grundherr)がいてそれぞれの地域を世襲的に領有している一方、中央には通常それらの領主が封臣関係(Vasallenverhältnis)をとりむすんでいる君主があり、君主は封臣たる領主にその領有する土地をレーエン(封土)として授封するという形式的手続をとるが、両者のあいだにはピエテート関係はなく、また中央のヘル家計から領主の地域団体に対するライトゥルギーの割当もなくて、領主家計はヘル家計に対して完全な独立性を保持している、というものである(Weber, 51972: 625–653)。封建制という語は多義であるので、本書では誤解を防止するためにヴェーバーの意味での封建制ということを明示する目的でこれをレーエン封建制と表示している(11)。

家産制と封建制はどちらも農業社会における支配構造の両極をなす二類型であるが、家産制的支配は古代に成立して世界のどの地域にも存在した——西のローマ帝国と東の秦漢から隋唐にいたる古代中国帝国とがその代表——のに対して、封建制は中世ゲルマン世界に固有のもので、それ以外では鎌倉・室町・江戸時代の日本に類似の形態(日本の場合には中央のヘル権力が幕府)があるだけであった。階層構造という観点から見て、両者の重要な差異は次の点に存する。すなわち、家産制では君主の権力が強大であるために国内の富が君主家計に集中し、家臣は君主に対して従属的で独立した権力をもち得ず、人口ののこりの部分はすべて一様に生存水準にある農民である。このような支配の形態が中国のように古代いらい二〇世紀はじめまで一貫して続けば、人民の側に富の蓄積が行なわれて中間層というものが形成される余地がない。人民は中央のヘルと家臣の地域団体の両方から租税をとられて富を内部蓄積する余力がなく、蓄積が行なわれなければ市場の形成も行なわれ得ず、したがって商業資本も産業資本も自生し得ないから資本主義の担い手が発生してくる余地がない。他方、君主の専制権力が強大なため民主化が困難で、近代的な合理主義の価値の担い手も登場してくる余地がない。少数の啓蒙的な知識人があらわれても、それを広範に育てていく地盤がない。かくして約言すれば、産業化と近代化が内部から自生してくる可能性が生まれない。これに対してヨーロッパの封建制においては、君主の権力が小さいので個々の封建領主の小宇宙が事実上の自律的な全体社会をなし、その村落共同体内部において共同体的規制を受けながらしだいにそれから離脱していく独立した自営農民の広範な形成——さきにゲルマン的共同体における個人所有として述べたもの(第**37**項)——があった。これらの自営農民は賦役ないしは貢租を領主に多く支払わねばならなかったが、なおかつ勤勉に働くことによって少しずつ内部蓄積していくことが可能であったと思われ、その中の富裕層がやがて農村工業に進出して初期資本主義の担い手になっていった。同様に、農業社会段階において村落共同体と類似した性質をもつ都市共同体内部では、自営農民に相当する小親方層が、しだいにギルド的規制から離脱して独立性を高め、農村工業の形成に加わるようになった。大塚久雄によって「中産的生産者層」と名付けられたのはこのような人びとである（大塚、著作集一九六九―七〇、Ⅲ、一六二―一八〇、Ⅳ、九八―一四七）。

近代化革命と産業革命によって近代産業社会のページが開かれた時、近代産業社会は封建社会内部でつくり出された貧富と権力の大きな格差を当面そのまま引き継いだ。西洋で世界最初の近代産業社会がその展開を本格的に開始した一九世紀初頭に、この近代化と産業化を推進する運動にコミットしたサン－シモンは、古い封建社会の支配者であった貴族や、彼がブルジョワと呼ぶ軍人・法律家・金利生活者など（サン－シモンの時代のフランスにはマルクスの意味でのブルジョワはまだ育っていなかった）がなお高い地位を占めていて、新しい近代産業社会の担い手である「産業者」階級が依然として社会の最下位にいるという矛盾を発見した。階級という概念は、この矛盾を認識する過程でつくられた。サン－シモンはフランス革命直後のフランス社会を観察して、三つの階級を区別した。第一は貴族、しかしこれはフランス革命で虐殺されたり追放されたりして消滅した。第二はブルジョワ、これは中間階級であったが、フランス革命で産業者をそそのかして貴族に対して反乱し、いまや第一階級にのし上った。そして第三がサン－シモンに特有な概念である産業者（les industriels）あるいは産業者階級（la classe industrielle）である。『産業者教理問答』においてサン－シモンは、産業者とは何かとみずから問い、産業者とは農業者・製造業者・商業者を含むすべての働く人びとである、と規定した。産業者階級は働いてすべての有用なものをつくり出しているが、貴族とブルジョワ――といっても貴族はすでにいなくなったから階級はブルジョワと産業者だけになった――は働かないで徒食している寄生的な階級である。それにもかかわらず、現在ブルジョワが第一階級で、産業者はこれに従属している。この矛盾を解決して、産業者階級を第一階級にまで高め、他の諸階級を従属的地位におろすこと、これがサン－シモンの提唱した「産業体制」(régime industriel)をつくり出すということの意味であった(Saint-Simon, Œuvres 1977 : IV)。

エンゲルスは、サン－シモンが階級を「働くもの」(Arbeiter)と「不労者」(Müßigen)との対立としてとらえたことを称讃したが、サン－シモンの「産業」といううとらえ方にはブルジョワ的要素が混在していると批判した(Marx-Engels, Werke 1956–83 : 19 : 194–195)。サン－シモンを源流の一つとするマルクスとエンゲルスの階級論は、『共産党宣言』の冒頭に鮮明に述べられたように、近代市民社会において「全社会は敵対する二大陣営、直接に対立しあう二大階級、ブルジョワジーとプロレタリアートにますます分裂していく」(Marx-Engels, Werke 1956–83 : 4 : 463)というものであった。これを階級両極分解命題と呼ぼう。しかしマルクスとエンゲルスは、階級としてブルジョワジーとプロレタリアートしかあげなかったのではない。サン－シモンとちがって、マルクスとエンゲルスは、小工業者・小商人・手工業者・農民を「中間諸階層」(Mittelstände)と呼び、これらの諸階層をブルジョワジーとプロレタリアートの中間に位置づけた。『共産党宣言』が書かれた一八四八年当時のヨーロッパにおいて、じつはブルジョワジーとプロレタリアートを加えた人口よりも、これら中間諸階層を加えた人口の方がはるかに多かった。だから「全社会がブルジョワジーとプロレタリアートに分裂していく」という階級両極分解命題は、当時はまだ過半数であった「旧中間層」(のちにホワイトカラーが新中間層と呼ばれるようになったのに対して、小工業者・小商人・手工業者・農民を旧中間層と呼ぶ)がちかい将来没落していくという旧中間層没落命題を含んだ上で、定式化されたものであった。

サン－シモンの階級概念とマルクスの階級概念はおなじではないが、それらには共通の特徴がある。その共通点を次のようにかぞえあげることができるであろう。(i)彼等の階級概念は、サン－シモンが貴族を第一階級としてあげ、マルクスとエンゲルスが「封建社会の没落から出現した近代市民社会」と述べてブルジョワジーの出自を中世都市の城外市民(Pfahlbürger)に求めたことから明らかなように、伝統的なヨーロッパ社会の封建身分の遺制がまだ豊富に残存している時期に、それらの延長線上において考えられたものであった。(ii)したがって階級は単純に所与のもの、現に明確に実在しているものであって、現代のわれわれのように階級区分の基準をどうするか、階級をいくつに分けたらよいか、どこに階級区分の境界を引けばよいか、などの議論に時間をついやす必要はなかった。そもそも、誰の目にも明白な、貴族やブルジョワジーやプロレタリアートをあらためて定義する必要があるだろうか。貴族とは広大な土地の所有者、ブルジョワジーとは生産手段の所有者、プロレタリアートとは労働力以外に何ものも所有しない無産者、それだけで定義はもう十分なのである。(iii)中世の封建領主や家臣や農奴と同様に、ブルジョワジーとプロレタリアートの階級所属も大体生まれながらにきまっており、階級間の社会移動はあるとしてもごく限られていてとくに考慮に入れる必要はなく、それどころか階級所属は世代をこえて親から子へつながっていくもので、だから社会移動といった問題は世代間としても世代内としても独立したテーマにはなり得なかった。マルクスとエンゲルスは中間諸階層の没落をテーマとしたが、それは社会移動としてえがかれたのではなく、あたかも倒産した企業の従業員が社会の底辺にむかって流れていくというのと同じようなイメージで、単純にプロレタリアートへの転落としてえがかれた。これは教育をつうじての社会的昇進とか都市の第三次産業で今日とりわけ膨脹しつつあるホワイトカラーとかの諸機会が、まだ想像することさえ困難であった一九世紀ヨーロッパの現実を反映するものであった。

しかし一八八三年にマルクスが、そして一八九五年にエンゲルスがそれぞれ没した前後から、これら一九世紀ヨーロッパ型の階級理論を完全に過去のものにするような新しい社会的現実が生起しつつあった。さきにこれを二〇世紀アメリカ型の社会階層理論と呼び、アメリカ社会学において形成された社会階層理論がこれを担ったと説明したが、この二〇世紀アメリカ型の社会階層理論がそれの反映であるところの新しい社会的現実はけっしてアメリカのみの専有物ではなく、近代産業社会における普遍的な社会変動として、ヨーロッパにも、そしてややおくれて日本にも生起して、社会階層の構造をすっかり変えてしまった。社会移動の増加、とりわけ中等・高等教育の普及(教育革命)にともなう教育をつうじての社会的昇進の制度化、産業構造の変動と教育革命とがむすびついて生じた顕著な構造変動としての新中間層の大量出現(ホワイトカラー革命)、所得分配の平準化(所得革命)、これらの結果としての階層間境界の不明確化と階層的地位決定基準の多元化、これにともなう地位非一貫性の増大、といった一連の諸事象がこれである。これらの諸項目のうち、社会移動、教育と社会的昇進、階層的地位決定の多元化と地位非一貫性などについてはすでに述べた(第**29**項)ので、以下では新中間層問題をとりあげることにし、近代産業社会後期における社会階層の特性の一つの側面を分析してみることにしたい。

新中間層というのは、ドイツでアンゲシュテルテン(個人をあらわす場合は単数形でAngestellte[r])、アメリカでホワイトカラー、イギリスでブラックコートの労働者(black-coated workers)などの名で呼ばれて、二〇世紀初頭くらいから急速に登場してきた新しい階級である。マルクスとエンゲルスの時代には、中間層といえば上述のように小工業者や小商人や農民などの旧中間層のことにきまっており、そしてこれは減少しつつある階級であったから、階級両極分解命題が当然のこととして帰結するものと考えられていた。新中間層の大量登場が階級両極分解命題を過去のものにしてしまうとは、マルクスとエンゲルスの時代には誰も思い及ばぬ事柄であった。マルクスより半世紀おそく生まれたヴェーバーは、一九世紀末から二〇世紀初頭にかけてのドイツの高度産業化を見ていたから、彼の分析的・多元論的な諸階級の例示の中に、官庁および私企業の職員(Beamten)や被雇傭の技術者や知識人などが詳細に言及されているが、新中間層という名称はまだ用いられていない。

新中間層(der neue Mittelstand)という語を表題に掲げた最初の論文は，レーデラーとマルシャックによって書かれた(Lederer und Marschak, 1926)。レーデラーはこれより先に，私企業組織の大規模化が私企業職員(Privatangestellten)という新しい階級を生み出していることに注目して，これらの人びとの経済状態から老後の社会保障までを包括的に扱った『近代の経済発展における私企業職員』(Lederer, 1912)という本を書いていた。この本においてレーデラーは，ドイツで一八八二年から一九〇七年までの四分の一世紀のあいだに，工業のホワイトカラーが六倍，商業のホワイトカラーが二・六倍になったという数字をあげ，彼等が経済状態においても職務内容および意識においてもプロレタリアートとは遠いということを示した上で，ドイツにおける経済発展が，一方における富と権力の少数者への集積，他方における貧困の集積というマルクスの公式にはあてはまらないと述べた。マルクス主義へのコミットを示していたレーデラーにとってこの発見は重大であり，この新たに登場してきた階級をどう位置づけるかが彼の関心事となった。ところが第一次大戦におけるドイツの敗戦をはさんで一四年後に書かれたマルシャックとの共同論文において，レーデラーはこれら新中間層がヴイマール体制下においてプロレタリア化している事実を見出した。レーデラーの以前のテーゼは，ホワイトカラーの増加はプロレタリアートとは異なる新しい中間層の出現を意味するから，これがブルジョワジーとプロレタリアートの中間に立って「階級対立の橋渡し」をするだろうというものであった。しかし敗戦後のドイツにおけるホワイトカラーの経済状態は悪化し，ホワイトカラーの労働組合はブルーカラーの労働組合とのむすびつきを強めるにいたった。元来ホワイトカラーは被雇傭の労働者である点でブルーカラーと同じであり，ただその職務内容や経済上の待遇などにおいて身分上の差がつけられていたのであるが，ヴイマール体制下における民主化改革と戦後インフレによって，その差は実質的にほとんどなくなってしまった。新中間層はけっきょく労働者と融合していく――これがレーデラーの結論であった。

しかしこの問題はこれだけで終わらなかった。ドイツにおいて一九世紀末から第一次大戦にかけて起った右の二つの事実、すなわち一方におけるホワイトカラーの急膨脹と他方におけるホワイトカラーの地位下落(ブルーカラーとの格差縮小)は、ヴァイマール・ドイツに深刻な社会問題を生み出すことになった。大量化したホワイトカラーの地位下落——しかもその背景にはドイツの敗戦・革命・破滅的インフレとこれに続く経済不況がある——によって生じたものは何であったろうか。ホワイトカラーの絶望的な不満ではなかったか。この問題への着目が、一九三三年のナチス政権誕生を導いた原因の一つはホワイトカラーのナチス支持にあったという歴史解釈を生んできた。これは新しい問題ではなく、ナチズム研究においてこれまでにもいわれてきたことではあるが、近年の西ドイツで社会史研究と社会階層研究がむすびついたことにより、新たな関心が呼びおこされている。その一端については歴史解釈における社会学的方法という文脈ですでにふれた(第7項)が、社会階層の社会史というここでの文脈で再度とりあげよう。

半世紀前にレーデラーが問題にしたヴァイマール・ドイツにおける新中間層のプロレタリア化という問題を再度とりあげたユルゲン・コッカによれば、労働者との比較におけるホワイトカラーの地位の悪化がドイツで開始されたのは第一次大戦中のことであった。一九一四年から一九一七年までのあいだに、物価上昇によって生活費は一八五パーセント上昇したが、この間ホワイトカラーの名目給与は平均で一八・二パーセントしか上らず、他方労働者の賃金は平和産業では四〇パーセント、軍需産業では一〇〇パーセント上った。敗戦後の一九二〇年代にもこの傾向は続き、一九一三年から一九二八年までの一五年間に、労働者の名目賃金は平均で三分の二上昇したのに対し、ホワイトカラーの名目給与は平均で三分の一しか上らなかった。また同時に、ホワイトカラー内部における給与格差も縮小した。こうして、労働者階級の窮乏化ならぬホワイトカラーの窮乏化が生じ、賃金労働者に対してみずからを区別していた彼等の誇りが地に墜ちてしまった。ここから二つのあい異なる方向の変化が生じた。一つはホワイトカラーの地すべり的左傾化である。そしてもう一つが、その反動としてのホワイトカラーの右傾化である(Kocka, [2]1978：65-85)。

表4　エーリッヒ・フロムの調査による1929年ドイツの労働者・ホワイトカラーの政党支持分布(%)　(Fromm, 1980：83-96をもとに計算)

	SPD 社会民主党	LSPD 社会民主党左派	KPD 共産党	NSDAP ナチス党	ZP, VP usw 中央党 人民党他	Nichts 支持政党なし	計	(実数)
労働者	*50.5*	*8.6*	*26.2*	*1.0*	*5.7*	*8.0*	*100.0*	(301)
ホワイトカラー	*51.9*	*6.4*	*13.5*	*3.9*	*9.6*	*14.7*	*100.0*	(156)
その他	*22.8*	*7.1*	*39.4*	*6.3*	*8.7*	*15.7*	*100.0*	(127)
全体	*44.8*	*7.7*	*25.7*	*2.9*	*7.4*	*11.5*	*100.0*	(584)

一九二〇年代にはまだ政治意識の調査は普及していなかったから、コッカの本には政党支持のデータはない。ところがここに、エーリッヒ・フロムが一九二九年にドイツで行なった面接調査の結果がある。ボンスがフロムの英文の遺稿を起して独訳し、『第三帝国前夜の労働者とホワイトカラー』(Fromm, 1980)として死後出版された書物がそれである。フロムの調査データは都市部の労働者とホワイトカラー計五八四人について得られたもので、正確な無作為抽出法によったものではないようであるが、五八四中の七一パーセントがフランクフルトとベルリンのあいだの都市部、のこりがマイン線南部とラインラントその他となっており、東部ドイツの農村地域は含まれていないと記されている。性別は男女を含み、年齢は二〇歳未満から六〇歳以上にわたっている。ここでは政党支持(質問「あなたはどの政党をえらびますか」)のみについて見ることにし、労働者・ホワイトカラー別による政党支持分布のクロス表を表**4**に示す。被調査者が労働者とホワイトカラーを主たる対象者にしている関係で、社会民主党(SPD)と共産党(KPD)の支持者が多く、中央党(Zentrumpartei)・ドイツ人民党(die deutsche Volkspartei)・シュヴーベン農民党(die Schwäbische Bauernpartei)などの保守党支持は少なく、それにナチス党(NSDAP)支持も少ない。ナチス支持者はホワイトカラー四パーセント、労働者一パーセントにとどまるから、ホワイトカラーの比率が労働者より高いとはいっ

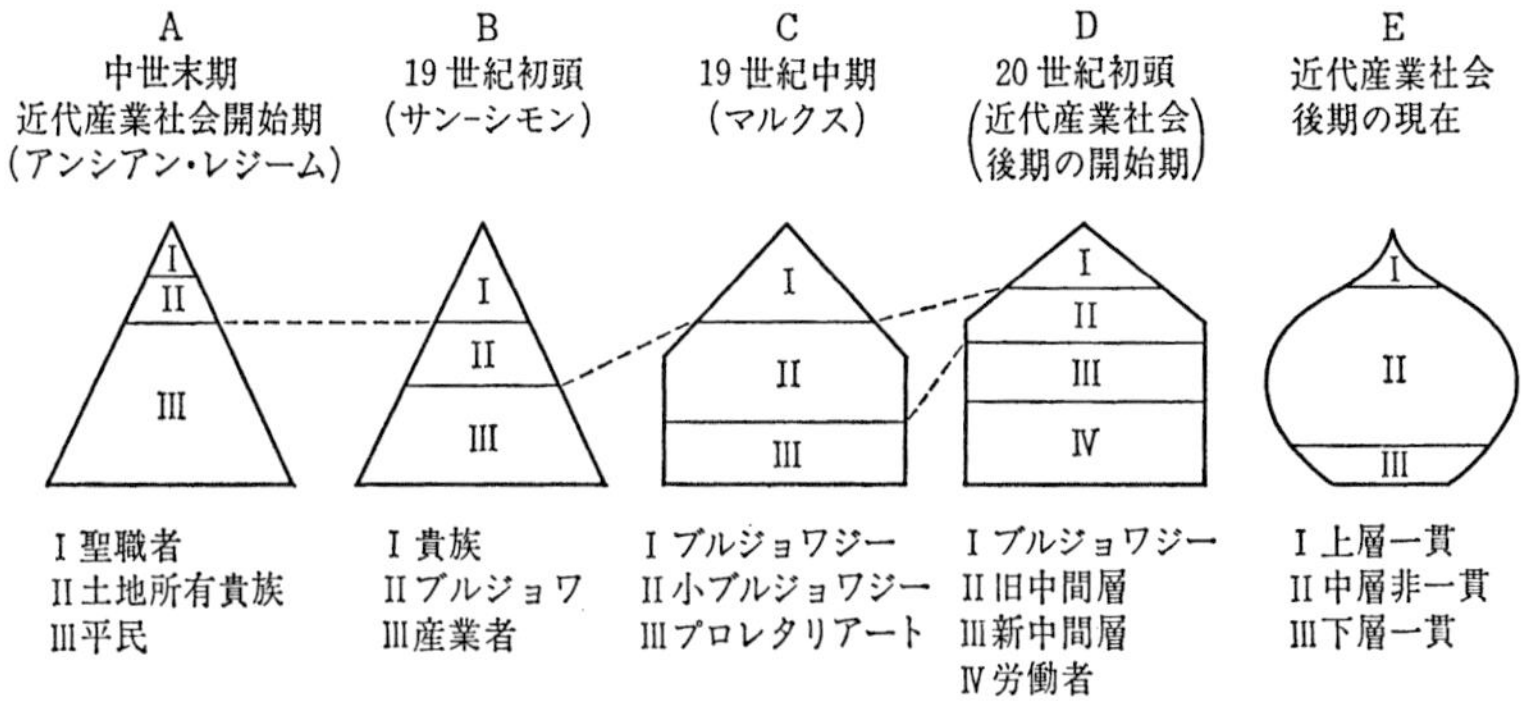

図9　社会階層変動の図式化

ても、ホワイトカラーがナチスを政権の座につけたというようなことはこのデータからはいえない。全体としてホワイトカラーの政党支持と労働者のそれとはそれほど異なっておらず、労働者の共産党支持率がホワイトカラーの二倍、逆にホワイトカラーの保守党支持と支持政党なしが労働者の各二倍弱というのがめだつ程度である。これをさきに表**3**(二五五ページ)として示した現在の西ドイツの政党支持パターンと比較すると、現在では社会民主党とキリスト教民主同盟(CDU-CSU)の二大政党型に移行し、かつ階層別による政党支持のちがいがごく小さくなっていることが知られる。

ヴイマール・ドイツにおける新中間層の地位下落は、敗戦と経済不況の短期的な特殊事情の産物であって、ここから階級構造変動についてのなんらかの一般化をひき出すことはできない。第二次大戦直後の日本でも、短期的には第一次大戦後のドイツと同様の状況があり、当時の日本の知識人の議論の中には、日本がヴイマール・ドイツのたどったナチズムへの道をくりかえすことを警戒する知識人もいた。このような危惧を杞憂に終わらせたものは、戦後日本の高度経済成長であった。さきにデータ分析の結果を表**2**(二五四ページ)として示したさいに、日本社会には一九七五年現在で六五パーセントを占めている地位非一貫性グループがあることを見たが、この人びとの中には新中間層が非常に高い割合で含まれている。しかしこれらの人びとはけっして不満層ではなく、日本社会の中核部分として日本の高度経済成長を担ってきた。西ドイツもまた、第二次大戦後には急速な高度経済成長を達成し、現在の階層構造パターンは日本のそれとそうちがわないことをわれわれは見た(第**29**項)。これこそが近代産業社会後期を特徴づけることのできる一般化であると考えられる。

近代産業社会における社会階層変動を要約的に図式化したものを図**9**に示す。この図のAは、アンシアン・レジームのフランスに典型的に見られた中世末期・近代産業社会開始期の階層構造であり、またBとCはそれぞれサン－シモンとマルクスによって階級として概念化された、一九世紀初頭および中期の西ヨーロッパの階層構造である。一九世紀末から二〇世紀初頭にかけて新中間層の大量登場があって、近代産業社会後期の階層構造はDのように変わってきた。現在はボルテ(Bolte, *et al.*, 1967)のよく知られた図式化にあらわされているように階層構造はEのような玉ネギ型の中ぶくれ形状をなし、新中間層と労働者との境界はほとんど消滅するにいたった。高度経済成長以後の日本もこのような一般化のパターンの上に完全にのっていることをデータによって示すことができる(富永編、一九七九、四七四－四八八)。この新中間層と労働者の融合した均質化した人びとを、「新中間大衆」と呼ぶやり方が近年広まっている(一例は、村上泰亮、一九八四)。ただ、じっさいには低所得者と高所得者、低・中学歴者と高学歴者、低威信職業者と高威信職業者のちがいがなくなったわけではないし、農業・小売業などの旧中間層も縮小したとはいえ一定の割合を占めている。それにもかかわらず全体として「九割中流」といわれるような均質化のイメージが前面に出てきたことの主要な原因を、私は新しいタイプの地位非一貫化(第**29**項)が進行したことに求めることができると考える。以上が近代産業社会における社会階層変動についてのここでの結論である。

39　国家における社会変動

われわれはこれまでのところで、基礎集団と地域社会が人類の歴史とともに古い社会の基礎類型であるのに対して、機能集団と社会階層はそうとはいえない――それらの萌芽は未開社会にもあったにしてもその全面的な展開は農業社会からさらには近代産業社会をまたねばならなかった――ということを見てきた。国家をこれらの社会類型に並べて位置づける時、国家がどのような場所を占めることになるのか、ということは興味のある問題である。これは、国家起源論と呼ばれている問題にあたる。ローウィは、その著『国家の起源』(Lowie, 1927)において、未開社会にも国家は遍在しているとの学説を主張した。彼は、血縁社会は人類の起源とともに古いが地縁社会はそれよりも新しいとしたメインの「血縁から地縁へ」という図式(後述)に反対し、現存する未開社会から豊富な事例をあげて血縁的要素と地縁的要素とはけっして分離して存在し得ないことを論証した。地縁社会がこのように未開社会段階ですでに普遍的な社会であったかぎり、その地域の政治的秩序を維持するなんらかの統合がなければならないであろう。ローウィはこれを国家であるとし、未開社会における地域社会がどんなに小規模の村落や部族であってもそこにはすでに国家があり、それらの小規模な国家が戦争や征服や内部統合によってその規模をしだいに拡大していく過程を未開社会の諸事実によってあとづけた。

ローウィのような国家遍在説を受けいれ得るか否かは、国家の定義に依存する。われわれは国家の定義を、一定領域の土地を領有しそこに居住する人びとを支配している統治機構というところに求めた(第**30**項)。統治の意味を近代的な意味での立法・司法・行政三権の行使として厳密に理解すれば、それは近代産業社会における国家のみを意味することになるが、支配という語に優先権を与えてこれをゆるめれば、支配はマックス・ヴェーバーが述べたように伝統的支配の諸類型を含むから、国家が近代以前に遠く溯り得ることはもちろんである。ただ人類学者による現存の未開社会についての研究は、園耕社会段階までの政治的指導者が概してごく小さな権力しかもっていないことをほぼ一

致して認めている (Lenski and Lenski, [3]1978)。また園耕社会段階までは概して無文字であって立法とか行政とかがまだ成立し得る以前であること、および園耕社会段階までは土地をまだそれほど高度に利用していないため土地領有の観念が薄いこと、などを考慮に入れるならばなおのこと、ローウィがあげている未開社会の諸事実はまだ国家以前であるとして解しておくことが妥当であると考えられよう。

国家の明示的な形成は農業社会前期においてである。メインは、古典古代における国家形成は血縁によるものと考え、家族 (family) が集まって家 (house) をつくり、家が集まって氏族 (gens) をつくり、氏族が集まって部族 (tribe) をつくり、部族が集まって国家 (state, commonwealth) をつくると説いた。メインによれば家・氏族・部族は国家よりも古く、国家が形成されたのちしだいに解体していったので、やがて国家はそれの本来的な基礎であった血縁的な構成をやめるにいたったが、私法の上にその痕跡はながく残ったという (Maine, Pollock's Note Ed.1906 : 131–142)。他方メインは、国家の概念は古典古代においては「領土的主権」(territorial sovereignty) という概念をもってはいなかったとする。メインによれば、ローマ帝国がゲルマン諸部族の侵攻によって滅亡したのち、ゲルマンにとっての主権の概念は「部族主権」(tribe-sovereignty) であって、彼等もまた領土的専有にはなんらの重要性も認めなかった。主権の概念が領土的専有とむすびつくようになったのはまったく封建制の派生物である、とメインは主張した。これがメインの「血縁から地縁へ」の図式といわれているものである (Maine, Pollock's Note Ed.1906 : 106–111)。

メインの図式は今日では否定されているけれども、農業社会段階における国家形成がごく少数の共和制を例外として原則的に王の専制であり、国家財政がもともと王の家計と分離していなかった事実は、国家組織が王侯のオイコスとして形成されたとの解釈を許すと思われる。但しこの場合、王侯のオイコスをただちに血縁と同一視することは適切でないであろう。というのは、王侯のオイコスはマックス・ヴェーバーが強調したように行政幹部としての家臣団を大量にとりこんでおり、家臣団はいうまでもなく非血縁者であるものが多いからである。すなわち、国家の行政組織における官僚の原型は、ヴェーバーが食卓ゲマインシャフト(Tischgemeinschaft)と呼んだ家官僚(Hausbeamte)にあった(Weber, 51972：133, 136)。これが家父長制支配(patriarchalische Herrschaft)と呼ばれるものである。われわれは国家の中核を行政組織としてとらえた(第30項)のであるから、その歴史的発生源を右の意味での「家」(Haus, oikos)に求めるのが当然の推論の筋道である。王とはこの家の家長にほかならない。この解釈はまた、近代産業社会後期におけるホワイトカラーの発生源を政府および私企業の管理幹部とその補助者に求めるクローナーの「委譲理論」(Delegationstheorie)——新中間層の威信は王の権力からの委譲に由来するもので、この点で新中間層は発生的に権力補助者であり、労働者とは異なるとする理論——につながると考えることができるであろう(Croner, 1962)。

王の食卓ゲマインシャフトはしかし、一定の規模を超えると維持し得ない。ヴェーバーの図式にしたがえば、このような場合に家官僚が王の食卓から分離することによってフリュンデ(プレベンデ)が創設されたものが、家産制(Patrimonialismus)ないしプレベンデ制(Präbendalismus)である。フリュンデには、(i)王の財もしくは貨幣ストックからの現物給与(Deputate)、(ii)勤務保有地(Dienstland)、(iii)専有されたレンテ・手数料・租税収入チャンス、などの諸形態がある。家産制国家においては、家官僚は王の食卓からは離れているが、王の家計は解体しておらず、右のフリュンデは家臣によって一時的に専有された勤務に対する報酬としての所得源たるにとどまり、家臣の私有物にはなっておらず、したがって世襲され得ない。他方、王の権力が弱いために王の家計が解体し、家臣が一定の土地と人民を世襲的に私有するようになったものがレーエン(Lehen)で、レーエンを保有する家臣が王とのあいだでピエテート関係から区別された意味での誠実関係(Treuebeziehungen)によってむすばれた支配の形態が封建制(レーエン封建制)である。家産制と封建制はともに家父長制の解体から生まれた農業社会における国家の形態の両極をなすもので、現実の国家はこの両極を結ぶ連続体上に位置して無数の変異を生み出した(Weber, ⁵1972: 130–140, 148–155, 580–602, 625–640)。

以上約言すれば、農業社会段階における国家とは、原則的に王を家長とし多数の非血縁家臣団をとりこんだ単一家計、またはそれが解体して成立した家産制からレーエン封建制にいたる無数の変異から成る。ヘル権力の源泉は土地にあり、これは土地が主要な生産手段である農業社会に固有の特性である。西洋と日本については、農業社会前期における粗放な大規模専制国家としての家産制(古代大帝国、日本の場合は古代天皇制)から、農業社会後期におけるレーエン封建制(現実にはさまざまな度合いにおいて家産制の要素を合わせもった)への移行があったが、中国をはじめ多くのアジア地域ではこのような移行は起らなかった。[12] しかしどちらの場合にも、農業社会段階における国家組織が王侯のオイコスの支配の道具として形成されたとの一般化は可能であると思われる。そしてこのような国家形態は、王の家族が土地を媒介とする強大な権力を保持していたこと、すなわち貧富の差の極端なへだたりがあったことによって可能であった。土地を媒介とするこの強大な権力が、それとは異なった権力の成立によって挑戦されるにいたった時、国家のこの農業社会的形態は崩壊することになる。その契機は、工業が新たな産業の形態として登場し、資本と労働がそのための生産手段として有力になったことによって与えられた。新たな権力の保持者がブルジョワジーであったことはいうまでもなく、そのブルジョワジーによって担われた市民革命が国家の性質を完全に変えたのである。

国家の農業社会的形態は家父長制にその基盤をもつものであったから、新たな国家の形態としての市民国家、すなわち国家の近代産業社会的形態を理論づけるには、まず家父長権の否定から始めることが必要であった。家父長権の否定の上に立った家族とはすなわち核家族であるから、市民国家というのは核家族に見合うべき国家の新しい形態にほかならない。他方、国家の農業社会的形態は土地所有に由来する権力にもとづくものであり、そして農業社会の支配者はそれらの土地を所有しながらみずからはその土地を耕さない人びとであったから、市民国家の理論は所有権についての新しい解釈、すなわち労働しない人びとの土地所有権を否定する理論を必要とした。ブルジョワジーは労働者とともに労働する人びとであることを誇りにしていたから、この新しい所有権理論は労働価値説、すなわち価値の源泉は労働にあるという理論によって根拠づけられた。この理論によれば、土地は自然の被造物であるから万人の共有財産であるが、これにみずからの労働を投入して改良し栽培し収穫物を得るものはその土地を所有する権利をもつ。この原則は土地だけではなく、自分の労働によってつくり出した一切の財産についてあてはまる。こうして、家父長権の否定と労働価値説によって根拠づけられた所有権の理論とは、市民国家を理論づける二本の主要な柱となった。この理論づけを果たしたのが、ロックの『統治二論』(Locke, Works1823 : V)である。

こうして国家は、王の支配の道具であることをやめた。では市民国家の機能は何か。市民革命の進行は同時にこれまでくりかえし述べてきた役割分化の進行と平行していたから、市民国家の誕生は機能集団・組織の簇生とその時期を同じくしており、そこで市民国家は多数の機能集団・組織の中にその一つとして位置づけられることになった。ロックは国家の機能をただ一つ、自然状態において常に他からの侵害の危険にさらされている財産の保全に求めた。アダム・スミスは、国家が支出する経費として、防衛費と司法費と公共事業・公共施設費と教育費の四つをあげた。すなわちスミスは、国防と司法と公共財調達と教育の四つを国家の主要な機能と考えていたのである(Smith, Glasgow Ed. 1976b : II : 689-814)。ロックは司法のことのみを考えていたにとどまるから、そのほかに国防と公共財と教育をあげたスミスの方がより周到な考察をしているということができるが、どちらの場合にも国家が多くの機能を引き受ける必要はなく、国家の果たすべき役割は家族・親族と機能集団・組織と地域社会がそれぞれ果たしている機能以外の機能に限られると考える点で共通していた。これが近代産業社会前期までを支配していた国家についての考え方であり、マッキーヴァーやラスキや高田保馬らの多元的国家論はこれに対応するものであった。

しかし近代産業社会後期に入るとともにこの考え方には変化を生じた。近代産業社会の構造的特性としての核家族と企業と市場の構造的分離(第25項)が徹底してくると、それの生み出す社会問題がしだいに大きくクローズアップされ、これに対処する機能的必要性が自覚されるようになってきた。家族と企業の分離によってエンプロイー化した労働者・ホワイトカラーは、失業・疾病・災害・高齢化などに対して無力であり、彼等が生活上の拠りどころとしている核家族はもはや親族および村落共同体によって包まれていない裸のそしてこわれやすい小さな集団にすぎず、その機能は限定されているゆえにこれらの危機に対応することのできるパーフォーマンス能力をもたない。家族が機能縮小し親族が解体し地域社会が社会関係の集積性を喪失した近代産業社会後期において、よるべのない個人を保護する機能は国家に託されざるを得ない。行政システムの福祉部門(図5、二一六ページ)に対する機能的要請がこうして高まってくる。他方では、国家の市場経済に対する介入の機能的要請が高まり、行政システムの産業部門(同上)もまた肥大化する。かくして、機能集団の役割分化に国家のみは逆行して国家の多機能化が進行してきているのが産業社会後期の普遍的な趨勢である(富永、一九八三、Flora and Heidenheimer, eds., 1981)。

国家の福祉行政の肥大化すなわち福祉国家形成の社会学的説明に関して、アルバーは二つのアプローチがこれまで試みられてきたとする。その一つは、労働者階級が支配階級と抗争してその譲歩を獲得してきた産物が福祉国家であるとする説明であって、これはコンフリクト理論からのアプローチである。T・H・マーシャルの社会権テーゼ(Marshall, T. H., [4]1975)はこのアプローチの例である。他の一つは、福祉国家を産業化と都市化の生み出した社会問題によって不可避的に要請されたシステムの必要性として説明する観点であって、これは機能主義理論からのアプローチである。ウィレンスキーとルボーの産業社会テーゼ(Wilensky and Lebeaux, 1965)はこのアプローチの例である。またクラウス・オッフェ(Offe, 1972)のように、一方で政治エリートがみずからを正当化する必要から社会政策を制度化したとし、他方で資本主義的産業化が伝統的な労働力再生産のメカニズムをこわしてしまったので国家が乗り出さざるを得なくなったとするのは、両者の中間的な立場の例である。アルバーはこの二つのアプローチの収斂を見ようとする(Alber, 1982 : 73–88)。たしかに現実は両面をともにもっていると思われる。しかし社会保障の国際比較データに経路(パス)解析を適用したウィレンスキーの分析結果を見ると、社会保障水準の偏差を説明する主要な変数はエリート・イデオロギーではなく人口構成の高齢化の度合いであるという結果が得られている(Wilensky, 1975)。やはり産業化の構造的帰結が福祉国家を機能的に要請するという説明は、客観的な妥当性をもち得るのではなかろうか。

国家の農業社会的形態からその近代産業社会的形態にいたる過程で生じた社会変動は、つぎのように要約されよう。すなわち、市民国家への移行によって国家がもはや王の支配の道具ではなくなった時、国家の機能は国防と司法と公共財調達と教育など、国家以外の基礎集団や機能集団や地域社会が果たすことのできない比較的少数のものに限られるとの考え方が形成され、これが近代産業社会前期を特徴づけた。しかしやがて、家族の機能縮小や親族の解体や地域社会の社会関係の稀薄化などにより、エンプロイー化した無力な個人を保護する機能的必要が国家に託されるにいたり、近代産業社会後期は国家の多機能化によって特徴づけられることになった。現在福祉国家財政の行きづまりからこの傾向に対して一定の歯止めがかけられているとはいえ、これから高齢化の進行にむけてそれが再度逆転することは考えがたい。その理由は、家族の機能縮小や親族の解体や地域共同体の分解が逆転され得ない以上、そこに生じた機能的空白を埋め得るものは国家をおいて他には求め難いからである。

40　非西洋・後発社会における近代化と産業化

われわれはこれまでに、基礎集団・機能集団・地域社会・社会階層・国民社会と国家という五つの構造的要素を、まず近代産業社会における存在形態として(第26—30項)、次いで社会進化の各段階をつうじての構造変動過程として(第35—39項)、それぞれ分析してきた。そのさい私は、現実に存在している近代化され産業化された諸社会の多様性を考慮しつつ近代産業社会をヴェーバーの意味での理念型として設定したが、世界で最初の近代化と産業化を担ったのは西洋であったことから、その理念型構成の素材となる経験的指示対象を西洋の歴史的諸事実に求めた。具体的には、西洋近代に固有の一回起的な諸事件としての、近代国民国家の形成・市民革命・科学革命・啓蒙主義・産業革命などがこれである(第32項)。しかし私は、特定の固有名詞を冠したこれらの歴史的概念と、一般化に指向する社会学的概念としての近代化・産業化を区別した。近代化・産業化の概念を西洋で起った歴史的事件から引き剝がしておくことなしには、現在すでに近代化・産業化が西洋を超えて広がっている事実を説明することはできないからである。そして、近代化と産業化がこのように西洋を超えて広がっていく過程について考察することが、ここでわれわれが取り組むべき最後の主題をなす。

一九世紀西洋の社会学者たちが近代化・産業化の研究にはじめて本格的に取り組んだ時、彼等にとって近代化され産業化された社会という概念と西洋社会とは一体のものであり、彼等が西洋以外の社会に言及する時は、それは必ず前近代的・前産業的な社会の例示としてこれに対比する目的で用いられた。かくして、マルクスが経済的社会構成体のあいつぐ諸段階としてアジア的・古典古代的・封建的・近代市民的の各生産様式をあげ、また土地所有に関してアジア的・古典古代的・ゲルマン的の各形態をあげた時、最も原始的な段階であるアジア的形態のみがその名称の示すように非西洋であり、古代以降はすべて西洋が対象にとられた。同様に、スペンサーが軍事型社会の概念を提出するにあたって経験的例証の材料としたのはオーストラリア原住民・アフリカの諸部族・アメリカインディアンの諸部族・南太平洋諸島の諸部族など多くの未開社会と若干の農業社会初期の非西洋社会であり、これに対して産業型社会の概念についての経験的例証の材料として用いられたのは西洋社会——近代のみならず古代および中世まで含めて——であった。スペンサーを引き継いだかたちで、デュルケームが機械的連帯の概念を提出したさいにもニュージーランド原住民・アメリカインディアンの諸部族・アフリカの諸部族・南太平洋諸島の諸部族などが例証の材料とされ、これに対して有機的連帯のそれは西洋社会——近代のみならずしばしばローマ以降中世の西洋までをも含む——であった(Marx-Engels, Werke1956–83 : 42 : 383–421 ; Spencer, 51904 : I : 537–585 ; Durkheim, 71960 : 21–22, 119–176)。マルクスとスペンサーとデュルケームのいずれにも共通していることは、非西洋をもっぱら未開社会段階の中に位置づけ、より発達した中間段階にある非西洋諸社会については言及がなく、中間段階以降の発展段階は西洋中心に考えられていることである。

マルクスが『資本論』第一版への序文で、「産業発展のより高い国は、それのより低い国に対して、それ自身の未来の像を示しているにすぎない」(Marx-Engels, Werke1956–83 : 23 : 12)と書いたことはよく知られているが、マルクスのこの命題はイギリスとドイツの関係のことを念頭において書かれたもので、彼が産業発展のより低い国と言ったのは非西洋の発展途上国のことをさしているのではなかった。この時代の西洋の学者たちに、初期人類学者たちの活動をつうじて未開社会のことが知られはじめていたことは、スペンサーやデュルケームらの著作にその言及があることによって知られるが、中国や日本など当時社会発展における中間段階ないし近代化・産業化への移行期にあった非西洋諸社会のことはほとんどまったく知られていなかったのである。同様に、テンニエスの『ゲマインシャフトとゲゼルシャフト』は、われわれが社会変動論の中心主題とした、基礎集団の機能縮小と解体および地域社会の地域共同体性の解体という事実に体系的に着目したはじめての著作として、きわめて重要な社会学的洞察を創始したものであったが、彼がゲマインシャフトとして考察の対象にしたものは西洋の古典古代および中世ゲルマン社会における家父長制家族および村落共同体に限られていた。ゲマインシャフトからゲゼルシャフトへの移行という彼が着目した大きな社会変動の方向性を、テンニエスは理論として抽象化し一般命題のかたちで述べたのではあるが、それは西洋で歴史的に生起した出来事から引き出された経験的一般化の域を出るものではなかった。

マルクスやスペンサーよりも約半世紀若くテンニエスやデュルケームよりも約一〇年若かったマックス・ヴェーバーは、西洋人による東洋学の研究業績が深まった段階に出現して彼の先行者たちが享受し得なかった利点を活用し、西洋の社会学者としておそらくはじめて、西洋社会の歴史的事実から引き出された経済・宗教・支配・法などの各側面についての合理化の進行に関する諸命題を、西洋とは初期条件を異にする対象である東洋社会に本格的に適用した。ヴェーバーのこの世界的な視野をもった比較社会学的研究は、中国や日本やインドについての研究成果を地域研究というせまい枠から解放して社会学一般理論の知識の中に組み入れたという点で画期的なものであったといい得る。しかしながらその世界的な視野をもった研究の結論はけっきょく、「ただ西洋においてのみ、われわれが今日「普遍妥当的」だと認めるような発展段階にまで達した「科学」なるものが存在する」「……西洋以外のところには、ローマ法やそれによって訓練された西洋の法に見られる、厳密な法律学的図式や思考形態が欠けている」「ただ西洋においてのみ、学問の合理的で体系的な専門的経営、すなわち訓練された専門人……が存在した」「西洋は近代において〔発起人や大投機家や植民地などの資本主義とは〕まったく異なる、地球上にいまだかつて発展したことのなかったような種類の資本主義を知るにいたった。(形式的に)自由な労働の合理的-資本主義的組織がこれである」(Weber, 1920:

1-6)などのように表現されたきわめて多数の「ただ西洋においてのみ」命題《Nur im Okzident》Satz)に帰着するものであった。中でも、ヴェーバーが最も力を入れて論証した「ただ西洋においてのみ」命題の一つは、西洋にのみ固有な宗教的経済倫理としてのプロテスタンティズムの禁欲主義と資本主義との因果関連であって、ヴェーバーはこのプロテスタンティズムの禁欲倫理こそが資本主義に不可欠な経済的合理主義のエートスを育成したのであり、西洋以外のところにはこのような合理主義のエートスは育たなかったと考えた。

このように、西洋にのみあって西洋以外にはない個々の文化項目をかぞえあげていき、近代化と産業化をそれら西洋にのみ固有の諸項目に帰因するものとして説明するかぎり、西洋人以外のものが資本主義を発展させること、近代的な科学と技術の担い手になること、合理的な官僚制的組織や合理的な法体系等々をもつこと、などの可能性は否定されることにならざるを得ない、ということは明らかである。つまりヴェーバーのような論法からは、非西洋世界の近代化と産業化は宿命的に不可能という結論が引き出されるしかないのである。同様な宿命論的論法は、ヴェーバーの影響を受けたヴィットフォーゲルに、より拡大されたかたちで継承されている。ヴィットフォーゲルによれば、エジプト、メソポタミア、トルコからインド、中国にいたるアジア諸社会において、資本主義の担い手となるような民間からの経済主体の出現可能性を粉砕してしまうものは「東洋的専制」であり、そしてこの東洋的専制はそのような専制的権力なしには治水が不可能な「水力社会」(hydraulic society)と彼が名付けた自然条件の産物に帰せられるのである(Wittfogel, 1957)。

近代化と産業化が内部から自生的におこったのは「ただ西洋においてのみ」であることは、いうまでもなく歴史的事実がこれを示している。だから非西洋社会はすべて、自力では近代化と産業化を内部から生み出し得なかった後発社会(late-developing society)であった。その中の一つである日本は非西洋社会として最初に近代化と産業化をなしとげたが、それは内部から自生的に行なわれた社会変動だったのではなく、西洋からの文化伝播によるものであった。伝播とは、一つの社会が創始した文化項目が、文化を異にする他の社会によって受容されることである。伝播はもちろん、それを受容する社会自身による高度の選択性ともとのものの変形をともない、単なる模倣にとどまるものではないが、受容がオリジナルな創始ではなく借用であることはたしかだから、伝播において創始者は受容者よりも文化的に先行している。すなわち創始者社会と受容者社会のあいだには、発展における先発社会と後発社会とのちがいがあり、伝播とは後者が学習によってこの格差を縮小していく過程にほかならない。そうだとすると、原則的にいってすべての後発社会は先発社会が創始したものを学びとり、そうすることによって発展のおくれをとりもどす可能性をもっていることになる。文化伝播に着目するこのような考え方は、さきにあげた東洋社会宿命論と対照的に、後発社会にとっての明るい未来を展望するものである。

経済史家ガーシェンクロンの理論をその例としてあげよう。ガーシェンクロンはヴェブレンの用語である「借りられた技術」(borrowed technology)という概念を援用して、後発国は技術を自力でつくり出す必要がなく「借りられた技術」を利用することができるのだから、先進国よりもはやい速度で産業化を達成して先進国に追いつき得る可能性をもっているはずだと考えた。多くの後発国がこの可能性を現実のものになし得ないでいるのは、後発国の企業が先進国の企業と競争し得るレベルにまで一挙に達するのに、熟練労働力の不足とか、資本の不足とかのようないくつかの障害があって、それらを克服し得ないからである。そこでたとえば、初期産業化段階における熟練労働力不足を克服するために、後発国が先進国の最先端・最効率的な技術を一挙に「借りてくる」ことに成功すれば、後発国は産業化を達成できる。同様にたとえば、後発国が資本の不足を克服するために、企業に対して長期の資金を大量に融資する能力をもった銀行を設立することができれば、後発国は産業化を達成し得る。ドイツが一九世紀後半において鉄鋼業を軸にして急速な産業化を達成したのは前者の例であり、フランスがナポレオン三世時代に長期資金貸付を行なう銀行の設立を奨励してながい不況から脱出し得たのは後者の例である。このようにして、ドイツとフランスは先進国たるイギリスとは異なった道を歩むことによって、後発国にとっての障害を克服したのである、というのがガーシェンクロンの論点であった(Gerschenkron, 1962: 6–16)。

このように、後発国はやり方によっては先進国に追いつき追いこすことができること、そしてそのさい後発国が直面することになる問題の性質はかつての先進国のそれと同じではないことを明確に指摘したのは、ガーシェンクロンの重要な着眼であったと私は考える。ただ彼が説明の対象にしたのが、一八―一九世紀のヨーロッパ内での相対的な「先発国」イギリスと「後発国」フランスやドイツとのちがいであって、西洋 対 東洋のちがいではなかったということは、経済史の理論とちがって社会構造的・文化的な諸事象を中心的な関心事としている近代化の社会学理論にとって、注意を要する点である。ガーシェンクロン自身は、ヨーロッパを超える事例への言及の必要を認めて、彼の門下であった日本経済史の専門家ロソフスキー(Rosovsky, 1961; 大川一司・ロソフスキー、一九七三)の研究を脚注で指示したが、ロソフスキーとその協力者・大川は経済学者としての枠内で日本の産業化の問題を考えるにとどまったから、イギリスに対する後発国としてのフランスやドイツの場合には産業文明は「外来文明」ではなかったのに対して、日本を含む非西洋・後発諸国にとっては産業文明はそれ自体がすでに「異国の」ものであって、それゆえに近代化・産業化はまず「西洋化」として受けとられねばならなかった、という社会構造的・文化的な諸条件のちがいまでを視野に入れることはしなかった。しかしながら、ガーシェンクロンのいい方にしたがって非西洋・後発諸国が近代化・産業化にさいして直面する問題が西洋・先進諸国のそれと同じでないということを考える時、非西洋諸国にとっては近代産業文明そのものが「異国の」ものであるという問題はたいへん決定的なのである。なぜなら非西洋諸国にとって近代化・産業化とは、自国の伝統文明の大きい部分を棄て去って、外来の西洋文明に乗りかえるという決断を意味することになるからである。近代化・産業化が西洋化として受けとられるとは、このことを言っている。すなわち、西洋人にとっては近代化・産業化は単に過去をみずからの創造物である新しいものによっておきかえることであったのに対し、非西洋人にとってはそれはみずからの過去を外来の西洋文明によっておきかえてそれに適応するという問題なのである。

われわれはさきに、西洋の場合のように自力で達成された近代化・産業化のことを内生因による変動、日本のように西洋人のつくり出した文化諸項目を学びとることによってスタートした近代化・産業化を外生因による変動とそれぞれ呼んだ(第**33**項)。前者は内在的発展を意味し、後者は伝播的発展を意味する。もちろんこの両者の区別はカテゴリカルなものであるよりは程度の問題であって、たとえば日本の近代化・産業化は伝播的発展によっているとはいえ、それに先立って一定水準の内在的発展(内的成熟)があったからこそ成功し得たのであるといえる。しかし日本が西洋「列強」からの圧力とこれに続く文化伝播なしにはあの時点で近代化・産業化にむかってただちにスタートすることはなかったと思われるから、日本が近代化・産業化にむけてスタートした時点でその内在的発展の水準は十分でなかった(未熟であった)といわねばならない。後発社会の近代化・産業化はこのように、内的成熟が不足している状態のもとで、政治指導者による「上からの改革」としてなされる意図的な伝播的発展である、という特徴をもつ。しかもその「上からの改革」は、社会構造や制度や文化の全般にわたって、上記のように自国の伝統を棄て去って「異国の」ものを受けいれるという決断をともなう。国民の側の内在的発展の水準はなお未熟なのだから、その未熟さの度合いに応じてそのような国民的意思決定を内部的に動機づける準備は不足しており、ここに国民的意思決定をめぐって内部対立を生ずる可能性が高い。だから非西洋・後発社会において近代化・産業化を推進する指導者は、まず国民的規模においてそのような動機づけを高めることと、それにもかかわらずその過程で生ずる可能性の高い内部対立を適切に処理することとを、大きな課題として引き受けねばならない。すべてこれらのことは、非西洋・後発社会における近代化・産業化を、西洋社会内部でのそれに比して、はるかに困難な課題たらしめると考えられよう。以下では、これら一連の諸過程に関していくつかの命題を提示し、かつそれらの諸命題について日本と中国との歴史的事実を断片的ながら材料に用いて若干の例証を行なう作業を試みたいと思う(13)。

第一命題　非西洋・後発社会が近代化・産業化を達成し得るための第一の条件は、農業社会としての内的成熟が一定の水準に達していることである。

非西洋・後発社会は近代化・産業化を内在的発展として実現することができなかったために後発社会になってしまったのであるから、一般的にいって西洋・先進社会が近代化・産業化にスタートした時とくらべて内在的発展の低い状態から近代化・産業化にスタートしなければならない、ということは定義自体によって明白である。しかし、伝播的発展による近代化・産業化といえども、農業社会としての高度の発展を前提とすることなしには不可能である。より具体的には、農業生産が一定水準以上の高い生産性を実現していること、それが家父長制家族および村落共同体の安定的な構造と、それらへの高い忠誠心をもつ農民の勤勉な労働とによってささえられていることが必要である。なぜなら、近代化・産業化のために国家が必要とするすべての財政支出は、農民の負担によってまかなわれるほかはないからである。また農業によって蓄積された資本による農村工業の一定水準の発展は、産業化と直結はしないまでもその準備として役立つ。これらの意味で、近代化・産業化へむけての発展の起動力は農業生産力にある(赤羽裕、一九七一)、ということができる。もちろんくりかえすまでもなく、近代化・産業化にむかう構造変動は、家父長制家族と村落共同体が解体して、核家族と企業と市場から成る近代産業社会の社会構造に移行することにある。しかし家父長制家族と村落共同体は一挙に解体するわけではない。それらは近代化・産業化のながい過程の中で、すこしずつ解体しながら工業部門と併存するのであり、そしてその間必要な負担を続けるのである。

日本の農業は、徳川時代二六〇年間をつうじての農業技術の改善により、近代化・産業化に必要な公共投資費用を負担することができるまでに成長していた。そしてこれを構造的にささえた日本の農村の家父長制家族と村落共同体は基本的に第二次大戦前まで続いたのである。また農村工業の発展は、都市工業に必要な労働力の訓練を準備した(Smith, 1959)。しかしながらまさにこのゆえの負担過重に加えて、地主-小作関係における高率小作料、不況期における農産物価格の下落、農家資本形成のための近代的金融の欠如などにより、第二次大戦前における日本の農村は窮乏化し、これが戦前段階までの日本の産業化における最大の弱点をなしていた。第二次大戦後の農地改革がこの弱点を一掃したことが、戦後日本の高度経済成長の大きな動因の一つとなった。

中国の農村は、日本よりも一層強い家父長制家族および親族集団を伝統的な構造的基礎としてきた。村落共同体としての地縁的結合も歴史的には形成されてきたが、近代においては家族・親族による血縁的結合があまりに強いため、同姓村落の場合を除き郷村結合は弱体化したとされている(清水盛光、一九五一、福武直、増一九五二)。中国では一八世紀以降に急激な人口増加があったが、中国の家父長制家族はヨーロッパのゲルマン社会や日本の一子相続制と異なり徹底した均分相続制をとってきたため、この人口増加が際限のない土地細分化をもたらし、中国の農民を窮乏に落しこむことになった(仁井田陞、一九五二)。一九四九年中華人民共和国の成立以後における土地革命と農業合作社化、これに続く一九五八年以降の人民公社化は、伝統中国の構造的基礎であった家父長制家族と親族集団を完全に解体したが、これらの革命的変革がついに農業生産力を高めることに成功しなかったことが、社会主義革命後の中国指導者の経済発展をめざす大きな努力にもかかわらず、依然として産業化がすすまなかった最も基本的な原因をなしていると考えられる。

第二命題　非西洋・後発社会が近代化・産業化を達成し得るための第二の条件は、伝播的発展としての近代化・産業化の推進が自国の伝統文明とはいちじるしく異質な西洋文明の導入を必要とすることから、自国の伝統主義からの離脱に対する強い動機づけが広範な人びとのあいだに形成されていること、およびその導入が自国の伝統文明と両立し得るかたちでなされることである。

非西洋社会の産業化・近代化が、衣食住の様式を西洋人とおなじようにしたり、自国の伝統宗教を棄ててキリスト教に改宗したりするという意味での西洋化(西洋の模倣)と単に同義でないことはいうまでもない。しかし西洋人が創始した科学・技術や、おなじく西洋人が創始した株式会社制度や民主主義制度や学校教育制度等々を、文化伝播として受けいれるということは、そのかぎりにおいてさしあたってまず西洋化であることもまた否定できない。ながい歴史の中で固有の文明を発達させてきた国ほど、このようなことをあえてすることには困難がともなう。この困難が克服されるための条件として、二つのことが考えられる。一つは、自国の伝統文明だけに安住していたのではだめだという自覚、すなわち革新への強い動機づけが、広範な人びとによって共有されるにいたることである。もう一つは、それが単なる西洋の模倣ではないかたちで、すなわち自国の独自性を生かしこれと両立するかたちで行なわれるということである。

日本の明治維新について、まず第一の点を考えてみると、幕末における革新の動機づけは主として幕府・諸藩の財政困難と国防上の危機意識との二つの源泉から起っており、この二つの課題を果たすことのできない幕藩制の政治的正当性が疑問とされた。そしていうまでもなくこの両者は、財政問題を解決できなければ国防の強化も可能でないというかたちでむすびついていた。横井小楠は『国是三論』(大系55一九七二)において、日本が封建制下にあって諸大名が

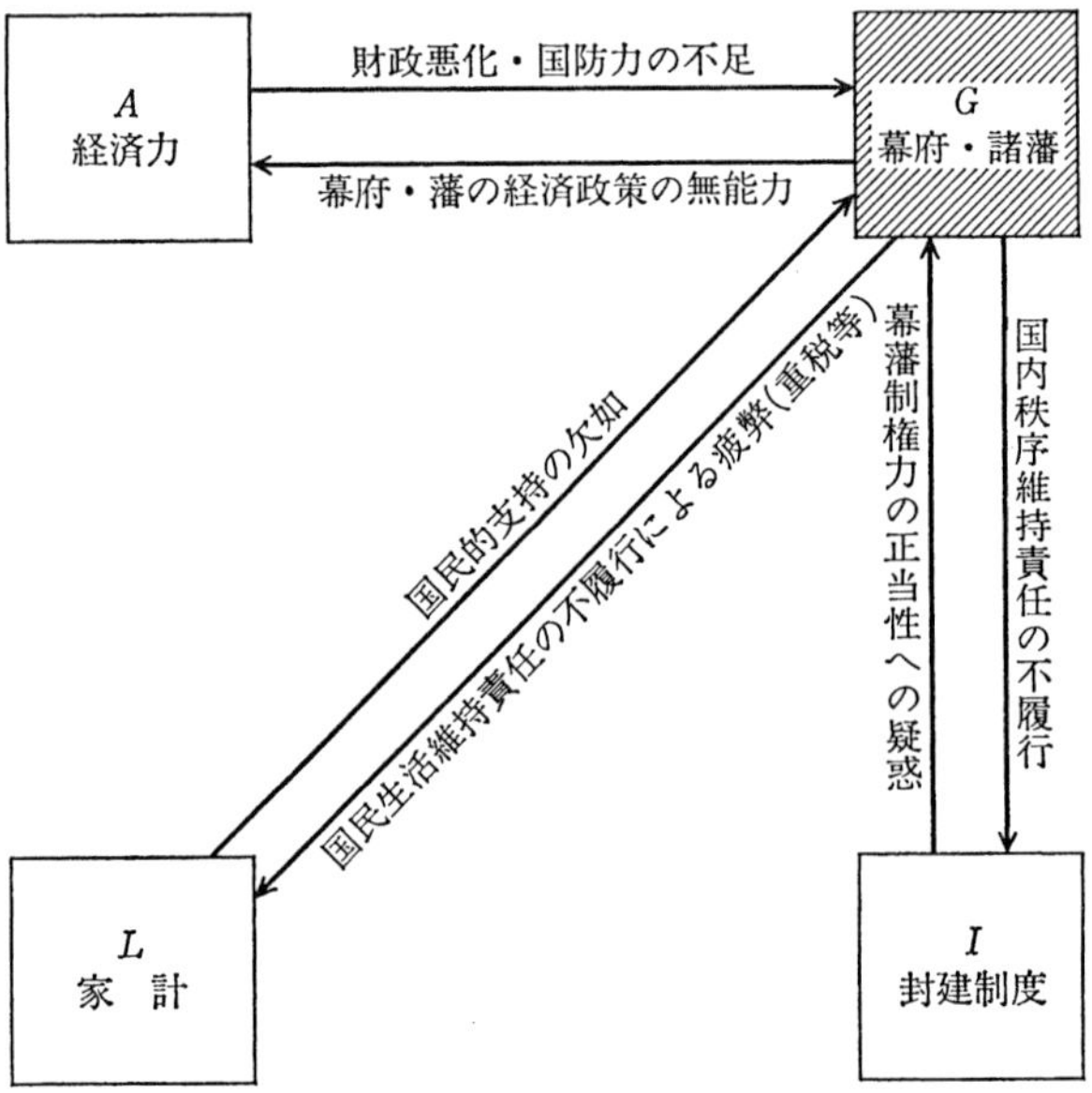

図10 幕末期日本における機能的要件充足状況の悪化の図式化(パーソンズの境界相互交換図式による)

こまかく分れているために、各藩が自分の利ばかりを考えて日本全体のことを考えず、だから幕府も諸藩も財政が悪化して、武士の俸禄を借り上げ、農民に重税を課し、大商人から借金することになり、武士も農民も町人も皆疲弊してしまったと論じた。佐久間象山は『省諐録』(大系55 一九七一)において、日本は国土が狭くて貧しいところへ国防の問題がおこってきて、砲台と軍艦をつくらなければならないが、幕府はその費用をまかなうことができないのみでなく、幕府の役人は無能力でなすすべを知らない、と慨嘆した。これら幕末知識人たちの言論をパーソンズの境界相互交換図式を用いてあらわすと図**10**のようになろう(Tominaga, 1976)。この図ではGが幕府および諸藩、Aが日本の全体としての経済力、Iが幕藩制の政治秩序、Lが武士・農民・町人の各家計を表示しており、各セクター間のインプットとアウトプットの不足が交互に機能要件充足状況を悪化させていることを図式化している。

つぎに第二の点については、明治維新の変革が、当面西洋型の近代化革命としてでなく、それ自体としては伝統主義イデオロギーである「**尊王攘夷**」をスローガンとして行なわれたことをあげることができる。水戸学を代表する会沢正志斎は『新論』(大系53一九七三)において、古代国家の天皇制を讃美し、これとの対比において鎌倉・室町・徳川の各幕府治下における「倦怠」「姦民横行」「革むべき弊」などを強調し、あわせて「外夷」に対する国防の必要を説いた。このように、日本の明治維新を主導した尊王攘夷思想は伝統主義であって、そこでは政治的正当性をしだいに疑われはじめた幕藩制に代わるものが、当面西洋型の議会制や共和政ではなく日本の古代国家への復帰に求められた。このことは、和辻哲郎が「天皇に帰一する国民的統一」を要求することによって「日本人の国民的自覚を刺激」したと述べた(和辻、全集一九六一—六三、一四、二四一)ように、明治維新の政治思想が近代化にではなく国民的統合の実現に指向するものであったことを物語る。「維新」とは文字通り「王政復古」のことで、けっして近代化ではなかった。幕末・維新期の思想家たちも近代化を説いていたのではなかった。その中で相対的な意味で最も近代化指向が強かったのは横井小楠ではなかったかと私は思うが、その小楠といえどもけっしてストレートの近代化派ではなかった(徳永新太郎、一九七九)。それでも小楠は国粋派によって暗殺された。幕末・維新期の日本にはストレートの近代化派があらわれ得る余地はまだなかったし、仮にあらわれたとしても到底生きてはいけなかったであろう。日本で近代化・産業化への指向が明確なかたちをとるにいたるのは維新の変革以後のことであり、その意味で日本の近代化・産業化は二段階のステップを必要としたのである。

中国の辛亥革命は、日本の明治維新より半世紀あとの出来事であることや、先行の政治体制が日本と異なり王の家産制的専制であったなどの事情から直接の比較はもちろんできないが、もっと直接的に近代的であった。中国における清末の政治思想は、洋務論・変法論・革命論の三段階をとって発展した(小野川秀美、増一九六九)。洋務運動は単に西洋の科学・技術を導入する運動であったが、康有為らの戊戌変法は立憲君主制の確立をはじめ多くの制度改革をめざす清朝政府の枠内での近代化革命の運動であった。戊戌変法の失敗後、義和団の乱を境に中国の知識人は急速に革命論にむかって組織化されるにいたり，孫文らの革命思想がこれを主導して，辛亥革命はついに中国を共和政の国とした。このように政治的伝統主義からの離脱において中国の近代化革命は日本よりずっと徹底していたが，ただリーヴィによる日本と中国との比較論(Levy, 1953)に指摘されているように，中国では伝統的に人民の生活上の必要充足の上で家族・親族の果たしている重要性が圧倒的に大きく，国家の果たしている重要性が小さかったので，この政治的革命はリーヴィのいう民衆レベルでの「関係構造」(Levy, 1952 : 494-495)における近代化にただちにつながることにはならず，この点では日本において明治維新が人びとの行為様式と意識を根底的に変えたのと対照的であったといえよう。

第三命題　非西洋・後発社会が近代化・産業化を達成し得るための第三の条件は，それらを推進する指導者が中央政府にあって，政治の力によって産業文明を導入しこれを定着させることである。非西洋・後発社会は，定義によって，国内に自力で産業文明を生み出す主体は当初欠けているのだから，近代化・産業化は当面「上から」あるいは「中央から」行なわれるほかはない。

日本の場合，明治維新そのものは上述のように近代化でも産業化でもなく「王政復古」であったのだから，明治政府が近代化・産業化の推進者となり得るか否かは維新直後にはまだまったくの未知数であった。初期の明治政府には，大久保利通に代表される近代化派の系列と西郷隆盛に代表される伝統主義派の系列との対立があった。近代化派は一八七一年に日本を出発して一年九カ月間欧米先進諸国を視察した岩倉使節団に参加し，先進諸国の国際的動向の中で日本を見，内政を近代化・産業化政策推進の方向で考えた。伝統主義派は使節団に参加せずに残留し，伝統社会への復帰を願う不平士族の意見を代表し，征韓論に加担した。岩倉使節団が欧米から帰国したのち，大久保は征韓論をしりぞけたので，西郷や江藤新平らが参議を辞任し，佐賀の乱から西南戦争にいたる一連の内乱が起るが，大久保はそれらに断乎として対処する一方、内務卿のポストについて殖産興業政策を担った。大久保の主導によって明治政府が工業を育成する方向をとりはじめた最初のあらわれは、岩倉使節団帰国の翌年の一八七四年、大久保によって提出された殖産興業に関する建白書に求めることができる。大久保はこの建白書において、国の貧富は物産の多寡によってきまるが、物産の多寡は政府が工業を「誘導奨励」する力に依存していると述べて、後発国の産業化における政府主導の役割を明確に自覚している(玉城肇、一九六七、上・八—九)。大久保はこの役割を確立した後まもなく暗殺されるが、その役割は伊藤博文によって代表される長州閥リーダーに受け継がれた。

辛亥革命後の中国すなわち中華民国では、軍閥割拠と内部抗争がはげしくて、袁世凱・段祺瑞から蔣介石にいたるまで中央政府の権力的地位にあったものがことごとく伝統主義派に属していて、中国社会全体の近代化・産業化を推進する責任を負うという明確な意識を欠いていたと思われる。この点で注目されるのは、中華民国最初の臨時大総統に選出されながら、清朝皇帝の退位と交換条件で総統の地位を袁に譲った孫文の思想である。孫文はその著書『三民主義』にみるように西洋近代思想を身につけた指導者であったが、彼の三民主義すなわち民族主義・民権主義・民生主義においては、人民の生活を豊かにする方策としてのインダストリアリズムの占めるべき位置に民生主義が位置づけられており、そして孫文は民生という語を人民の生活、社会の生存、国民の生計、大衆の生命だと規定する一方、それはまた社会主義とも共産主義とも名付けられると言っている(孫文、訳一九五七、下・七八)。いうまでもなく孫文はマルクス主義への強い指向をもち、民生問題とは社会問題であって社会問題を解決するものは社会主義・共産主義であると考えていたから、資本主義的産業化によって民生主義を推進する道を彼はえらばなかった。とはいえ彼は、中国はまだ産業化がおこってもいないのだから、資本主義を分析するマルクスの方法は中国では使えないとした。彼がめざしたのは、将来貧富の不均等という大きな弊害がおこらないようにするために、私的資本によってではなく国家資本によって産業化を推進するということであった。中華民国の悲劇は、袁らのおくれすぎた伝統主義と、孫らのすすみすぎた社会主義との分裂の中にあって、近代化・産業化を担う現実主義的革新派が育たなかったことにあった。

第四命題　非西洋・後発社会が近代化・産業化を達成し得るための第四の条件は、導入された科学・技術をはじめほんらいは外来文明であった産業文明の諸要素を、自国の社会の中に内部化していく担い手の出現がなければならないということである。近代技術を習得した技術者、一定の資本力・事業力・企業者精神を備えた実業家、熟練能力を身につけた労働者、購買力をもつ買い手として市場にあらわれる消費者などがこれである。

後発社会の産業化にとって政府の主導がいかに重要であるとしても、政府がなし得ることはあくまで産業化の条件づくりにとどまるのであって、産業化そのものはこれを担う人びとが人民大衆の中からじっさいに出てくるのでなければけっして始まらない。そしてこれが、第二次大戦後の多くの非西洋、低開発諸国において、産業化推進エリートの出現があったにもかかわらず産業化がすすまない挫折要因になっている場合が少なくない。日本の場合、この問題についてはこれまでにさまざまな歴史的研究がなされてきた。その若干の所見をあげてみよう。まず明治期において日本の産業化を最初に担った企業家たちの出自については、徳川時代において既成のビジネス階級であった都市の株仲間商人から出たものはむしろ少なくて、中・下級武士、上層農民、零細商人など、広範な階層に広がっていたことが明らかにされている(Mannari, 1974 : 133–145；ヒルシュマイヤー・由井常彦、一九七七、一二〇—一三二)。つぎに熟練労働者の形成については、非熟練の女子労働者に多く依存した紡績業との対比において、男子熟練工を多く必要とした初期の重工業とりわけ造船業の事例が多く研究対象にされてきた。最初幕営で維新以後官営となった横須賀造船所では、職工は封建社会の「お抱え」職人の系譜を引き、身分階層別に組織化され、直傭制であり、熟練養成のため造船所内に学校を設けて、その卒業者を終身雇傭する方針がとられた。他方、最初官営で三菱がこれを引き継いで民営となった長崎造船所では、官営のように一定数の労働者を常時雇傭することができず、需要の繁閑に応じて雇傭量を随時調節する必要に迫られたため、親方請負制による間接雇傭方式がとられ、熟練工の調達は官営工場からの引抜きにより、あとは現場での見習や徒弟制度によっていた(間宏、一九六四、尾高煌之助、一九八四、Dore, 1973: Chap. 14)。

企業家と工業労働者は産業化の二つの中心的な担い手である。近代的な産業的技術が西洋から導入されてまもないこの時点においてこのような担い手が輩出したことこそ、日本の産業化が短期間に成功し得た大きな理由であった。ではそのような担い手を輩出させた原動力はどこにあったか。ドーアは、一八六八年における日本の六—一三歳児の寺子屋就学率を男児四三パーセント、女児一〇パーセントと試算し、この高い初等教育普及率によって、当時の日本人が「訓練を受けることに対する訓練」を身につけており、また「目的意識をもった発展」にむかっての向上意欲をもっていたことが、その原動力であったと結論づけた(Dore, 1965)。ドーアが述べたように、当時の日本の庶民レベルにおける読み書き能力の水準は、同時代の西洋のそれとちがわないくらい高いものだったと考えてよいであろう。ただこのことは同時に、それにもかかわらず当時の日本が自力で産業化にむかっての内在的発展を生み出し得なかった理由は何か、というもう一つの問いをも当然に呼びおこすものである。この問題については、徳川時代の高等教育機関に相当する藩校の教育内容が大部分儒学的人文教育に限られていたこと、そして何よりもそれらが、西洋において中世に起源をもつ大学がそうであったような研究機能を制度化したものでなかったこと、がその原因としてあげられねばならないであろう。

この最後の点は、伝統中国と伝統日本が共有していた文化的特質であった。中国は、世界に類例のない科挙という試験による官吏登用制度を古代いらいの伝統として確立してきた国であり、能力主義(meritocracy)の制度化においいて日本をはるかに上まわっていたと考えられる。しかし科挙試験の内容は古典儒学に限られ、また高等教育機関の制度化をともなわなかったので、近代化・産業化のための母体となり得ず、科挙は近代化改革とともに廃止された。現在の中国は、一九八二年の国勢調査で全人口の七二・〇パーセントが農業従事者であるから、産業化の直接的な担い手である企業経営者および工業労働者の比率は低いが、専門・技術職業者の比率は五・一パーセントとけっして低くない。この事実、および文化大革命終了後の中国に急激な高等教育爆発が起っている事実を考えあわせると、今後中国の近代化・産業化を指導することのできる知的指導者の厚みはすでにかなりのものになっていると解釈される。

第五命題　非西洋・後発社会が近代化・産業化を達成し得るための第五の条件は、伝播的発展の途上で起りやすい近代的セクターと伝統的セクターとの分離と両者のあいだの対立を適切に処理し、そのような二重構造をしだいに解消していくという、最も困難な課題を達成することである。このような対立は、西洋先進社会内部でもなかったわけではないが、とりわけ非西洋・後発社会では近代化・産業化が外来文明の導入とむすびつかざるを得ないために、それがナショナリズム感情からする反感をひきおこすことになりやすく、発展の最も重大な障害となるのである。

日本に西洋文明が入ってきた時、それはまず「外夷」として受けとられ、だから「攘夷」の対象とされた。ここから近代化派と伝統主義派の対立が開始され、それは一九四五年以前の日本の一貫した体質として持続し、そして昭和ファシズムの源泉となった。日本がこの悪弊をやっと克服し得たのは、戦後改革と高度経済成長の定着をつうじてであった。幕末から第二次大戦前まで、近代化派および近代的セクターの指導者が伝統主義派によってテロの対象にされた事例は、佐久間象山(一八六四)、横井小楠(一八六九)、大久保利通(一八七八)、森有礼(一八八九)、原敬(一九二一)、安田善次郎(一九二一)、団琢磨(一九三二)など非常に多く、また伝統主義派の蹶起というかたちでの内乱は、佐賀の乱・神風連の乱から西南戦争にいたる明治初年の一連の士族反乱と、昭和ファシズム期の五・一五事件および二・二六事件とがあって、そこには一つの共通するパターンを見ることができる。近代化派は親西洋主義とりわけ英米指向であって都市・大企業・知識人の中に主として位置しており、これに対して、伝統主義派は国粋指向したがって反西洋主義であって農村・自営業・非知識人の中に主として位置していた。反西洋主義は反産業主義を意味し、また知識人が西洋主義・産業主義への傾斜を示したことから反知性主義をとった。伝統主義派がこれらの諸要素を強めた時、昭和前期(一九二六—四五)における昭和ファシズムの共鳴盤がここに形成されることになった。とくに第二次大戦前における日本の近代産業社会としての最大の弱点が、農民が近代化・産業化の利益をほとんど享受し得ず、前産業社会段階の貧しさから解放されなかったところにあった事実は重要である。戦前の農村は端的にいって明治いらい形成されてきた日本社会の近代産業社会部分とは無関係な伝統社会部分を形成し、近代セクターと伝統セクターの二重構造をつくり出していた(富永、一九八六)。かくして農村は反産業主義、したがってまた反西洋主義の温床となり、そしてこの貧しい農村を人材の供給源とした陸軍が昭和ファシズムの担い手となったのである(筒井清忠、一九八四)。戦前の日本の宿命であり最も暗い面であったこの二重構造の解消は、戦前段階ではついに不可能で、けっきょくそれが日本を全面戦争と敗戦に追いやった。

中国においては、中華民国段階では日本と異なり、伝統主義派は上述のように袁から蔣にいたるまで権力地位にある人びとそのものであった。中華人民共和国の成立後は、毛沢東以下すべての指導者が社会主義による産業化に指向したが、やがて毛らの土着主義的農民指向と、劉少奇らの近代主義的インダストリアリズム指向との分裂があらわれた。興味のあることに、ソ連の革命指導者レーニンと中華人民共和国の革命指導者毛沢東それぞれのインダストリアリズムに対する態度には、ここでの文脈から重要な一つのちがいが見出されるように思われる。ロシアは西洋の辺境ではあったが非西洋ではなかったから、西欧で発達した資本主義がロシアで発達することはそれほど異質な文化の受容ではなく、このことはレーニンが『ロシアにおける資本主義の発達』(Ленин, Сочинения 1959-70)を書いたさいの基本的な前提をなしていた。レーニンは共産主義とは革命プラス電化であるとして、インダストリアリズムの重要性を強調した。毛沢東も革命後における第一局面ではソ連型の重工業優先の発展方式を踏襲したが、一九五八年にはじまる「大躍進」政策が挫折したのち、インダストリアリズムを指向し経済効率を重視する近代化路線と、階級闘争の継続を指向し農業集団化のより一層の徹底化を求めるいわば土着主義的農民派路線との対立がしだいにあらわになると、毛沢東は劉少奇との対立において後者の路線をえらぶようになった。「人民公社」(それは「大鍋の飯を食べる」非合理な方式であったと文革後に批判された)と「土法礦炉」(それは土着の技術に依存した非合理的な「東洋的」精神主義のようなものにいろどられていた)がこの土着主義路線を代表しており、これが一九六〇年代初頭に劉少奇の主導によって行なわれた「三自一包」(自留地・自由市場・自由経営・各戸請負)すなわち人民公社化政策に対する修正と、「工場長単独責任制」の導入による企業管理の効率化とを基軸にした合理化路線と対立することになって、一九六六年以後の「プロレタリア文化大革命」がひきおこされた。周恩来によって一九七五年に提起された「四つの近代化」政策が中国において最終的に定着するのは、一九七八年の文化大革命収束後における鄧小平の指導をまたねばならなかった。現在の中国は、近代化派と伝統主義派の宿命的であった対立が克服されて、本格的な産業化と近代化がようやく始まろうとする出発点に位置している。

第六命題　非西洋・後発社会が近代化・産業化を達成し得るための第六の条件は、当該後発社会をめぐる国際関係が先進国に対して不利な状況下におかれている場合、そのような状況を離脱することである。ここでいう不利な状況の古典的なケースはもちろん低発展社会が先進国の植民地とされる場合であって、この場合には産業化の担い手は宗主国から来た人びとであり、彼等の手による産業化の目的は宗主国の利益をはかることである。第二次大戦後に植民地は過去のものになったが、先進国との貿易形態が垂直型貿易(先進国からの工業製品の輸入とひきかえに先進国に第一次産品を輸出する)で交易条件が先進国に有利になっている不平等な条件下で低発展国の産業が先進国に依存しているケースは多く存在しており、そのような依存関係が低発展状態からの脱出を困難にしている。

資本主義的発展は不均等発展であることを不可避としている、という命題はレーニンの『資本主義の最高の段階としての帝国主義』(Ленин, Сочинения 1959–70)における中心テーゼであったが、フランクはこの命題をより発展させて、先進国と発展途上国との関係をメトロポリス的「中心」と周辺的「衛星」の両極化(polarization into metropolitan center and peripheral satellite)として概念化した(Frank, 1967; 1970)。一八世紀以降の南米・チリーの歴史を分析して、フランクはチリーの低発展(underdeveloped)の理由を自給自足の封鎖的生存経済に求める見解をしりぞけ、スペインをメトロポリスとする資本主義そのものの発展がチリーを衛星の地位に押しとどめたことこそがその低開発性の原因であるとする。フランクの考えでは、現在の発展途上諸国が「低発展」であるのは、現在の先進諸国がかつて「未発展」(undeveloped)であったのと同じ意味で将来「先進」段階に達する前段階としての未発展の段階にいまあるということなのではなく、それなりの発展を経過した上で現在の状況に達しているのである。すなわち、現在の先進諸国と現在の発展途上諸国はともに、現在の世界資本主義システム(world capitalist system)の中心と衛星を構成しつつ共存しあっている。低発展とは、このような共存関係において発展途上諸国が先進諸国に従属している結果の産物にほかならない、とフランクはいう。

このような従属関係の結果として発展途上諸国がいつまでも低発展状態に押しとどめられているというのは、われわれが第五命題において述べた後発社会内部における近代的セクターと伝統的セクターとの二重構造の、いわば国際関係版であるということができよう。後発社会が徳川時代の日本のように国を閉ざしてアウタルキー状態を保持しているあいだは国内に二重構造を発生させずにすんでいたのと同様、現在の発展途上諸国ももし先進諸国と接触することなくアウタルキー状態を保持していれば、フランクのいうような中心-衛星関係にはめこまれずにすむであろう。毛沢東指導下における一時期の中国がとった孤立化政策は、そのような中心-衛星関係へのはめこみを避けるための戦略であったといい得るであろう。しかしこのような消極的な戦略をとることは、近代化と産業化への道を塞ぐことになるだろう。なぜなら、非西洋・後発社会は内生的な近代化・産業化を生み出し得なかったがゆえに後発となったのであって、近代化・産業化にいたり得るためには外からの文化伝播が必要であるからである。かくしてここには、後発諸国が近代化・産業化を指向する場合の基本的なディレンマがある。すなわち国を閉ざせば先進諸国からの文化伝播を拒否することになり、国を開けば先進諸国に対して従属関係に入るおそれがある、というディレンマがこれである。

しかしながら、フランクの命題はすべての後発諸国が必ず中心-衛星関係にはめこまれて低発展状態に固着されざるを得ない、というように宿命論的に解されてはならないであろう。もし宿命論的に解するなら、それはヴェーバーやヴィットフォーゲルの命題などとおなじく、発展途上社会はけっして近代化・産業化を達成することはできないという決定論におちいることになるであろう。そうではなく、第五命題において国内における近代的セクターと伝統的セクターとの二重構造の解消が後発国の近代化・産業化達成のための条件であると考えたのと同様、ここでも国際関係における先進国とのあいだの中心-衛星関係の解消が後発国の近代化・産業化達成のための条件であると考えることが必要であろう。では中心-衛星関係はいかにすれば解消し得るか。この問いはわれわれを再度国内問題的視点に連れ戻す。外に先進国がある時後発国はいつも必ずその先進国と中心-衛星の関係に入るときまっているわけではない。たとえば日本の場合、幕府が一八五八年にアメリカをはじめ西洋各国とむすんだ通商条約は、外国人に治外法権を与え日本が関税自主権をもたないなどの不平等条約であったが、明治政府になってから日本は国民的努力をつうじて条約改正問題と取り組み、一八九四年治外法権撤廃、一九一一年関税自主権回復に成功して半植民地化をまぬがれた。この成功の背後には、国内における自由民権運動をつうじての世論による政府突上げがあった(民主化)。同様に、清国および中華民国時代の中国は、レーニンがペルシャおよびトルコとともに半植民地と規定した状態にあったが、第二次大戦および中華人民共和国の成立によってこの状態は解消した。これらの事例が示すように、後発国が先進国と従属的な関係に入るのは後発国内部にそのような条約をとりきめる政治家がおり、またそのような関係をむすぶことによって利益を得る階級があることからそうなるのであり、国際関係のあり方をきめるのは実は国内問題なのだといい得るのである。

以上、非西洋・後発社会において近代化・産業化が達成され得るための六つの条件を定式化した。これらの条件がみたされない度合いに応じて、近代化・産業化は困難となり、社会停滞ないしは社会退行を生ずるか、あるいはそこまでひどくない場合にもなんらかの跛行的な近代化・産業化を生ずることになる。日本は非西洋・後発社会において最初に近代化・産業化を達成した国となったとはいえ、ここにいたるまでの近代化・産業化百年の歴史の中には、さまざまな困難、部分的な社会停滞・社会退行、そして多くの跛行的事象があった。私は不十分ながらそれらをさまざまな歴史的事例によって例証してきた。日本の場合には、こんにちから見ればそれらは克服され得たということができるが、中国の場合には現在なおそれらのいくつかを克服する努力の途上にある。日本の近代化・産業化の過程は、西洋のそれとの対比において特殊であるということが少なからぬ論者によって主張され、その議論の中から日本的特殊性論が多数生み出されてきた。たしかに後発国は先進国がかつて直面した状況とは異なった状況に直面するので、後発国がたどる経過は一つ一つが先進国と異なるし、また後発国相互のあいだでも異なり、まったくおなじことが反覆されるなどというようなことは歴史の中にはない。そして歴史学はそれら個性的なものを個性的なままに事実として記述する。しかし、こんにちの多くの発展途上国中、若干の国が近代化・産業化に成功し他の国が依然として停滞的であるという現実を見ると、発展と停滞を分ける要因は何か、なぜそのようなちがいがおこるのか、という「なぜ」に答えることのできる説明知が要求される。「なぜ」に答えることができるためには理論が必要であり、理論は一般化によって形成されるものである。特殊性命題ではどうにもならない。じっさいまた、近代化・産業化に指向する中国や韓国の知識人が日本の近代化・産業化に注目するのは、そこから何かの一般化をひき出し得ると考えるからにほかならない。こうした説明知の要求に答え得るのは、一つ一つはたしかに個性的である社会変動の諸事象の中になんらかの一般化を見出す可能性を追求してきた社会学でなければならない。そのような一般化への努力を行なうことによって、日本や中国や韓国やその他多くの非西洋・後発国の近代化・産業化の諸過程は、いっそう尽きない知的興味の対象となり得るのである。

(1)　オグバーンの“cultural lag”はこれまで多く「文化的遅滞」と訳されてきたが、lagを遅滞と訳すのはまちがいである。なぜなら、遅滞というのはおくれてとどこおっている状態をさすけれども、lagというのは時間がずれて進むことを意味するから。すなわち、オグバーンは非物質文明が進歩しないで停滞していると言ったのではなく、物質文明よりおくれて進むと言ったのである。このゆえに私は前著『社会変動の理論』(富永、一九六五a)いらい、「文化的ラッグ」という語を用いている。

(2)　大づかみにいうと、レンスキーのいう狩猟採集社会と園耕社会を合わせたものがパーソンズのいう未開社会に対応し、レンスキーの農業社会がパーソンズのいう中間社会に対応する。パーソンズのいう古代社会(archaic society)は古代オリエントをさし、古典古代は高等中間社会の方に入れられている。以下私の用いる未開社会・農業社会・近代産業社会という三区分は、レンスキー区分とパーソンズ区分の大づかみな対応に立脚する。したがって、区分における指標は、産業化の指標としての技術的-経済的側面と、近代化の指標としての政治的-社会文化的側面とを総合的に含んでいる。

(3)　近代産業社会を前期と後期に分けたが、近代産業社会が現在まだ継続中であって、あとどのくらい続くかわからない以上、後期という名称を使うことには当然問題がある。ただ、ハバーマスの後期資本主義というような用例も出されていることを考慮して、あえて近代産業社会後期という名称を用いた。近代産業社会後期を前期から区別することは、社会階層における新中間階級の大量登場と、これにともなうヨーロッパ一九世紀型階級の解体という観点からとくに重要であり、したがってまた都市化や福祉国家化とも密接にむすびついている。

（4）「西洋」(Okzident)という語がどの範囲を意味するかを一義的に規定することは困難である。最広義にはそれは、ヨーロッパと新世界の両方を合わせたものを意味するだろう。この場合、ヨーロッパとは西ヨーロッパと地中海地域と東ヨーロッパを含み、新世界とは北アメリカとオーストラリアを含む。他方、最狭義にはそれは、西ヨーロッパのみを意味すると思われる。近代化・産業化の担い手としての西洋を考える時、それは何よりもまず最狭義の西洋をさすだろう。しかし、近代の発端をなしたルネサンスと、科学革命の創始者ガリレオを生んだのはイタリアであったこと、および民主化の主要な一環の中にアメリカ独立革命を逸することはできないことを考えると、近代化・産業化の担い手としての西洋という概念の中に地中海地域とアメリカ合衆国を含めないわけにはいかないであろう。ただ、アメリカ合衆国が一九世紀後半以降産業化の中心的な担い手の一つになったのに対して、地中海地域はそうでなかった。また、歴史的に見て、西洋の中心的な担い手が、古代における ラテン世界(地中海地域)から、中世・近代におけるゲルマン世界(西ヨーロッパ)へと、交代した事実を無視することはできない。これらの諸事情を考慮に入れると、本書において「近代化・産業化における先発国」と規定される西洋とは、西ヨーロッパとその延長としてのアメリカ合衆国を中心とする——それらにだけ限定するのではないが——、と定義するのが妥当であろう。

（5）天野元之助氏文献について尾形勇氏の御教示を得た。なおここではレンスキー説にしたがって犂農耕の開始という単一指標にのみ着目したので、中国の農業はメソポタミアおよびエジプトよりも二千年以上おくれていたという結論になったが、もちろんこれは指標の選択の仕方によって見方がちがってくる問題であると考えなければならないであろう。

（6）役割分化(i)はわれわれの社会類型区分でいえば社会集団(基礎集団・機能集団)にかかわり、家族・親族(基礎集団)の機能縮小と機能集団の簇生をもたらした。また機能的合理化(ii)は、集団の中でもっぱら機能集団にかかわり、ここではハバーマスのいう道具的(手段的)合理性が追求されてきた。他方、地域的拡大(iii)は地域社会にかかわり、具体的には村落共同体の解体と都市の都市化、および国民社会の形成がこれをあらわしている。最後に、社会移動(iv)と平準化(v)は社会階層の問題と最も深くかかわり、中世的な身分社会および近代産業社会前期における階級社会が解体していくという過程を生み出してきた。

(7) これについては二七〇ページ(第三章)の注(13)を参照。また後述の第**35**項ならびに第**39**項をも参照。

(8) その一例は、村上泰亮・公文俊平・佐藤誠三郎による日本社会を「イエ社会」とする概念化に顕著に見られる(村上・公文・佐藤、一九七九)。同書は有賀喜左衛門の名を出していないが、その潮流につながる中野卓・中根千枝を援用している。

(9) 有賀喜左衛門の主張によれば、社会と文化の「日本的特質」は日本人という特定民族に個性的なもので伝播不可能である。またそれは文明と異なって日本人に土着的なものだから、産業文明によってけっしてこわされるものではなく、それゆえ歴史をつうじて不変である(有賀、一九八〇)。このような考え方からする日本的特殊性論は日本の思想界に根強い支持者をもち、有賀はその有力なよりどころの一つとなっている。ここではそのような主張に対する私の理論上の疑問を一点に絞って述べておきたい。文化は所与の環境に対する人間の適応の産物であるという考え方は、多くの社会学者や文化人類学が説いてきたところであり、また本書で私が依拠しているシステム-環境理論に即した考え方である。ところで環境というものは時代とともに変化するもので、未開社会と農業社会と近代産業社会とで人間が適応していく必要のある環境の性質はまるでちがう。そのような環境の変化に抗して人間がただ一つだけの「土着の」文化を守り通すと信ずることは、ロマンチックではあるがおよそ理論的根拠を欠く。産業文明のつくり出す環境には普遍性があるのだから、文化の初期状態(土着文化)を異にする複数の民族が、産業化を経験することによって共通の方向に文化変化をとげることは、まったく自然なことである。有賀が研究対象にした「家」と「同族」(家族と親族)も日本人のつくってきた文化の一つなのだから、右の一般的な傾向の例外であり得るはずはないのではないか。なお、富永(一九八〇)を参照。

(10) マルクスの発展段階図式のうち、「アジア的」を除く「古代的」「封建的」「近代市民的」がヨーロッパの歴史からとられていることは明らかであるが、このようなヨーロッパ中心的な発展段階図式の一番最初にだけアジアが登場するのは、アジアもまたヨーロッパとともに発展すると考える立場からすると、まったく不整合であるといわなければならない。マルクスがアジアをこのように位置づけた理由として、「世界史は東から西にむかってすすむ」としたヘーゲルの『歴史哲学講義』からの影響が考えられる。周知のとおりヘーゲルは、世界史においてはアジアは絶対的な東方であり、ヨーロッパは絶対的な西方であって、アジアは世界史の端初・幼年期であるのに対し、ヨーロッパは世界史の終わり・成熟期であるとした。この観点から彼は、世界史の発展段階を、オリエント、ギリシャ、ローマ、ゲルマンの四段階に区分した。アジアのこういう位置づけ方は、アジアが西洋の古典古代段階以降に世界の中から消えてしまうと考えるのでない限り、アジアは停滞社会であって発展がなく、永久に原始状態にとどまっているとの想定に立っていることを意味する。そしてマルクスの立てた二つの発展段階のいずれにも最初に登場する「アジア的」というのは、彼がヘーゲルから受け継いだ右のような意味のものであると解することができる。マルクスから半世紀あとになるヴェーバーになると、こういうアジア観は消え去る。しかしアジアを停滞社会とする見方そのものは、ヴェーバーにもヴィットフォーゲルにも残存している。

(11)　封建制の概念は現在なお、ヴェーバー的概念とマルクス的概念とに分裂している。一九八四年一一―一二月に私が中国・天津市の南開大学の招聘によって経済社会学について集中講義をした時、私の講義に対する学生の反応でやはりこの点が問題になった。中国の学生(大学院生)たちはマルクス主義の枠組にしたがって封建制を農奴制として解釈し、古代奴隷制が解体したあと辛亥革命まで、中国はずっと封建制であったと理解している。他方、ヴェーバー的枠組によって封建制と家産制を対比して概念化する考え方に従うと、中国は秦漢帝国から辛亥革命までずっと家産制(古代的専制)であって封建制をもたなかったと理解される。概念の問題で争っても仕方がないが、私にとっての中心的な問題は、中国の学生たちのような概念枠組では、社会構造変動の歴史における中国と日本(およびヨーロッパ)との決定的なちがいを正しく概念化することができないために、事実認識に欠落を生ずるということである。中国の学生たちはヴェーバー社会学を知らなかったので、私の講義にたいしてざわめきの反応がかえってきたが、今後中国でヴェーバーが広く読まれるようになってくれば、考え方が変わってくるであろう。

(12)　尾形勇によれば、中国における秦漢帝国から辛亥革命まで二千余年の皇帝専制支配という国家形態は、中国・日本・西洋いずれの学者によっても家族主義国家として説明されてきたが、これに二種類の異なった形態を区別しなければならないという。その一つは家と国家の一体論であり、他の一つは家と国家の遊離論である。家と国家の一体論とは、父権専制の大家族制度がそのまま拡大されて君主専制になり、両者は補強しあって専制国家をつくりあげたとする見解である。家と国家の遊離論とは、中国において「国家」と「社会」はもともと分離していたとし、国家は皇帝と臣僚によって形成された一つの集団であったのに対して、家と村落はそれとは無関係に閉鎖的な共同体を形成していたとする見解である。尾形はモンテスキュー、ヘーゲル、ヴェーバー、ヴィットフォーゲル、西山栄久、白鳥庫吉、田崎仁義などを前者として、マルクス、ラング、孫文、小島祐馬、清田研三、秋沢修二、清水盛光、松本善海などを後者として例示している。本書における私の解釈は、リーヴィなどの見解とともに、後者の見方に立っている。本文三五八―三六二ページ参照。

(13) 以下に展開する六つの命題は、私の以前の論文(富永、一九八五)において四つの命題として述べたものを拡充し、かつ例証の材料をやや詳細にしたものである。日本の近代化・産業化の歴史を社会学的に分析する試みは私の以前の英文論文(Tominaga, 1976)にはじまるものであるが、これらの材料をもっと拡充して、できれば中国の近代化・産業化と比較しつつ、「非西洋・後発社会の近代化・産業化の理論」といったものを構築することは、私にとって目下の課題の一つである。

結　語

今日、世界の社会学の諸潮流は多様であるが、それらの中からなんとか収斂の方向を見出そうとする手さぐりの努力をつうじて、われわれは社会のミクロ的認識 対 社会のマクロ的認識といういわば整理の軸に行き着いた。社会のミクロ的認識とは、社会をつくっている複数の個人が社会をつうじて個人としての欲求充足を達成する（または達成し得ない）過程に着目して社会を見ることである。社会のマクロ的認識とは、個人が社会をつくることによっていわば社会に託した課題——これをわれわれは社会システムの機能的要件と呼んだ——を社会システムが達成する（または達成し得ない）過程に着目して社会を見ることである。

社会のミクロ理論は、社会をまず個人の行為に分解し、次いでそれらが相互に関連しあって複数個人間の相互行為・社会関係を形成していく過程を認識する。しかし個人の行為の相互関連というこのミクロ的世界も、それが社会の中で行なわれているものである以上、自我形成と役割形成をつうじてマクロ的世界としての社会システムにつながっている。この観点から、社会のミクロ理論としての相互行為・社会関係の分析を、ミクロ自体としてというよりも社会のマクロ理論のミクロ的基礎として位置づける時、とりわけ重要なのはゲマインシャフト行為・ゲマインシャフト関係と、ゲゼルシャフト行為・ゲゼルシャフト関係との区別である。ゲマインシャフト行為は損得勘定をぬきにした共感の世界、すなわち心と心のふれあいの世界をつくり出す。これに対してゲゼルシャフト行為は目的-手段関係を基軸とした合理的なセルフ・インタレスト追求の世界をつくり出す。アダム・スミスからヴェーバーとパーソンズを経てハバーマスにいたるまで、行為理論について考えた人はだれもが、この二つを人間行為の基本的な二類型として二元論的に位置づけ、けっしてどちらかがどちらかに還元されるとか、どちらかがどちらかにとって代わるとかいうようには考えなかった。ゲマインシャフトの時代にゲゼルシャフトの時代が続くと主張したテンニエスでさえ、ゲゼルシャフトの時代にゲマインシャフトが残存することを認めていた。行為理論としての観点からしてそうであるなら、主体と客体の相似性原理により、社会構造論の観点からもまた、ゲマインシャフトとゲゼルシャフトは、一方が他方に還元されるとかとって代わるとかいうことのない社会構造の二つの基本的な構成要素である。

しかしながら歴史的には、この二つの構成要素ははじめから分離して存在していたわけではなかった。社会の発生は人間そのものの発生とともに古いと考えられるけれども、人間ははじめから複雑に機能分化した社会をつくる能力をもっていたのではない。人間の行為がすべてそうであるように、人間は社会構造をつくる場合にも、シンボルを用いる動物として、世代から世代へとその作品としての社会構造を伝え、これを改良し、新たな工夫をつけ加えてきた。その産物が社会システムの構造分化なのであって、それゆえに社会構造は人間の社会と文化の他の諸要素がすべてそうであるのと同じく進化の過程の中でとらえるのでなければならない。この意味で社会構造論と社会変動論とはほんらい分離し得ない一体のものであるが、認識上の必要からわれわれはこの両者を便宜上区別し、社会の構造理論においては近代産業社会の構造をその理念型に即して扱い、社会の変動理論においては未開社会・農業社会(前期・後期)・近代産業社会(前期・後期)という発展段階図式を構築して発展段階ごとの社会構造の特質を順次にその機能と関連づけながらあとづけた。

ルーマンは「社会の分化」と題する英文論文において、社会の分化を分節化(segmentation)・階層化(stratification)・機能分化(functional differentiation)の三つに区別した(Luhmann, 1982 : 232–245)。われわれの発展段階図式とルーマンの社会分化の三区分とは、結果的にうまく対応している。私の図式にルーマンの三区分をはめこむと、第一に、分節化とは未開社会段階における社会構造の原理である。デュルケームの環節的社会という概念は、機能分化のない構造状態をいいあらわした生物学的比喩であって、ルーマンが分節化というのもそれを踏襲している。具体的には、親族組織がほとんど唯一の社会構造である状態がこれにあたる。すなわち、一つの部族が複数の親族集団に分れている時、それらの親族集団相互間にはなんの機能分化もなく、それらの親族は相互に同形であるからこれを分節化というのである。シブやクランや同族が構造原理になっている社会はすべてこれに該当する。

第二に、階層化とは農業社会段階における社会構造の原理である。デュルケームは社会変動を機械的連帯——未開社会の構造原理たる環節的社会がこれにあたる——から有機的連帯——近代産業社会の構造原理たる分業化のすすんだ社会がこれにあたる——へという二段階図式によってしか概念化しなかったので、農業社会に固有の構造原理を概念化する工夫が欠けていた。デュルケームのこの二段階図式はスペンサーの軍事型社会から産業型社会へという二段階図式の継承であったから、この欠落はスペンサーに由来するのであるが、社会構造についての発展段階の概念化として、これは致命的な欠落であったといわなければならないだろう。他方、もう一つの二段階図式たるテンニエスのゲマインシャフトからゲゼルシャフトへという概念化においては、スペンサーやデュルケームにみられた未開社会の構造原理への関心が欠落し、ゲマインシャフトとは農業社会——古典古代と封建社会——の構造原理として考え出されたものであった。しかしそのさい、テンニエスは村落共同体のみを念頭におき、農業社会のいちじるしい構造的特質である階層化という問題を考えなかった。いうまでもなく、農業社会においてはすべての家族(オイコスすなわち「家」)は同時に経営体であったから、機能分化はすすんでいなかった。つまり農業社会の構造原理は機能分化ではなく、土地の所有者と奴隷(農業社会前期)、土地所有貴族と農奴(農業社会後期)という不平等原理であった。だからそれは階層化なのである。階層化は近代産業社会前期まで引き継がれ、ブルジョワは封建階級たる土地所有貴族に似せて自分をつくったから、近代産業社会の前期は事実上封建社会と似た階級社会――但し機能分化の原理が加わっている――であった。階級が崩壊するのは近代産業社会後期においてである。

第三に、機能分化とは近代産業社会における社会構造の原理である。家族と経営の分離、株式会社の発生、機能集団の簇生、村落共同体の解体、王のオイコスからの国家の分離、等々すべてはこの原理を指示している。スペンサーの産業型社会、デュルケームの有機的連帯、テンニエスのゲゼルシャフトはいずれもこの構造状態をいいあらわしたものであるが、テンニエスのゲマインシャフトからゲゼルシャフトへという図式化は、分化した構造要素の中にゲマインシャフトとしての核家族がちゃんと位置していることを表現していない点で不適切であった。近代産業社会は、人間の歴史上はじめて、ゲマインシャフトとゲゼルシャフトを空間的に分離したのである。

このようにスペンサーやデュルケームやテンニエスの古典的概念化を修正することにより、近代化・産業化の社会構造的意義がどこにあるかが見えてくる。すなわちそれは、農業社会の社会構造を特徴づけていた、社会集団における家父長制家族および地域社会における村落共同体が解体して、核家族と企業と市場を三つの基本要素とする新しい社会構造が出来上り、これに都市化されたものとしての地域社会と、王のオイコスから分離して行政組織体として核家族と企業のいずれもが果たし得ない機能を引き受けるにいたった国家が加わることである、ということができる。近代化・産業化は、こうしてすすんできた社会構造の進化の、人類史における最近二百年ほどの帰結を示す。しかしこの社会構造の進化は、地球上で一様にはすすんでこなかった。近代化・産業化は西洋人の発明であり、それが文化伝播をつうじて世界に広がりはじめたのが二〇世紀というものの歴史的位置にほかならない。社会学理論それ自体はもちろん普遍化的認識の産物であって、「西洋人の社会学理論」と「東洋人の社会学理論」とがちがうなどということはあり得ないが、日本社会は非西洋・後発社会の一つであるから、日本人として近代化・産業化を研究するさいの関心のあり方は、西洋人のそれとは当然に異なったものでなければならないのである。

社会の構造理論と変動理論は、社会学の中の一個別分野というより、一九世紀いらい社会学そのものとして発展してきたのである。近代社会の認識は、社会の語を広義の社会と解すれば社会学よりはるかに広く、近代における法の認識・政治の認識・経済の認識として、一七―一八世紀にホッブズ、ロック、モンテスキュー、スミス、コンドルセーなど啓蒙思想の系譜として英仏に広がった。狭義の社会の認識はその一環をなすけれどもそれらよりおそく、一九世紀になってからサン-シモンとコントによってまずフランスにおいて開かれ、J・S・ミルを媒介役としてドーバー海峡を渡ってスペンサーを生み、さらに一九世紀末から二〇世紀初頭にかけてテンニエス、デュルケーム、ジンメル、ヴェーバー、パレートと現代に直接つながる巨人群を輩出した。現代社会学はある意味でいまだにこれらの巨人群を超えられずにいるといってもよく、その点から本書もまたその基本路線においてこれらの人びとの学説に負うているとともに、それらをより一層発展させて機能理論あるいは構造-機能理論として理論的定式化を与えたパーソンズ、マートン、リーヴィ、ムーアなどの諸学説に負うている。しかし科学はあとの世代が前の世代の仕事を継承するとともに、これに新しいものを付加することによって進歩する。私はルーマンが展望している「システム-環境のパラダイムから自己言及的システムのパラダイムへ」というような「パラダイム革新」を提言することはしなかったとはいえ、ピースミールの革新に努力し、あわせて非西洋・後発社会からの視点という歴史的・比較社会論的展望を付加することを試みたのである。

社会の構造と同じく学問も機能分化することをつうじて進歩に貢献する。私にとってももちろん研究の本道はそれら分化した各部門の中に身をおいて特殊研究を推進することにある。しかし、前記の巨人たちは個別専門領域をもちつつもそれを超えたところで巨大な社会学の全体像を構築した。それにあやかろうとする試みを、巨人でない凡人研究者も生涯に一度やってみることは許されるのではないか。本書は私のいくつかの特殊研究の進展が私に与えてくれた視野の広がりを整理したそのような試みの一つの記録である。

■岩波オンデマンドブックス■

社会学原理

1986年12月18日　第1刷発行
2000年4月5日　第10刷発行
2017年7月11日　オンデマンド版発行

著　者　富永健一《とみながけんいち》

発行者　岡本　厚

発行所　株式会社　岩波書店
〒101-8002　東京都千代田区一ツ橋2-5-5
電話案内　03-5210-4000
http://www.iwanami.co.jp/

印刷／製本・法令印刷

ISBN 978-4-00-730636-5　Printed in Japan

人 名 索 引

ア 行

会沢正志斎　Aizawa, S.　360–361
アイゼンシュタット　Eisenstadt, S. N.　60, 262, 300
赤羽裕　Akabane, H.　357
アシュビー　Ashby, W. R.　61, 174, 182
アージリス　Argyris, C.　232
新睦人　Atarashi, M.　323
アドルノ　Adorno, T. W.　42, 66
アプター　Apter, D. E.　290
天野元之助　Amano, M.　295, 373
有賀喜左衛門　Aruga, K.　53, 314, 316–317, 374
アルバー　Alber, J.　348–349
アレクサンダー　Alexander, J. C.　vii, 67, 71
アロン　Aron, R.　vi
安藤文四郎　Andō, B.　252

石坂巌　Ishizaka, I.　231
イーストン　Easton, D.　261
伊藤貞夫　Itō, S.　270
稲上毅　Inagami, T.　164
今田高俊　Imada, T.　167, 256, 267
今西錦司　Imanishi, K.　78–79
インケルス　Inkeles, A.　288

ヴィーゼ　Wiese, L. v.　43–44, 59, 112–113, 169, 229
ヴィットフォーゲル　Wittfogel, K. A.　297, 353, 370, 375
ヴィトゲンシュタイン　Wittgenstein, L.　24, 32
ウィーナー　Wiener, N.　174
ウィレンスキー　Wilensky, H. L.　265, 348–349
ヴェーバー(アルフレート)　Weber, A.　46, 59
ヴェーバー(マックス)　Weber, M.　vi–vii, 12, 14–15, 20, 28–29, 37, 42, 44–46, 59–60, 67, 69, 71, 81–82, 84–85, 88, 103, 111, 119–120, 141–142, 152–153, 169, 181, 210, 214, 216, 221, 226, 229–232, 234, 236, 243, 245–246, 263, 266, 278, 284, 297, 302, 306–307, 315, 318–319, 321, 332–333, 337, 343–346, 350, 352–353, 370, 374–375, 377, 381
ヴェブレン　Veblen, T. B.　12, 77, 299, 354
ウォーナー　Warner, W. L.　248
ウォーラス　Wallas, G.　77
ウォラーステイン　Wallerstein, I.　208, 300
ヴォルテール　Voltaire, F. M. A.　293
海野道郎　Umino, M.　52

エツィオニ　Etzioni, A.　265
エリクソン　Erikson, E. H.　90, 101, 102
エンゲルス　Engels, F.　244–245, 325–326, 335–337, 351

大川一司　Ohkawa, K.　355
大塚久雄　Otsuka, H.　307, 325–326, 328, 334
尾形勇　Ogata, I.　222, 373, 375
奥井復太郎　Okui, F.　235

オグバーン Ogburn, W. F. 224-225, 276, 372
尾高邦雄 Odaka, K. 232, 249
尾高煌之助 Odaka, K. 365
オッフェ Offe, C. 349
小野川秀美 Onogawa, H. 361
オールポート Allport, F. H. 15

カ 行

ガイガー Geiger, T. 62
ガーシェンクロン Gerschenkron, A. 298-299, 354-355
カッシーラー Cassirer, E. 19-21, 63, 112, 201-202, 268
カーティス Curtis, C. P. 266
ガーフィンケル Garfinkel, H. 63, 85
ガリレオ Galilei, G. 39, 293, 296, 373
カルナップ Carnap, R. 40, 83, 151

喜多野清一 Kitano, S. 313, 316
キャノン Cannon, W. B. 174
ギャルピン Galpin, C. J. 238
ギュルヴィッチ Gurvitch, G. 62, 191

グッドマン Goodman, L. A. 252
グード Goode, W. J. 192
クニース Knies, K. G. A. 44
熊谷尚夫 Kumagai, H. 168
公文俊平 Kumon, S. 168, 374
蔵内数太 Kurauchi, K. viii, 62, 153
クラーク Clark, C. G. 288
グラス Glass, D. V. 249
グラッツァー Glatzer, W. 280
クーランジュ Futel de Coulanges, N. D. 221-222, 308, 315
クーリー Cooley, C. H. 29, 43, 63-64, 90, 96, 101, 113, 169
グルドナー Gouldner, A. W. 232
クローナー Croner, F. 345
クーン Kuhn, T. S. 56-58, 71

ケスラー Käsler, D. 43
ケーニヒ König, R. vi

厚東洋輔 Kōtō, Y. 164
コーザー Coser, L. A. 150
コッカ Kocka, J. 53, 339-340
ゴフマン Goffman, E. 63
小松堅太郎 Komatsu, K. 277-278
ゴールドソープ Goldthorpe, J. H. 253
コント Comte, I. A. M. F. X. vi, 12, 29, 39-43, 46, 58-60, 84, 112, 168-170, 266, 276, 278, 381
コンドルセー Condorcet, M. J. A. N., *Marquis* de 41, 60, 293, 296, 381

サ 行

佐久間象山 Sakuma, S. 360, 366
佐藤誠三郎 Satō, S. 374
サムナー Sumner, W. G. 12
サン-シモン Saint-Simon, C.-H. *Comte* de 12, 39-40, 58, 60, 69, 84, 244, 247, 257, 334-335, 342, 381

シーウェル Sewell, W. H. 248
ジェームズ James, W. 76
シェーラー Scheler, M. 62, 85, 103, 112, 122-126, 128
シェルスキー Schelsky, H. vi, 224-225
シェルドン Sheldon, E. 280
ジェンキンズ Jenkins, A. 140
柴田三千雄 Shibata, M. 297
清水盛光 Shimizu, M. viii, 48, 218, 221-222, 315, 358, 375
シュタイン Stein, L. v. 42, 84

シュッツ　Schütz, A.　15, 26–27, 59, 62–63, 71, 83, 85, 124–126, 151, 163
シュトラッサー　Strasser, H.　35–36, 253, 256, 277
シュナイダー　Schneider, K.　76
庄司興吉　Shōji, K.　208
シルズ　Shils, E. A.　27–28, 59, 81, 151, 198
ジンマーマン　Zimmerman, C. C.　238
新明正道　Shinmei, M.　81, 178, 180, 185, 268
ジンメル　Simmel, G.　vi–vii, 15, 42–44, 46, 59–60, 62, 81, 85, 112–113, 149–150, 169, 201–202, 266, 268, 279, 381

スキドモア　Skidmore, W.　72
鈴木栄太郎　Suzuki, E.　235–237, 239–240, 322, 324
ストーカー　Stalker, G. M.　233, 319–321
ストライカー　Stryker, S.　63
ストンプカ　Sztompka, P.　201, 203, 205, 267
スペンサー　Spencer, H.　vi, 12, 40–41, 46, 58–61, 69, 84, 112, 161, 168–170, 173, 177, 179, 186–187, 202, 266, 268, 276, 278–279, 282, 351, 379–381
スミス(アダム)　Smith, A.　12, 60, 103, 121–122, 126–127, 129, 139, 293, 347, 377, 381
スミス(トーマス)　Smith, T. C.　358
住谷一彦　Sumiya, K.　53
スメルサー　Smelser, N. J.　61, 153, 197, 200–201, 216, 291

ソローキン　Sorokin, P. A.　169, 238, 246–247, 280
孫文　Sun Wen　362–363, 375

タ 行

タイラー　Tylor, E. B.　20, 282
高田保馬　Takata, Y.　vi, viii, 15, 54, 68, 211–212, 216–217, 234, 266, 269, 307, 348
タキトゥス　Tacitus, P. C.　222, 323, 325
ターナー　Turner, R. H.　63, 105
玉城肇　Tamaki, H.　363
ダラード　Dollard, J.　87
タルド　Tarde, J. G.　15, 163
ダーレンドルフ　Dahrendorf, R.　65, 178–180, 185, 206, 257
ダンカン　Duncan, O. D.　248, 251

チェーピン　Chapin, F. S.　248

ツァプフ　Zapf, W.　278–280
筒井清忠　Tsutsui, K.　367

ディルタイ　Dilthey, W.　17, 20, 45–46, 51, 59, 88, 169
デーヴィス　Davis, K.　61, 257–259
デカルト　Descartes, R.　18, 24, 60, 89–90, 96, 296
デュルケーム　Durkheim, E.　vi–vii, 6, 12, 15, 18, 29, 33, 40–43, 58, 60–61, 69, 81, 84, 160–164, 169, 177, 185–187, 190, 202–203, 221, 229, 266, 268, 278–279, 351–352, 379–381
テュルゴ　Turgot, A. R. J., *Baron* de 60
テンニエス　Tönnies, F.　vi–vii, 11–12, 42–44, 46, 59–60, 81, 84, 118–120, 127, 129–130, 132, 134, 137, 152–153, 169, 211–212, 216, 241, 266, 269, 307, 322–323, 328, 351–352, 378–381

ドーア　Dore, R.　365
トインビー　Toynbee, A.　302
徳永新太郎　Tokunaga, S.　361
戸田貞三　Toda, T.　153, 313–314
トーマス　Thomas, W. I.　63–64, 91
富永健一　Tominaga, K.　vii, xi–xii, 38, 41, 55, 57–58, 61, 66, 69, 71, 137–138, 152–153, 174, 182, 185, 190, 226, 249, 252, 256, 267–268, 278–279, 289, 291, 296, 317, 342, 348, 360, 367, 372, 374–375
友枝敏雄　Tomoeda, T.　38, 256
トレイマン　Treiman, D. J.　248
ドレフノフスキー　Drewnowski, J. 280
トレルチ　Troeltsch, E.　46, 59

ナ 行

直井優　Naoi, A.　249
中根千枝　Nakane, C.　317, 374
中野卓　Nakano, T.　53, 314, 374
中村吉治　Nakamura, K.　53

仁井田陞　Niida, N.　222, 358
西平重喜　Nishihira, S.　249
ニュートン　Newton, I.　39, 293, 296

ネーゲル　Nagel, E.　37, 158, 194
ネーデル　Nadel, S. F. S.　188

ノイラート　Neurath, O.　40, 83, 151
野中郁次郎　Nonaka, I.　153

ハ 行

ハイデンハイマー　Heidenheimer, A. J. 348
ハウザー　Hauser, R. M.　249, 253
バーガー　Berger, P.　26–27, 71
パーク　Park, R. E.　235
間宏　Hazama, H.　365
バージェス　Burgess, E. W.　235
パスカル　Pascal, B.　vii, 60
蓮見音彦　Hasumi, O.　329
パーソンズ　Parsons, T.　vi, vii, 6, 12, 15, 20–21, 25, 27–29, 45, 59–61, 68–71, 81, 85, 89, 94, 101–102, 105, 126–127, 142–143, 147–148, 151–153, 163–164, 169, 173–176, 178, 188–189, 197–198, 200, 202–203, 205–206, 216–217, 266–268, 280, 282, 284–286, 288, 291, 298, 302, 305, 372, 377, 381
バックレー　Buckley, W.　174, 180, 204, 267
バッホーフェン　Bachofen, J. J.　304
バーナード　Barnard, C.　228, 232
ハバーマス　Habermas, J.　vii, 15, 24–26, 59, 66–67, 83, 93, 125–127, 179, 181, 287, 373, 377
原純輔　Hara, J.　242, 256
パレート　Pareto, V.　vi, 29, 43, 61, 77, 81, 169, 170–175, 266–267, 278, 280, 381
ハーン　Hahn, H.　40, 151
バーンズ　Burns, T.　233, 319–321

ピアジェ　Piaget, J.　192
ヒクソン　Hickson, D. J.　232
費孝通　Fei Xiaotong　222
ヒックス　Hicks, J. R.　266
ピュー　Pugh, D. S.　232–233
ヒューム　Hume, D.　41, 58, 293
ヒルシュマイヤー　Hirschmeier, J. 364

フィアカント　Vierkandt, A.　44, 59, 62, 77, 85, 103, 112–113, 123–126, 132, 149, 153–154, 169, 219
フィッシャー　Fisher, I.　33

フェザーマン Featherman, D. L. 249, 253
フェスティンガー Festinger, L. 94
フクス Fuchs, W. 68
福武直 Fukutake, T. 222, 315, 358
フッサール Husserl, E. 20, 25, 27, 62–63, 85, 124–125
ブードン Boudon, R. 192, 249
フュルステンベルク Fürstenberg, F. 189
ブラウ Blau, P. M. 48, 94, 137–138, 154, 192, 231, 248, 251
フランク Frank, A. G. 65, 300, 369–370
フリードリクス Friedrichs, R. W. 71
ブリーフス Briefs, G. 232
ブルーマー Blumer, H. 63–64
ブレイロック Blalock, H. M. 52
フロイト Freud, S. 15, 90, 99–102, 122
フロム Fromm, E. 340
フローラ Flora, P. 280, 348

ヘイグ Hage, J. 48, 151, 320
ベイルズ Bales, R. F. 198
ペイン Payne, R. L. 233
ヘーゲル Hegel, G. W. F. 12, 41–42, 375
ベル Bell, D. 287
ベルタランフィ Bertalanffy, L. v. 61, 174, 204
ベルナール Bernard, C. 174
ベンサム Bentham, J. 12
ヘンダーソン Henderson, L. J. 171–172, 174, 266
ベンディックス Bendix, R. 60, 290

ボウルディング Boulding, K. E. 168
ホッブズ Hobbes, T. 10, 43, 60, 69, 118, 120–121, 126, 293, 381
ポパー Popper, K. R. vii, 24–25, 27, 57, 70, 83
ホブハウス Hobhouse, L. T. 12, 41, 58, 84
ホーマンズ Homans, G. C. vi, 29, 48, 53, 61, 137–138, 154, 158, 266–267
ポラニー Polanyi, K. 138–142
ホルクハイマー Horkheimer, M. 42, 65–66
ボルテ Bolte, K. M. 342
ホワイトヘッド Whitehead, A. N. 63
ボンス Bonß, W. 340

マ 行

牧野巽 Makino, T. 222
マクドゥーガル McDougall, W. 76–77
マーシャル Marshall, T. H. 55, 348
増田四郎 Masuda, S. 323
マッキーヴァー MacIver, R. M. vi, 15, 68, 212–213, 226–227, 263–264, 322, 326–328, 330, 348
マッケンジー MacKenzie, R. D. 235
松嶋敦茂 Matsushima, A. 266
松島静雄 Matsushima, S. 314
マッハ Mach, E. 40
マードック Murdock, G. P. 217–218, 220–223, 305, 308, 312, 314–315
マートン Merton, R. K. vi, 61, 196, 200, 202, 231, 258, 268, 381
間々田孝夫 Mamada, T. 290
マリノフスキー Malinowski, B. K. 61, 188, 202, 268, 304
マルクス Marx, K. 12, 26, 29, 42, 64–65, 69, 84, 169, 244–247, 257, 278, 325–326, 328, 335–338, 342, 350–352,

363, 374–375
マルシャック　Marschak, J.　338
万成博　Mannari, H.　364
マンハイム　Mannheim, K.　46, 49, 59

三重野卓　Mieno, T.　280
ミード　Mead, G. H.　15, 29, 43, 63–64, 81, 85, 90, 97–99, 101, 103–104, 107, 113
南　博　Minami, H.　77
宮下孝吉　Miyashita, K.　324
ミラー　Miller, D. C.　87
ミル　Mill, J. S.　12, 33, 40–41, 46, 58–59, 158, 170, 381

ムーア　Moore, W. E.　60–61, 257–259, 280, 290, 381
村上泰亮　Murakami, Y.　168, 342, 374

メイヨー　Mayo, G. E.　231–232
メイン　Maine, H. S.　221–222, 308, 343–344

毛沢東　Mao Zedong　367–368, 370
モーガン　Morgan, L. H.　282, 304
モース　Mauss, M.　190–191
森岡清美　Morioka, K.　220, 222
モリス　Morris, C.　20, 63, 70
モール　Mohl, R. v.　42
モンテスキュー　Montesquieu, C. L., *Baron* de la B.　41, 293, 375, 381

ヤ 行

安田三郎　Yasuda, S.　52, 239, 249

由井常彦　Yui, T.　364

横井小楠　Yokoi, S.　359, 361, 366
横山寧夫　Yokoyama, Y.　229
吉田民人　Yoshida, T.　279

ラ 行

ラスキ　Laski, H. J.　348
ラッセル　Russell, B. A. W.　32
ラドクリフ－ブラウン　Radcliffe-Brown, A. R.　61, 185, 187–188, 202–203, 268, 331
ランガー　Langer, S. K.　20, 70
ラング　Lang, K.　375
ランダル　Randall, S. C.　277

リーヴィ　Levy, M. J.　60–61, 68, 196–200, 202, 289, 362, 375, 381
リット　Litt, T.　62, 112
リップス　Lipps, T.　20
リール　Riehl, W. H. v.　42
リントン　Linton, R.　104

ルックマン　Luckmann, T.　26–27, 63, 71
ルボー　Lebeaux, C. N.　265, 348
ルーマン　Luhmann, N.　v, vii, 61, 66, 147–148, 165, 167–168, 173, 176–177, 179, 181–182, 185, 201, 205–206, 267–269, 294, 378–379, 381

レヴィ－ストロース　Lévi-Strauss, C.　187, 190–192, 305
レスリスバーガー　Roethlisberger, F. J.　231–232
レーデラー　Lederer, E.　338–339
レーニン　Ленин, В. И.　367–369, 371
レンスキー　Lenski, G.　209, 253, 256, 282, 285–289, 295, 302, 305, 331, 344, 372–373

ローウィ　Lowie, R. H.　314, 343–344
六本佳平　Rokumoto, K.　6
ローシュ　Lorsch, J. W.　153, 233, 319–320
ローズ　Rose, A. M.　63–64
ロストウ　Rostow, W. W.　286
ロソフスキー　Rosovsky, H.　355
ロック　Locke, J.　11–12, 41, 43, 58, 60, 68–69, 126, 293, 296, 347, 381
ロッシ　Rossi, I.　190
ロッシャー　Roscher, W. G. F.　44
ロビンズ　Robbins, L.　139
ローレンス　Lawrence, P. R.　153, 233, 319–320

ワ 行

綿貫譲治　Watanuki, J.　277
和辻哲郎　Watsuji, T.　361
ワルラス　Walras, M. E. L.　171, 266

事項索引

ア行

カ行

サ行

タ 行

ナ 行

ハ 行

マ行

ヤ行

ラ 行

ワ 行

引 用 文 献

Adorno, Theodor W., *et al.*, 1969 : *Der Positivismusstreit in der deutschen Soziologie*, Neuwied, Hermann Luchterhand (城塚登・浜井修訳『社会科学の論理』河出書房新社).

会沢正志斎, 大系(53)1973(1825) :『新論』 日本思想大系 53, 50-159, 東京, 岩波書店.

赤 羽　裕, 1971 :『低開発経済分析序説』 東京, 岩波書店.

Alber, Jens, 1982 : *Vom Armenhaus zum Wohlfahrtsstaat*, Frankfurt am Main, Campus.

Alexander, Jeffrey C., 1982-83 : *Theoretical Logic in Sociology*, 4 Vols., Berkeley, Calif., Univ. California Press.

Alexander, Jeffrey C., ed., 1985 : *Neofunctionalism*, Beverly Hills, Calif., Sage Publications.

天野元之助, 増1979(1962) :『中国農業史研究』 東京, 御茶の水書房.

Apter, David E., 1965 : *The Politics of Modernization*, Chicago, Univ. Chicago Press (内山秀夫訳『近代化の政治学』2 冊, 未来社).

Arbeitsgruppe Fachbericht über Probleme des Altens, 1982 : *Altwerden in der Bundesrepublik Deutschland*, 3 Bde., Berlin, Deutsches Zentrum für Altersfragen.

Argyris, Chris, 1957 : *Personality and Organization*, New York, Harper and Row (伊吹山・中村訳『組織とパーソナリティ』日本能率協会).

有賀喜左衛門, 著作集1966-71 : I・II (1943) :『日本家族制度と小作制度』 有賀喜左衛門著作集 I・II, 東京, 未来社.

有賀喜左衛門, 著作集1966-71 : VII (1952) :『日本の家』 有賀喜左衛門著作集VII, 265-319.

有賀喜左衛門, 著作集1966-71 : IX (1960-68) :『家と家族の理論』 有賀喜左衛門著作集IX, 17-69.

有賀喜左衛門, 1980 :『文明・文化・文学』 東京, 御茶の水書房.

新　睦 人, 1975 :『ヨーロッパ都市の原像』 東京, 木鐸社.

Bales, Robert F., 1951 : *Interaction Process Analysis*, Cambridge, Mass., Addison-Wesley.

Barnard, Chester I., 1938 : *The Functions of the Executive*, Cambridge, Mass., Harvard Univ. Press (田杉競監訳『経営者の役割』ダイヤモンド社).

Bell, Daniel, 1973 : *The Coming of Post-Industrial Society*, New York, Basic Books (内田忠夫ほか訳『脱工業社会の到来』2 冊, ダイヤモンド社).

Bendix, Reinhard, 1964 : *Nation-Building and Citizenship*, New York, John Wiley

(河合秀和訳『国民国家と市民的権利』2冊，岩波書店，1981).

Berger, Peter, and Luckmann, Thomas, 1966 : *The Social Construction of Reality*, New York, Doubleday (山口節郎訳『日常世界の構成』新曜社).

Bertalanffy, Ludwig von, 1968 : *General System Theory*, New York, Braziller (長野・太田訳『一般システム理論』みすず書房).

Blalock, Hubert M., 1960 : *Social Statistics*, New York, McGraw-Hill.

Blau, Peter M., 1955 : *The Dynamics of Bureaucracy*, Chicago, Univ. Chicago Press (阿利莫二訳『官僚制の動態』岩波書店).

Blau, Peter M., 1964 : *Exchange and Power in Social Life*, New York, John Wiley (間場寿一ほか訳『交換と権力』新曜社).

Blau, Peter M., and Duncan, Otis D., 1967 : *The American Occupational Structure*, New York, John Wiley.

Blau, Peter M., and Schoenherr, Richard A., 1971 : *The Structure of Organizations*, New York, Basic Books.

Blumer, Herbert, 1969 : *Symbolic Interactionism*, Englewood Cliffs, N. J., Prentice-Hall.

Bolte, Karl Martin, *et al.*, 1967 : "Soziale Schichtung der Bundesrepublik Deutschland," Bolte, Hrsg., *Deutsche Gesellschaft im Wandel*, Bd. I, 233–351, Opladen, Leske.

Boudon, Raymond 1968 : *A quoi sert la notion de structure ?*, Paris, Gallimard.

Boudon, Raymond, 1973 : *Mathematical Structure of Social Mobility*, Amsterdam, Elsevier.

Boulding, Kenneth E., 1968 : *Beyond Economics, Essays on Society, Religion and Ethics*, Ann Arbor, Mich., Univ. Michigan Press (公文俊平訳『経済学を超えて』学習研究社).

Briefs, Goetz, 1934 : *Betriebsführung und Betriebsleben in der Industrie*, Stuttgart, Ferdinand Enke.

Buckley, Walter, 1967 : *Sociology and Modern Systems Theory*, Englewood Cliffs, N. J., Prentice-Hall (新・中野訳『一般社会システム論』誠信書房，1980).

Buckley, Walter, ed., 1968 : *Modern Systems Research for the Behavioral Scientist*, Chicago, Aldine.

Burns, Tom, and Stalker, G. M., 1961 : *The Management of Innovation*, London, Tavistock.

Cassirer, Ernst, 1910 : *Substanzbegriff und Funktionsbegriff*, Berlin, Bruno Cassirer (山本義隆訳『実体概念と関数概念』みすず書房，1979).

Cassirer, Ernst, 1944 : *An Essay on Man*, New Haven, Conn., Yale Univ. Press (宮城音弥訳『人間』岩波書店，1953).

Chapin, F. Stuart, 1931 : "Socio-Economic Status : Some Preliminary Results of Measurement," *Amer. Jour. Sociol.*, 37, 581–587.

Comte, Isidore Auguste M. F. X., [Œuvres]1968–71 (1830–42) : Tome IV : *Cours de philosophie positive*, Œuvres d'Auguste Comte, Tome 1–6, Paris, Editions Anthropos.

Comte, Isidore Auguste M. F. X., [Œuvres]1968–71 (1844) : Tome XI : *Discours sur l'ésprit positif*, Œuvres, Tome 11 (霧生和夫訳『実証精神論』中央公論社ペーパーバックス版世界の名著 46, 141–233).

Cooley, Charles H., 1909 : *Social Organization*, New York, Scribner (大橋・菊池訳『社会組織論』青木書店).

Coser, Lewis A., 1956 : *The Functions of Social Conflict*, London, Routledge and Kegan Paul (新睦人訳『社会闘争の機能』新曜社).

Coulanges, Numa Denis Fustel de, 1864 : *La cité antique*, Paris, Durand (田辺貞之助訳『古代都市』白水社).

Croner, Fritz, 1962 : *Soziologie der Angestellten*, Köln, Kiepenheuer und Witsch.

Dahrendorf, Ralf, 1959 : *Class and Class Conflict in Industrial Society*, Stanford, Stanford Univ. Press (富永健一訳『産業社会における階級および階級闘争』ダイヤモンド社).

Dahrendorf, Ralf, 1961 : *Gesellschaft und Freiheit*, München, R. Piper.

Davis, Kingsley, and Moore, Wilbert E., 1945 : "Some Principles of Stratification," *Amer. Sociol. Rev.*, 10, 242–249.

Dilthey, Wilhelm, [Ges. Sch.]1923 : *Einleitung in die Geisteswissenschaften*, Gesammelte Schriften, Bd. 1, Leibzig und Berlin, B. G. Teubner (山本・上田訳『精神科学序説』2冊, 以文社).

Dore, Ronald, 1965 : *Education in Tokugawa Japan*, London, Routledge and Kegan Paul (松居弘道訳『江戸時代の教育』岩波書店).

Dore, Ronald, 1973 : *British Factory—Japanese Factory*, Berkeley and Los Angeles, Univ. Calif. Press.

Drewnowski, Jan, 1976 : *On Measuring and Planning the Quality of Life*, The Hague, Mouton (阪本靖郎訳『福祉の測定と計画』日本評論社).

Duncan, Otis D., 1966 : "Path Analysis : Sociological Examples," *Amer. Jour. Sociol.*, 72, 1–16.

Durkheim, Émile, [7]1960 (1893) : *De la division du travail social*, Paris, Presse Univ. France (井伊玄太郎・寿里茂訳『社会分業論』2冊, 理想社).

Durkheim, Émile, [19]1977 (1895) : *Les règles de la méthode sociologique*, Paris, Presse Univ. France (宮島喬訳『社会学的方法の規準』岩波文庫).

Easton, David, 1953 : *The Political System*, New York, Alfred A. Knopf (山川雄巳訳『政治体系』ぺりかん社).

Eisenstadt, Shmuel N., 1963 : *The Political System of Empires*, Glencoe, Ill., Free Press.

Eisenstadt, Shmuel N., 1970 : "Breakdowns of Modernization," Eisenstadt, ed.,

Readings in Social Evolution and Development: 421–452, Oxford, Pergamon Press(大森弥訳「近代化の崩壊」『近代化の政治社会学』所収，みすず書房).

Engels, Friedrich, [Werke]1956–83 : 19(1882) : *Die Entwicklung des Sozialismus von der Utopie zur Wissenschaft*, Marx-Engels Werke, Bd. 19 : 177–228, Berlin, Dietz(寺沢・村田訳『空想から科学への社会体制の崩壊』大月書店版全集).

Erikson, Erik H., [2]1963(1950) : *Childhood and Society*, New York, W. W. Norton (仁科弥生訳『幼児期と社会』2 冊，みすず書房).

Erikson, Erik H., 1968 : *Identity, Youth and Crisis*, New York, W. W. Norton(岩瀬庸理訳『主体性』北望社).

Etzioni, Amitai, 1968 : *The Active Society*, New York, Free Press.

Featherman, David L., and Hauser, Robert M., 1978 : *Opportunity and Change*, New York, Academic Press.

Fei, Xiaotong(費孝通), 1983 : *Chinese Village Close-up*, Beijing, New World Press.

Festinger, Leon, *et al.*, 1950 : *Social Pressures in Informal Groups*, New York, Harper and Row.

Flora, Peter, 1974 : *Modernisierungsforschung*, Opladen, Westdeutscher Verlag.

Flora, Peter, 1975 : *Indikatoren der Modernisierung*, Opladen, Westdeutscher Verlag.

Flora, Peter, and Heidenheimer, Arnold J., eds., 1981 : *The Development of Welfare States in Europe and America*, New Brunswick, Transaction Books.

Frank, Andre Gunder, 1967 : *Capitalism and Underdevelopment in Latin America*, New York, Monthly Review Press.

Frank, Andre Gunder, 1970 : *Latin America : Underdevelopment or Revolution*, New York, Monthly Review Press.

Freud, Sigmund, [Werke]1940–68 : X(1915): "Das Unbewußte," Gesammelte Werke, Bd. 10, 263–303, Frankfurt am Main, S. Fisher(井村恒郎訳「無意識について」人文書院版著作集 6).

Freud, Sigmund, [Werke]1940–68 : XI(1917) : *Vorlesungen zur Einführung in die Psychoanalyse*, Gesammelte Werke, Bd. 11(懸田・高橋訳『精神分析入門』著作集 1).

Freud, Sigmund, [Werke]1940–68 : XIII(1920) : *Jenseits des Lustprinzips*, Gesammelte Werke, Bd. 13, 1–69(小此木啓吾訳「快感原則の彼岸」著作集 6).

Freud, Sigmud, [Werke]1940–68 : XIII(1923) : *Das Ich und das Es*, Gesammelte Werke, Bd. 13, 235–289(井村・小此木訳「自我とエス」著作集 6).

Freud, Sigmund, [Werke]1940–68 : XV(1932) : *Neue Folge der Vorlesungen zur Einführung in die Psychoanalyse*, Gesammelte Werke, Bd. 15(懸田・高橋訳『続精神分析入門』著作集 1).

Friedrichs, Robert W., 1970 : *A Sociology of Sociology*, New York, Free Press.

Fromm, Erich, 1980 : *Arbeiter und Angestellte am Vorabend des dritten Reiches*,

hrsg. v. Wolfgang Bonß, Stuttgart, Deutsche Verlags-Anstalt.

Fuchs, W., *et al.*, ²1978 : *Lexikon zur Soziologie*, Opladen, Westdeutscher Verlag.

福　武　直，増1951 :『中国農村社会の構造』 東京，有斐閣.

福　武　直，1964 :『日本農村社会論』 東京，東大出版会.

Fürstenberg, Friedrich, 1967 : *Die Sozialstruktur der Bundesrepublik Deutschland*, Köln und Opladen, Westdeutscher Verlag.

Galpin, Charles J., 1918 : *Rural Life*, New York, The Century.

Garfinkel, Harold, 1967 : *Studies in Ethnomethodology*, Englewood Cliffs, N. J., Prentice-Hall.

Gerschenkron, Alexander, 1962 : *Economic Backwardness in Historical Perspective*, Cambridge, Mass., Harvard Univ. Press.

Glass, David, V., ed., 1954 : *Social Mobility in Britain*, London, Routledge and Kegan Paul.

Glatzer, Wolfgang, und Zapf, Wolfgang, 1984 : *Lebensqualität in der Bundesrepublik*, Frankfurt am Main, Campus.

Goldthorpe, John H., 1980 : *Social Mobility and Class Structure in Modern Britain*, Oxford, Clarendon Press.

Goode, William J., 1975 : "Homans' and Merton's Structural Approach," Peter M. Blau, ed., *Approaches to the Study of Social Structure* : 66–75, New York, Free Press(斎藤正二監訳『社会構造へのアプローチ』八千代出版).

Goodman, Leo A., 1965 : "On the Statistical Analysis of Mobility Tables," *Amer. Jour. Sociol.*, 70, 564–585.

Gouldner, Alvin W., 1955 : *Patterns of Industrial Bureaucracy*, London, Routledge and Kegan Paul(岡本・塩原訳『産業における官僚制』ダイヤモンド社).

Gurvitch, George, ²1957(1950) : *La vocation actuelle de la sociologie*, Paris, Presse Univ. France(寿理里訳『社会学の現代的課題』青木書店，抄訳).

Habermas, Jürgen, 1973 : *Legitimationsprobleme im Spätkapitalismus*, Frankfurt am Main, Suhrkamp(細谷貞雄訳『晩期資本主義における正統化の諸問題』岩波書店).

Habermas, Jürgen, 1981 : *Theorie des kommunikativen Handelns*, 2 Bde., Frankfurt am Main, Suhrkamp(河上倫逸ほか訳『コミュニケイション的行為の理論』3冊，未来社，(下)未刊).

Habermas, Jürgen, und Luhmann, Niklas, 1971 : *Theorie der Gesellschaft oder Sozialtechnologie*, Frankfurt am Main, Suhrkamp(佐藤嘉一ほか訳『批判理論と社会システム理論』2冊，木鐸社，(下)未刊).

Hage, Jerald, 1980 : *Theories of Organizations*, New York, John Wiley.

原　純　輔，1981 :「階層構造論」 安田三郎ほか編『基礎社会学』第IV巻，34–54，東京，東洋経済新報社.

蓮見音彦，1970 :『現代農村の社会理論』 東京，時潮社.

Hauser, Robert M., 1978 : "A Structural Model of the Mobility Table," *Social Forces*, 56, 919-953.
間　宏, 1964 :『日本労務管理史研究』東京, ダイヤモンド社.
Henderson, Lawrence J., 1935 : *Pareto's General Sociology*, Cambridge, Mass., Harvard Univ. Press(組織行動研究会訳『組織行動論の基礎』東洋書店).
ヒルシュマイヤー・由井常彦, 1977 :『日本の経済発展』東京, 東洋経済新報社.
Hobbes, Thomas, 1651 : *Leviathan, or the Matter, Forme and Power of a Commonwealth Ecclesiastical and Civil*, London, Andrew Crooke(水田洋訳『リヴァイアサン』岩波文庫, 4冊).
Homans, George C., 1941 : *English Villagers of the Thirteenth Century*, Cambridge, Mass., Harvard Univ. Press.
Homans, George C., 1950 : *The Human Group*, New York, Harcourt Brace(馬場・早川訳『ヒューマン・グループ』誠信書房).
Homans, George C., 1967 : *The Nature of Social Science*, New York, Harcourt Brace (橋本茂訳『社会科学の性質』誠信書房).
Homans, George C., ^{2}1974 (1961) : *Social Behavior*, New York, Harcourt Brace(橋本茂訳『社会行動』誠信書房).
Homans, George C., and Curtis, C. P., 1934 : *An Introduction to Pareto*, New York, Alfred A. Knopf.
Horkheimer, Max, 1967 : *Zur Kritik der instrumentellen Vernunft*, Frankfurt am Main, S. Fischer.
Horkheimer, Max, 1977 : *Kritische Theorie*, Einbändige Studienausgabe, Frankfurt am Main, S. Fischer.
Husserl, Edmund, ^{2}1973 (1948): *Cartcsianische Meditationen*, hrsg. v. S. Strasser, Husserliana, Bd. I, Den Haag, Martinus Nijhoff(船橋弘訳『デカルト的省察』中央公論社ペーパーバックス版世界の名著 62).
Husserl, Edmund, ^{2}1976 (1953): *Die Krisis der europäischen Wissenschaften und die transzendentale Phänomenologie*, hrsg. v. Walter Biemel, Husserliana, Bd. VI, Den Haag, Martinus Nijhoff(細谷恒夫訳『ヨーロッパの学問の危機と先験的現象学』中央公論社ペーパーバックス版世界の名著 62).
今田高俊, 1978 :「自己組織系の論理と社会発展論」思想, No. 647 : 1-25.
今田高俊, 1986 :『自己組織性』東京, 創文社.
今田高俊・原純輔, 1979 :「社会的地位の一貫性と非一貫性」富永健一編, 1979 : 161-197.
今西錦司, 1972 :『動物の社会』東京, 思索社.
稲上　毅, 1975 :「主意主義的行為理論の意義と課題」田野崎昭夫編『パーソンズの社会理論』, 13-34, 東京, 誠信書房.
Inkeles, Alex, *et al.*, 1974 : *Becoming Modern*, Cambridge, Mass., Harvard Univ. Press.

石坂　巌，1975：『経営社会学の系譜』 東京，木鐸社．
伊藤貞夫，1981：『古典期のポリス社会』 東京，岩波書店．
Jenkins, Alan, 1977 : "Substantivism as a Comparative Theory of Economic Forms," Barry Hindess, ed., *Sociological Theories of the Economy*, 66–91, New York, Holmes and Meier.
Käsler, Dirk, 1981 : "Der Streit um die Bestimmung der Soziologie auf den deutschen Soziologentagen 1910 bis 1930," *Soziologie in Deutschland und Österreich 1918–1945*, *Kölner Zsch. Soziol.*, Sonderheft 23, 199–244.
喜多野清一，1976：『家と同族の基礎理論』 東京，未来社．
Kocka, Jürgen, Hrsg., 1975 : *Soziale Schichtung und Mobilität in Deutschland im 19. und 20. Jahrhundert*, Göttingen, Vandenhoeck.
Kocka, Jürgen, 1977a : *Sozialgeschichte*, Göttingen, Vandenhoeck.
Kocka, Jürgen, 1977b : *Angestellte zwischen Faschismus und Demokratie*, Göttingen, Vandenhoeck.
Kocka, Jürgen, ²1978 : *Klassengesellschaft im Krieg*, Göttingen, Vandenhoeck.
小松堅太郎，1932：『社会構造の理論』 東京，日本評論社．
小松堅太郎，1953：『社会変動論』 東京，有斐閣．
厚東洋輔，1980：「主意主義的行為理論」 安田三郎ほか編『基礎社会学』第1巻，70–91，東京，東洋経済新報社．
Kuhn, Thomas S., ²1970 (1962) : *The Structure of Scientific Revolutions*, Chicago, Univ. Chicago Press (中山茂訳『科学革命の構造』みすず書房)．
公文俊平，1978：『社会システム論』 東京，日本経済新聞社．
蔵内数太，増1966 (1962)：『社会学』 東京，培風館．
Langer, Susanne K., ³1957 (1941) : *Philosophy in a New Key*, Cambridge, Mass., Harvard Univ. Press (矢野萬里ほか訳『シンボルの哲学』岩波書店)．
Lawrence, Paul R., and Lorsch, Jay W., 1967 : *Organization and Environment*, Cambridge, Mass., Harvard Univ. Press (吉田博訳『組織の条件適応理論』産業能率大学出版部)．
Lederer, Emil, 1912 : *Die Privatangestellten in der modernen Wirtschaftsentwicklung*, Tübingen, J. C. B. Mohr.
Lederer, Emil, und Marschak, Jakob, 1926 : "Der neue Mittelstand," *Grundriss der Sozialökonomik*, Abteilung IX : 120–141, Tübingen, J. C. B. Mohr.
Ленин, Владимир И., Сочинения 1959–70 : Том 3 (1899) : *Развитие капитализма в России*, Полное Собрание Сочинений, Том 3, 1–609, Москва, Государственное Издательство (レーニン全集刊行委員会訳『ロシアにおける資本主義の発展』全集第3巻，大月書店)．
Ленин, Владимир И., Сочинения 1959–70 : Том 27 (1916) : *Империализм, как высшая Стадия капитализма*, Полное Собрание Сочинений, Том 27, 299–426 (宇高基輔訳『帝国主義』岩波文庫)．

Lenski, Gerhard, 1954 : "Status Crystallization," *Amer. Sociol. Rev.*, 19, 405–413.

Lenski, Gerhard, 1966 : *Power and Privilege*, New York, McGraw-Hill.

Lenski, Gerhard, and Lenski, Jean, [3]1978 (1970) : *Human Societies*, New York, McGraw-Hill.

Lévi-Strauss, Claude, 1958 : *Anthropologie structurale*, Paris, Librairie Plon (荒川幾男ほか訳『構造人類学』みすず書房).

Lévi-Strauss, Claude, [2]1967 (1949) : *Les structures élémentaires de la parenté*, Paris, Mouton (馬淵東一・田島節夫監訳『親族の基本構造』2冊，番町書房).

Levy, Marion J., 1952 : *The Structure of Society*, Princeton, N. J., Princeton Univ. Press.

Levy, Marion J., 1953 : "Contrasting Factors in the Modernization of China and Japan," *Econ. Develop. Cult. Change*, II–3, 161–197.

Levy, Marion J., 1966 : *Modernization and the Structure of Societies*, Princeton, N. J., Princeton Univ. Press.

Levy, Marion J., 1972 : *Modernization : Latecomers and Survivors*, New York, Basic Books.

Linton, Ralph, 1937 : *The Study of Man*, New York, Appleton-Century-Crofts.

Locke, John, [Works]1823 : V (1690) : *Two Treatises of Government*, The Works of John Locke, Vol. V, London, Thomas Tegg etc., Vol. V, 207–485 (宮川透訳『統治論』中央公論社ペーパーバックス版世界の名著32，後編のみの訳).

Lowie, Robert H., 1920 : *Primitive Society*, New York, Liveright (河村只雄・望訳『原始社会』未来社).

Lowie, Robert H., 1927 : *The Origin of the State*, New York, Harcourt and Brace. (青山道夫訳『国家の起源』社会思想社).

Luhmann, Niklas, 1970–81 : *Soziologische Aufklärung*, 3 Bde., Opladen, Westdeutscher Verlag.

Luhmann, Niklas, 1982 : *The Differentiation of Society*, New York, Columbia Univ. Press.

Luhmann, Niklas, 1984 : *Soziale Systeme*, Frankfurt am Main, Suhrkamp.

Mach, Ernst, 1885 : *Die Analyse der Empfindungen*, Jena, Gustav Fischer (後藤・広松訳『感覚の分析』法政大学出版局).

MacIver, Robert M., 1920 : *Community : A Sociological Study*, London, Macmillan (中久郎・松本通晴監訳『コミュニテイ』ミネルヴァ書房，1975).

Maine, Sir Henry Sumner, [Pollock's Note Ed.]1906 (1861) : *Ancient Law*, with Pollock's Note, London, John Murray (安西文夫訳『古代法』史学社，1948).

牧野　巽，1944 :『支那家族研究』東京，生活社.

間々田孝夫，1981 :「社会変動のメカニズム」安田三郎ほか編『基礎社会学』第V巻，55–77，東京，東洋経済新報社.

Mannari, Hiroshi, 1974 : *The Japanese Business Leaders*, Tokyo, Univ. Tokyo

Press.
Marshall, T. H., [4]1975(1965): *Social Policy*, London, Hutchinson(岡田藤太郎訳『社会政策』相川書房).
Marx, Karl, [Werke]1956–83 : 8(1852): *Der 18te Brumaire des Louis Bonaparte*, Marx-Engels Werke, Bd. 8, 113–207, Berlin, Dietz(村田陽一訳『ルイ・ボナパルトのブリュメール 18 日』大月書店版全集).
Marx, Karl, [Werke]1956–83 : 13(1859): *Zur Kritik der politischen Ökonomie*: Vorwort, Marx-Engels Werke, Bd. 13(杉本俊朗訳『経済学批判』序言，大月書店版全集).
Marx, Karl, [Werke]1956–83 : 23–25(1867–1894) : *Das Kapital*, Marx-Engels Werke, Bde. 23–25(岡崎次郎訳『資本論』大月書店版全集).
Marx, Karl, [Werke]1956–83 : 42 : Formen, die der kapitalistischen Produktion vorhergehen, *Grundrisse der Kritik der politischen Ökonomie*, Marx-Engels Werke, Bd. 42, 383–421(手島正毅訳『資本主義的生産に先行する諸形態』大月書店).
Marx, Karl, und Engels, Friedrich, [Werke]1956–83 : 4(1848): *Manifest der Kommunistischen Partei*, Marx-Engels Werke, Bd. 4, 459–493(村田陽一訳『共産党宣言』大月書店版全集).
増田四郎，1978:『都市』 東京，筑摩書房.
松嶋敦茂，1985:『経済から社会へ: パレートの生涯と思想』 東京，みすず書房.
松島静雄・中野卓，1985:『日本社会要論』 東京，東大出版会.
Mauss, Marcel, [4]1967(1950) : *Sociologie et anthropologie*, Paris, Presse Univ. France (有地亨ほか訳『社会学と人類学』弘文堂).
Mead, George H., 1934 : *Mind, Self and Society*, Chicago, Univ. Chicago Press(稲葉三千男ほか訳『精神・自我・社会』青木書店).
Merton, Robert K., [3]1968(1949) : *Social Theory and Social Structure*, New York, Free Press(森東吾ほか訳『社会理論と社会構造』みすず書房).
三重野卓，1984:『福祉と社会計画の理論』 東京，白桃書房.
Mill, John Stuart, [Works]1974(1843) : *A System of Logic*, 2 Vols., Collected Works VII・VIII, Toronto, Univ. Toronto Press.
南　博，1976:『行動理論史』 東京，岩波書店.
宮下孝吉，1953:『ヨーロッパにおける都市の成立』 東京，創文社.
Moore, Wilbert E., 1963 : *Social Change*, Englewood Cliffs, N. J., Prentice-Hall(松原洋三訳『社会変動』至誠堂).
Moore, Wilbert E., and Sheldon, Elenor, eds., 1968 : *Indicators of Social Change*, New York, Russell Sage.
森岡清美，1972:「家族の変動」 森岡編『家族社会学』社会学講座 3, 205–228, 東京，東大出版会.
Morris, Charles, 1946 : *Signs, Language, and Behavior*, New York, Prentice-Hall.
村上泰亮，1984:『新中間大衆の時代』 東京，中央公論社.

村上泰亮・熊谷尚夫・公文俊平，1973：『経済体制』 東京，岩波書店．
村上泰亮・公文俊平・佐藤誠三郎，1979：『文明としてのイエ社会』 東京，中央公論社．
Murdock, George P., 1949 : *Social Structure*, New York, Macmillan（内藤莞爾監訳『社会構造』新泉社，1978）．
Nagel, Ernest, 1961 : *The Structure of Science*, New York, Harcourt Brace.
中村吉治，1952：『日本社会史』 東京，有斐閣．
中村吉治，1957：『日本の村落共同体』 東京，日本評論新社．
中村吉治編，1965：『社会史』 I・II（体系日本史叢書 8・9），東京，山川出版社．
中根千枝，1970：『家族の構造』 東京，東京大学出版会．
中野 卓，1964：『商家同族団の研究』 東京，未来社．
直井 優，1979：「職業的地位尺度の構成」 富永健一編，1979, 434–472.
Neurath, Otto, 1979 : *Wissenschaftliche Weltauffassung, Sozialismus und Logischer Empirismus*, hrsg. v. Hegselmann, Frankfurt am Main, Suhrkamp.
日本社会学会調査委員会編，1958：『日本社会の階層的構造』 東京，有斐閣．
仁井田陞，1952：『中国の農村家族』 東京，東大出版会．
野中郁次郎，1974：『組織と市場』 東京，千倉書房．
North and Hatt, 1947 : "Jobs and Occupations, A Popular Evaluation," *Opinion News*.
尾高煌之助，1984：『労働市場分析』 東京，岩波書店．
尾高邦雄，1981：『産業社会学講義』 東京，岩波書店．
Offe, Claus, 1972 : *Strukturprobleme des kapitalistischen Staates*, Frankfurt am Main, Suhrkamp.
尾形 勇，1979：『中国古代の「家」と国家』 東京，岩波書店．
Ogburn, William F., 1922 : *Social Change*, New York, Huebsch（雨宮庸蔵・伊藤安二訳『社会変化論』育英書院）．
奥井復太郎，1940：『現代大都市論』 東京，有斐閣．
小野川秀美，増1969：『清末政治思想史研究』 東京，みすず書房．
大川一司，ヘンリー・ロソフスキー，1973：『日本の経済成長』 東京，東洋経済新報社．
大塚久雄，著作集1969–70：I（1938）：『株式会社発生史論』 大塚久雄著作集第一巻，東京，岩波書店．
大塚久雄，著作集1969–70：III（1947）：『近代資本主義の系譜』 大塚久雄著作集第三巻，1–351.
大塚久雄，著作集1969–70：IV（1966）：「近代化と産業化の歴史的関連について」 大塚久雄著作集第四巻，273–292.
大塚久雄，著作集1969–70：VII（1955）：『共同体の基礎理論』 大塚久雄著作集第七巻，1–104.
Pareto, Vilfredo, 1916 : *Trattato di sociologia generale*, 2 Vols., Firenze, Barbèra ;

Mind and Society, A Treatise on General Sociology, tr. by Bongiorno and Livingston, 2 Vols., New York, Dover(姫岡勤訳『一般社会学提要』刀江書院，縮約版の訳).

Park, Robert E., Burgess, Earnest W., and McKenzie, Roderick D., eds., 1925 : *The City*, Chicago, Univ. Chicago Press(大道・倉田訳『都市』鹿島出版会).

Parsons, Talcott, [2]1949(1937) : *Structure of Social Action*, Glencoe, Ill., Free Press (稲上毅・厚東洋輔訳『社会的行為の構造』I-V(V未刊)，木鐸社).

Parsons, Talcott, 1951 : *The Social System*, Glencoe, Ill., Free Press(佐藤勉訳『社会体系論』青木書店).

Parsons, Talcott, [2]1954(1949) : *Essays in Sociological Theory*, Glencoe, Ill., Free Press.

Parsons, Talcott, 1961 : "Outline of the Social System," in, Parsons, Shils, Naegele and Pitts, eds., *Theories of Society*, 2 Vols., Glencoe, Ill., Free Press, 1, 30–79 (倉田和四生訳『社会システム概論』晃洋書房).

Parsons, Talcott, 1964 : *Social Structure and Personality*, Glencoe, Ill., Free Press (武田良三監訳『社会構造とパーソナリティ』新泉社).

Parsons, Talcott, 1966 : *Societies : Evolutionary and Comparative Perspectives*, Englewood Cliffs, N. J., Prentice-Hall(矢沢修次郎訳『社会類型―進化と比較』至誠堂).

Parsons, Talcott, 1967 : *Sociological Theory and Modern Society*, New York, Free Press.

Parsons, Talcott, 1969 : *Politics and Social Structure*, New York, Free Press(新明正道監訳『政治と社会構造』2冊，誠信書房).

Parsons, Talcott, 1971 : *The System of Modern Societies*, Englewood Cliffs, N. J., Prentice-Hall(井門富二夫訳『近代社会の体系』至誠堂).

Parsons, Talcott, 1977 : *Social Systems and the Evolution of Action Theory*, New York, Free Press.

Parsons, Talcott, *et al.*, 1955 : *Family, Socialization and Interaction Process*, Glencoe, Ill., Free Press(橋爪貞雄監訳『核家族と子どもの社会化』2冊，黎明書房).

Parsons, Talcott, and Schütz, Alfred, 1978 : *The Theory of Social Action, The Correspondence of Schütz and Parsons*, ed. by Richard Grathoff, Bloomington, Indiana Univ. Press(佐藤嘉一訳『社会理論の構成』木鐸社).

Parsons, Talcott, and Shils, Edward A., eds., 1951 : *Toward a General Theory of Action*, Cambridge, Mass., Harvard Univ. Press(永井道雄ほか訳『行為の総合理論をめざして』第I部の訳，日本評論新社).

Parsons, Talcott, and Smelser, Neil J., 1956 : *Economy and Society*, London : Routledge and Kegan Paul(富永健一訳『経済と社会』2冊，岩波書店).

パーソンズ・富永，1979 :「対談 : 社会システム理論の形成」 思想，No. 657, 1–26.

Piaget, Jean, 1968 : *Le structuralisme*, Paris, Presse Univ. France(滝沢・佐々木訳

『構造主義』白水社).

Polanyi, Karl, [2]1957(1944): *The Great Transformation*, Boston, Beacon Press(吉沢英成ほか訳『大転換』東洋経済新報社).

Polanyi, Karl, *et al.*, eds., 1957 : *Trade and Market in the Early Empires*, Chicago, Henry Regnery.

Popper, Karl R., [5]1966(1950) : *The Open Society and Its Enemies*, 2 Vols., Princeton, Princeton Univ. Press(武田弘道訳『自由社会の哲学とその論敵』世界思想社).

Popper, Karl R., 1972 : *Objective Knowledge*, Oxford, Clarendon Press(森博訳『客観的知識』木鐸社).

Pugh, D. S., and Payne, R. L., 1977 : *Organizational Behaviour in its Context*, Westmead, Saxon House.

Radcliffe-Brown, Alfred R., [2]1933(1922) : *The Andaman Islanders*, Cambridge, The Univ. Press.

Radcliffe-Brown, Alfred R., 1952 : *Structure and Function in Primitive Society*, London, Cohen and West(青柳まちこ訳『未開社会における構造と機能』新泉社).

Robbins, Lionel, 1932 : *An Essay on the Nature and Significance of Economic Science*, London, Macmillan(辻六兵衛訳『経済学の本質と意義』東洋経済新報社).

六本佳平, 1986:『法社会学』 東京, 有斐閣.

Rose, Arnold M., ed., 1962 : *Human Behavior and Social Process*, Boston, Houghton Mifflin.

Rosovsky, Henry, 1961 : *Capital Formation in Japan 1868–1940*, Glencoe, Ill., Free Press.

Rossi, Ino, ed., 1982 : *Structural Sociology*, New York, Columbia Univ. Press.

Rostow, Walt W., 1960 : *The Stages of Economic Growth*, Cambridge, Cambridge Univ. Press(木村健康ほか訳『経済成長の諸段階』ダイヤモンド社).

Saint-Simon, Claude-Henri de, [Œuvres]1977: IV : *Catechisme des industriels*, Œuvres complètes de Saint-Simon, Editions Anthropos, Genève, Slatkine Reprints(坂本慶一訳『産業者の教理問答』中央公論社ペーパーバックス版世界の名著 42, 299–436).

佐久間象山, [大系(55)]1971(1854) :『省諐録』 日本思想大系 55, 238–260, 東京, 岩波書店.

Scheler, Max, [6]1973(1948) : *Wesen und Formen der Sympathie*, Bern u. München, Francke(青木・小林訳『同情の本質と諸形式』シェーラー著作集 8, 白水社).

Schelsky, Helmut, 1967 : *Wandlungen der deutschen Familie in der Gegenwart*, Stuttgart, Ferdinand Enke.

Schütz, Alfred, 1973 : *Collected Paper I : The Problem of Social Reality*, The Hague,

Martinus Nijhoff(渡辺光ほか訳『社会的現実の問題』2 冊，マルジュ社).
Schütz, Alfred, [2]1974(1932) : *Der sinnhafte Aufbau der sozialen Welt*, Frankfurt am Main, Suhrkamp(佐藤嘉一訳『社会的世界の意味構成』木鐸社).
Schütz, Alfred, und Luckmann, Thomas 1975 : *Die Strukturen der Lebenswelt*, Frankfurt am Main, Suhrkamp.
Sewell, William H., 1940 : "The Construction and Standardization of a Scale for the Measurement of the Socio-Economic Status of Oklahoma Farm Families," *Oklahoma College Technical Bulletin*, No. 9.
柴田三千雄，1983:『近代世界と民衆運動』 東京，岩波書店.
清 水 盛 光，1942:『支那家族の構造』 東京，岩波書店.
清 水 盛 光，1951:『中国郷村社会論』 東京，岩波書店.
清 水 盛 光，1953:『家族』 東京，岩波書店.
清 水 盛 光，1971:『集団の一般理論』 東京，岩波書店.
新 明 正 道，1939:『社会学の基礎問題』 東京，弘文堂(著作集第 2 巻，誠信書房，1976).
新 明 正 道，1942:『社会本質論』 東京，弘文堂(著作集第 2 巻).
新 明 正 道，1967:『社会学的機能主義』 東京，誠信書房.
新 明 正 道，1974:『社会学における行為理論』 東京，恒星社厚生閣.
庄 司 興 吉，1977:『現代化と現代社会の理論』 東京，東大出版会.
Simmel, Georg, 1890 : *Über soziale Differenzierung*, Leipzig, Duncker und Humblot (五十嵐信訳『社会的分化論』岩波書店).
Simmel, Georg, [5]1923(1892) : *Die Probleme der Geschichtsphilosophie*, München und Leipzig, Duncker und Humblot(生松・亀尾訳『歴史哲学の諸問題』ジンメル著作集 1，白水社).
Simmel, Georg, [3]1923(1908): *Soziologie*, Berlin, Duncker und Humblot(堀・居安訳『集団の社会学』ミネルヴァ書房，第 2 章・第 6 章の訳；同訳『闘争の社会学』法律文化社，第 4 章の訳).
Simmel, Georg, [4]1984 : *Grundfragen der Soziologie*, Berlin, Walter de Gruyter(小田秀人訳『社会学の根本問題』大林書店).
Skidmore, William, 1975 : *Theoretical Thinking in Sociology*, Cambridge, Cambridge Univ. Press.
Smelser, Neil J., 1959 : *Social Change in the Industrial Revolutions*, London, Routledge and Kegan Paul.
Smith, Adam, [Glasgow Ed.]1976a(1759) : *The Theory of Moral Sentiments*, Oxford, Clarendon Press(米林富男訳『道徳情操論』2 冊，未来社).
Smith, Adam, [Glasgow Ed.]1976b(1776): I・II : *An Inquiry into the Nature and Causes of the Wealth of Nations*, 2 Vols., Oxford, Clarendon Press(大内・松川訳『諸国民の富』5 冊，岩波文庫).
Smith, Thomas C., 1959 : *The Agrarian Origins of Modern Japan*, Stanford, Calif.,

Stanford Univ. Press(大塚久雄監訳『近代日本の農村的起源』岩波書店).
Sorokin, Pitirim A., 1927 : *Social Mobility*, New York, Harper and Row.
Sorokin, Pitirim A., 1928 : *Contemporary Sociological Theories*, New York, Harper and Row.
Sorokin, Pitirim A., and Zimmerman, Carle C., 1929 : *Principles of Rural-Urban Sociology*, New York, Holt(京野正樹訳『都市と農村』巖南堂書店, 抄訳).
Sorokin, Pitirim A., Zimmerman, Carle C., and Galpin, Charles J., 1930-32 : *Systematic Source Book in Rural Sociology*, 3 Vols., Minneapolis, Univ. Minnesota Press.
Spencer, Herbert, [5]1904(1876) : *Principles of Sociology*, Vol. I, London, Williams and Norgate.
Strasser, Hermann, 1986 : "Status Inconsistency and the Rise of National Socialism," Hermann Strasser and Robert W. Hodge, eds., *Status Inconsistency in Modern Societies*, 402-435, Duisburg, Sozialwissenschaftliche Kooperative.
Strasser, Hermann, und Randall, Susan C., 1979 : *Einführung in die Theorien des sozialen Wandels*, Darmstadt, Luchterhand.
住谷一彦, 1963 :『共同体の史的構造論』 東京, 有斐閣.
孫　文, 選集1956(1924) :『三民主義』 孫中山選集, 2冊, (下)所収, 北京, 人民出版社(安藤彦太郎訳, 2冊, 岩波文庫).
鈴木栄太郎, 著作集1968-69 : I・II(1940) :『日本農村社会学原理』 鈴木栄太郎著作集I・II, 東京, 未来社.
鈴木栄太郎, 著作集1968-69 : VI(1957) :『都市社会学原理』 鈴木栄太郎著作集VI.
Sztompka, Piotr, 1974 : *System and Function*, New York, Academic Press.
Tacitus, Publius Cornelius, hrsg. von Reeb, 1930 :『ゲルマニア』 泉井久之助訳, 岩波書店.
高田保馬, 改新1971(1922, 改1950) :『社会学概論』 東京, 岩波書店.
玉城　肇, 1967 :『現代日本産業発達史, 総論』上, 東京, 現代日本産業発達史研究会.
戸田貞三, 1937 :『家族構成』 東京, 弘文堂.
徳永新太郎, 1979 :『横井小楠とその弟子たち』 東京, 評論社.
富永健一, 1958 :「行動の社会学的理論」 福武直ほか編『講座社会学』第1巻, 68-108.
富永健一, 1965a :『社会変動の理論』 東京, 岩波書店.
富永健一, 1965b :「産業主義と人間社会」 今日の社会心理学1, 社会心理学の形成, 1-200, 東京, 培風館.
富永健一, 1973a :『産業社会の動態』 東京, 東洋経済新報社.
富永健一, 1973b :「社会体系分析と社会計画論」 思想, No. 587, 51-66.
富永健一, 1974 :「社会体系分析の行為論的基礎」 青井和夫編『理論社会学』 社会学講座1 : 81-136, 東京, 東大出版会.
Tominaga, Ken'ichi, 1976 : "Growth, Development, and Structural Changes of the

Social System," Loubser, Jan J., *et al.*, eds., *Explorations in General Theory in Social Science*, Vol. II, 681–712, New York, Free Press.

富永健一，1977：「社会計画の理論的基礎」 経済企画庁国民生活政策課編『総合社会政策を求めて』 東京，大蔵省印刷局，124–147.

富永健一，1980：（有賀喜左衛門『文明・文化・文学』書評）「論評1」文化センター通信，No. 5, 御茶の水書房，95–101.

富永健一，1981a：「社会構造の基礎理論」 安田三郎ほか編『基礎社会学』第IV巻，2–33，東京，東洋経済新報社.

富永健一，1981b：「社会変動の基礎理論」 安田三郎ほか編『基礎社会学』第V巻，2–32.

Tominaga, Ken'ichi, 1981: "Sozialstruktur," in, *Japan-Handbuch*, hrsg. v. Horst Hammitzsch, Wiesbaden, Franz Steiner, 675–698.

富永健一，1983：「福祉国家政策の普遍的側面と特異的側面」 岡野行秀・根岸隆編『公共経済学の展開』，154–171，東京，東洋経済新報社.

富永健一，1984a：『現代の社会科学者：現代社会科学における実証主義と理念主義』 東京，講談社.

富永健一，1984b：「産業化，社会の構造変動，福祉国家」 社会保障研究所編『経済社会の変動と社会保障』，153–181，東京，東大出版会.

富永健一，1985：「『近代化』理論の今日的課題―非西洋・後発社会発展の理論を求めて―」 思想，No. 730, 106–126.

富永健一，1986：「日本と西ドイツの『戦後社会』」 経済社会学会年報 8，53–80.

富永健一編，1974：『経済社会学』 東京，東大出版会.

富永健一編，1979：『日本の階層構造』 東京，東大出版会.

富永健一・安藤文四郎，1977：「階層的地位形成過程の分析」 現代社会学 8，3–58.

富永健一・友枝敏雄，1986：「日本社会における地位非一貫性の趨勢」 社会学評論 37–2, 152–174.

Tönnies, Ferdinand, ^{8}1935 (1887): *Gemeinschaft und Gesellschaft*, Leipzig, Buske（杉之原寿一訳『ゲマインシャフトとゲゼルシャフト』2冊，岩波文庫）.

Treiman, Donald J., 1977: *Occupational Prestige in Comparative Perspective*, New York, Academic Press.

筒井清忠，1984：『昭和期日本の構造』 東京，有斐閣.

Turner, Ralph H., 1962: "Role-Taking, Process versus Conformity," Rose, ed., 1962, 20–40.

Vierkandt, Alfred, ^{2}1928 (1923): *Gesellschaftslehre*, Stuttgart, Ferdinand Enke.

Wallerstein, Immanuel, 1974–80: *The Modern World-System*, I・II, New York, Academic Press（川北稔訳『近代世界システム』2冊，Iのみの訳，岩波書店）.

Warner, W. Lloyd, *et al.*, 1949: *Social Class in America*, Science Research Associate.

綿貫譲治，1962：『現代政治と社会変動』 東京，東大出版会.

和辻哲郎, 全集1961-63(1943)：14：『尊王思想とその伝統』 和辻哲郎全集第14巻, 東京, 岩波書店.

Weber, Max, 1920 : *Gesammelte Aufsätze zur Religionssoziologie*, 3 Bde., Tübingen, J. C. B. Mohr(大塚・生松訳『宗教社会学論選』;「序言」「世界宗教の経済倫理, 序論」「中間考察」, みすず書房; 梶山・大塚訳『プロテスタンティズムの倫理と資本主義の精神』2冊, 岩波文庫; 木全徳雄訳『儒教と道教』創文社; 深沢宏訳『ヒンドゥー教と仏教』日貿出版社; 内田芳明訳『古代ユダヤ教』2冊, みすず書房).

Weber, Max, 1923 : *Wirtschaftsgeschichte*, hrsg. v. S. Hellmann, und M. Palyi, München und Leipzig, Duncker und Humblot(黒正巌・青山秀夫訳『一般社会経済史要論』2冊, 岩波書店).

Weber, Max, 1924 : "Agrarverhältnisse im Altertum," Gesammelte Aufsätze zur Sozial- und Wirtschaftsgeschichte : 1-288, Tübingen, J. C. B. Mohr(渡辺・弓削訳『古代社会経済史』東洋経済新報社).

Weber, Max, ^{3}1947 : II(1921) : *Wirtschaft und Gesellschaft*, Tübingen, J. C. B. Mohr, Dritter Teil : Typen der Herrschaft(浜島朗訳『権力と支配』『家産制と封建制』みすず書房, 第3版第III部第1-8章の訳).

Weber, Max, ^{3}1968(1922) : *Gesammelte Aufsätze zur Wissenschaftslehre*, hrsg. v. J. Winckelmann, Tübingen, J. C. B. Mohr(I, 松井秀親訳『ロッシャーとクニース』2冊, 未来社; II, 徳永恂訳「社会科学および社会政策的認識の『客観性』」青木書店版現代社会学大系5, 3-82; III, 松井・諸田訳「文化科学の論理学の領域における批判的研究」I・II, 福島大学商学論集3・6; VI, 鬼頭二三郎訳「限界効用学説と精神物理学的基礎法則」東京商大商学研究7; VIII, 林道義訳『理解社会学のカテゴリー』岩波文庫; X, 松代和郎訳『社会学および経済学の「価値自由」の意味』創文社; XII, 尾高邦雄訳『職業としての学問』岩波文庫).

Weber, Max, ^{5}1972(1921) : *Wirtschaft und Gesellschaft, Grundriss der verstehende Soziologie*, besorgt v. J. Winckelmann, Tübingen, J. C. B. Mohr(第I部第1章, 清水幾太郎訳『社会学の根本概念』岩波文庫; 第2章, 富永健一訳『経済行為の社会学的基礎範疇』中央公論社ペーパーバックス版世界の名著61, 295-484; 第3-4章, 世良晃志郎訳『支配の諸類型』創文社; 第II部第1-3章, 厚東洋輔訳『経済と社会集団』中央公論社ペーパーバックス版世界の名著61, 485-598; 第5章, 武藤一雄ほか訳『家族社会学』創文社; 第7章, 世良晃志郎訳『法社会学』創文社; 第9章, 世良晃志郎訳『支配の社会学』2冊,『都市の類型学』創文社).

Wiese, Leopold von, ^{3}1955(1933) : *System der allgemeinen Soziologie*, Berlin, Duncker und Humblot.

Wilensky, Harold L., 1975 : *The Welfare State and Equality*, Berkeley and Los Angeles, Univ. California Press(下平好博訳『福祉国家と平等』木鐸社).

Wilensky, Harold L., and Lebeaux, Charles N., 1965 : *Industrial Society and Social Welfare*, New York, Free Press.

Wittfogel, Karl A., 1957 : *Oriental Despotism*, New Haven, Conn., Yale Univ. Press (アジア経済研究所訳『東洋的専制主義』論争社).

Wittgenstein, Ludwig, 1961 : *Tractatus Logico-Philosophicus*, London, Routledge and Kegan Paul(奥雅博訳『論理哲学論考』大修館書店版全集, 1).

安 田 三 郎, 1959:「都鄙連続体説の考察」上・下, 都市問題 50-2, 9.

安 田 三 郎, 1971:『社会移動の研究』 東京, 東大出版会.

安田三郎・海野道郎, 1977:『社会統計学』 東京, 丸善.

横 井 小 楠, 大系(55)1971(1860):『国是三論』 日本思想大系 55, 438-465, 東京, 岩波書店.

横 山 寧 夫, 1979:『社会学概論』 東京, 慶応通信.

吉 田 民 人, 1974:「社会体系の一般変動理論」 青井和夫編『理論社会学』社会学講座 1, 189-238, 東京, 東大出版会.

Zapf, Wolfgang, Hrsg., [4]1979 : *Theorien des sozialen Wandels*, Königstein, Verlagsgruppe Athenäum usw.

補遺

見 田 宗 介, 1966:『価値意識の理論』 東京, 弘文堂.